《中国道路的深圳样本》系列丛书

未来之路
粤港澳大湾区发展研究

魏达志　张显未　裴　茜　著

Weilai Zhilu:Yuegangao Dawanqu Fazhan Yanjiu

中国社会科学出版社

图书在版编目（CIP）数据

未来之路：粤港澳大湾区发展研究／魏达志，张显未，裴茜著.—北京：中国社会科学出版社，2018.11（2019.7 重印）

ISBN 978 – 7 – 5203 – 3144 – 9

Ⅰ.①未… Ⅱ.①魏…②张…③裴… Ⅲ.①区域经济发展—研究—广东、香港、澳门 Ⅳ.①F127.6

中国版本图书馆 CIP 数据核字（2018）第 209583 号

出 版 人	赵剑英
责任编辑	王 茵　马 明
责任校对	任晓晓
责任印制	王 超

出　　版	中国社会科学出版社
社　　址	北京鼓楼西大街甲 158 号
邮　　编	100720
网　　址	http://www.csspw.cn
发 行 部	010 – 84083685
门 市 部	010 – 84029450
经　　销	新华书店及其他书店

印刷装订	北京君升印刷有限公司
版　　次	2018 年 11 月第 1 版
印　　次	2019 年 7 月第 2 次印刷

开　　本	710×1000　1/16
印　　张	21.75
字　　数	346 千字
定　　价	86.00 元

凡购买中国社会科学出版社图书，如有质量问题请与本社营销中心联系调换
电话：010 – 84083683
版权所有　侵权必究

《中国道路的深圳样本》
系列丛书编委会

主　　任　李小甘

副 主 任　吴定海

编　　委（以姓氏笔画数为序）

　　　　　王为理　王苏生　车秀珍　陈少兵
　　　　　吴　忠　杨　建　张骁儒　陶一桃
　　　　　莫大喜　路云辉　魏达志

《中国道路的深圳样本》
系列丛书序言

编委会

  今年是中国改革开放40周年。前不久，习近平总书记视察广东时强调，改革开放是党和人民大踏步赶上时代的重要法宝，是坚持和发展中国特色社会主义的必由之路，是决定当代中国命运的关键一招，也是决定实现"两个一百年"奋斗目标、实现中华民族伟大复兴的关键一招。[①] 40年前，我们党团结带领人民进行改革开放新的伟大革命，坚持解放思想、实事求是、与时俱进、求真务实，不断革除阻碍发展的各方面体制机制弊端，开辟了中国特色社会主义道路，取得世人瞩目的历史性成就。40年来，中国发生了翻天覆地的变化，GDP年均增长约9.5%，对外贸易额年均增长14.5%，成为世界第二大经济体、第一大工业国、第一大货物贸易国、第一大外汇储备国，在经济、政治、文化、社会、生态文明、党的建设等各个领域取得了长足进步。实践证明，改革开放是推进社会主义制度自我完善与发展的另一场革命，是当代中国发展进步的活力之源，为实现中华民族伟大复兴提供了强大的历史动力，成为中国当代波澜壮阔历史的精彩华章。

[①] 参见《习近平在广东考察时强调：高举新时代改革开放旗帜　把改革开放不断推向深入》，2018年10月25日，中华人民共和国中央人民政府网（http://www.gov.cn/xinwen/2018-10/25/content_5334458.htm）。

谈及改革开放，就不能不提到深圳。因为深圳经济特区本身就是改革开放的历史产物，也是改革开放的伟大创举和标志性成果。短短40年，深圳从落后的边陲农业县迅速发展成为一座充满魅力和活力的现代化国际化创新型大都市，GDP年均增速达22.2%，2017年为2.24万亿元，居国内城市第三位、全球城市三十强；地方财政收入年均增长29.7%，2017年为3332.13亿元，居国内城市第三位；2017年外贸出口总额达1.65万亿元，连续25年位居国内城市首位；人口规模从30多万人迅速扩容为实际管理人口超过2000万人。可以说，深圳经济特区创造了世界工业化、城市化、现代化的奇迹，也印证了中国改革开放伟大国策的无比正确性。在深圳身上，蕴含了解读中国、广东改革开放之所以成功的密码。就此而言，对深圳的研究与对中国、广东改革开放的研究，形成了一种历史的同构关系。作为一座年轻城市，深圳在近40年来的快速发展中，一直致力于对中国现代化道路的探索，这既包括率先建立和发展社会主义市场经济体制，从而对全国的经济改革和经济发展发挥"试验田"的先锋作用；也包括其本身的经济、政治、文化、社会、生态文明、党的建设等各个方面所取得的长足进展，从而积累了相当丰富的城市发展和社会治理经验。

在改革开放40周年之际，全面总结深圳改革开放以来的发展道路及其经验模式，既有相当重要的当下价值，对中国未来改革开放的进一步深化也具有非常深远的重要意义。2018年10月，习近平总书记在视察广东时专门强调："党的十八大后我考察调研的第一站就是深圳，改革开放40周年之际再来这里，就是要向世界宣示中国改革不停顿、开放不止步，中国一定会有让世界刮目相看的新的更大奇迹。"[①] 总结好改革开放经验和启示，不仅是对40年艰辛探索和实践的最好庆祝，而且能为新时代推进中国特色社会主义伟大事业提供强大动力。要不忘改革开放初心，认真总结改革开放40年成功经验，立足自身优势、创造更多经验，在更高起点、更高层次、更高目标上推进改革开放，提升改革开放质量和水平，把改革

---

① 《习近平在广东考察时强调：高举新时代改革开放旗帜 把改革开放不断推向深入》，2018年10月25日，中华人民共和国中央人民政府网（http://www.gov.cn/xinwen/2018-10/25/content_5334458.htm）。

开放的旗帜举得更高更稳。

为深入贯彻习近平新时代中国特色社会主义思想和党的十九大精神，贯彻落实习近平总书记重要讲话精神，庆祝改革开放40周年，总结深圳改革开放以来先行先试、开拓创新的经验和做法，系统概括深圳发展道路、发展模式及其对全国的示范意义，在深圳市委常委、宣传部部长李小甘同志的亲自部署和直接推动下，市委宣传部与市社科联联合编纂了《中国道路的深圳样本》丛书。这套丛书由《深圳改革创新之路（1978—2018）》《深圳党建创新之路》《深圳科技创新之路》《深圳生态文明建设之路》《深圳社会建设之路》《深圳文化创新之路》《未来之路——粤港澳大湾区发展研究》7本综合性、理论性著作构成，涵盖了经济建设、科技创新、文化发展、社会建设、生态文明建设、党的建设、粤港澳大湾区建设等众多领域，具有较高的学术性、宏观性、战略性、前沿性和原创性，特别是突出了深圳特色，不仅对于讲好改革开放的深圳故事、全方位宣传深圳有相当重要的作用，而且对于丰富整个中国改革开放历史经验无疑也具有非常重要的价值。

深圳改革开放的道路是中国改革开放道路的精彩缩影，深圳改革开放取得的成功也是中国成功推进改革开放伟大事业的突出样本。深圳的发展之路及其经验表明，坚持中国特色社会主义道路，不断深化改革开放，既是广东、深圳继续走在全国前列的重要保障，也是党和国家在新形势下不断取得一个又一个成果，实现中华民族伟大复兴的根本保证。而深圳作为践行中国特色社会主义"四个自信"的城市样本，它在改革开放40年所走的历程和取得的成果，是一个古老民族和国家在历经百年磨难之后，凤凰涅槃般重新焕发青春活力的一种确证，是一个走向复兴的民族国家从站起来到富起来、强起来伟大飞跃的生动实践。

站在改革开放40周年的历史节点，重温深圳改革开放的发展道路与国家转型的当代历史，在新的形势下，不忘初心、牢记使命，以新担当新作为不断开创深圳改革开放事业新局面，正是深圳未来继续坚持中国特色社会主义道路、继续为国家改革开放探路的历史使命之所系。正如广东省委常委、深圳市委书记王伟中同志所提出的，要高举新时代改革开放旗帜，大力弘扬敢闯敢试、敢为人先、埋头苦干的特区精神，把走在最前列、勇当尖兵作为不懈追求，推动思想再解放、改革再深入、工作再落实，打造新时代全面深化改革开放的新标杆，把经济特区这块"金字招牌"擦得更亮，朝着建设中国特色社会主义先行示范区的方向前行，努力创建社会主义现代化强国的城市范例。这一新目标也是深圳在新时代、新征程中肩负的重大历史使命，因此，应勇于担当、凝心聚力、奋发有为、开拓创新，继续深化改革、扩大开放，努力为实现中华民族伟大复兴中国梦作出新的更大贡献。

是为序。

2018 年 10 月

序言 "粤港澳大湾区"发展的价值与关键

魏达志[*]

综观世界经济地理分布，经济发达区多出现在自然地理和经济地理区位优势的大河河口及海湾区域，亦简称"湾区"。湾区是大陆与海洋的连接点，其城市的张力由湾区开始辐射全球，"湾区经济"不仅是天赋的都市圈经济，而且已经成为经济全球化时代，在一定程度上改变世界经济科技格局和运行方式的新的经济组合，成为全球化时代新的经济科技竞争与合作的特殊平台，它们大多由一个或者数个世界级中心城市组成，它们是全球城市网络的重要枢纽，是世界经济增长的驱动引擎，是科学技术创新的聚集高地，是新的思想智慧交汇创新的发源地。

世界级的"大湾区"，不仅是一个国家和地区财富与高端要素的聚集地，而且是一个国家整体经济科技实力的重要体现；不仅具有强大的作为城市与区域的凝聚力和辐射力，而且具有举足轻重的全球性冲击力和影响力。那些具有全球性价值的大都市、都市圈与城市群的独特功能能够充分地体现国家意志，并在这种全球性城市群的竞争中，那些具有湾区经济组合形态的城市群显得特别引人注目，湾区经济的竞争已经演变成为国家间的竞争。

---

[*] 魏达志，为广东省人民政府参事、深圳大学经济学教授。

一 "湾区经济"是天赋的全球性经济组合

（一）湾区经济是全球性市场配置资源的经济组合

湾区经济依托优质港口和全球性中心城市所拥有的金融中心、创新中心、文化艺术中心，以区域及产业的集聚形态构建出有效的市场竞争格局，并作为国家力量形成专业化的研究发展和高端要素配置的集聚高地，成为全球性市场配置资源的经济组合。

（二）湾区经济将构建全球性开放的经济结构和空间载体

湾区经济具有开放的经济结构、高效的资源配置能力、强大的集聚外溢功能和发达的国际交往网络，形成并具备全球性中心城市与城市群的核心空间载体，易于构建全球性开放的经济体系和产业体系。

（三）湾区经济是全球性新兴经济体系及产业的聚集形态

现代新兴经济体系是指在特定区域里具备突破存量，具有竞争与合作关系，具有交互关联性的公司企业、专业化供应商、服务性机构等组成的群体，而湾区经济就是全球性新兴经济形态及其产业呈现的组合形态。

（四）湾区经济拥有完备的全球性物流组织与贸易网络

由于湾区经济发源于港口经济，依托国际贸易，港口的快速物流组织以及全球化的国际贸易网络，无论是海陆空一体化，还是虚拟与现实空间，都为湾区资源的高效配置和经济活力提供了良好的战略性平台与流动性载体。

（五）湾区经济是汇集并培育全球性核心竞争力的重要极核

湾区经济能够使企业共享区域公共设施、市场环境和外部经济的各种条件，降低信息交流和物流成本，形成区域市场的集聚效应、规模效应、外部效应和区域竞争力；使得其能够成为汇集并培育全球性核心竞争力的重要极核，更加具备发展成为最具现代化、国际化特征的大都市、都市圈与城市群的空间形态。

二 粤港澳大湾区建设的四大突破性价值

1. 国家全局视野中强化区域地位的标志性突破

2017年全国两会的政府工作报告提出：要推动内地与港澳深化合作，研究制定粤港澳大湾区城市群发展规划，发挥港澳独特优势，提升在国家经济发展和对外开放中的地位与功能。使得粤港澳大湾区由地理概念、学术层面、区域战略上升为国家战略，是国家全局视野中强化区域地位的标志性突破。

(二) "一国两制"背景下一体发展的关键性突破

粤港澳大湾区由国家战略性顶层设计带动并包括港澳共同发展，是"一国两制"背景下粤港澳联动发展、融合发展的关键性突破。比如国务院批准的《珠江三角洲地区改革发展规划纲要（2008—2020年）》等若干重要文献，其中也提出要"推进与港澳更紧密合作"，但这是甲方与乙方的合作，而这次是融合性、一体化的深化合作，本质内涵已经大大提升。

(三) 全球化时代对标国际顶尖湾区的战略性突破

粤港澳大湾区直接对标全球最发达的三大湾区，是国家在全球化时代对标国际顶尖区域的战略性突破。从经济体量来看，2016年粤港澳大湾区城市群的GDP总量达到1.36万亿美元，超过美国旧金山湾区，未来有望成为超过东京湾区甚至能够与纽约湾区比肩的特大城市群。由此可见，以粤港澳湾区作为中国核心湾区对标国际顶尖湾区的战略性突破时机已经成熟。

(四) 改变国家在全球化分工格局中的根本性突破

在全球整体的产业链布局中，发达国家在上游，我们在中下游；发达国家在核心，我们在边缘；发达国家在高端，我们在中低端。无论是打造粤港澳大湾区，还是建设全球性中心城市，或是打造广深科技创新走廊，将粤港澳大湾区的经济优势转化为创新优势，一个很大的使命担当与突破就是改变中国在全球的分工地位与状态，重组全球的创新链与产业链，这是是否能够代表国家占领全球经济科技制高点并拥有核心竞争力的根本性突破。

三 粤港澳中心城市引擎建设及深圳的路径样板

建设与打造全球性中心城市是粤港澳大湾区发展过程中一个不可忽略的战略性关键,因为大湾区发展必须拥有全新的动力构成、全新的经济结构与全新的发展模式,虽然说湾区经济大多由一个或者数个世界级中心城市组成,但是在实际的运行过程中,优质资源具有很强的流动性,中心城市不是意见争论的总结,也不是舆论比拼的结果,而是市场选择、社会认同与政府规划之间的博弈,并最终形成具有全球性核心竞争力的湾区引擎和具有全球性影响力的中心城市。我们以为深圳在最终形成全球性中心城市方面正在形成一个全新的路径样板。

(一)灵魂铸造——旗帜鲜明的使命担当

深圳经济特区是中国工业化与城市化的奇迹,也是发展中国家城市崛起的典范,它的第一个鲜明特点,是从它创建的第一天开始,就在思考中国改革开放中"中国道路与特区探路"的关系,就在肩负"中国需求与特区担当"的使命,就在履行"中国梦想与特区模式"的塑造。整个深圳特区的发展成长的历史,都是在为国家探路,承载使命、责任与担当,向创新发展模式方面努力,从而体现深圳拥有全球视野、国家立场、特区特色和使命担当,并充分表达经济特区存在的意义和价值。

深圳2017年本市生产总值超过2.2万亿元,同比增长约8.8%;辖区公共财政收入8624亿元,增长9.2%;地方一般公共预算收入3332亿元,同口径增长10.1%;规模以上企业利润平均增长22.7%;居民人均可支配收入增长8.8%。深圳作为中心城市的使命担当和发展成就,已经奠定了成为大湾区发展引擎的价值基础。

(二)定位精准——高屋建瓴的战略定位

深圳的战略定位是一个不断优化与提升的过程,我们认为,深圳的科学定位与发展模式的创造,正是中央对特区的最大冀望,因此深圳既需要提供"更具改革开放引领作用的经济特区"的全新发展模式,需要提供"更高水平的国家自主创新示范区"的全新发展动力,需要提供"更具辐射力带动力的全国经济中心城市"的规模经济总量,需要提供"更具竞争力影响力的国际化城市"的全球创新与资本高地，而且还需要提供"更高质量的民生幸福城市"引才聚才、创新创业的好环境，从而实现对国家发展的战略支撑、创新支撑、模式支撑与路径引领。

作为世界第二大经济体的中国，必须铸造全球性的顶尖城市，其城市战略定位至少应该考虑以下四大因素：一是必须考虑与对标全球最发达相关城市的竞争与参照关系；二是必须考虑工业文明向科技文明时代转型与持续发展的关系；三是必须考虑对自身城市以及城市群未来创新与引领的关系；四是必须考虑对国家重大战略性目标的支撑与贡献的关系。并将城市的战略性定位与功能性定位结合起来，由此而代表粤港澳大湾区中心城市建设的发展趋向。

（三）开放支撑——全球视野的博大胸怀

深圳从创建之初，就开始面对一个复杂的世界。一方面深圳正在谋求进一步的国际化，以全球视野开展更大范畴的国际经济与科技合作，强化城市与产业的国际竞争力，并不断根据国家战略走向世界市场，根据2016年10月媒体的公开报道，深圳企业和科研机构在全球已经建成250多家研发机构，建成70家融科学发现、技术发明、产业发展为一体的新型研究机构。另一方面需要进一步深化深港澳合作，共同打造具有世界影响力的城市群和粤港澳大湾区。深圳如何更好地贯彻执行"一国两制"方针，如何以更加开放、包容、豁达的心胸与方式方法去维护香港的繁荣稳定，是这个城市应该思考的重大命题。

关于构建开放新格局，2018年深圳市政府报告提出，以大湾区发展规划建设为契机，争取推动深圳更多项目纳入粤港澳大湾区科技创新、基础设施等专项实施方案，推进深港澳在经贸、金融、教育、科技、人才等各领域更紧密合作，对标国际化高标准投资贸易规则，发展更具国际竞争力的开放型经济，如果开放型经济首先在深圳形成气候，将对整个粤港澳大湾区发挥带动作用。

（四）改革先行——统揽全局的大国智慧

深圳的发展史，实际上就是一部改革史，一部"敢闯"史，闯了不合时宜的政策法规的"禁区"，闯了前人未曾涉足的"盲区"，闯了矛盾错综复杂的"难区"。深圳改革开放的最大意义就在于为全国的改革开放探路，对计划经济体制的突破和对社会主义市场经济体制的探索，并初步形成适应经济全球化发展的、全方位对外开放的新格局。改革依然是未来粤港澳大湾区建设与发展的关键，深圳的改革，不仅需要问题导向，同时还需要战略引领，并将战略引领和问题导向作为改革的前提与基础，以率先改革形成可传播、可复制的改革示范；如果深圳的改革不能继续引领未来的发展，其作为粤港澳大湾区改革领头羊的地位将会丧失。

（五）创新引领——科技驱动的动力构成

深圳已经创造的最重要的就是创新发展模式。在创新发展的新时代，深圳作为我国一线城市中最年轻且最具活力的城市，在5G技术、石墨烯太赫兹芯片、3D显示、新能源汽车、特种计算机、柔性显示等多个科技领域的创新能力处于世界前沿，正从应用技术创新向基础技术、核心技术、前沿技术创新转变，从跟随模仿式创新向源头创新、引领式创新跃升，加快向全球科技创新高地迈进。

2018年，政府工作报告提出要加快建设"全球科技产业创新中心"，推动创新发展更有质量。深圳平均每天诞生46件发明专利，平均每63人拥有一家高新技术企业，被誉为中国的"硅谷"。创新最深沉的动力来自于企业。深圳的"六个90%"：90%的创新型企业为本土企业、90%的研发人员在企业、90%的研发投入源自企业、90%的专利产生于企业、90%的研发机构建在企业、90%的重大科技项目由龙头企业承担，预示着深圳全新的创新动力最有可能成为粤港澳大湾区的引擎城市。

（六）集约发展——稀缺资源的集约配置

深圳创造的又一个好模式是集约发展模式。深圳的土地面积1996.85平方公里，仅仅是上海的30%、广州的26%、北京的12%，而且还有一半以上是生态和绿化用地，在这种背景下，深圳在2016年每平方公里产出为9.7亿元，是上海同年的2.24倍、广州的3.68倍、北京的6.42倍。深圳在2017年每平方公里产出为11.01亿元，在中国由经济大国向经济强国崛起的过程中，深圳这种集约发展的模式创造，将不仅仅是中国城市发展史上的奇迹，而且将成为世界城市发展史的奇迹，它将成为证明中国改革开放是发展中国家走向未来正确道路的典型范例。

（七）结构优化——引领时代的产业结构

深圳产业结构的高度化，是历届深圳市委、市政府常抓不懈的战略性大事，目前深圳拥有高新技术产业、物流业、金融业和文化产业四大支柱产业，拥有生物、互联网、新能源、新材料、文化创意、新一代信息技术、节能环保七大战略性新兴产业，并已经成为国内战略性新兴产业规模最大、集聚性最强的城市；深圳还拥有航空航天、生命健康、机器人、可穿戴设备和智能装备五大高成长的未来产业；加上服装、家具、钟表、黄金珠宝等若干优势传统产业，使得深圳已经形成了在全国大中城市里最具高端引领、快速发展、持续发展、滚动发展的最优产业结构。

与此同时，深圳正在培育新动能。出台促进新一代人工智能、集成电路产业发展实施方案，推动人工智能规模化应用，规划建设石墨烯产业基地，培育第三代半导体、新材料等创新型产业，结构优于规模，深圳优化的经济结构与产业结构，将在粤港澳大湾区未来的发展当中进一步产生势不可当的先行优势。

（八）主体塑造——充满活力的市场主体

目前深圳商事主体总量继续稳居全国大中城市首位，创业密度最高。期间发展民营高科技企业，在城市创新体系之中，企业在从事技术创新、依托知识创新获得价值发现，并确认自身在产业技术链上的环节与位置，从而掌握若干核心技术，提高核心竞争力的企业案例在深圳屡见不鲜。大量的民营企业的存在，是深圳提升市场活力的重要动力。与此同时，由于深圳创造了良好的企业成长环境和企业家成长模式，这也是深圳源源不断地产生500强企业与品牌企业和大批优秀企业家的重要基础。

根据央广网2018年1月15日消息，深圳不断推动商事登记制度改革，简化登记程序，让市场主体准入门槛大大降低，激发了市场活力。目前深圳商事主体增至300多万家，居全国城市首位。深圳从2013年3月1日启动商事登记制度改革以来，新登记商事主体大增，平均每月新增3.8万户左右，每10人拥有商事主体约2.4户，无论是创业密度还是商事主体增长速度，均位居全国首位。深圳充满活力、颇具规模的市场经济主体，将成为粤港澳大湾区未来发展最具生命力的活跃因子。

（九）机制协同——政府市场的相向发力

在现代市场经济体系中，政府和市场是相互关联的两个重要组成部分，政府是经济管理和调控主体，市场是配置各类资源的基础平台和基本场所。政府和市场的关系，决定着市场与经济社会的基本走向和运行质量。理顺政府与市场关系是深化经济体制改革的关键，十八届三中全会指出：经济体制改革是全面深化改革的重点，核心问题是处理好政府和市场的关系，使市场在资源配置中起决定性作用和更好发挥政府作用。

深圳的一个重大经验就是不断地实现政府机制与市场机制的协同，并实现政府与市场的相向发力，这就需要政府不断地面对市场、研究市场、分析市场、认识市场、调控市场并实现与市场的同步、引领和协同，包括政府出台的产业政策和重大举措，政府在认识市场规律之后的政策引领，将起到事半功倍的作用，也是深圳在实现市场配置资源过程中更加得心应手的重要原因。

（十）发展后劲——布局新兴的经济形态

评价一个城市的经济发展能力与滚动发展能力，关键在于城市未来发展的产业增量、质量及其突破口，所以必须考察它在所处的历史发展周期中所拥有的新兴经济形态及其创新性、特色性和领先性。比如在深圳目前大家耳熟能详的经济形态，就包括城市群经济、都市圈经济、总部经济、湾区经济、海洋经济、标准经济、质量经济、数字经济、循环经济、绿色经济、自贸区经济和开放型经济等这些前沿性的经济形态。而经济发展的重大表现就是经济形态的演变和交替，经济现代化的表现就是一种或多种新的经济形态的转换，并逐步促成新的创新投入，因为每种经济形态都具有自身独特的时代理念、投入内涵、发展模式、主导产业、经济结构和运行制度等，而这些恰恰是深圳未来能够实现经济高端引领与结构转型的重要内涵，这些创新性的经济形态更加容易产生各种优势叠加的新型的发展模式和创新范畴，是培育创新优势与发展后劲的新兴领域，也是为粤港澳大湾区未来发展不断注入的动力。

四 粤港澳大湾区中广深科技创新走廊的脊梁作用

港澳大湾区作为我国超大型城市群之一,地域广阔,人口众多,工业化与城市化水平高,不仅拥有广州与深圳两个全国性中心城市,而且拥有港澳这两个国际化城市。这些核心城市科技雄厚、产业密集并具文教实力,易于形成域内产业结构互补性和多元化发展格局,如果战略定位科学,发展导向正确,既具有不断创新和向高端演进的动能,还具有从空间上向外不断扩散的活力。特别是在粤港澳大湾区的国家战略部署视野下,又为我们重构广深科技创新走廊并进一步向珠三角创新圈与粤港澳大湾区创新圈升级提供了极大的想象空间和实践空间,区域经济理论所强调的点轴圈发展路径依然具有很强的实践性。

(一) 实现经济优势向创新优势的转化

港澳大湾区内各个城市的区位、产业、技术、知识与人才等的规模与质量并不相同,这意味着各市的创新发生与产业发展存在不均等现象。同时城市群的各个城市具有不同的集聚和扩散功能,城市群的集聚过程,表现为科技、资本、人力等要素由于收益差异而导致由外围向中心的集聚;在扩散过程中,表现为生产要素由中心向外围辐射,并导致区域经济整体得到提升与发展。

城市群内总存在一或两个核心城市作为增长极核,如改革开放之初的香港与广州。一般而言经济增长都发端于增长极,当一旦突破两点的原始形态就开始了两点之间的辐射和对接,并通过软硬基础设施的建设以及新兴的产业布局形成新的经济增长的轴线,随着经济社会发展的不断成熟,轴线开始向新的圈层扩散,然后辐射到整个城市群。

这一辐射路径与方式被称为城市群均衡发展的主导路径。珠江三角洲的发展路径就是典型的城市群均衡发展的范例。在主导路径形成中,点轴贯通是第一步,经济发展轴线一旦形成,将吸引人口、产业向轴线集聚,并产生新的增长点。如深圳和东莞就是在香港与广州点轴开发中崛起的珠江东岸城市,与此同时,珠江西岸又崛起了佛山、中山与珠海等另外一些城市。点轴形成与演进的结果将辐射整个城市群经济圈。

城市群形成增长轴后将进入网络扩散模式，并通过几何级数的能级效应，构造现代城市群的空间结构。网络开发既是城市群点轴系统的延伸和强化，又可促进城市群经济圈的一体化发展。当珠江三角洲的周边地区强烈地感受到中心城市的扩散力度时，城市群网络即经济圈就将形成。城市群点轴圈的形成，在城市群的能级增长上将发生几何级数的飞跃，即1∶3∶9的经济能级效应。

目前港澳大湾区已经顺利实现了点轴圈经济能级的集聚与扩散过程，我们应该推动实现由经济能级向创新能级转化的扩散效应，形成新的广深科技创新走廊，深圳作为国家自主创新型城市更加应该发挥协同带动作用，加速港澳大湾区创新圈形成并有效支撑广东国家科技产业创新中心的建设，并最终为科技强国的宏伟目标做出自己的贡献。

（二）重构区域发展的协同创新机制

目前未能发挥珠三角经济优势向创新优势转化的能级扩散效应的主要原因是，虽然我们已经构成"1+1+7"（广州市+深圳市+其他七市）初步的珠三角创新格局，但是我们在调研中发现反映强烈的问题之一是珠三角城市间缺乏协同创新的分工与机制，目前的创新状况依然是各自为政，在整体的创新格局中依然显得凌乱；由于缺乏全省创新政策系列的操作指引，广东虽然出台了一系列的创新政策，但我们在实际的调研当中仍然听到各个地市有关政策操作性不强的呼声。特别是深港穗三大核心城市并没有形成创新领域的协同与合作，珠三角创新轴尚未形成，不仅极大地影响了广深科技创新走廊的形成，更不可能实现对珠三角创新圈的带动作用。我们依然需要重新探讨科学合理的实践路径，通过总结珠三角创造经济优势的历史过程，实现由经济优势向创新优势的转化。

还不能忽略的是，要发挥香港在改革开放初期那样主动积极地融入珠三角的科技创新与经济发展的积极性。珠三角在改革开放初始，有香港、广州两个核心城市作为城市群的增长极核，增长极的轴向扩散与点轴贯通崛起了珠三角东西两岸的新兴城市带，吸引经济资源向轴线集聚并产生新的增长轴。点轴形成与演进的结果将辐射并提升整个珠三角经济圈。"深港创新圈"曾经是一个亮点，但由于香港的知识创新体系与深圳的技术创新体系并未能形成有效融合,所以未能发挥深港协同的创新效应和辐射支撑作用。随着粤港澳大湾区战略的实施,当前香港在创新问题上认识的不断深化,有利于未来形成粤港澳大湾区新兴的创新格局。

(三)打造广深科技创新走廊奠基未来发展

珠三角创新圈应该成长并依托于珠三角这样一个超大型的城市群之中。珠三角创新圈的形成,表现为更多的创新资源由点轴辐射向圈层的扩散,并进一步集聚来自海内外的不同的创新资源包括人力资源,与此同时,珠三角创新圈的主要城市在协同创新与合作创新方面取得突破性进展并获得具有制高点价值的科技成果与产业化效应,并进而带动整个珠三角的创新发展。

一是率先打造广深科技创新走廊,并在战略上重构珠三角创新圈的梯度发展格局。为建设广深科技创新走廊制定深港穗莞协同的创新政策,建设广深科技创新走廊建立深港穗莞创新合作平台。加快建立深港穗莞联合研发、科学发现、人才交流、知识产权、技术转化等综合性合作平台,充分利用港穗的高校资源和深莞的创新企业集群优势,鼓励深港穗莞的研究机构、高等学校、科研院所和创新企业共建实验室、工程技术中心,联合开展重点产业及其核心技术的协同攻关。

同时充分广深科技创新走廊共同形成创新辐射的引领作用。

二是发挥深圳先行作用,布局广深科技创新走廊具有科学发现与技术开发意义的产业集群。广深科技创新走廊以广深沿线为主轴整合创新资源,实现广东省提出的打造广深科技创新走廊,推动重大科技平台和基础设施共享,促进人才、技术、资金、信息等创新要素自由流动、深度融合。注意发挥深圳在打造广深科技创新走廊的引领作用,深圳作为国家级的自主创新城市,不仅责无旁贷而且有着至关重要的影响力和辐射力。发挥深圳在战略性新兴产业、未来产业、支柱产业和创新型传统优势产业的辐射带动作用,应用互联网、新能源、新材料、机器人、生命科学、智能制造等领域的先发优势,通过先行优势促进优质资源的整合利用。

三是构建广深科技创新走廊协同创新体系,推动形成并巩固珠三角创新圈并向粤港澳大湾区创新圈升级。我们需要扎实打造广深科技创新走廊,推动珠三角创新圈的形成并向粤港澳大湾区创新圈的升级奠定扎实的基础，通过创新政策和各类合作平台推动深港穗莞创新要素流动畅通、科技设施联通、创新链条融通，促进创新活动空间集聚和产业分工梯度布局，构建协同有序、优势互补、梯度发展、科学高效的区域一体化创新体系，提升深港穗莞创新能级，聚力打造广深科技创新走廊并加速提升对珠三角城市群的创新带动作用。同时推动广深科技创新走廊乃至珠三角与大湾区创新圈内创新资源共建共享共赢。支持建立珠三角城市群创新资源开放协同机制，共同打造支撑珠三角创新驱动发展的战略支点。再是全面推进广深科技创新走廊乃至更大范围不同产业间的创新协同。通过布局合理、便捷高效的产业链与分工协作格局，共同打造珠三角先进制造业中心和国家生产性服务业基地，引领珠三角城市群与粤港澳大湾区的科技创新得到持续不断的提升与发展。

党的十九大报告指出，要支持香港、澳门融入国家发展大局，以粤港澳大湾区建设、粤港澳合作、泛珠三角区域合作等为重点，全面推进内地同香港、澳门互利合作，制定完善便利香港、澳门居民在内地发展的政策措施。

粤港澳是我国最具有代表性竞争意义的大湾区，其中的发达城市已经进入后工业化时代，正在致力于抢占世界新的经济与科技制高点，正在形成更加具有规模的金融中心、科创中心、制造中心、服务中心和文化艺术中心融合发展的全新格局，并在粤港澳大湾区点轴圈的发展扩散路径上提升整个都市圈、城市群并覆盖全域的创新、创意和综合竞争优势。

目　　录

第一章　世界级三大湾区的发展历程与国际借鉴 …………… (1)
第一节　世界级大湾区的基础理论与演进机理 ……………… (2)
一　世界级大湾区涉及的基础理论 ………………………… (2)
二　世界级大湾区的演进机理 ……………………………… (9)
第二节　世界级大湾区的发展环境与功能特征 ……………… (12)
一　世界级大湾区的经济发展环境 ………………………… (12)
二　世界级大湾区的主要功能特征 ………………………… (17)
第三节　美国纽约大湾区的发展历程与显著特征 …………… (26)
一　美国纽约大湾区的发展历程 …………………………… (26)
二　美国纽约大湾区的显著特征 …………………………… (28)
第四节　美国旧金山大湾区发展历程与显著特征 …………… (32)
一　美国旧金山大湾区的发展历程 ………………………… (32)
二　美国旧金山大湾区的显著特征 ………………………… (35)
第五节　日本东京大湾区的发展历程与显著特征 …………… (39)
一　日本东京大湾区的发展历程 …………………………… (39)
二　日本东京大湾区的显著特征 …………………………… (42)
第六节　世界级大湾区的国际借鉴与我们的差距 …………… (45)
一　世界级大湾区的启示与借鉴 …………………………… (45)
二　我们与世界级大湾区存在的差距 ……………………… (52)

第二章　粤港澳大湾区的战略定位与主导目标 …………… (57)
第一节　粤港澳大湾区的地理区划与形成历程 ……………… (57)

  一 粤港澳大湾区的地理区划 …………………………………… (57)
  二 粤港澳大湾区的形成历程 …………………………………… (63)
 第二节 粤港澳大湾区发展的战略定位与高地构建 ………………… (66)
  一 粤港澳大湾区发展的战略定位 ……………………………… (66)
  二 粤港澳大湾区未来的高地构建 ……………………………… (68)

第三章 粤港澳大湾区的核心视角与重大问题 …………………… (73)
 第一节 粤港澳大湾区的改革开放与持续发展 ……………………… (73)
  一 粤港澳大湾区改革开放的深入 ……………………………… (73)
  二 粤港澳大湾区的持续发展后劲 ……………………………… (76)
 第二节 粤港澳大湾区的制度创新与政府作用 ……………………… (79)
  一 粤港澳大湾区的制度创新 …………………………………… (80)
  二 粤港澳大湾区的政府作用 …………………………………… (82)
 第三节 粤港澳大湾区的市场配置与叠加优势 ……………………… (84)
  一 粤港澳大湾区的市场配置 …………………………………… (84)
  二 粤港澳大湾区的叠加优势 …………………………………… (87)
 第四节 粤港澳大湾区的工业化与城市化进程 ……………………… (89)
  一 粤港澳大湾区的工业化进程 ………………………………… (90)
  二 粤港澳大湾区的城市化进程 ………………………………… (93)
 第五节 粤港澳大湾区的发展约束与统筹协调 ……………………… (97)
  一 粤港澳大湾区的发展约束 …………………………………… (97)
  二 粤港澳大湾区的统筹协调 ………………………………… (106)
 第六节 粤港澳大湾区的特色打造与湾区模式路径构成 ………… (108)
  一 粤港澳大湾区的特色打造 ………………………………… (109)
  二 粤港澳大湾区的路径构成 ………………………………… (111)

第四章 粤港澳大湾区的枢纽城市与空间组合 ………………… (114)
 第一节 粤港澳大湾区的圈域差异与城市梯队 …………………… (114)
  一 粤港澳大湾区的圈域差异 ………………………………… (114)
  二 粤港澳大湾区的城市梯队 ………………………………… (117)

第二节 粤港澳大湾区的枢纽结点与核心模块 (121)
    一 粤港澳大湾区的枢纽节点 (121)
    二 粤港澳大湾区的核心模块 (127)
第三节 粤港澳大湾区的空间组合与整体谋划 (131)
    一 粤港澳大湾区的空间组合 (132)
    二 粤港澳大湾区的整体谋划 (135)
第四节 粤港澳大湾区的和谐与相对均衡发展 (137)
    一 粤港澳大湾区的和谐发展 (137)
    二 粤港澳大湾区的相对均衡发展 (138)

第五章 粤港澳大湾区的产业选择与结构优化 (141)
第一节 粤港澳大湾区的产业构成与制约瓶颈 (141)
    一 粤港澳大湾区当前的产业构成 (141)
    二 粤港澳大湾区产业发展的瓶颈 (151)
第二节 粤港澳大湾区的结构转型与产业选择 (158)
    一 粤港澳大湾区的结构转型 (158)
    二 粤港澳大湾区的产业选择 (166)
第三节 粤港澳大湾区的产业分工与区域互补 (171)
    一 粤港澳大湾区的产业分工 (171)
    二 粤港澳大湾区的区域互补 (173)
第四节 粤港澳大湾区的增量布局与产业发展 (178)
    一 粤港澳大湾区的增量布局 (178)
    二 粤港澳大湾区的产业发展 (182)
第五节 粤港澳大湾区的产业政策与梯度发展 (185)
    一 粤港澳大湾区的产业政策 (185)
    二 粤港澳大湾区的梯度发展 (189)
第六节 粤港澳大湾区的结构优化与产业模式 (193)
    一 粤港澳大湾区的结构优化 (193)
    二 粤港澳大湾区的产业模式 (196)

第六章　粤港澳大湾区经济一体化及主导路径 (203)
第一节　世界区域经济一体化的理论溯源与动态 (203)
一　世界区域经济一体化的理论溯源 (203)
二　世界区域经济一体化的当前动态 (208)
第二节　粤港澳大湾区经济一体化的历史进程 (210)
一　粤港澳大湾区一体化的阶段进程 (210)
二　粤港澳大湾区一体化的现状与问题 (214)
第三节　粤港澳大湾区经济一体化与自由贸易区 (219)
一　粤港澳大湾区自由贸易区的布局 (219)
二　自由贸易区对湾区一体化的意义 (225)
第四节　粤港澳大湾区经济一体化与共同市场 (232)
一　粤港澳大湾区共同市场的推进 (233)
二　共同市场对湾区一体化的价值 (236)
第五节　未来粤港澳大湾区经济一体化水平展望 (238)
一　世界当代经济一体化发展水平分析 (238)
二　未来粤港澳大湾区一体化水平展望 (243)
三　粤港澳大湾区一体化的推进步骤 (248)

第七章　粤港澳大湾区的特区使命与深圳担当 (251)
第一节　粤港澳大湾区战略下深圳的品牌优势 (252)
一　更具影响力与带动力作用的经济特区 (252)
二　全国唯一的国家自主创新型城市品牌 (256)
三　优势凸显的深港现代服务业合作区 (257)
四　具示范先导效应的科技产业创新中心 (258)
五　与上海同步的全球海洋中心城市定位 (261)
六　先行创新的国家综合配套改革试验区 (265)
第二节　粤港澳大湾区战略下深圳的使命担当 (268)
一　粤港澳大湾区与开放发展 (269)
二　粤港澳大湾区与协调发展 (270)
三　粤港澳大湾区与创新发展 (271)

四　粤港澳大湾区与绿色共享发展 ……………………………（273）
第三节　粤港澳大湾区战略下深圳的发展路径 …………………（274）
　　一　进一步发挥深圳的创新优势 …………………………（274）
　　二　突出自贸区发展的标杆作用 …………………………（275）
　　三　实施"一带一路"的前导 ……………………………（276）
　　四　不断冲刺世界性的产业高端 …………………………（276）
　　五　聚力发展总部经济的集群 ……………………………（277）
　　六　加快经济要素流动便利化 ……………………………（277）
第四节　粤港澳大湾区战略下深圳的产业亮点 …………………（278）
　　一　建设更具国际影响的创新活力之城 …………………（278）
　　二　建设更加宜居宜业的绿色低碳之城 …………………（280）
　　三　建设更高科技含量的智慧便捷之城 …………………（282）
　　四　建设更高质量标准的普惠发展之城 …………………（283）
　　五　建设更加包容合作的开放共享之城 …………………（284）
第五节　粤港澳大湾区战略下深圳的辐射带动 …………………（286）
　　一　辐射带动的理论基础 …………………………………（286）
　　二　深圳发展的辐射效应 …………………………………（288）
　　三　粤港澳大湾区西岸城市的回应 ………………………（289）

第八章　粤港澳大湾区的全球地位与未来展望 ……………………（291）
第一节　粤港澳大湾区是未来全球一流的湾区 …………………（291）
　　一　未来世界发展速度第一的湾区 ………………………（292）
　　二　未来世界经济总量第一的湾区 ………………………（294）
　　三　未来世界网络应用最普及湾区 ………………………（297）
　　四　未来世界现代交通最发达湾区 ………………………（297）
　　五　未来世界带动作用最大的湾区 ………………………（299）
第二节　粤港澳大湾区是具综合性特征的湾区 …………………（299）
　　一　大湾区综合性的定位与规划 …………………………（300）
　　二　保护与开发关系的正确处理 …………………………（302）
　　三　补齐湾区重大基础设施短板 …………………………（303）

第三节　粤港澳大湾区是新兴经济形态聚集区 …………………（305）
　　　一　实施"科技兴湾"战略 ……………………………………（305）
　　　二　形成湾区专业服务优势 ……………………………………（307）
　　　三　打造湾区创新驱动新引擎 …………………………………（307）
　　第四节　粤港澳大湾区的综合竞争力与增长极核 ………………（308）
　　　一　打造湾区金融新高地 ………………………………………（308）
　　　二　实现海陆联动推动发展 ……………………………………（309）
　　第五节　粤港澳大湾区将改变全球经济科技格局 ………………（310）

参考文献 ……………………………………………………………（312）

后记　粤港澳大湾区发展的时不我待 ……………………………（318）

第一章　世界级三大湾区的发展历程与国际借鉴

湾区的形成是工业文明向科技文明，内陆文明向海洋文明转型时代出现的一种特殊的经济现象和经济形态。同时，湾区是滨海城市特有的一种城市空间，是海岸带的重要组成部分，有着丰富的海洋、生物、环境资源和独特的地理、生态、人文、经济价值。历史证明，湾区发展有利于依托得天独厚的自然资源，成为环湾城市发展的坚实基础，它对整个城市尤其是对区域经济和社会产业的发展起到了强有力的带动作用。

据世界银行的数据显示，全球60%的经济总量集中在湾区板块。而这一由湾区地理位置所衍生出的经济效应被称为湾区经济。作为湾区空间上的重要组成部分，港口与城市发挥着纽带与辐射作用，因此，湾区经济可以说是滨海经济、港口经济、都市经济与网络经济高度融合而成的一种独特经济形态，是海岸贸易、都市商圈与湾区地理形态聚变而成的一种特有经济格局。

纵观全球经济发展进程，最发达区域往往集中于湾区板块。湾区以其较强的产业带动能力、财富集聚功能以及资源配置手段，已成为引领全球技术变革、带动世界经济发展的重要增长极和核心动力。准确把握湾区发展的内涵特征和共性经验，对于我国加快发展世界一流湾区经济，更好地服务"一带一路"建设，具有重要意义。

第一节　世界级大湾区的基础理论与演进机理

一　世界级大湾区涉及的基础理论

（一）湾区及湾区经济的相关概念

1. 湾区

湾区是指由一个海湾或相连的若干个海湾、港湾、邻近岛屿共同组成的区域。湾区是滨海城市特有的一种城市空间，是海岸带的重要组成部分，有着丰富的海洋、生物、环境资源和独特的地理、生态、人文、经济价值。在国际上，"湾区"一词多用于描述围绕沿海口岸分布的众多海港和城镇所构成的港口群和城镇群。根据湾区所包围海面的大小，可以将湾区空间划分为四种尺度。

（1）小尺度的湾区空间：指陆地所包围海面面积较小，一般小于5平方公里，最大不超过10平方公里。

（2）中等尺度的湾区空间：湾区海面面积宽度适中，海湾两岸有水路和陆路两种交通，通常是城市的一部分，或隶属于某个行政区，如胶州湾、大连湾、英吉利湾等。

（3）大尺度的湾区空间：湾区海面面积较大，这类湾区通常周围有多个城市一起构成一个城市群或者经济圈，如渤海湾、东京湾、旧金山湾等。

（4）超大尺度的湾区空间：区域内可能包含很多小型和中型的海湾，如孟加拉湾、墨西哥湾等都是面积超过100万平方公里的超大尺度海湾，这类湾区通常包括很多国家。

我国提出湾区概念源于粤港合作。20世纪末期，时任香港科技大学校长的吴家玮教授最早提出了"香港湾区"（亦称"深港湾区"）的概念。之后，我国又相继提出了建设"港珠澳湾区""珠三角湾区""珠江口湾区"及"粤港澳湾区"等。随着全球一体化发展不断深入，资源在全球内互动与分配，在海陆空等渠道中，海洋经济成为主流，并逐步形成以湾区为核心的经济集群中心。

2. 湾区经济

湾区经济是指由湾区衍生的经济效应。湾区经济不仅是一个区域概念，还是一个产业概念，即需要有临港产业群（或称为濒海产业圈），只有两者结合才能被称作湾区经济。因此，湾区经济更多的是基于地理特征和地域分工的一种经济社会活动集合，它强调（国际化与现代化）城市发展形态与（现代服务业、总部经济、高新技术、金融产业、海港工作带）经济发展形态的结合。同时，湾区经济应承载三个层次的城市规划目标，即集核心功能区、新兴经济区、跨界协作区于一身（详见表1-1）。典型的湾区经济具有开放的经济结构、高效的资源配置能力、强大的集聚外溢功能、发达的国际交往网络，是世界一流城市的显著特征。

表1-1　　　　　　　湾区经济的三个层次规划目标[①]

	交通优势	城镇布局	生态环境	产业结构
核心功能区	国际性经济物流中枢	空间布局合理，要素自由流动	低碳、绿色环保	高端服务业与信息网络
新兴经济区	交通引导道路网络与跨江通道建设	新城镇规划与行政中心的调整	注重保持海岸地貌完整与地质结构平衡	港口经济圈与新兴产业集群
跨界协作区	跨界基础设施衔接，通关一体化	跨界地区空间合作	生态安全、水气污染监控	CEPA主导跨界协作

湾区经济的形成要素主要包含以下几个方面：

（1）湾区经济形成的基本单元是发达的港口城市。依据经济学相关理论，外部性经济会产生于诸如商品、劳动力以及资金之类的资源在城市网络的流动过程之中。一般来说，如果城市网络系统中的能级越大、能差越小，网络经济效应就会越明显。湾区经济与其他都市圈相比具有的高度竞争力主要是在于港口城市特别是大能级的数目更多。

（2）湾区经济形成的基础条件是优越的地理条件。湾区由于三面环陆，它与其他两种类型的滨海地区相比，更适于建设港口，另外，湾区还拥有海岸线绵长和腹地广阔的天然优势，狭小的湾区空间就可拥有多个港口城市。而且建设湾区通道还可以降低城市之间的通勤距离，城市之间的经济联系紧密程度也因此得到加强。

---

① 李睿：《国际著名"湾区"发展经验及启示》，《港口经济》2015年第9期。

（3）湾区经济形成的根本动力是产业的集聚与扩散。城市产业的聚集以及扩散使得城市边缘不断向外扩张，因此可以带来两种效果，城市间的分工合作紧密加强，实现了城市间的一体化发展。无论是服务业占绝对优势的纽约湾区，还是拥有发达高新技术产业的东京湾区经济，它们的发展都经历了工业领域的持续扩张过程。回顾纽约湾区和东京湾区的经济发展过程，它们分别拥有占统治地位的服务业和发达的高新技术产业，这些工业领域在发展过程中都经历了集聚与扩散和持续扩张。

（4）湾区经济形成的重要牵引力是强大的核心城市。多核都市圈中的海湾城市作用各有不同。纽约湾区经济与东京湾区经济就是两个很好的例子。比如，在日本东京湾区，它们积极探索科学合理的产业结构调整和产业转型路径，其目的就是提高竞争力，促进东京湾区城市的职能转变和经济发展。

（5）湾区经济持续健康发展的动力需要完善的创新体系。城市发展的主要动力港口城市在城市持续发展中的作用日趋下降，此时需要转换港口城市发展的动力，可以通过要素推动以及城市自身发展资源入手，这样才有可能确保城市发展的持续性。

（6）湾区经济形成的重要支撑是高效的交通体系。湾区中高效的交通体系大大缩短了湾区中城市之间的通勤时间，城市间的运输成本也可以得到很大的缩减，城市间的经济联系也得到了紧密加强，产业聚集效应以及城市网络效应的作用凸显。

（7）湾区经济形成的决定因素是合理的分工协作。经济学十大原理中贸易可以使每个人的状况变得更好，所以合理的分工合作可以很明显地提高各城市间的工作效率，城市间的无序竞争的局限也可以得到避免，这也正是湾区经济竞争优势的关键标志。

（8）湾区经济形成的重要指标是宜人的居住环境。宜居的环境因素可以说是地区经济发展的极大竞争优势。环水域面积大、风景优美、温差小，同时还拥有良好的自然环境，可以给居民带来极高的生活品质，考虑诸如此类的种种因素，湾区极其宜居。同时城市的宜居指数高也是吸引企业来此投资的重要因素。

（9）湾区经济形成的重要保障是完善的协调机制。在协调机制方面，无论是产业的分工协作以及城市配套服务和基础设施的衔接等，还是涉及生态环境的保护方面，都需要对区域进行协调，因此完整良好的协调合作机制成为湾区经济形成的重要保障。

(二) 湾区经济的相关理论

1. 湾区经济的研究形态

湾区经济作为一种有较长发展历史的经济现象和一个新的经济概念，近年来成为经济学者研究的焦点。当前对湾区经济的研究方向主要集中于以下几个方面：

(1) 从空间角度看，湾区经济是依托湾区资源，以湾区为圆心，向周围区域辐射发展，带动腹地湾区相关产业发展的特色经济形态。

(2) 从产业角度看，湾区经济就是一种特殊形态的产业集群，产业集群通常能够产生横向或纵向的关联效应，带动整个经济的全面发展，湾区经济作为特殊的产业集群形式也发挥了产业集聚与扩散效应，带动区域经济发展，并且湾区经济与区域经济的互动发展机制更好地促进了湾区以及区域经济产业结构的调整和升级。

(3) 从经济形态角度看，湾区经济是陆地经济与海洋经济的结合点，具备了海洋和陆地的双重优势，是一种特殊的经济形态，湾区"进"以海洋优势为支撑，"退"以腹地经济为后盾，将海陆经济紧密结合在一起，实现了海陆资源的优化配置。

(4) 从交易成本角度看，湾区经济的发展降低了国际贸易和区域间贸易的成本，尤其是湾区港口设施的不断升级，极大地降低了商品的运输成本，依托湾区而兴起的海洋运输方式在国际要素流动、产品交换和技术交流等方面发挥了巨大作用，推动了全球经济一体化进程。

(5) 从物流角度看，湾区是物流链的重要一环，不仅是货物周转、装载等活动的场所，还是各种经济业务的结合体，在保证湾区物流链完整运作的前提下，不断提高湾区经济在价值链中的作用。

综合目前对于湾区经济的研究现状，可以认为，湾区经济作为海陆经济的结合体，是一个综合性、交叉性、复杂性的系统，它以湾区港口或湾区城市为中心，借助交通网络发挥资源优势，发展与湾区产业相关的特色经济，通过向周围区域辐射发展，带动区域经济增长、产业结构调整、技术进步升级，促进区域经济全方位、一体化发展。

2. 湾区经济的相关理论

湾区经济作为区域经济的特殊形态，经济增长理论在其演化过程中一直有所体现。首先，湾区经济的形成本身就是经济发展不平衡的结果，相比内陆区域，湾区在区位上的优势，使各种生产要素向湾区集中，使其成为区域经济的增长极；其次，湾区经济依赖区域优势产业，不断积累经济实力，湾区为了支持主导产业发展，提供便利的硬件和软件环境，以主导产业为动力带动相关产业发展。湾区在发展过程中，从单纯地追求经济利益，到追求湾区经济的综合效益，也是经济增长内涵提升的表现。湾区经济理论也是在相关区域经济理论的基础上发展起来的，主要包括海港区位理论、区域分工理论和产业集聚理论等。

（1）海港区位理论是由德国学者高兹提出来的，他认为腹地是决定海港区位选择的重要因素，港口的发展不仅要依靠完善的海洋运输网络，还要以腹地强大的经济资源作为后盾，以便腹地为港口的发展提供必要的资金和生产力要素。港口的区位选择一般是以"最小成本"为原则的，港口与腹地区域的运输费用是成本的主要组成部分，因此，交通线路的便捷程度直接影响了港口定位。海港区位论的发展是港口经济发展的基础理论，它为港口的发展提供了重要的指导作用，首先，它突出了海港与腹地之间的经济关联，把腹地看作是港口发展的支撑，为以后港口或港口群的规划选址确定了理论依据；其次，港口的发展与运输网络是息息相关的，运输体系的完善在一定程度上可以克服港口先天区位不良的劣势，港口的演进必须跟进交通系统的同步升级；再次，腹地经济要素向港口流动，港口又是区域对外联系的门户，港口作为国际贸易的节点，发挥着商品交换、技术交流、经验引进等多种作用，积极带动了国际经济一体化进程。

（2）区域分工体系的建立是经济发展到一定阶段的必然产物。要素的自由流动为区域分工奠定了基础，各区域由于比较优势不同，为了追求更大的经济效率和效益，会优先选择自己的优势产业，地域间的分工协作由此形成。湾区由于具备先天的区位因素，凭借优越的海洋运输优势，会优先发展物流业，由此带动其他相关产业的发展，腹地由于自然资源丰富，借助资源优势发展工业，形成了雄厚的经济基础，为湾区提供货物来源和消费市场。湾区和腹地之间的分工也是区域分工的一种形式，良好的分工体系有助于实现港口腹地的良性互动发展。

（3）传统的产业集聚理论解释了企业集聚带来的经济效益，相同产业或者关联产业集聚在一起，可以共用基础设施，共同投资进行资源共享，通过外溢效应，促进技术经验的交流，可以产生巨大的外部吸引力，促使资源要素的流入。湾区作为连接海陆经济的节点，经济要素的高度集中能够带来相关产业的集聚，以湾区物流业为例，大量物流公司的集聚，可以促进竞争，加速创新，降低运输成本，同时带动物流业所依托的前向后向关联产业的聚集，由此形成湾区经济优势产业集群。

（三）湾区与区域经济的关系

1. 湾区发展对区域经济的带动

湾区对区域经济的辐射带动作用表现为多方面。首先表现为湾区对区域经济的乘数效应，可以直接增加国民收入、政府税收和就业机会。从产业角度讲，湾区具有广泛的前向关联和后向关联效应，带动湾区相关产业的协调发展。前向关联是指湾区可以带动湾区建设所需基础设施制造业的发展；后向关联是指湾区运行过程中，会对其他产业构成需求，带动金融业等第三产业的联动发展。湾区作为区域经济对外联系的窗口，在技术交流方面发挥着巨大作用，由于优越的区位条件，湾区城市往往成为跨国公司、高技术产业的聚集区，为先进技术和管理经验的传播交流创造了条件，带动城市产业层次的提高。伴随着全球贸易一体化的加深，各国为加强经验技术交流、发展对外贸易，都先后建立了各种形式的自由港、保税港区和自由贸易区，有助于消除国际贸易壁垒，促进国际贸易分工，为湾区城市走向世界创造了条件。同时，湾区的发展还促进了区域内基础设施的建设，湾区是城市基础设施建设的重要资金来源，在湾区城市与外部不断进行产品和劳务交换过程中，湾区城市收入增加，收入的一部分成为政府的财政收入，另一部分用于湾区经济规模的扩大和发展，继续为城市获取更多的收入，湾区在此过程中的作用是为城市基础设施的不断改善提供资金，使城市功能日趋丰富和完善。

2. 区域经济发展对湾区的支撑

早在20世纪30年代，高兹就对腹地因素对海港区的支撑作用进行了研究。实践表明，湾区发展的动力需要以腹地经济规模的扩大为基础。区域经济发展的活力和持久性能为区域内湾区城市的发展提供物质保证，区域经济的发展能够影响湾区内部的产业结构和产品结构，同时也使湾区的发展战略、功能定位、服务范围等发生变化。随着湾区功能的演化，湾区已从单一的人流、货物运输拓展到物流业、临港工业、供应链管理等，形成了依托信息化、技术化、集约化为主要发展路径的发展模式，湾区的功能和效益得到了显著提升。湾区城市在形成了一定的经济结构后，对城市经济运行中的资源条件做出了质的选择和量的规定，从而进一步影响着湾区的发展方向。

腹地是湾区正常运转和蓬勃发展的物质基础。腹地的管理服务功能、政策机制和良好的文化氛围，为湾区的发展提供了必要的环境保障，同时区域经济的发展又促进了湾区功能的提升。腹地经济实力越雄厚，与区域外经济贸易越频繁，越能带动湾区进出口规模的扩大和结构的优化。湾区的发展离不开人力资源、土地、集疏运等硬件设施，也不能缺少金融和贸易等软环境，而这些需求必须要依托于港口腹地。湾区腹地为湾区提供能量，使湾区得以发展，经济腹地越广，经济能量越大，区域联系越紧密，湾区发展前途越大。

在湾区发展过程中形成的以湾区为核心的产业链群，包括由湾区的存在而直接产生的湾区共生产业，依赖湾区及共生产业而形成和发展起来的湾区依存产业，将发挥支撑湾区发展的重要作用。由于区域经济的发达，腹地区域通过湾区与区外和国外的贸易量加大，对外联系相当密切，促使湾区成为与外部互补性很强的货物、资金、技术、信息和人员的流动纽带，湾区所在区域内部联系也相当密切，巩固和拓展了湾区的枢纽地位，区域经济发展支撑湾区经济的作用逐步显现。

3. 湾区与区域经济互动发展

按照经济发展规律，湾区的发展最终会形成合理分工、错落有致的湾区城市群。某个区域内湾区城市群的发展水平高低以及城市间的关系是否协调与区域经济发展状况好坏是密切相关的。区域经济发展状况直接决定能否为湾区提供必要的发展环境，区域经济差异也会以湾区发展差异的形式表现出来，湾区作为区域经济的一部分，还受到区域经济政策、发展战略、规划的影响。同样，湾区城市群的发展也会使区域经济差异发生变化。

湾区与区域经济互动发展过程是逐步深化的结果。借助于城市便捷的交通网络和城市对港口运输的强大需求，湾区经济得以发展。伴随着湾区经济的发展，港城关系也进一步深化。在初期，区位条件发挥明显优势，经济活动大多会选择位置优越、交通便利的地区，逐渐形成贸易集聚地，湾区经济体系初步形成。湾区经济体系的建立可以发挥积极的连带效应，带动相关产业的发展，促进城市的发展；随着湾区的飞速发展，其所带动的前后向关联效应不断加强，推动湾区的直接和间接产业发展，形成具有湾区特色的产业结构，湾区成为重要的城市经济增长点；激烈的竞争使得湾区进入了缓慢发展的阶段，湾区与区域经济的互动关系也进入成熟期，在这一阶段，湾区的功能更加完善，湾区和区域经济产业布局和结构不断优化，湾区能够为辐射范围内的区域经济产生稳定的影响，要素配置达到比较满意的结果；在后成熟期，湾区面临两种关键选择，一是进入衰退阶段，二是湾区与区域经济的关系进入新的发展轨道，在原有发展基础上开始新的生命周期。

二 世界级大湾区的演进机理

从世界主要湾区经济发展的表象特征来看，湾区多分布于港口或者入海口，区位优势明显，且多与发达的城市群相衔接。总结湾区经济发展的一般特征，湾区演进至少包含动力机制、引领机制、协调机制等方面。

（一）动力机制

1. 基础动力机制

基础动力机制是基础设施资源的驱动力，由基础设施本身对经济活动某要素产生吸引力的特质来决定，如深港湾区及周边密集的港口群、密集的路网、完善的物流基础设施等，都是构成湾区经济发展的基础性动力。湾区的演进在很大程度上取决于基础设施的辐射网络、客货吞吐量规模、高端消费群体等资源的聚集，在这一进程中，基础动力机制是为腹地运输货物，在湾区完成货流的产生、中转和消失的重要保障。具体而言，湾区演进的基础动力机制来源于港口综合运输、临港产业、城市基础设施、港口功能建设、航运服务业、就业人口之间形成正因果反馈环,推动湾区城市群的良性循环发展。

2. 内生动力机制

内生动力机制是湾区经济形态在发展过程中形成的一种内在力量,表现为市场分工、知识共享、规模经济、网络创新、产业发展导向等。从区域经济学的维度来看,湾区是具有较强自组织能力的区域,较为完善的市场制度、各种专业市场、金融市场以及服务业构成了湾区发展的自组织能力。20世纪90年代以来,随着社会经济和信息科技的不断发展,信息化成为湾区发展的必然趋势,在经济发展中发挥着越来越重要的作用。湾区信息化网络建设加快,供应链服务能力增强,湾区凭借供应链协作网络,逐步形成集聚和辐射功能更加强大的引领机制。随着湾区内生动力机制的迅速增强,市场导向能力更加强大,并且随着湾区要素的进一步积聚,湾区的产业结构进一步升级,有利于成熟业态逐步成型。

3. 外源动力机制

外源动力机制主要源于外部环境的调控和引导作用,以及某种经济形态发展到一定阶段时某种外力的强大推动作用。外部环境的调控和引导作用突出表现为政府规划、对出口投资领域的引导,外部推动力量主要包括外部竞争、市场兼并整合等。湾区的发展要注重开放性和市场性体制建设,强化外源性要素对湾区的推动作用,形成湾区本身优质要素与外界优质资源的良性互动关系,营造一个良好的要素流动氛围,保障湾区经济的持久创新活力,在外源动力机制中,尤其要注重发挥政府的规划引导作用。在湾区的演进过程中,难免出现资源匹配度低、市场信息不透明、市场调节失灵等问题,此时,内生资源必须与外部资源相互匹配,政府要做好湾区经济发展的宏观规划和体制机制建设,强化政府政策对湾区经发展的导向作用,加快湾区的发展进程。

(二)引领机制

创新引领是世界一流湾区经济的发展特点,也是湾区经济得以形成的内在条件。只有具备较强的创新能力,才能形成国内外资源的高度聚集,形成一定规模的湾区经济城市群和产业群。湾区城市在对外开放中,最先汇集了新的信息和人才资源,激发了创新活力,催生了创新机构发展,涌现出大批创新成果，逐步成为有全球影响的创新中心。同时，创新又增强了城市发展动力，使得城市在不同阶段都保持了领先地位。农业文明时代，也就是港口发展初期，为满足货物装卸、运输、补给等功能的需要，产生了不同于农业生产方式的专业港口运输及其服务业。工业文明时代，率先形成了依赖于大规模港口运输的临港工业，伴随而来的贸易、金融等新兴业态不断涌现，并逐渐成为主导产业。后工业化时代，湾区城市率先发展信息技术，并推动了信息服务业、新兴商业模式等发展，继续依靠创新引领全球产业发展。

创新引领机制是湾区经济发展的重要动力。世界级大湾区都拥有一大批科研与教育机构、创新性国际化领军人才。从世界各国著名湾区发展历程看，科研与教育机构和创新型人才是湾区发展成功的基本条件之一。如东京湾区内的京滨工业区集聚了NEC、佳能、三菱电机、三菱重工、三菱化学、丰田研究所、索尼、东芝、富士通等具有技术研发功能的大企业和研究所，以及庆应大学、武藏工业大学、横滨国立大学等大批日本著名高等学府。其经验做法：一是积极促进科研成果转化，各大学与企业开展科研合作，建立专业的产、学、研协作平台。二是建立竞争型创新体系，将原隶属于多个省厅的大学和研究所调整为独立法人机构，赋予大学和科研单位更大的行政权力。三是突出企业的科研主体地位，每年企业研发经费的投入均占日本研究与试验发展经费的80%左右。

（三）协调机制

协同发展是湾区经济发展的客观要求。在经济全球化的大背景下，湾区往往是"多核"发展，是一个多层级的城市集群，区域之间会呈现出"多圈、多核、叠合、共生"的新形态。港口城市在对外开放中最先发展壮大，达到一定规模后，会对周边区域产生外溢效应。世界级港口需要有世界级腹地的支撑，否则很难持久兴盛。港口城市在对外开放中最先发展壮大，达到一定规模后，会对周边区域产生外溢效应，形成港口城市和湾区腹地紧密依存、共同发展的良性循环。如曾跻身世界第三大集装箱港口的中国台湾高雄港，虽然具备强大的运输转运能力，但由于没有广阔腹地货运量的有力支撑，逐渐被新的港口替代。同时，腹地的货物也要通过港口才能更便捷地运到海外，为谋求自身发展，周边区域也会主动承接外溢的相关产业和功能。

港口城市和湾区腹地形成紧密依存、共同发展的良好关系。

合理的分工协作是湾区发展的重要因素。湾区一般涉及多个行政区，不管是产业的分工合作、城市基础设施的衔接，还是生态环境的保护，都需要区域协调，这就对区域的协调合作机制提出了要求。合理的分工协作是避免城市间无序竞争、提升湾区经济竞争优势的关键，也是湾区经济是否形成的标志，发展成熟的世界级大湾区，无一不有着合理的分工协作体系。

从区域合作上看，世界级大湾区往往都形成了协同发展的整体合力。一方面，港口城市群协同发展。如东京湾区将包括东京港、千叶港、川崎港、横滨港、横须贺港、木更津港和船桥港在内的7个港口整合为"广域港湾"：东京主营内贸，千叶负责原料输入，川崎是原材料和制成品所在地，横滨专攻对外贸易，各港口对内各自独立经营、分工明确，对外则形成统一整体，实现城市群港口群巨大的规模经济。另一方面，港口城市与湾区腹地实现产业互补。旧金山湾区为协调湾区内各城市之间的矛盾和问题，推动湾区协同发展，建立了合适的区域治理机制，比如建立旧金山湾区政府协会、大都市交通委员会、海湾区保护和开发委员会以及区域水资源质量控制委员会的专业委员会，负责专项区域的建设和管理，大幅提高了湾区建设和管理的效率。

第二节　世界级大湾区的发展环境与功能特征

一　世界级大湾区的经济发展环境

湾区经济不仅是这有限的湾区内的经济活动，而且是借助湾区的龙头作用，与周边腹地经济互动，与海外经济、文化等要素互动而形成的经济发展模式。世界级大湾区的经济发展环境可以分别从自然基础环境和内在功能环境两方面进行考察。

（一）自然基础环境

优越的地理条件是湾区经济形成的基础条件。湾区是由于海洋（或湖泊）移动而形成的海岸凹入或海洋再入处，与直线型或外突的弧形滨海地区相比，湾区由于三面环陆，更适于建设港口，而且由于湾区的海岸线长、腹地广，使得湾区能在面积相对小的空间孕育多个港口城市。湾区经济生于沿海但由于凹入内陆而不等同于沿海经济，傍依城市群但由于共享水体而又有别于普通城市群经济。而湾区通道的建设，又能使湾区诸城市两两之间的通勤距离降到了最低，从而使整个湾区的经济联系得更加紧密。这种"拥海抱湾连河"的复合特性，产生了港口、城市、创新、产业等经济的叠加效应，并在世界范围内形成了以纽约、旧金山、东京为代表的高度开放、区域融合、创新驱动和产业高端的湾区经济模式（见表1-2）。

1. 拥海：天然海岸线构筑港口群

湾区具有避风、岸线长、腹地广阔等特点，更适合于建设大型港口，能够在一个很小的空间内形成港口群，成为陆海联系的重要"分岔口"。国际一流湾区都是凭借这种港口群的"分岔口"优势，形成连接国内外市场的重要枢纽和参与国际分工的桥头堡。纽约作为典型的海港城市，充分利用其地处湾区的优良资源，构建了包括纽约、新泽西、纽瓦克等为主的港口群，通过200多条水运航线、14条铁路运输线、380公里地下铁道及稠密的公路网和3个现代化空港将其腹地扩大至美国中西部，使港口货运总量基本接近于美国北大西洋集装箱货运市场运输量的55%，将当地产品由五大湖通过港口群外销全球，由此带动纽约制造业、金融、贸易和一般服务业的发展。

2. 抱湾：独特生态汇聚创新要素

湾区不仅具有由海岸凹入的内环型陆地，而且还有一片共享的湾区水体。这种"内环形+共享水体"海陆共生的自然生态系统提供了最适合人类居住的环境，吸收了大量高端人才云集，形成了包容性极强的移民文化。正是这种独特的生态环境汇聚了创新活力，在两大湾区中旧金山湾区的圣何塞市最为典型；作为全美排在前二的宜居城市，充分利用湾区的这种独特地形，抓住全球科技进步的机会，主动利用湾区内各种创新要素，发挥硅谷的龙头作用，集聚了全美国1/2以上的风险投资公司和总部风险基金公司，推动高科技孵化器建设，云集了Apple、Intel、Yahoo、eBay等世界著名大型高科技公司，成为全球创新中心和美国西部金融和商贸中心，引领世界高科技发展。

3. 连河：广阔腹地提供产业支撑

湾区经济一般都有通往内陆的江河，水路运输便利，使湾区经济的发展拥有广阔的腹地。腹地的产业集群创造的大量工业产品通过湾区的港口输送到世界各地,湾区的港口物流业成为湾区经济的重要支撑,以湾区的高端产业为龙头,以腹地的配套产业为支撑,形成较大范围的产业集聚区。湾区的经济腹地,是整个湾区所能覆盖或影响的广大地域或区域,湾区如果腹地窄小,大都市圈和大规模产业集群缺乏发展空间,就难以形成湾区经济。例如旧金山湾区就是具有辽阔腹地的湾区,旧金山湾区是美国加利福尼亚州北部的一个大都会区,位于加州北部的海岸山脉与内华达山脉之间,通过金门海峡,与太平洋相连,具体是环绕着美国西海岸旧金山海湾的9个县共101个城市的地域,面积达17955平方公里。在这个广大的腹地领域,形成了密集的配套产业,主要是各种高科技产品生产加工企业,形成了以湾区的高端产业为龙头,以腹地的生产加工产业为配套的大范围的产业集聚区。

表1-2　　　　　　　　　　湾区经济的地理特征[①]

湾区名称	拥海	抱湾	连河
旧金山湾区	大西洋	旧金山湾	萨克拉门托河、圣华金河等
纽约湾区	太平洋	纽约湾	哈德逊河、伊犁运河等
东京湾区	太平洋	东京湾	多摩川、鹤见川、江户川等
环渤海湾区	渤海	渤海湾	蓟运河、海河、黄河等
粤港澳湾区	南海	珠江湾	珠江水系
上海杭州湾区	太平洋	杭州湾、上海湾等	长江及其支流

4. 合群:区域融合打造一流城市群

湾区依托共享水体在较小空间内形成非常狭长的圆形海岸线,使得湾区周边的城市群产生一种远远大于一般城市群的向心力,形成世界一流城市群,并推动城市和产业深度融合。纽约湾区由29个县组成,著名城市就有纽约市、纽瓦克市和新泽西市,纽约发展由此成为引领世界经济的全球金融和贸易中心。旧金山由9个县共享湾区,著名城市有旧金山县、奥

[①] 刘艳霞:《国内外湾区经济发展研究与启示》,《城市观察》2014年第3期。

克兰市和圣何塞市，互相之间形成了比较合理的城市分工与合作。围绕东京湾区，日本形成了大东京城市群，是目前世界最大的城市群之一，该城市群主要围绕东京中心，以包括东京、横滨、川崎、千叶、横须贺等几个大中城市的关东平原为腹地进行融合发展，形成和发展为京滨、京叶两大产业聚集带和聚集区，东京也因此成为国际金融中心和贸易中心。

（二）社会发展环境

湾区是一种特殊的地域单元，不但地理位置、自然环境和资源禀赋等外部发展环境与其他地区差异显著，还在此基础上形成了一系列独具特色的社会发展环境。

1. 高度开放和包容的环境

开放和包容是湾区经济的天然禀赋。湾区经济靠港而生、依湾而兴，具有天然的开放和包容属性，开放和包容是湾区经济发展的先决条件和根本优势。在航海技术的发展和推动下，海运成为对外交流中最主要的交通方式之一，直接推动港口成为连接本国市场和国际市场的重要节点。湾区经济依赖国际港口发展而蓬勃，在不断扩大的货物贸易中，港口城市成为对外开放门户，促进了国际贸易、外来投资和港口发展。

世界级大湾区城市在开放发展中，率先荟萃世界多民族文化，吸引大量外来人口，形成不同于一般内陆地区、开放包容、多极多元的移民文化。自古以来，湾区一直就是当地文明与外来文明交汇融合区。多元文化共生，成就了湾区兼容并包的文化性格和开放进取的人文精神，也为湾区留下了数量众多、种类齐全的历史文化遗产，在湾区历史发展过程中，不断演化蜕变出湾区各自独有的特色文化。

在纽约湾区，外籍居民来自全世界150多个国家和地区，约占纽约总人口的40%，形成了世界不同文化、不同文明相互融合的集合体。旧金山湾区是文化多元之地，堪称美国的"民族大熔炉"，西班牙后裔、亚裔，以及其他许多文化的混合，创造了一个多元化的高素质人才和劳动力群体，多元文化的融合，适者生存的客观规律，促使人们不断创新和努力勤奋地工作。

2. 产业集聚和扩散的环境

世界级大湾区都拥有强大的产业集群。产业集聚带来的基础设施和要素市场的公用性、产业连锁的便捷性、信息汇流的通畅性，是产业集聚的正面效应，有利于湾区经济实现规模经济。在优越的资源环境条件支撑下，湾区各类社会经济生产要素的聚集程度要显著高于其他地区。特别是在信息化和经济全球化的大背景下，湾区更容易实现人流、物资流、资金流、信息流等各种要素的集聚并获得巨大效益，进而驱动市场、交通、信息三层网络的有机聚合，实现湾区经济的集聚化、高效化。

湾区经济内的城市群之间、湾区经济城市与腹地城市之间更容易实现高度融合和协同，湾区经济的核心城市必须对湾区经济内的其他城市具有很强的外溢效应和辐射作用，湾区经济核心地区的发展也需要湾区经济腹地地区在产业、人力、土地空间等方面的支撑，从而形成布局合理、功能完善的湾区经济城市群和产业群。

世界级大湾区都拥有完善的经济交通网络，依赖完善的市场网络、交通网络和信息网络这三层网络来支撑发展。湾区内外市场、交通、信息三层网络的有机聚合，就使得湾区的产业集聚和城市集聚产生"放大效应"。高效的交通体系也对湾区经济形成了重要支撑，高效的交通体系和完善的基础设施，减少了湾区港口城市之间的通勤时间，从而使湾区港口城市联系更加紧密，吸引着区域周边城市、全国乃至全球人口向其聚拢。产业集聚效应和城市网络效应也就越明显，区域竞争力也就越强。旧金山湾区是太平洋沿岸港口城市，得天独厚的港湾资源使其早在上百年前就成为重要的国际贸易港。旧金山国际机场是湾区最重要的机场，是联合航空和维珍美国航空的枢纽站，亦是美国往亚洲的主要出发站之一，亚洲主要的航空公司大都在此设有航班。美国硅谷的高科技产品都通过旧金山港口输送到世界各地。

3. 宜居宜业的环境

世界级大湾区崛起的重要功能因素，就是湾区城市更加宜居宜业的环境优势。湾区因靠近海洋、海湾，环绕大面积水域，温差小，形成了宜人的自然环境和优良的生态环境。同时，港口城市往往是新兴城市，城市规划中更加注重以人为本并充分利用滨海优势打造宜居空间，形成了优美宜居的城市环境，成为人才汇集的重要因素。湾区城市对内陆乃至世界资源产生强大吸引力，集聚了世界各地的投资，促进了经济的繁荣，创造了大量工作机会，带来了大量的年轻移民，为城市发展注入了新的活力。

湾区独特的自然地理特征和多样化的生态系统类型，构成了优美宜人的自然生态环境。加之区域社会经济发展水平高，基础设施配套完善，宜居水平显著高于其他地区，世界级大湾区都充分利用滨海优势打造宜居空间，成为人才汇集的重要因素。良好的自然、生态和文化、社会的环境，能充分吸引、留住高端人才，维持领先地位。旧金山湾区是美国第五大城市群和高科技产业集中地区，依然保留着多丘陵的海岸线海湾森林山脉和旷野，大量高科技产业员工选择在硅谷工作及企业选择在当地投资的重要因素之一，就是因为当地提供美丽自然环境所带来的高品质生活。

从配套设施上看，世界级大湾区着重构建交通便利、宜居宜业的城市环境。湾区普遍具有高效的海陆空交通体系，高速公路、高速铁路、轨道交通网络体系相对发达，港口、机场和各种交通枢纽分布广泛，特别是在港口建设方面，湾区更独具三面环陆的自然地理特征，建港条件优越。一方面，世界级大湾区环境宜居宜业，如旧金山湾区的中心旧金山市三面环水，环境优美，气候宜人；另一方面，世界级大湾区的交通便捷高效，如旧金山湾区快速交通系统总长104英里，设有43座车站，可有效解决湾区内旧金山、奥克兰、伯克利、戴利城等城市的城际运输需求，此外还有连接旧金山国际机场的机场快速交通、奥克兰国际机场的机场客运。东京湾区则拥有14条城市地下轨道交通线，以及京滨东北线、中央线、总武线等过境铁路和各类轨道交通。

二　世界级大湾区的主要功能特征

世界级大湾区通常都是依托世界级港口（群），发挥地理和生态环境优势，背靠湾区广阔腹地，具有世界影响的区域经济。开放的经济结构、高效的资源配置能力、优美宜人的生活环境、强大的集聚外溢功能、发达的国际交往网络与强劲的经济发展是迄今为止粘贴于世界级的大湾区的系列标签，以这些抽象的轮廓与粗线条的勾勒为基础，我们还可以梳理出世界级大湾区经济的更为细致而具体的主要功能特征。

（一）全球城市中心的核心枢纽功能

湾区一般具有弧形或半圆形的地理特点，具有发展国际联系的最佳区位，是连接海内外市场的纽带和参与国际分工的桥头堡。湾区的城市分布可分为三个层次：一是湾区核心城市，一般由处于海湾的弧形或半圆形线上而拥有出海港口的较大城市组成；二是湾区周边城市，一般由临近湾区核心城市距离海洋较近的城市组成，湾区周边城市和湾区核心城市是湾区经济的主要组成部分；三是湾区腹地城市，这些城市和湾区有一定的距离，处于湾区的外围，但和湾区核心城市、湾区周边城市因陆路、水路、航空交通的快速通达而联系紧密。

尽管湾区经济一般都是城市群，但每个城市的地位与作用不尽相同，其中只有一个城市为核心都市，而且核心城市一般为政治、经济或者金融与文化中心，其他城市都会围绕着核心城市谋求产业与职能的错位发展，以共同提升整个湾区经济的竞争力。比如纽约湾区和东京湾区呈现出明显的"单核"区域特征，其中纽约市占据了纽约湾区85%的人口和89%的GDP，东京都占据了东京湾区37%的人口和57%的GDP；而旧金山湾区则是"双核"驱动的代表，其中旧金山市作为商业和文化中心，占据了旧金山湾区55%的人口和59%的GDP，圣何塞市作为科技和创新中心，占据了23%的人口和29%的GDP。[①] 进一步而言，湾区经济之所以具有高度竞争力，重要的原因就是与其他都市圈相比，它拥有能量各异的世界级核心城市。

成熟的湾区经济体需要依托核心城市的引领发展。湾区经济虽然作为区域经济形态，十分倚重周边广阔腹地的承载扩充功能，但其核心城市在引领整个湾区发展方面的重要性自然不言而喻——资源向优势地区和领域集中，是充分竞争形成的结果。世界三大湾区经济分别是美国和日本的经济核心，拥有成熟的市场经济制度，其产业布局、港口发展、城市规模均是由市场自由竞争完成，完全依靠市场竞争分配要素和资源。世界三大湾区经济是区域内对外交往的平台和经济增长的引擎，旧金山湾区和纽约湾区是美国对外开放的重要地区和经济增长的双引擎，东京湾区是日本经济中枢和国际交往平台。

不仅如此，湾区的港口枢纽是湾区经济发展的前提。湾区一般都有天然的美丽港湾和优良的港口资源，优越的港口条件是对外开放的重要平台，是面向全球发展的基本支撑。湾区腹地辽阔，高端产业云集，配套产

---

① 雷佳：《湾区经济的分析与研究》，《特区实践与理论》2015年第2期。

业链完整，形成了众多的现代产业集群，创造出来的大量产品通过湾区的港口输送到世界各地，对整个湾区经济形成重要的牵引力，不断提升整个湾区经济的全球竞争力。

以东京湾为例。东京湾沿岸由横滨港、东京港、千叶港、川崎港、木更津港、横须贺港六个港口首尾相连的马蹄形港口群形成，年吞吐量超过5亿吨，职能分工体系鲜明。在庞大港口群的带动下，东京湾地区逐步形成了京滨、京叶两大工业地带，钢铁、石油化工、现代物流、装备制造和高新技术等产业十分发达。东京湾产业的集中和人口的集聚，促进了以东京为核心的首都城市圈发展，使之成为日本最大的工业城市群和最大的国际金融中心、交通中心、商贸中心和消费中心。

(二) 全球优质要素的集聚扩散功能

产业及其优质要素的集聚扩散是湾区城市发展的关键，也是湾区经济形成的根本动力。随着港口的发展和对外交流的扩大，湾区城市率先建立起现代化的交通体系、完善的基础设施和良好的投资环境，产生了更加强劲的集聚能力，促进了港口城市产业发展和经济繁荣。随着经济全球化迅猛发展，港口城市作为国际贸易中心、航运中心和金融中心，物流、信息流、资金流、人流交汇，吸引世界范围的资源加速向湾区集聚，成为全球要素资源配置的核心节点。

随着湾区城市产业及其要素的集聚和扩散，城市边缘不断对外扩张，城市之间的分工合作也越来越深入，最终走向一体化的湾区经济。湾区内的港口与港口之间、港口与城市之间、城市与城市之间、沿海与腹地之间，物流、人才流、技术流以及资金流等都会在最短的时间圈中完成配置与投放，企业经营效率、人员工作效率因此大大提高，湾区的要素集聚扩散效应得以充分彰显。

与一般的休闲湾区相比，世界级大湾区内往往聚集着高度发达与门类齐全的产业系统。围绕着产业扩张的需求，湾区内不仅设立培养高端人才的高等学府，而且盘踞着跨国公司的研发中心，以及各种类型的国家创新机构，另外还有大大小小的资本孵化组织，为了促进产学研互动与对接，政府会创设各种产业协作运行平台。也正是因此，湾区才能催生出强大的产业集聚和扩散效应。

不管是现代服务业已占绝对主导地位的纽约湾区，还是高新技术产业发达的东京湾区经济或旧金山湾区经济，都是以湾区的高端产业为龙头，以腹地的配套产业为支撑，形成较大范围的产业集聚区。旧金山湾区曾经是军事电子产品的生产基地。自20世纪50年代以来，随着半导体、微处理器和基因技术的出现，高科技产业密集崛起，造就了世界科技重镇"硅谷"。在科技创新的带动下，旧金山湾区逐渐成为一个经济龙头地区。现在的湾区高技术企业主要是信息技术和生物技术，包括计算机和电子产品、通信、多媒体、生物科技、环境技术，以及银行金融业和服务业。它有很多个"世界第一"的项目：集成电路、微处理器、心脏移植、重组DNA等。总部设在旧金山湾区的世界知名企业有28个，如惠普、思科、升阳、旭电、甲骨文科技、苹果、英特尔和IBM等皆是举世闻名的大企业。而旧金山湾区腹地辽阔，旧金山湾区是美国加利福尼亚州北部的一个大都会区，位于加州北部的海岸山脉与内华达山脉之间，通过金门海峡，与太平洋相连，具体是环绕着美国西海岸旧金山海湾的9个县共101个城市的地域。在这个广大的腹地领域，形成了密集的配套产业，主要是各种高科技产品生产加工企业，形成了以湾区的高端产业为龙头，以腹地的生产加工产业为配套的大范围的产业集聚区。

（三）全球科学技术的发展领跑功能

科学技术的创新和引领是湾区发展的根本动力。湾区城市具有强大的虹吸效应，在物流、信息流、资金流、人流方面更具有集聚力，集中了大量的高等院校和科技研发机构。高度发达的金融创投体系和活跃的创业创新机制形成了高效的产学研成果转化率，吸引各地各种高端要素向湾区集聚，成为全球科学技术的创新引领区域。

日本创造的东京湾区经济奇迹有各种原因，但高度重视科学技术的发展领跑功能是不容忽视的重要因素。由于科技创新能力的提高，特别是京滨工业区成为东京首都圈产业研发中心，并随着R&D溢出效应再次将科技创新产业扩散，从而使京滨工业区产业研发功能得到强化。京滨工业区集聚了许多具有技术研发功能的大企业和研究所，主要有NEC、佳能、三菱电机、三菱重工、三菱化学、丰田研究所、索尼、东芝、富士通等。这些机构都是京滨工业区具有产业创新能力的机构，从而使得京滨工业区具有很强的管理和科技研发能力。京滨工业区布局的大学主要有庆应大学、武藏工业大学、横滨国立大学等。京滨工业区积极促进各大学与企业开展科研合作，努力实现大学科研成果的产业化。京滨工业区建立了专业的产、学、研协作平台，为了完善相关产、学、研合作机制，建立更有竞争活力创新体系，日本将原来隶属于多个省厅的大学和研究所调整为独立法人机构，从而赋予大学和科研单位更大的行政权力。同时，日本把科研的主体放在企业，每年企业研发经费的投入占日本 R&D 经费的 80% 左右。通过"产学研"体系的协调运转，较好地发挥了各部门联合攻关的积极性，这对于提高该地区科技创新水平具有重要的作用和意义。

日本还通过制定合理的产业政策和充分重视科技创新的引领功能，使得以京滨、京叶工业区为核心的东京湾沿岸成为日本经济最发达、工业最密集的区域，京滨、京叶两大工业地带宽仅 6 公里左右，长 100 公里左右，而工业产值却占全国的 40%，GDP 占全国的 26%。[1] 成为以汽车、精密机床、电子产品、钢铁、石油化工、印刷出版等产业为主的综合性工业区。

不仅如此，东京湾地区对于日本在全球先进科技成果的引进、消化和创新方面发挥了不可估量的作用，它遵循了由区域拉动国家走向世界的发展道路。仅以筑波科学城为例，日本以政府财力支持为主，在距离东京 60 公里的筑波山南麓兴建的筑波科学城，目前已成为亚洲最大的综合性高科技产业区和全球第二大的科研基地，集聚了日本全国 27% 的国家研究机构、40% 的研究人员和 40% 的国家研究预算，共有人口 19 万，其中包括大约 300 家国家、私人研究机构所雇佣的 1300 名科学家。[2] 日本乃至世界的许多最新技术，如智能机器人、立体电子技术、光纤通信信息系统等都是在这里宣告诞生的。筑波科学城的中心是 1973 年在东京教育大学基础上扩建而成的筑波大学。筑波大学的建设是日本促进学术研究界和行业之间密切合作的一个典型措施之一，在东京湾港口城市产业圈优化升级的过

---

[1] 丘彬：《东京湾区经济带发展背后高度重视科技创新》，《深圳特区报》2014 年 11 月 25 日第 B11 版。

[2] 黄之宇：《总部经济的无穷魅力》，2013 年 6 月 1 日，总部经济·中国网（http://www.zbjj-cn.com/news/detail.asp?id=601）。

程中居于重要的战略地位。由于日本长期重视发展理工科教育，积累了大批科技开发与应用型人才，形成了强大的引进、消化和吸收世界先进技术成果的能力。在第二次世界大战后不到20年的时间里，日本仅用40亿—60亿美元就获得和掌握了西方发达国家用80多年的时间和1600亿—2000亿美元的代价所取得的科技成果，成功地实现了赶超欧美的目标。目前，日本每百万人口所获得的专利数及科学家、工程师含量在世界上均处于绝对领先地位。

（四）全球产业结构升级的引领功能

产业优化升级使世界级大湾区成为全球经济最发达区域，产业结构优化升级是湾区经济迅速崛起的重要因素。

从产业结构上看，第三产业比重是衡量产业结构优化的重要指标。总体来看，世界三大湾区的GDP主要由第三产业构成，第三产业增加值比重均在75%以上，而第一产业增加值比重均接近于零，其中，纽约湾区第三产业比重最大。2012年，纽约湾区第一、第二、第三产业增加值比例为0∶10.65∶89.35。相比而言，东京湾区和旧金山湾区均形成了以第三产业为主导、以高科技制造业为支撑的产业结构。2012年，东京湾区第一、第二、第三产业增加值比例为0.27∶17.46∶82.27，旧金山湾区第一、第二、第三产业增加值比例为0.28∶16.95∶82.77。[①] 尽管三大湾区均以服务业为主，但服务业种类仍有所不同（详见表1-3）。

表1-3　　　　　　　　世界三大湾区主要产业[②]

湾区名称	主要产业
纽约湾区	房地产业、金融保险业、专业和科技服务业、医疗保健业、批发零售业
旧金山湾区	房地产业、专业和科技服务业、制造业、金融保险业、批发零售业、信息产业和医疗保健业
东京湾区	工业、进出口贸易业、金融业、批发和零售业、房地产业、交通运输业、仓储和邮政业、信息传输业、计算机服务和软件业

---

① 鲁志国、潘凤：《全球湾区经济比较与综合评价研究》，《科技进步与对策》2015年第11期。
② 孟耘竹：《世界三大湾区》，《浙江日报》2017年7月12日第10版。

强大的金融保险业是湾区经济发展的重要支撑，同时也是世界一流湾区的主要特征。从三大湾区看，纽约湾区是全球规模最大、最发达的金融中心，拥有全球市值最大的纽约交易所和全球市值第三的纳斯达克交易所，金融服务业占湾区 GDP 的比重高达 15.39%。在全球最大的 100 家银行中，90% 以上在纽约设有分支机构。东京湾区作为世界上重要的国际金融中心，是日本最主要的银行集中地，也是世界上最大的证券交易中心，拥有日本最大的东京证券交易所，占日本全国证券交易量的 80%。[①] 旧金山湾区是以风险投资著称的专业性科技金融中心，科技银行业务尤为发达。

产业迁移及其结构演进是湾区发展的必要条件，东京湾区经济带是在产业升级环境下不断提升城市功能的演变结果。随着产业结构的不断演化，东京湾区的城市功能演变呈现三个不同阶段：城市化的起步阶段、城市化的快速发展阶段和城市化的成熟阶段。这三个发展阶段的产业带分布呈现出不同的特征：从城市化的起步阶段工业、商业和居住区的混杂存在状态，到第二个阶段工业化过程不断深化，第三产业大规模发展，形成了独立的工业空间和商业服务空间，最后在第三个阶段由于产业转移、商业服务空间的发展带动居住空间的变化，最终形成城市的多中心结构。最终，东京湾区经济带形成了以东京为中心，以关东平原为腹地，包括东京、横滨、川崎、千叶、横须贺等几个大中城市，是日本最大的工业区，也是以钢铁、石油冶炼、石油化工、精密机械、商业服务为主的综合性工业区。从时间上来看，东京都市区功能演进与东京湾经济带发展过程大致可分为三个阶段：20 世纪 60 年代前京滨、京叶两大工业区产业聚集和企业集中的初级工业化阶段；20 世纪 60 年代开始重化工业向外扩散阶段；20 世纪 80 年代之后京滨、京叶两大工业区重视发展知识技术密集型产业阶段。

（五）全球竞争能力与极核增长功能

世界级大湾区以开放性、创新性、宜居性和国际化为其最重要特征，具有开放的经济结构、高效的资源配置能力、强大的集聚外溢功能和发达

---

① 鲁志国、潘凤：《全球湾区经济比较与综合评价研究》，《科技进步与对策》2015 年第 11 期。

的国际交往网络，发挥着引领创新、聚集辐射的核心功能，已成为带动全球经济发展的重要增长极和引领技术变革的领头羊。从世界级大湾区的开放历史和现状来看，纽约湾区和旧金山湾区分别是美国东西部地区最早对外开放的地区，东京湾区也是日本最早开放的地区。在各个历史时期，世界三大湾区经济都在区域对外开放中发挥引领效应，充当了经济增长极的重要角色，纽约湾区带动整个美国东海岸地区的增长极，旧金山湾区是美国西部经济增长的重要引擎，其经济影响力辐射整个美国西部；东京湾区是日本经济增长的"发动机"。

世界级大湾区都具备超级体量的特征。目前，全球60%的经济总量集中在入海口，75%的大城市、70%的工业资本和人口集中在距海岸100公里的海岸带地区。当今世界经济形态的"龙头"多数都是地处湾区的大都市。在排名前50名的特大城市中，港口城市占到90%以上。2012年，纽约湾区、东京湾区和旧金山湾区的面积大约在20000平方公里，总人口达到2000万人左右（其中高校学生在100万人左右），人口密度达到1000人/平方公里左右，港口年吞吐量达到1000万标准集装箱左右，GDP产出达到10000亿美元左右，这在全球范围内都可归为高密度、高产出的超级发达地区。[①]

不仅如此，世界级大湾区在众多领域都具备超级影响力和超级集中度。纽约是世界经济、金融、文化和传媒中心，尤其在金融领域，其证券市场总市值高达25.46万亿美元，约占全球证券市场的40%，股票交易量（2014年1—9月）达到20.04万亿美元，约占全球总额的45%。东京则是亚洲经济中心以及日本的政治、金融、制造、物流和文化中心，其人口密度达到了全球最高的2600人/平方公里，GDP产出约占日本全国的30%，更是拥有全球最多的49家世界500强企业。旧金山湾区则是全球科技中心、创新中心和风险投资高地，拥有全美最高的人均GDP产出（71624美元/人）、本科以上受教育人口比例达到41%；而以旧金山湾区为总部的"超级企业"（入选《财富》世界500强的企业，或入选《金融时报》全球市值500强的企业），如苹果、谷歌、英特尔、思科等，则拥

---

① 雷佳：《湾区经济的分析与研究》，《特区实践与理论》2015年第2期。

有最佳的赢利能力（10家入选世界500强的企业平均利润率达12.11%）和市值表现（24家入选全球市值500强的企业平均市值达1163亿美元），两项指标高出其他湾区"超级企业"一半以上。[①]

（六）全球开放系统与区域协同功能

开放包容和协同发展化是世界级大湾区发展的显著特征。湾区具有开放导向、多元的经济结构、紧密的国际联系、发达的国际交往网络，对各种差异性因素形成强大的包容性和融合性。同时，资源统筹、协同发展也是世界级大湾区发展的客观要求，湾区内部建立了协同发展机制，区域发展高度一体化，才能构成湾区发展的巨大优势。湾区城市发展壮大后对周边区域产生外溢效应，周边区域为谋求自身发展，主动承接产业转移，它们相互依存、共同发展，世界级大湾区需要有广阔腹地的配套产业支撑，否则很难持久兴盛，湾区中心城市的金融、贸易、物流等服务业的发展也需要腹地的支撑。

世界级大湾区一般涉及多个行政区，不管是产业分工合作、城市基础设施衔接，还是生态环境保护，都需要区域协调，而且发展成熟的湾区无一不有着合理的分工协作体系，包括加强统筹规划，明确城市与港口的角色定位，成立湾区政府协会、交通委员会等多种治理组织。同时，基于高度开放的市场环境及宜人的居住生态，丰饶的创业土壤和充满竞争性的工作机会，使得世界级大湾区成为大量外来人口的聚集地，从而荟萃成来自世界各地的多民族文化，而且多元文化又进一步促进了湾区开放，激发与反哺湾区城市的创新发展。

合理的分工协作和区域协同是世界级大湾区发展的重要因素，协同发展可以避免城市间无序竞争，提升湾区竞争优势，也是湾区经济带的形成标志，世界级大湾区无一不有着合理的分工协作体系。例如，东京湾区内分布有东京港、横滨港、横须贺港、川崎港、千叶港、木更津港六个世界级港口，为避免港口之间出现恶意竞争，政府积极参与对各个港口的主要职能统筹规划，促进港口分工与合作，形成分工不同、有机结合、协同发展的港口群。经过多年发展，东京湾港口群已形成了鲜明的职能分工体

[①] 雷佳：《湾区经济的分析与研究》，《特区实践与理论》2015年第2期。

系。千叶为原料输入港，横滨专工对外贸易，东京主营内贸，川崎为企业输送原材料和制成品。可以看出这些城市群都有自己特殊的职能，都有占优势的产业部门，而且彼此间又紧密相连，各种生产要素在城市群中自由流动，促使人口和经济活动更大规模地集聚，形成了城市群巨大的整体效应。各港口群虽然保持各自独立经营，但在对外竞争中则形成为一个整体，从而提升了东京湾港口群的整体竞争力。

第三节 美国纽约大湾区的发展历程与显著特征

纽约大湾区被视为世界湾区之首，是美国的经济中心，也是世界经济和国际金融的神经中枢，被誉为"美国东海岸硅谷"。纽约大湾区以其发达的金融业、便利的交通设施和高层次的教育水平，成为美国乃至全球颇具投资和人才吸引力的地区之一。

一 美国纽约大湾区的发展历程

纽约湾区，亦称纽约大都会区，地处美国东北部、大西洋西岸，以纽约市为中心，由31个县组成，陆地面积2.15万平方公里，人口达6500万，占美国总人口的20%。湾区的重要城市包括纽约市、纽瓦克市和新泽西市，其中纽约市是纽约湾区的中心和美国第一大都市，也是世界上就业密度最高和公交系统最繁忙的城市，平均每年的旅客流量近3000万人次。[①] 另外，纽约港为美国第一大商港，由此铸就了纽约湾区作为国际航运中心的地位。

随着工业化、现代化的发展，纽约湾区的经济经历了产业升级和专业分工，纽约湾区的发展历程主要分为制造业发展阶段、后工业化阶段和知识经济主导阶段。

（一）制造业发展阶段

1492年，哥伦布发现美洲大陆，继而引发各国殖民者相继涌进纽约湾区。1524年，意大利人乔瓦尼·达韦拉扎诺乘着太子妃号进入了今日的纽

---

① 张锐：《世界湾区经济的建设经验》，《中国国情国力》2017年第5期。

约港区，宣布此地为法国所有。荷兰人亨利·哈德逊前往北美洲找寻新乐土，于1609年抵达纽约湾并沿着河流北上，带回当地的土产和毛皮回到荷兰，著名的哈德逊河就是以他的名字命名的。1664年，纽约正式成为英国的殖民地，此后，纽约的人口快速增加并成为出口农产品、进口工业品的商业中心。随着当地经济迅速发展，出现劳动力的严重缺乏，纽约也因此成为黑奴市场的大本营。

19世纪中期，爱尔兰大饥荒和德意志革命造成大量移民的迁入，带来了纽约的制造业的快速发展。纽约制造业在港口优势、区位条件、技术创新以及政策导向等内外因素的推动下得到快速发展，以劳动密集型、资本密集型的轻工业为主，形成了以制糖业、出版业和服装业为主要支柱的产业格局。

（二）后工业化阶段

1914年，随着巴拿马运河开通，纽约港的吞吐量增加，纽约进入了大发展时代。由于美国没有受到第一次世界大战的影响，包括纽约在内的美国经济在19世纪末20世纪初出现了前所未有的繁荣，直至1929年10月24日，华尔街股市暴跌，造成了全球经济的大恐慌，这也从某种程度上代表了纽约湾区已经在世界经济版图中占有极其重要的地位。

第二次世界大战的全面启动，极大地改善了纽约的就业状况，部分劳动力参军打仗，剩余的劳动力生产各种军需物品，军工业获得了空前的发展，并带动了美国经济的整体发展，整个第二次世界大战期间，由于未受战争影响，大量的非洲和欧洲移民涌入，纽约湾区的人口在20世纪30年代已超过1000万。战后，随着城市劳动力、商务成本等生产成本的上升，在技术革新、产业升级的推动下，制造业开始从中心城市迁出，纽约逐步进入后工业化发展阶段，经济再次繁荣，纽约成为全球经济最强的城市。

（三）知识经济主导阶段

20世纪七八十年代，纽约湾区开始向知识经济主导阶段演进。从纽约湾区产业结构变迁历史来看，基本上没有太多的重工业，而主要以服装业、出版业、食品等轻工业为主，随着城市经济的发展，制造业从城市撤离成为必然趋势，以知识经济为主导的服务业迅速崛起。这一时期，纽约湾区的产业发展呈现出知识经济主导型的特点，金融保险、专业服务等服务业快速兴起，极大地提升了湾区城市的集聚和辐射功能，纽约湾区的经济发展以知识经济、金融经济为主要导向，促使纽约湾区由后工业化阶段向知识经济主导阶段发展。

这一时期，纽约湾区迅速发展成为国际湾区之首。纽约湾区的第三产业占比超过了90%，主要产业包含金融、国际贸易、传媒、旅游、生物和制造业。纽约湾区不仅贡献了美国GDP的3%，而且还是世界金融的核心枢纽与商业中心，除全球500强企业有40%在此落地外，纽约市的曼哈顿中城是世界上最大的CBD及摩天大楼集中地，不仅蜚声全球的华尔街横卧于此，同时还聚集着100多家国际著名的银行与保险公司的总部。与此同时，纽约湾区设有58所大学，其中纽约大学与哥伦比亚大学为世界著名大学。

二 美国纽约大湾区的显著特征

（一）世界金融中心

纽约湾区是世界金融的核心中枢，其世界金融中心的地位具有世界性的影响力。金融业是纽约湾区的独特名片，2016年，纽约湾区的金融、保险、地产和租赁产业GDP达5473.71亿美元，占纽约湾区GDP总量的33%左右，高于同年旧金山湾区整体的GDP。[①]

纽约湾区汇聚了世界市值最大的纽约证券交易所和市值第三的纳斯达克证券交易所，金融服务业占湾区GDP比重高达15.39%，在全球最大的100家银行中，90%在纽约都有分支机构。[②] 全球大量的保险业巨头的总部设在纽约，许多新兴保险科技创业公司都选择纽约作为创始地。纽约是世界500强保险企业所在地，包括AIG、Metlife、Marsh、Chubb/ACE、New York Life、Teachers Insurance、Assurant、Travelers、VeriskAnalytics以及Alleghany，其他国际保险公司也把美国总部设在纽约，如AXA、QBE、

[①] 云锋金融：《纽约湾区：金钱永不眠》，2018年1月3日（http://www.sohu.com/a/214310361_649112）。

[②] 鲁志国、潘凤：《全球湾区经济比较与综合评价研究》，《科技进步与对策》2015年第11期。

Prudential、Swiss Re 和 Allianz。纽约离康涅狄格州仅仅几英里，康涅狄格州有许多大保险公司的总部，如 Aetna、Cigna、The Hartford 和 W. R. Berkley。

纽约的曼哈顿就业人口超过 240 万，美国最大的 500 家公司中，已有三分之一以上把总部设在曼哈顿。华尔街是世界金融的心脏，在长度仅 1.54 公里、面积不足 1 平方公里的华尔街金融区内，集中了 3000 多家银行、保险公司、交易所等金融机构，美国 7 家大银行中的 6 家，2900 多家世界金融、证券、期货及保险和外贸机构均设于此，成为世界金融的心脏。纽约的对外贸易周转额占全美的 1/5，制造业产值占全美的 1/3，纽约湾区可称为"金融湾区"。[①]

湾区经济能为金融业的发展提供各类基础，纽约湾区能成为国际金融中心，是多方面因素共同作用的结果。

首先，纽约湾区拥有得天独厚的地理条件。纽约湾在美国东海岸拥有极其特殊的地位，19 世纪初伊利运河开通后，纽约市内的港口成为了东海岸唯一连接内陆航运和五大湖区域港口的大型海港。同时，位于东海岸的纽约在联通欧洲上也有其独特的地理优势，相比西海岸，距离伦敦等地区更近，飞行航运时间更短，这对于需要频繁出差的华尔街金融人士格外重要。自此，大量财富涌入华尔街，国际金融中心之路正式开启。

其次，纽约湾区具备产业升级转型的独特优势。20 世纪后半段，纽约都市圈发展有了新的难题——如何应对城市空心化和产业转型的需求。随着人口朝向郊区迁移，如何保证中心城区的发展速度成了重要挑战。扎实的基础建设基础、庞大的资金支持和文化底蕴使得以服务业为首的第三产业开始崛起，制造业和贸易的前期发展为产业结构调整提供了支撑，可谓是发展金融服务业的天时。

再次，纽约湾区的协调统筹为自身创造了良性发展的条件。正是跨州间和谐统筹的规划，使得纽约湾区内的各项资源能够最大化，为金融业发展助力。

---

① 王苇航：《纽约湾区如何成为国际金融中心》，《中国财经报》2017 年 8 月 5 日第 6 版。

(二) 全球商务中心

纽约湾区入驻大量在国际市场上著名的企业，纽约湾区以发达的金融和制造业、便利的交通、整体水平极高的教育和环境吸引了超过4347万人口，占美国总人口的10%，是国际湾区之首，也是著名的全球商务中心。

纽约曼哈顿是CBD的发源地，是世界第一大经济体——美国的经济和文化中心，也是联合国总部大楼的所在地。除了拥有百老汇、华尔街、联合国总部等，曼哈顿中城在规划和建设中实现了商务办公和配套功能的有机结合。中城的大量写字楼还发挥着都市消费、娱乐功能，比如，该区域内的洛克菲勒中心，不仅是时代华纳、通用等众多著名国际大公司的总部所在地，也是著名的商业娱乐场所，其购物中心引领国际潮流。此外，中城集中了纽约50%以上的剧院及公共娱乐中心，比如林肯中心、卡内基音乐厅等。完善的休闲娱乐设施为曼哈顿保持发展活力发挥着重要作用。

位于纽约湾区东北部的康涅狄格州是美国传统的工业中心，其制造业历史悠久，是全美重要的制造业中心之一。该州军事工业发达，素有"美国兵工厂"之称，美国的第一艘潜水艇和第一架直升机从这里诞生。在金属制造、电子及塑料工艺等方面，康涅狄格州也处于技术领先水平，吸引了大量企业来此投资。此外，全球著名的对冲基金之都格林尼治也坐落于此，174平方公里内汇集了超过50家对冲基金公司。康涅狄格州是美国较为富裕的地区之一，最新数据显示，2016年该州人均GDP达到74542美元，在美国各州排名中位居第五。[①]

位于纽约湾区西北部的新泽西州制造业发达，尤其制药业突出，在全美名列第一。该州拥有强生、默克等知名大公司，各类制药企业270余家，生产的药品占全美的25%。有20多家世界级制药企业的总部设在新泽西州，这些企业的销售额约占全球制药业销售总额的一半。

(三) 文化艺术中心

纽约湾区的核心——纽约市是美国第一大港口城市，服装、印刷、化妆品行业发达。纽约市位于纽约州东南部哈德逊河口，临大西洋，由曼哈

---

① 王苇航：《纽约湾区如何成为国际金融中心》，《中国财经报》2017年8月5日第6版。

顿、布鲁克林、布朗克斯、昆斯和里士满5个区组成，面积828.8平方公里。纽约市的核心区域曼哈顿，在5个区中面积最小，却是最重要的一个区，闻名全球的百老汇、华尔街、中央公园、联合国总部、第五大道、大都会艺术博物馆等著名机构和标志性建筑都集中于此。

20世纪的30年代，美国的纽约取代了法国的巴黎，成为新的艺术中心，而之后的几十年，世界上最先进的艺术思想和最重要的艺术家也都集中在纽约。而融合了中国书法和非洲巫术的波洛克等艺术家，成为全球最重要的艺术家，推动了美国艺术成为全球化的艺术。

纽约湾区是东部的教育重镇，注重教育和人才培养，整体教育水平较高。湾区内拥有三所常春藤联盟高校，哥伦比亚大学位于纽约州，普林斯顿大学位于新泽西州，而耶鲁大学则位于康涅狄格州。除此外，还有纽约大学和洛克菲勒大学等共计58所高校坐落其中。发达的联通基建，高度发达富裕的城市和工作机会则为留住这些高校培育出的人才提供了良好环境。而同时发达的校友网络则会进一步加强湾区内企业和高校的联系，形成人才储备上的良性循环，进一步推动了纽约湾区成为世界级的文化艺术中心。

（四）全球创新中心

纽约湾区是世界经济的核心中枢，也是全球创新中心。纽约湾区主要产业包含金融、国际贸易、传媒、旅游、生物和制造业，是国际湾区之首，纽约湾区一直坚持制定并实施城市创新发展战略，结合自身交通、教育、文化、金融等方面优势选择并制定适合自身发展的政策及战略规划，并从整体上实施城市创新运动，尤其以金融创新和服务创新最为活跃。同时，纽约湾区积极发挥政府与市场的双重作用推动产业转型，纽约曾面临制造业衰落的危机，但最终通过加大产业研发投入、抵减新兴产业应税收入、给予政府采购及信贷方面资助等方式实现了城市复兴。

在纽约，无论是传统金融机构还是新兴企业，均把创新放在至关重要的位置。近年来，摩根大通持续加强对区块链、人工智能和大数据等技术领域的投入，每年在信息科技上的投资超过90亿美元。在保险领域，AIG集团将人工智能和大数据用于车险场景，在理赔、后台风险分析、风险预测评估等方面提升竞争力。除了投入大笔资金打造研发团队，大型机构还通过资本投资、收购小的金融科技公司，以实现技术创新。

纽约湾区奉行和谐开放的管理原则，这为湾区的金融创新带来了活力。20世纪90年代，纽约湾区的金融创新蓬勃发展，无数衍生品层出不穷，创造了巨大的财富，当湾区内监管宽松时，金融产品蓬勃发展，当监管收紧时，纽约湾区内绕道而行的创新依然生生不息。

第四节 美国旧金山大湾区发展历程与显著特征

旧金山湾区是当今世界上最卓越的知识密集型经济、高科技产业开发区，是全美第五大城市群和世界级技术创新之都。旧金山湾区并非美国传统的经济、政治中心，更多是以科技为主，依托新兴产业带动金融、旅游以及其他服务业的发展壮大，经过多年的发展，旧金山湾区在高新技术产业、国际贸易、旅游等方面取得了显著成效。

一 美国旧金山大湾区的发展历程

旧金山湾区，通常又被称为旧金山—奥克兰—圣何塞大都市区，位于美国加州北部，西濒太平洋，东接内华达山脉，包括濒临旧金山海湾的旧金山、马林、索诺马、纳帕、索拉诺、阿拉梅达、康特拉科斯塔、圣克拉拉和圣马特奥9县，共101个建制市，面积约7000平方英里（18122平方公里）。1910—1980年间，它名为旧金山—奥克兰大都市区，在1980年后并入圣何塞大都市区，始称旧金山—奥克兰—圣何塞大都市区，根据2000年美国联邦管理与预算总署的最新定义，现官方名称为圣何塞—旧金山—奥克兰大都市区。

旧金山湾区的核心城市有旧金山、奥克兰、圣何塞等。萨克拉门托河和圣华金河两条河流在旧金山湾交汇入海，萨克拉门托河自发源地流向西南，穿过加利福尼亚中央谷地北部，与圣华金河形成三角洲，拥有皮特河、番泽河、梅克劳德河等众多支流，联通美国内陆，使得湾区的开放和发展拥有广阔的腹地。

从演进历程上看，因港而兴的旧金山湾区先后经历了不同的转型，其演进过程大致可以分为淘金期、工业化时期和创新经济时期等三个阶段。

（一）淘金期

欧洲人最早于1542年发现旧金山湾区，西班牙探险家胡安·鲍提斯塔迪安扎建立了军事要塞和负责行政事务管理的教会。英国人威廉·李察森建立了第一栋私人住宅并规划了住宅附近的街市，取名"芳草地"，美墨战争之际为美军所占。1848年，旧金山湾区成为美国领土。

1848年开始，旧金山湾区的人口因"淘金热"而迅速增加，大批华工作为淘金或修铁路的苦力来到湾区，并在这里安家落户，此外，还有大量的意大利人、巴西人、西班牙人等聚居在湾区内的各个地区，淘金设备和资金的需求刺激了制造业和金融业的发展，淘金人员的生活需要刺激了服务业的发展。以淘金热为契机，湾区城市化开始起步，旧金山成为当时美国西部最大的城市之一，奥克兰和圣何塞也分别于这一时期建立并得到初步发展。

在19世纪后半期，由于整体上处于美国政治经济的边缘地带，所以，旧金山湾区的城市发展很不均衡，呈点状开发。但是，美国东北部和中西部的工业化，为西部城市发展奠定了一个基础。在这个基础上，湾区城市也开始了工业化进程。这其中，旧金山市表现最为突出。它利用先发优势，迅速成长，不仅成为湾区，而且是整个西部的首位性城市。而奥克兰市和圣何塞市，也分别成为各有特色的湾区地区性中心城市。

（二）工业化时期

20世纪上半期，旧金山湾区的中心城市进一步完善。这一时期，旧金山、奥克兰和圣何塞都处于城市集聚发展阶段，工业化对城市发展促进很大。旧金山工业化起步最早，也最先进入制造业的结构调整，在基础扩大的同时，一些传统部门向外转移。同时，原有商业贸易和金融中心的地位得到了加强，旅游业发展也引人注目。奥克兰则是典型的工业化城市，重工业成为成长最快、最为重要的产业部门，同时，其港口和铁路的设施得到了改善。而圣何塞在这一时期增长比较缓慢。农产品加工业一枝独秀，产业结构单一，制造业基础薄弱。

这一时期也是旧金山湾区多灾多难、颇多曲折的时期，大地震、大萧条、两次世界大战，均给旧金山湾区发展施以不同程度的影响。灾难并没有击垮湾区经济，反而使其经历了经济结构重新调整的新生，大萧条促使旧金山湾区寻求经济发展对策,两次世界大战在客观上也促进了湾区的优势产业发展,促使一些新兴产业起步,尤其是第二次世界大战,使旧金山、圣何塞和奥克兰三个中心城市走出经济衰退困境,重新塑造了城市的产业结构。

第二次世界大战对美国西部城市的发展影响十分深刻,而旧金山湾区即是受到第二次世界大战影响最为突出的一个地区。第二次世界大战期间,旧金山湾区虽然不是前线战场,但实际上已经军事化,作为太平洋战场的大后方,湾区企业获得了大量联邦国防合同,联邦投入到湾区的国防开支不断增加。旧金山湾区迅速进入战时经济生产,南起圣克拉拉县,北到贝尼卡市,包括马林县以及湾区东部阿拉梅达县在内,布置了很多造船厂、兵工厂、海岸护卫队兵站、后勤补给基地、海军训练基地、海军飞行站、雷达站以及战地医院和疗养中心,涌入旧金山湾区的移民、非军事人员就至少有 50 万。第二次世界大战从根本上扭转了旧金山湾区的经济衰退,以奥克兰市为中心,在湾区东部形成了一个制造业带。第二次世界大战期间制造业的迅速发展,不仅使湾区从大萧条的泥潭中摆脱出来,还出现了新的经济社会因素,金融等服务业扩大,在第二次世界大战期间,以美洲银行为首的旧金山市商业银行,规模得到了进一步扩大。

第二次世界大战结束后到 20 世纪 80 年代中期,旧金山湾区的产业结构发生了重大变化。湾区城市中迅速向后工业城市转变,服务业进一步发展,零售业和金融业等都在湾区产业中占据了中心地位,旅游业快速增长,一些传统产业和部门,如制造业和港口相关产业逐步趋于衰落。20 世纪 80 年代末期,旧金山湾区已经成为一个典型的后工业化区域。

(三) 创新经济时期

20 世纪 80 年代以后,旧金山湾区的服务业趋向越发明显,在现代经济的核心部门占据了优势地位。同时,旧金山湾区的内部产业结构仍在不断调整,对地区经济变化也更加敏感。

20 世纪 90 年代,金融业成为了旧金山湾区的重要产业。金融、投资及其交易构成了湾区经济的重要组成部分,金融、保险、房地产部门雇用了湾区劳动力总数的 1/4,工资开支接近湾区的 40%。90 年代以后,旧金山湾区作为风险资本投资的大本营,地位依然十分重要,由于新科技革命的浪潮,旧金山湾区成为高技术公司创业的沃土,尤其是硅谷更加突出。这在很大程度上都依赖风险资本投资公司。旧金山湾区也成为风险资本汇集最多的地方，远远超出美国其他地区，旧金山湾区的很多风险资本家就在旧金山市。很多新兴高技术公司最初都是从旧金山湾区获得启动资金的。

20世纪最后20年，旧金山湾区由工业经济向知识经济和信息经济过渡，并形成以信息产业为龙头的新型产业结构。90年代出现的科技革命新浪潮中，更富创造性的网络发展以及对娱乐和其他创造性内容的需求占据主导地位，自出现之始，它很快便成为美国主要的经济发动机，带动了美国信息技术产业飞速成长，促使高技术就业逐渐从制造业向服务业转移，并随着新信息技术的推广，引发娱乐、时尚、媒体、休闲等产业快速发展。这一时期，新兴产业成为促进湾区经济增长的有力要素，旧金山湾区采取了积极发展经济的态度和政策，一方面，旧金山湾区通过建设工业园，大力引进和孵化高技术公司，增加就业；另一方面，湾区投入巨资建设城市中心区，提升经济结构，为湾区走向复兴起到了重要作用。至此，旧金山湾区的城市结构逐步形成，在全球优质人才、资本、技术等诸多要素的高度聚集下，旧金山湾区的创新经济快速成长，并逐步成为引领全球湾区经济发展的重要标杆。

二　美国旧金山大湾区的显著特征

（一）极富活力的创业创新功能

与一般的休闲湾区相比，旧金山湾区拥有一批富有创新精神和创新活力的企业群体，它们富有开创精神，成为旧金山湾区经济发展的原动力。旧金山湾区内聚集着高度发达与门类齐全的产业系统。围绕着产业扩张的需求，湾区内不仅设立培养高端人才的高等学府，而且盘踞着跨国公司的研发中心，以及各种类型的国家创新机构，另外还有大大小小的资本孵化组织，为了促进产学研互动与对接，政府创设各种产业协作运行平台。也正因为如此，湾区经济才能催生出强大的产业群聚效应，以龙头企业为首，上游、下游和各种配套、服务产品商纷纷迁移到此，多家高技术公司聚集在一起，产生一种相互联结、相互依靠、自行完善、持续发展的企业环境和创新文化。

旧金山湾区拥有完善的市场规则。在旧金山湾区内，其创新科技生态系统是自下而上自发形成的，市场很少受到管制，政府充当市场环境创造者和培育者的角色，积极推进相关法律的制定与实施，努力取消贸易壁垒，形成了比较成熟的政府与市场间的关系。政府和企业界之间保持着密切的合作关系，为了吸引企业，增加就业机会，湾区政府对在本地落户的企业采取积极支持的政策，缩短新建筑物的审批时间，减少审批程序，对新企业提供各种方便。湾区具备完善的创业法律，在旧金山湾区很容易创办公司，也很容易关闭公司，这与其他地区具有显著差异，例如，在欧洲国家创办公司很难，辞退雇员和关闭一个失败的公司都需要承担高额的成本。旧金山湾区建立了完善的高技术企业支持服务体系，法律服务、财会服务、咨询服务、风险基金、投资银行、商业银行、公共关系、广告宣传、租赁承包、猎头公司，以及大量各种企业的技术和管理人员，组成了一个完整的企业投资创业服务体系。

旧金山湾形成了鼓励企业创新创业的宽容氛围。允许冒险，允许失败，不怕失败，鼓励创新，鼓励创业，鼓励探索，已经成为湾区的企业文化和特色，支持大量高技术企业的诞生。旧金山湾区的一些小公司虽然规模不大，但是技术水平很高。例如，位于费利蒙市的 Nanogram 公司，正在开发光、电、储能器件的纳米加工技术；帕罗奥图市的 Nanosys 公司是用于光电子和分子电子学的纳米棒、纳米线的开发者；福斯特城的 Gilead Sciences 公司研制出 100 纳米直径的脂球，可包住抗癌药物，达到药物传输和缓释的效果。近年来，旧金山湾区还涌现了一批跨越生物、信息、纳米技术领域的高技术企业。信息技术、生物技术和纳米技术企业互相渗透，一些大企业不断调整、转移和扩展自己的研究领域。例如，跨越这三大技术的企业包括 IBM、惠普、英特尔和思科公司，跨越信息和纳米技术的企业包括应用材料、霍尼韦尔、安捷伦等，跨越信息和生物技术的企业包括生物技术龙头企业 Genentech 公司。正是在湾区内多学科领域交叉融合的环境中，才能不断产生出极富创新活力的企业群体。

目前，旧金山湾区是世界上创新企业的杰出的试验室。湾区在美国发展最快的小型企业中所占百分比最高。灵活的财政来源、企业技能、层出不穷的新创意和地区竞争环境相结合，使湾区得以保持其卓有成效的企业成功发源地的地位。

（二）独特而高效的孵化体系

旧金山湾区拥有独特而卓有效率的科技金融体系。自 20 世纪中下叶，旧金山湾区科技和金融产业得到快速发展，高度聚集了全球的人才、技术和资本，其科技实力逐步成为全世界科技发展的新标杆，象征着 21 世纪科技精神的硅谷位于湾区南部，同时也是美国西海岸最重要的金融中心。目前，旧金山湾区是美国乃至世界风险投资行业最发达的地区，以风险投资行业为主，以传统金融产业、创业板市场为辅，相互促进、共同发展。湾区在企业科技研发、成果转化、产业化发展等各个阶段，各类社会资源均得以充分调动和配置，以满足科技企业的资源需求。

旧金山湾区是世界上风险投资密度最高的区域。湾区不仅吸引了美国 35% 的风险投资，而且是仅次于纽约的美国第二大银行和金融中心，该区拥有第二高生产率和第三高就业率，作为许多领先的和富有创造性的金融服务公司的发源地，湾区是美国西部地区的银行中心，并且在太平洋沿岸地区发挥重要作用。

对湾区内处于创业阶段的高科技企业来说，风险资本是赖以生存和发展的必要条件，大量的私人创业基金企业和机构，使得中小企业的资金筹措具有保障，任何创新发明都可在湾区获得贷款并创办企业，这为湾区发展创造了良好的创业环境。湾区内大量的风险投资、创业基金、财富管理等被誉为"繁荣之门"的机构，成为湾区得以发展的巨大融资力量，为各类企业的高速发展奠定了产业资本的扎实基础。

众所熟知的硅谷位于圣何塞市，尽管该地区人口不到全国的 1%，但却创造了美国 GDP 的 5%。受到硅谷这一闪耀亮点的支撑，旧金山湾区不仅驻扎着大量私人创业基金机构，而且湾区内巨大部分的风险资本集中于此，撬动着技术与产业的扩张，最终孕育出了谷歌、苹果、脸书与英特尔等全球知名企业。

（三）雄厚的科研力量和人才资源

从世界各国著名湾区发展历程看，科研与教育机构以及创新型人才是湾区发展成功的基本条件之一，世界级大湾区必须拥有一大批科研与教育机构、创新型国际化领军人才。旧金山湾区以知识技术为基础，拥有雄厚的科研力量和庞大的人才队伍，科技创新成为旧金山湾区经济增长的强大引擎。

旧金山湾区拥有硅谷和 20 多所著名大学，如斯坦福大学、加州伯克利大学等多所世界一流的高等院校和丰厚的科研资源，以斯坦福大学为首的教育产业以及遍布湾区的数十家大学和研究机构，多年来注意培养面向应用和创业的优秀人才，成就了湾区的人才孵化器，为湾区培养了大量的科技人才，也吸引着全世界高素质的人才源源不断地汇集旧金山湾区，目前湾区内世界各国的科技人员达 100 万人以上。除此之外，湾区内还分布着航天、能源研究中心等高端技术研发机构，引领全球 20 多种产业发展潮流。

旧金山湾区已经成为一个世界级的研究区。湾区的研究大学和研究实验室处于近 50 年来取得的某些最重大的科学突破的核心地位，有 9 个举世闻名的研究机构将旧金山湾区称为它们的发源地，包括斯坦福大学、加利福尼亚旧金山大学、加利福尼亚戴维斯大学、欧内斯特·奥兰多·劳伦斯·伯克利国家实验室、劳伦斯·利弗莫尔国家实验室、桑迪亚国家实验室、国家航空航天局艾姆斯研究中心和斯坦福线形加速器中心。另外，还有许多杰出的私营部门的研究和开发公司在此地落户。这些宝贵的研究力量，为旧金山湾区作为一个首要的产业地区赢得了世界级声誉，即高技术的发祥地和全世界的研发中心，也是生物工程的孵化器。如今，旧金山湾区拥有比美国其他任何地区更多的起先锋作用的高技术和生物工程公司，仅硅谷一地就拥有在世界上任何一个地方所能找到的密集度最高的技术导向型公司和专业人才。

近年来，旧金山湾区出现了一批多机构联合的交叉学科研究设施。例如，斯坦福大学 Bio-X 中心，涉及医学院、理学院和工学院，进行分子、细胞、组织和器官的计算方法研究；加利福尼亚大学旧金山分校 QB3 定量生物医学研究中心，从事生物信息学和生物纳米技术的研究工作，参与单位有加利福尼亚大学旧金山分校、伯克利分校和圣克鲁斯分校，学科涵盖生物、计算机、物理、化学和工程，研究对象从原子和 DNA 到细胞、组织、器官和整个机体；加利福尼亚大学伯克利分校、圣克鲁斯分校和戴维斯分校合作创办的信息技术社会效益研究中心，由惠普、升阳、英特尔和安捷伦等公司资助 1.7 亿美元，加州政府匹配 1 亿美元，是一个信息技术和社会效益的多学科综合研究机构。

在强大的科研力量的支持下，旧金山湾区的人力资源质量受到世界公认。湾区拥有美国受教育程度最高和技术水平最高的劳动力，不仅在自然科学、数学和工程技术领域，而且在人文科学和社会科学方面也拥有全国数量最多的顶尖级的研究生计划。更令人瞩目的是，这一地区的企业创造的巨大的科学和技术进步，随着富有创造力的大学毕业生走向科学界或商业社会，使许多人获得了新的就业机会。科学知识给这一地区和全世界带来了广泛的利益。

旧金山湾区虽然已经成为美国高科技产业集中地区，但依然保留着多丘陵的海岸线、海湾森林山脉和广袤原野，这种优美的自然生态与极具包容的创新文化相映照，创造了良好的自然、生态和文化、社会的环境，使其能充分吸引、留住全球顶级高端人才，维持科技创新领先地位。

第五节　日本东京大湾区的发展历程与显著特征

东京湾区濒临海洋，具有发展国际联系的最佳区位，是连接海内外市场的纽带和参与国际分工的桥头堡。东京湾产业的集中和人口的集聚，促进了以东京为核心的首都城市圈发展，使之成为日本最大的工业城市群和最大的国际金融中心、交通中心、商贸中心和消费中心。

一　日本东京大湾区的发展历程

东京湾区，亦称东京都市圈或京滨叶大都市圈，位于日本本州岛关东平原南端、太平洋西岸，北枕日本的粮仓关东平原，房总半岛和三浦半岛环绕东西，经浦贺海峡南出太平洋，南北长约50公里、东西宽约30公里，海岸线170公里，包括东京都、神奈川县、千叶县、琦玉县"一都三县"，总面积约13585平方公里，海湾面积约1100平方公里，总人口数在3560万以上，地区生产总值约占日本GDP的三分之一。[①]

东京湾区的发展过程大致可分为三个阶段，即20世纪60年代前京滨、京叶两大工业区产业聚集和企业集中的初级工业化阶段，20世纪60年代开始进入重化工业向外扩散阶段，20世纪80年代之后进入京滨、京

---

① 雷佳：《湾区经济的分析与研究》，《特区实践与理论》2015年第2期。

叶两大工业区重视发展知识技术密集型产业阶段。

（一）初级化工业阶段

镰仓时代的东京湾已经成为对外交往的主要通道。中世纪时，海盗活动频繁。到战国时代，东京湾则成为后北条氏与里见氏的海军的战场。江户时代，菱垣回船、樽回船等利用这个海湾进行海运。同时，由于江户幕府奉行闭关政策，为对付外国船只，就在湾内建筑了不少炮台（台场）以作湾岸防备，但最后东京湾亦成为美国海军将领马休·佩里与幕府谈判的场地。1858 年，江户港、横滨港在日美修好通商条约中被迫开放。

明治时代开始，东京湾逐步对外开放，并不断吸收西方文明，发展开始加速。随着产业现代化的推进，东京湾周边不断进行移土填海，沿岸出现了一个港口联合体，包括川崎港、东京港、千叶港和木更津港，东京湾的工业沿着东京湾西岸东京和横滨之间发展，形成京滨工业地带，由此成为了世界上最大的工业联合体。第二次世界大战开始之前，人口已经超过 600 万人，比肩纽约、伦敦等世界一流城市，太平洋战争极大影响了东京湾区内各城市的发展，人口骤减，经济萧条。

第二次世界大战后的 40 年代后期，东京湾开始进行大规模开发。东京湾经济带向东、北扩展，形成京叶工业地域，成为日本发展加工贸易的心脏地带，横滨港、川崎港、东京港、千叶港也不断发展，成为年吞吐量超过 5 亿吨的大规模物流港。

20 世纪 50 年代以后，东京地价暴涨导致填海造陆工程以前所未有的规模进行，东京湾各港口、城市临海工业园区、大型工业企业、羽田国际空港、迪士尼乐园等都是填海建设的，东京湾填海面积共计约为 2.4 万公顷，许多新建的资源型工业分布在东京湾地区的填海新陆上，成为世界临海型工业区的典型代表。大规模的填海造陆严重破坏了生态环境，纳潮量减少、海水自净能力减弱导致海水水质恶化，海洋生物资源退化，从横须贺到千叶的 90% 以上的自然海滨变成了人工海岸线，并出现了很多人工岛屿。

至 20 世纪 60 年代，东京湾已经发展成为日本的工业、人口、国民收入最集中的地区，同时也是世界工业生产密度最高的地区之一。

（二）工业扩散阶段

20 世纪 60—70 年代，东京湾进入经济高速发展时期。东京湾区的技术不断革新，新产业、新技术陆续涌现，以家电、电子、汽车为代表的制造业得到了迅猛的发展，并陆续兴建了大批连接湾区内部城市和对外交往的海陆空交通设施，湾区开始实施"工业分散"战略，将一般制造业外迁。以机械工业为例，自60年代中期以后，机械工业就开始分散到外围地区，这种"工业分散"战略既解决了东京大都市的过度膨胀问题，又促进了外围地区工业的发展。这些外迁的制造业主要迁移至临近的投资环境好的京滨、京叶工业区。作为都市区核心产业向外迁移的情况从20世纪六七十年代开始，并且一直持续进行。

东京湾实施"工业分散"战略之后，机械电器等工业逐渐从东京中心地区迁移至横滨市、川崎市等城市，进而形成和发展为京滨、京叶两大产业聚集带和聚集区。京滨产业带建立起一批极具国际市场竞争力的大中型工业团地，主要产业石油、石化、运输机械和钢铁生产都居全国前列，横滨港成为日本最大港口，年吞吐量1.1亿吨，一次总靠泊能力90万吨；60年代填海建设的君津大型钢铁联合企业成为世界最大钢铁企业——新日铁的骨干企业，年产钢能力1000万吨，专用码头水深19米，可停泊25万吨级巨轮，企业的人均产钢量约1000吨，劳动生产率领先于世界；而东京中心城区则强化高端服务功能，重点布局高附加值、高成长性的服务性行业、奢侈品生产和出版印刷业，东京产业布局从传统工业化时期的一般制造业、重化工业为主的产业格局，逐渐蜕变为以对外贸易、金融服务、精密机械、高新技术等高端产业为主，而石油、化工、钢铁等重化工业则全面退出东京，东京从而成为日本国最大的金融、商业、管理、政治、文化中心，全日本30%以上的银行总部、50%销售额超过100亿日元的大公司总部设在东京。东京湾区被认为是"纽约+华盛顿+硅谷+底特律"型的集多种功能于一身的世界大都市。

（三）知识密集型产业阶段

日本创造的东京湾区经济奇迹有各种原因，但高度重视科技创新却是不容忽视的重要因素。20世纪80年代以后，由于科技创新能力的提高，特别是京滨工业区成为东京首都圈产业研发中心，并随着R&D溢出效应再次将科技创新产业扩散，从而使东京湾区的产业研发功能得到强化。

东京湾区发展成为日本教育和科研机构高度密集的地区。仅东京一个市就集聚了全日本 120 所大学的 1/5 以上和大学教员的 30%，近 500 所民间研究机构的 1/4 和 600 多家顶级技术型公司的一半。同时，京滨工业区集聚了许多具有技术研发功能的大企业和研究所，主要有 NEC、佳能、三菱电机、三菱重工、三菱化学、丰田研究所、索尼、东芝、富士通等，这些机构都是京滨工业区具有产业创新能力的机构，从而使得京滨工业区具有很强的管理和科技研发能力。京滨工业区布局的大学主要有庆应大学、武藏工业大学、横滨国立大学等，借助这些科研院校的研发资源优势，京滨工业区积极促进各大学与企业开展科研合作，努力实现大学科研成果的产业化，建立了专业的产、学、研协作平台。为了完善相关产、学、研合作机制，建立更有竞争活力的创新体系，日本将原来隶属于多个省厅的大学和研究所调整为独立法人机构，从而赋予大学和科研单位更大的行政权力。同时，日本把科研的主体放在企业，每年企业研发经费的投入占日本 R&D 经费的 80% 左右。通过"产学研"体系的协调运转，较好地发挥了各部门联合攻关的积极性，这对于提高东京湾区的科技创新水平具有重要的促进作用和意义。

二 日本东京大湾区的显著特征

（一）独具特色的京滨、京叶工业带

东京湾沿岸是天然的建港良地，主要是以港口建设带动经济开发，已经形成由横滨港、东京港、千叶港、川崎港、木更津港、横须贺港六个港口首尾相连的马蹄形港口群，年吞吐量超过 5 亿吨，并构成了鲜明的功能分工体系。在庞大港口群的带动下，东京湾地区逐步形成了京滨（东京至横滨）工业带和京叶（东京至千叶）工业带。

京滨工业带是日本最大的工业基地之一，在东京到横滨长约 60 公里、宽约 5 公里的沿海地带分布着 200 多家大型企业，涵盖了制造、食品、造船、机械、化工等众多产业，比如著名的跨国企业日产汽车、日本石油、石川造船和三菱重工等多家大型企业就坐落于此。

位于东京湾东侧的京叶工业带则分布了大量的钢铁厂、炼油厂、造船厂和化工企业。东京湾沿岸地带是日本重要的化工业和重工业基地，也是日本工业最发达的经济地带，对于日本经济发展和国家的工业化进程提供了重要支撑力。

日本通过制定合理的产业政策和充分重视科技创新,使以京滨、京叶工业区为核心的东京湾沿岸成为日本经济最发达、工业最密集的区域,京滨、京叶两大工业地带的工业产值占全国的40%以上,GDP约占全国的三分之一,成为以汽车、精密机床、电子产品、钢铁、石油化工、印刷出版等产业为主的综合性知识型产业聚集区。在两大工业带的驱动下,东京湾地区发展成为日本的金融资本市场中心,同时也是新闻、出版、广电、媒体、广告等服务业中心。

(二) 港口定位清晰,职能分工明确

各港口群密切的产业分工协作是东京湾区发展的重要特征,日本高度重视港口的协调发展,把港口发展项目提高到国家和地区的发展战略高度加以规划和实施。

1951年日本政府制定了《港湾法》,加强了政府在总体规划中的权力,规定由中央政府(运输省)制订全国港口发展的五年计划,决定整个国家港口发展的数量、规模和政策,港口管理机构在五年计划的范围内制定港口发展的年度预算和长远规划。

日本运输省港湾局1967年提出了《东京湾港湾计划的基本构想》提案,建议把该地区包括东京港、千叶港、川崎港、横滨港、横须贺港、木更津港、船桥港[1]在内的7个港口整合为一个分工不同的有机群体,形成一个"广域港湾"。这一构想的实施,很好地解决了东京湾内的港口竞争问题,将各港口的竞争转换成了整体合力。

经过多年发展,东京湾港口群已形成了鲜明的职能分工体系。千叶为原料输入港,横滨专工对外贸易,东京主营内贸,川崎为企业输送原材料和制成品(详见表1-4)。可以看出这些城市群都有自己特殊的职能,都有占优势的产业部门,而且彼此间又紧密相连,各种生产要素在城市群中自由流动,促使人口和经济活动更大规模地集聚,形成了城市群巨大的整体效应。各港口群虽然保持各自独立经营,但在对外竞争中则形成为一个整体,从而提升了东京湾港口群的整体竞争力。

---

[1] 船桥港后来合并到千叶港作为船桥港区,因此目前东京湾为6个重要港口。

表1-4　　　　　　　　　　东京湾主要港口职能分工表①

港口	港口级别	基础和特色	职能
东京港	特定重要港口	较新港口，依托东京，是日本最大的经济中心、金融中心、交通中心	输入型港口，商品进出口港，内贸港口，集装箱港
横滨港	特定重要港口	历史上的重要国际贸易港，京滨工业区的重要组成部分，以重化工业、机械为主	国际贸易港，工业品输出港，集装箱货物集散港
千叶港	特定重要港口	新兴港口，京叶工业区的重要组成部分，日本的重化工业基地	能源输入港，工业港
川崎港	特定重要港口	与东京港和横滨港首尾相连，多为企业专用码头，深水泊位少	原料进口与成品输出
木更津港	地方港口，1968年改为重要港口	以服务境内的君津钢铁厂为主，旅游资源丰富	地方商港和旅游港
横须贺港	重要港口	主要为军事港口，少部分服务当地企业	军港兼贸易

（三）多核心化、错位发展的产业布局

在日本，港口不仅仅被认为是海运和陆运的交汇点，而是被看作是国家和地区发展的核心，因此日本政府高度重视以港口经济带动湾区发展，一直把港口发展项目提高到国家和地区的发展战略高度加以规划和实施。

为了依法促进东京湾区的建设，1956年日本国会制定了《首都圈整备法》，为东京都市圈的规划与建设提供了法律依据。随后又相继颁布了《首都圈市街地开发区域整备法》（1958年）、《首都圈建成区限制工业等的相关法律》（1959年）、《首都圈近郊绿地保护法》（1966年）、《多极分散型国土形成促进法》（1986年）等多部法律法规，并在东京湾区建设的不同阶段，对相应的法律法规进行修改和完善。一系列法律法规的实施，使东京湾区的规划建设有法可依，进而优化了东京湾经济带的产业空间布局，形成以东京为中心城市，带动周边次核心城市相互依存，科学合理的布局。

从1959年开始，针对东京都市圈建设，日本先后五次制定基本规划。1984年，东京公布了《首都改造基本设想》，其核心内容是改变城市机能过度集中于东京中心部的单极依存结构，形成有多个核心和城圈的多核多圈的地区结构，将东京大都市圈建成由东京都城区为核心组成的联合大都

---

① 王建红：《日本东京湾港口群的主要港口职能分工及启示》，《中国港湾建设》2008年第1期。

市圈，并在此后建设了一系列以多摩为代表的功能完善、具有独立性的新型卫星城镇。1986年日本制定第四次大东京都市圈建设规划，进一步对周边城市的职能定位和发展布局进行了调整，同时提出了要强化中心区的国际金融职能和高层次中枢管理职能的设想。1999年，日本制订"第五次首都圈"基本计划，再次强调了建立区域多中心城市"分散型网络结构"空间模式的设想。由于每一次基本规划的制定都充分考虑了当时的政治、经济、地理因素和文化背景以及人口规模等诸多因素，从而实现了城市发展的多核心化，形成了"区域多中心城市复合体"。

通过政府的政策引导和市场调节，东京湾区依托港口建设，发展规模化的重化工业和海运物流业，产业高度集中，建立了世界规模的产业中心，实现了产业在大都市经济圈内的联动、错位发展的产业格局。

第六节 世界级大湾区的国际借鉴与我们的差距

一 世界级大湾区的启示与借鉴

（一）大力打造具有前瞻意义的创新链

世界著名大湾区的发展轨迹都是基于创新路径演进的，其经济增长的可持续性大都是通过外生增长动力顺利转向内生增长动力实现，一旦创新驱动成为湾区经济的动力源泉，湾区就会产生影响世界经济发展的引领力，成为全球经济的发动机。世界三大湾区的经济增长历史轨迹显示，依靠要素投入获得增长红利的空间越来越小，创新作为内生增长源泉必然会成为经济增长的重要动力。

完善的创新体系是湾区经济持续发展的引擎。在湾区发展之初，港口是城市发展的主要动力，但是，随着湾区的持续发展，港口的作用趋于下降，湾区的持续发展的动力就要转换。只有从要素推动向创新推动转变，湾区发展才能得到持续，否则将陷入高雄港式的衰退。世界三大湾区（东京、纽约、旧金山）经济都经历了港口经济、工业经济、服务经济、创新经济四个发展阶段。20世纪80年代以来，以互联网为代表的新技术和新经济迅速发展，极大地拓展了湾区经济的活动范围和影响辐射力。湾区城市积极抓住新兴产业发展机遇，汇集了最新的信息和人才资源，发展成为影响全球的创新中心，形成了开放创新生态系统，激发了创新活力，催生了创新创业主体和大批创新成果。东京、纽约、旧金山三大湾区的经济持续发展，很大程度依靠了创新生态系统的健康发展，例如，纽约结合自身交通、教育、文化、金融等方面优势选择并制定适合自身发展的政策及战略规划，并从整体上实施城市创新运动，尤其以金融创新和服务创新最为活跃；旧金山湾区能成为全球创新中心和高科技产业区，就离不开其所构建的完善的区域创新体系。

借鉴国际湾区经济发展的成功经验，粤港澳大湾区应该发挥科技创新的优势，吸引富有创造性的企业家、工程师等高层次创新人才，聚集世界各种优质创新要素与资源，发展形成一个具有强大生命力的创新生态系统，为粤港澳湾区经济发展提供强大驱动力。经济发展需要创新，只有创新才能带来经济增长的持续动力，粤港澳大湾区要加大科技创新的力度，培育和孵化新技术、新产品、新方法，吸引全球顶尖的研究人才，建立领先的研究机构扎根粤港澳大湾区，从制度、财政和金融等方面给予高新技术企业优惠和支持，创造良好的创业环境，可以参考旧金山硅谷的经验，形成科技创新的产业群。此外，要重视知识产权的保护和保护人才的创新价值，只有当知识产权得到尊重并合理保护的时候，良性的合作机制才能建立起来，才会涌现更多创新要素。

（二）尽快形成拥有新兴形态的价值链

世界级大湾区发展的价值链主要由两部分构成：一部分为湾区内企业的基本活动，即一般意义上的"生产经营环节"，包括涉及产品的物质创造及其销售、储运和售后服务等各项活动，是主价值链；另一部分为湾区的支持性活动，包括技术、人力资源或支持其他生产管理活动的基础功能。从世界级大湾区的发展历程可以看出，湾区内不同产业和行业对生产要素的需求相差很大，价值链通常可以影响企业各种活动的成本高低和效益大小。因此，湾区发展的竞争优势体现在所选择的产业导向或业态要具有前景优势，世界三大湾区发展的共同经验之一，就是顺应经济发展的潮流，选择了具有新兴形态的产业导向，并尽快形成了相应的价值链。

世界级大湾区之所以能够长期保持竞争优势，一方面在于具备特殊资源的优势，例如地理位置的先决条件，另一方面是能够及时调整区域规划，并实施配套的政策引导，使得湾区内企业不断追寻新兴形态的发展趋向，形成其他地区难以具备的价值链优势。从表1-5可以看出，全球许多湾区经济的成功，几乎都离不开精确合理的新兴形态的价值链的构建。

表1-5　　　　　　　　全球部分湾区的业态发展经验[1]

	名称	主要港口	主要城市	开发项目	特点和借鉴经验
亚洲	东京湾区	横滨港、东京港、千叶港、川崎港、木更津港、横须贺港	东京、横滨、千叶	MM21、东京临海副中心开发等	大规模的综合开发，依托港口建设，发展规划化的重化工业和海运物流业，建立了世界规模的产业中心，通过政府的政策引导和市场调节，实现了产业在整个都市圈的联动格局，产业高度集中
	鹿儿岛	南港、新港	鹿儿岛县	鹿儿岛旅游开发	纯天然的海湾，非常注重湾区生态环境保护和治理，以"让美丽的鹿儿岛湾世代相传"为基本理念，制订了"鹿儿岛湾蓝色计划"
大洋洲	悉尼湾	达令港	悉尼	洛克斯区改造、悉尼歌剧院、达令港规划等	充分体现"以人为本"的原则，将湾区城市空间建设成步行者的天堂；坚持文化、社会和历史价值优先的原则，实现滨海湾区旧区的现代价值
美洲	旧金山湾区	旧金山港、奥克兰港	旧金山、奥克兰、圣何塞	渔人码头旅游区改建	遵循可持续发展的"3E"原则，综合考虑湾区发展的产业、环境、居住、交通等一系列问题，建立轨道交通，增强了中心区域的集聚效应，使湾区成为富有国际竞争力的生活和工作区
	印第安湾区	迈阿密港	迈阿密	迈阿密滨海步行道	将几种单一用途功能的设施依附于步行道设计，集中建设，节约投资，提高使用效率
	曼哈顿河湾区	曼哈顿港、南街港	纽约、曼哈顿	炮台公园区的总体规划及开发、南街港区开发等	位于曼哈顿地区重要的位置，炮台山公园新区延续旧城市肌理，用道路的有序延用和连接来创造新的尝试公共空间，新旧区融为一体；南街港区实现了用地性质的置换，由原来的码头转换为商业中心
	波士顿海湾	波士顿港	波士顿	罗尔码头项目	创造一个有特色的巨型建筑，成为整个区域的标志，特有的建筑符号和建筑空间与周围环境协调地融合到一起，既满足了工作者的需要，也满足了游客的视觉需要

[1] 刘艳霞：《国内外湾区经济发展研究与启示》，《城市观察》2014年第3期。

续表

	名称	主要港口	主要城市	开发项目	特点和借鉴经验
欧洲	切萨皮克湾	巴尔的摩内港	巴尔的摩	巴尔的摩内港重建（20世纪50年代）	受城市CBD溢出效应的积极推进作用，港区用地置换成综合游憩商业区，湾区为原城市中心，开发使之具有混合使用功能
	英吉利湾	温哥华港	温哥华	加拿大商场（1986年）	利用建筑造型充分体现海洋文化，充分体现多种功能的混合
	卡迪夫海湾	卡迪夫港	卡迪夫	卡迪夫海湾区规划	成果不仅包括规划本身，还包括开发建设、开发控制政策和设计提案，按照各片区的位置，对其关键地段、城市形态、建设内容等给出原则性指南和意向性设计
	奥斯陆湾	奥斯陆港	奥斯陆	奥斯陆湾滨水地带开发	通过空间和用地的逐步公共化、景观化以及湾区空间与城市内部空间的整体规划来实现区域功能和形态上的转变，使该区域形成了一种集混合用地、港口用地和湾区开放空间于一体的区域，并按照一种最活跃的模式进行开发

（三）不断巩固具有高端性质的产业链

高端性质的产业链是湾区经济发展的重要动力。随着湾区城市产业的集聚和扩散，城市边缘不断对外扩张，城市之间的分工合作也越来越深入，最终走向一体化的湾区经济。不管是现代服务业已占绝对主导地位的纽约湾区经济，还是高新技术产业发达的东京湾区经济或旧金山湾区经济，其发展无不经历了产业不断向更高层次演进的过程，例如，旧金山湾区经济就是在20世纪50年代后随着硅谷高新技术群的快速发展才逐渐形成的。

透析世界级大湾区的发展进程，可以看出，它们都拥有强大的产业集群，形成了合理的产业链，并且随着世界经济发展的浪潮向更高阶段不断演化，高端产业链带来的基础设施和要素市场的公用性、产业连锁的便捷性、信息汇流的通畅性，有利于湾区经济实现规模经济，使得湾区保持区域发展的引领性和先导性。第二次世界大战后，日本为了促使经济尽快走出战败的阴影，快速进入了工业化发展的第二阶段。日本政府制定了一系列发展临港产业带动国民经济发展的产业政策,迅速促进了东京湾区产业带的发展。战后初期,日本政府就制订了《国民收入倍增计划》等法案,确定了要大力发展临港产业的发展政策,同时,东京湾区制定不同的产业政策扶持相关产业,战后初期重点扶持钢铁和煤炭的发展,以期迅速恢复湾区经济,随着湾区经济的逐步恢复,湾区产业则转向制造业,由于制造业是技术密集型的产业,东京湾区又通过引进技术许可证等方式来刺激技术的引进和创新。到20世纪70年代中后期,东京湾区已经成为世界上制造业技术最先进的地区之一。

粤港澳大湾区近30年的经济快速增长得益于高度开放的经济环境为其带来的劳动密集型和出口导向型产业发展机会,然而根据产业发展的一般规律,未来该区域经济模式必然向资本与技术密集的产业方向转变。粤港澳大湾区作为一个整体性的经济区域与世界其他区域竞争,就应该不断巩固高端性质的产业链,力争成为全球经济网络中主要的技术极和中心功能区。

(四)促进形成具有世界意义的物联链

全球化的物联链是促进湾区发展的重要因素,完善的交通物联链有利于湾区与世界其他地区的紧密联系。与直线形或外突的弧形滨海地区相比,湾区由于三面环陆,更适于建设港口,而且由于湾区的海岸线长、腹地广,使得湾区能在面积相对小的空间孕育多个港口城市,而湾区通道的建设,可以使湾区内城市之间,以及湾区与全球其他城市之间的通勤距离降到最低,从而使整个湾区的经济联系得更加紧密。

世界三大湾区的发展经验表明,一个成型的经济区域,必须依靠完善的市场网络、交通网络和信息网络共同支撑,协调发展,才能使得湾区的产业集聚和城市集聚产生全球效应。

东京湾区的全球化交通物联系统使现代枢纽港成为综合运输系统的"神经中枢"。东京湾区是日本列岛航道、铁路、公路、管道和通信等网络密度最高的地区,湾区的铁路网呈放射状,外围有"山手线"和"武藏野线"两条环形线,内环有密集的高速公路网,在东京市中心50公里半径范围的汽车日流量超过500万辆次,东京羽田机场国内年定期航线升降90000架次、国际44000架次,国内旅客流量573万人次、国际旅客流量

216万人次，仅东京港一个港口每天进出港的船舶就近千艘，年货运量超过6000万吨。[①] 不仅如此，由于海运和陆运卫星定位技术的广泛采用，以及海关和大型生产商销售商的信息系统联结，东京湾区最大限度地实现全球大物流的格局，形成全球一体化的物联链。

旧金山湾区的快速交通系统总长104英里，设有43座车站，可有效解决湾区内旧金山、奥克兰、伯克利、戴利城等城市的城际运输需求，此外还有连接旧金山国际机场的机场快速交通、奥克兰国际机场的机场客运。旧金山湾区通过接驳机场、公路、铁路、渡口、港口，将粮农品产地和引领世界信息技术和生物技术的各高科技企业联结在一起，促进了加州经济、环境和社会的可持续协调发展，助推了旧金山湾区成为美国高科技和金融投资人才集聚基地，以及与洛杉矶并驾齐驱的美国西部区域金融中心地位的奠定。

纽约湾区重视城市基础设施与产业的联结，构建了多层次多元化的全球物联链，通过先进的管理方式提升运行效率。例如，纽约—新泽西港的直接腹地是纽约州和新泽西州，得益于便利的交通条件，其间接腹地覆盖了美国东北部和中北部的大片地区，共计14个州，几乎遍及半个美国。港区拥有上百条专用线路，覆盖了工业区、码头、商业区、作业区，每天有300多对列车进出港区码头，形成了高效快速的集疏运体系。一方面，美国的农产品和矿产品通过纽约—新泽西港口运往世界各地；另一方面，由于港口与欧洲接近，从西欧进口的日用百货和工业产品都是通过纽约—新泽西港运往美国的中西部和中南部地区。此外，伊利运河的开通，也促使纽约港将其经济腹地发展到五大湖区，美国铁路的修建也很大程度上改善了纽约—新泽西港口陆路交通条件，增强了港口的辐射效应，实现了港口和腹地之间的良好沟通。纽约—新泽西港区内，有几千家公路运输服务公司，每天进出港口的车次达上万次，港区范围内还有十几家铁路多式联运货站。此外，纽约—新泽西港口还拥有全面、方便的航运体系。纽约新泽西港务局机场是美国最重要的航空货运门户，以该机场为基地，上百家货运航空公司和上千家空运货物代理服务公司

---

① 李睿：《国际著名"湾区"发展经验及启示》，《港口经济》2015年第9期。

为 100 多条国际货运航线提供了便捷的综合运输服务。同时，港务局机场附近的肯尼迪机场和纽瓦克国际机场也为港口的空运服务提供了更多的条件选择。

（五）注重思想制度政策的体制供给链

世界三大湾区之所以发展成为全球领先的地区，除了优越的资源禀赋外，政府在思想制度政策的体制供给方面的经验做法也非常值得学习借鉴。湾区政府重点在两方面提供政策支持和制度供给：一是注重基础设施环境建设。二是注重产业规划引导，优化产业结构和生态环境。

东京湾区的发展得益于政府的体制供给和市场的资源配置相互结合。东京湾的环太平洋区位优势，在日本工业化和现代化进程中被发挥到了极致，但是，开发区位优势的首要问题在于规划整治，规划整治需要政府科学地导向与干预，两者缺一不可。日本土地稀缺、区域经济发展不平衡，促使日本政府较早意识到国土资源开发利用和规划整治的重要性，1950 年日本政府就制定颁布了《国土综合开发法》，1956 年 4 月制定颁布《首都圈整备法》，并依法制订相应的开发实施计划。从 1956 年到 1999 年 43 年间，先后 5 次对东京湾区的规划和开发方针进行修改。

纽约区域规划协会先后进行了三次跨地区的规划。1929 年，纽约区域规划协会发表了《纽约及其周边地区的区域规划》，这个规划成为了"世界上第一个关于大都市区的全面规划"，规划不但对纽约地区交通、管理、社区系统产生了超过 70 年的影响，同时大力倡导政府与企业的合作，这次被称为"第一次区域规划"的规划范围包括 22 个县，5528 平方英里，这次规划具有突出的区域视野，努力将城市和周边区域作为整体考虑。1968 年，纽约区域规划协会完成大纽约地区第二次区域规划，规划的核心是通过"再集中"，也就是将就业集中于卫星城，恢复区域公共交通体系，以解决郊区蔓延和城区衰落问题。1996 年，纽约区域规划协会发布第三次区域规划——《危机挑战区域发展》，规划的核心是凭借投资与政策来重建经济、公平和环境。通过整合经济、公平和环境推动区域发展，从而增加区域的全球竞争力。纽约湾区曾面临制造业衰落的危机，但最终通过制度供给，不断修改和调整区域规划，及时引导产业结构变迁，完善城市基础设施，最终实现了纽约湾区的复兴和繁荣。

二 我们与世界级大湾区存在的差距

粤港澳大湾区对比世界三大湾区，发展起步较晚，尚未形成统一的发展规划，在政治制度、区域协调、产业发展以及生态环境等方面依然存在着现实差距。

（一）"一国两制"优势与障碍并存

与国际著名湾区相比，粤港澳大湾区是在两种不同的政治制度中推进的，即内地实行的是社会主义制度，港澳实行的是资本主义制度，两地之间由此在经济模式、法律体系等领域存在着显著的差异；不仅如此，粤港澳大湾区还存在着港澳两个独立关税区以及内地关税区之下的广东省等三个相互独立的关税区，由于香港和澳门是独立的关税区和自由港，在经济和政治上都享有更大的自主权和决策权，与广东省在税制管理方面也存在明显的差异。

一国两制是粤港澳大湾区最独特的地方，制度的多样性和互补性是该区域的最大特征。粤港澳相对独立，地域间制度不同，在具体政策、法规、标准上都存在差异。粤港澳和长三角地区、京津冀地区不一样的地方是，没有一个强大到类似上海和北京这样的核心城市，粤港澳大湾区很有可能是多中心发展，几个核心城市齐头并进，市场化的竞争较为充分，比如说这些核心城市各自找准自己的发展定位，香港是金融中心，广州是政治文化中心，深圳则是科技创新中心，这种城市竞合关系可能让粤港澳大湾区更有活力。但是要解决区域城市之间的合理分工和资源优化配置，需要一个超城市机构来做好顶层设计和执行，否则几个城市各自为政，单打独斗，会阻碍湾区经济的发展。因此，如何在确保"一国两制"的基本制度"不动摇""不变形"和"不走样"的前提下，实现港澳与内地的经济模式有机对接、资源要素的自由流动以及行政管理的并行同构，是摆在粤港澳大湾区面前的最为严峻的挑战。

毫无疑问，"一国两制"是大湾区规划和发展的基本方针，"一国两制"对粤港澳大湾区建设是最大的制度红利。假如没有"一国"，谈不上大湾区的统一规划和建设；没有"两制"，就没有香港和澳门的繁荣稳定与独特优势,就难以保障港澳国际金融中心、贸易中心、航运中心的战略地位。但从另一方面客观地看,按照目前的情况,如果思想不解放,不全面深化改革,"两制"可能是粤港澳大湾区的建设的一个最大制约。在未来粤港澳大湾区的规划和建设中,如何在保持"一国两制"基本原则前提下,重新认识"两制"的内涵,充分发挥"一国两制"的优势,逐步实现政治上"两制",经济、社会、文化、生态"一制一体",这是未来需要认真研究和解决的问题。

(二)低端产业与传统经济结构面临严峻挑战

粤港澳大湾区的经济开放层级并不高,在全球价值链中的分工还处于低位,亟须通过产业升级与结构优化重塑自身的竞争优势。粤港澳大湾区城市群经济发展形成的以"两头在外""大进大出"的出口导向发展模式正受到严重挑战。同时,粤港澳大湾区城市群除去农业保护、水源保护等不可建设用地,可建设用地总量相当有限,加上人口的迅猛增长和城市土地的不断开发利用,发展空间越来越局促。在土地成本、人力成本、交易成本、资源耗费成本等不断上升形势下,势必造成投资"报酬递减"和产业比较优势下降。粤港澳大湾区城市群产业发展相匹配的资源相对匮乏,需要从外部大量输入,而粤港澳大湾区城市群空港、铁路站线、港口资源的统一规划与整合还没有付诸实践,这与粤港澳大湾区城市群产业发展与空间发展不相适应,经济空间成长挑战巨大。另外,由于受地价、劳动成本以及税收政策等因素的影响,粤港澳大湾区城市群正通过大力发展生产服务业和先进制造业来推动产业结构高级化和提高区域竞争力,然而高素质的人力资源成为区域经济持续发展中最重要的生产要素。实际上粤港澳大湾区城市群自身的专业技术人才供应不足,需向外大量引进人才。为了吸引这些人力资本,粤港澳大湾区城市群的创新创业环境如融资渠道、知识产权保护、企业登记注册、学习和生活环境等与高品质发展需求还不匹配。

粤港澳大湾区面临产业转型升级的挑战。除香港、澳门、深圳、广州外,粤港澳大湾区其他城市以制造业为主,企业处在全球价值链的较低端,附加价值不高,产业层次较低,同质化严重。当前,国际市场发生剧烈变化,区域内很多制造企业,不仅面临生产要素成本持续上升压力,还要面对以东南亚代工企业的挑战，以及发达国家制造业回流带来的冲击，传统产业有被替代的风险。

粤港澳大湾区内，香港、澳门与其他城市在体制上的差异，很大程度上阻碍了湾区内要素的流动，要素的跨境流动存在严重障碍。跨境人才的流动受到两种体制的限制，区域内职业技术资格不能互认，香港科研创新人才被视为"境外人员"，须在内地和香港同时缴税，很多人才被动地"来了又走了"，严重限制了湾区人才的引入和回流。粤港澳湾区城市交通体系缺乏一体化规划和建设，跨境基础设施的衔接存在严重的问题。粤港澳湾区通关便利化也尚无大的突破，研发设备出入境关税较重。对比世界三大湾区，粤港澳湾区内存在的创新要素的跨境流动性障碍，是打造世界级湾区面临的最为棘手的问题。

（三）协调发展引导不足，区域合作保障薄弱

与国际著名湾区处在自由市场的环境相比，不得不承认粤港澳大湾区明显地在体制上存在致命短板，地区保护、行政壁垒和无序竞争等各种非市场性干扰因素将不同程度存在。正是因此，粤港澳大湾区尤其是珠三角地区的空间规划、空间利用需要通过跨区域组织的协调实现整体性优化。另外，粤港澳大湾区的创新网络远未形成，既缺乏在全球有着重大影响力的科技企业，也未能形成如同硅谷一样的强大产业生态，资源要素的创新功能有待通过再造人才激励制度、改革分配机制等途径予以激发。

粤港澳大湾区必须处理和解决不同城市之间的行政关系，实现"行政异城，经济社会同城"的问题。改革开放几十年来的实践说明，各城市之间既有共同的利益，也有着不同的诉求，当涉及不同城市之间的利益的时候，各地方政府之间的关系难以协调。粤港澳大湾区城市群发展规划涉及不同城市，在未来大湾区的规划和建设中，各地方政府之间的利益关系也是制约粤港澳大湾区建设的一个非常重要的因素。粤港澳大湾区的城市融合程度差距较大，主要表现在基础设施、体制机制、产业分工等方面。以港口融合为例，如果我们将粤港澳大湾区与东京湾区进行比较就可以发现，东京湾湾区内尽管云集了东京港、千叶港、川崎港等六个世界级的大型港口，但由于充分利用了共享湾区资源，港口群内

部成功地进行了港口等级和功能划分并成为一个有机群体。相比之下，粤港澳大湾区多个港口大都以集装箱为主，腹地比较趋同，相互之间没有明确的分工和职能定位，恶性竞争激烈和重复投资严重。

粤港澳大湾区的各个中心城市之间的协调发展引导不足，导致区域合作保障薄弱。目前各个中心城市特色不突出，分工不明确，合作不紧密，甚至会出现内部恶性竞争的局面；其次是腹地不明确，现行体制下环珠江口湾区的腹地被人为分割，互不相让。环珠江口湾区的腹地，不单是珠三角地区自身，而是整个环珠三角，以及广东、华南的广大地域，湾区如果腹地狭小，大都市圈和大规模产业集群缺乏发展空间，也就不能形成湾区经济。

（四）生态环境问题严重，宜居宜业亟须提升

世界著名湾区都是宜居宜业，环境优美，引领新经济形态发展的区域，循环经济和可持续发展成为粤港澳大湾区发展中需要重视的问题。粤港澳大湾区建设中，生态环境和社会发展方面的合作比经济层面的合作更加困难。从生态环境看，粤港澳大湾区是一个完整的系统，在经济建设过程中必须重视生态安全和生态环境。在社会发展方面，香港和澳门的社会发展水平高于广东，如何协调和平衡港澳和内地的关系就是摆在我们面前的问题，比如说港澳企业在内地的国民待遇问题，以及港澳人士在内地生活的国民待遇问题，以及内地人士赴港澳工作和生活的制度性障碍等，这些问题都亟须解决。

改革开放以来，粤港澳大湾区作为海岸带城市和社会经济发展的重要节点区域，城市化和工业化速度加快，经济快速增长，但其环境污染问题突出，自然生态也明显退化。《2014年中国环境状况公报》显示，我国空气质量普遍超标，多地出现严重雾霾现象。按照新的环境空气质量标准评价，90.1%左右的城市达不到二级标准。其中，长三角、珠三角、京津冀等区域性大气污染日益突出。

粤港澳湾区的环境污染已成为粤港澳大湾区必须重视的问题。湾区的迅速工业化引起空气、土壤、水质的污染，治理难度很大。同时，湾区内许多城市填海造地，对湾区的自然环境造成严重污染和破坏，导致环境污染需要花大力气、投大量资金治理，但湾区内各个地方政

府的财政支出绩效考核不同，统筹、出资和监管等方面存在的问题都需要解决。环境污染问题如得不到有效解决，会造成人才流失，形成制约湾区发展的瓶颈。

第二章　粤港澳大湾区的战略定位与主导目标

从世界范围看，湾区既是地理概念，也是经济现象，是一种成熟的大都市群体形态。粤港澳大湾区是包括港澳在内的珠三角城市融合发展的新联盟，其发展将从根本上改变改革开放以来珠三角作为低端产品世界工厂的地位，转而升级为先进制造业和现代服务业的试验田，其上升为国家战略，也将为粤港澳大湾区带来前所未有的发展机遇，期望粤港澳这一区域能够打破现有行政地域壁垒，实现更为便利的要素流动、更为开放的经济模式、更为理想的产业分工、更为优美的人居环境，从而在国家对外开放战略格局中发挥更大作用，成为21世纪海上丝绸之路的关键支点。

第一节　粤港澳大湾区的地理区划与形成历程

在经济全球化与我国改革开放政策的双重作用下，我国新型工业化与新型城镇化进程加快，城市群发展战略上升为国家战略。粤港澳大湾区正是借助得天独厚的区位和历史基础，驱动区域经济的迅速发展，同时形成的现代化交通网络联系更是加强了湾区产业的集聚与扩散，不同行政区域之间有形和无形的经济联系更加强化。

一　粤港澳大湾区的地理区划

（一）粤港澳大湾区的地理区划

粤港澳大湾区指的是临近珠江口各行政管辖区范围的总和，包括广东省的广州、深圳、珠海、佛山、东莞、中山、江门、惠州、肇庆九个市及香港、澳门两个特别行政区（详见图 2-1），与大珠三角地域范围比较接近，陆地面积约 55888 平方公里，2016 年底的常住人口共约 6670 万人。[①]它是继美国纽约湾区、旧金山湾区、日本东京湾区之后的世界第四大湾区，是中国建设世界级城市群和参与全球竞争的重要空间载体。

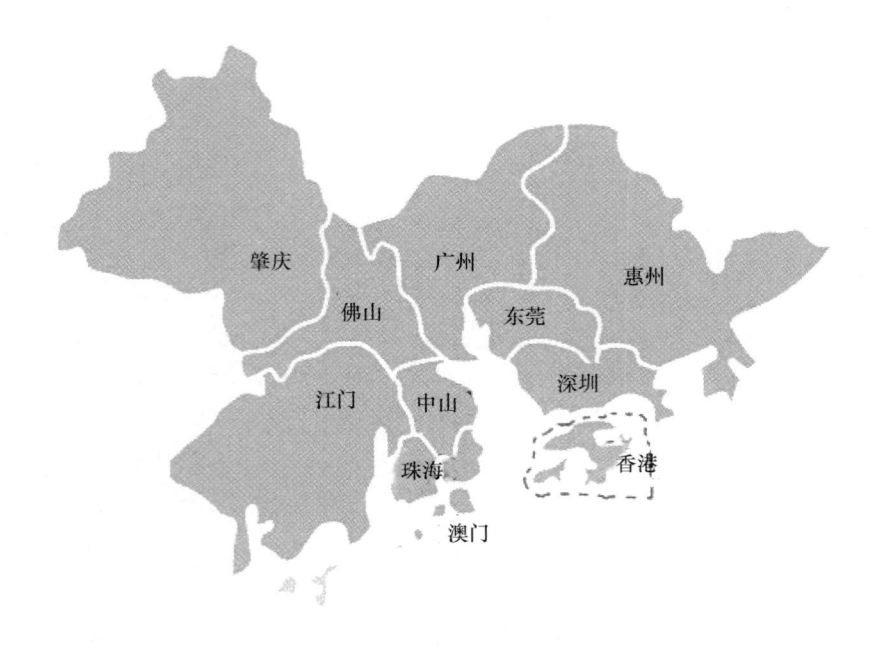

图 2-1 粤港澳大湾区的地理区划

粤港澳大湾区分为核心层、协同层和辐射层三个层次。"核心层"指临近珠江口岸线各行政区划的总和，包括广东省的 9 个城市，以及香港和澳门，"协同层"指环粤港澳大湾区的城市群，包括清远、韶关、阳江、云浮、河源、汕尾、汕头、揭阳、潮州、湛江、茂名等地区，它们是粤港澳大湾区城市群直接腹地，"辐射层"指泛珠三角经济区及中国内陆区域（详见表 2-1）。

---

① 根据广东统计信息网（http://www.gdstats.gov.cn）、香港政府统计处（http://www.censtatd.gov.hk）、澳门统计暨普查局（http://www.dsec.gov.mo）提供的资料整理。

表 2-1　　　　　　　　　　粤港澳大湾区的空间层次

空间层次	涉及的行政区域
核心层	香港、澳门、广州、深圳、珠海、佛山、东莞、中山、江门、惠州、肇庆
协同层	环粤港澳大湾区城市群外围地区（包括清远、韶关、阳江、云浮、河源、汕尾、汕头、揭阳、潮州、湛江、茂名等地区）
辐射层	泛珠三角经济区及中国内陆区域

从地理位置来看，粤港澳大湾区具备良好的区位优势。粤港澳湾区地处西太平洋—印度洋航线要冲，与马六甲海峡的海上航线距离比环渤海和长三角近2500公里和1500公里，是我国与海上丝绸之路沿线国家海上往来距离最近的发达区域。粤港澳大湾区背靠内陆，连接港澳，面向东盟。从湾区出发，往东是海峡西岸经济区，往西是北部湾经济区和东南亚，可通过南广铁路等陆路交通和海洋运输快速连接中国内陆与东盟各国，是国际物流运输航线的重要节点和"21世纪海上丝绸之路"的重要枢纽。

从地理区划来看，粤港澳大湾区主要是以珠江湾区为核心，同时还包括大鹏湾区、大亚湾区等一些外围湾区。正是由于湾区群的存在，粤港澳大湾区范围内形成了两个层次的港口群，即以香港港、深圳港、广州港为阵营的三个世界级港口群和以东莞港、珠海港等为主体的国内大型港口群。

作为粤港澳大湾区的核心节点，湾区内还排列着由香港、广州与深圳组成的世界级大都市阵容，以及以广州为顶点，佛山、中山、珠海为西翼，东莞、深圳、香港为东翼的"A字形结构"豪华城市集群，同时有肇庆、江门与惠州分别作为左右策应的城市编队。另外，从粤港澳大湾区出发，往东是海峡西岸经济区，往西是北部湾经济区，往北是湖南、江西以及广阔的中国中部城市群。这样以粤港澳大湾区为核心，以厦门湾区为东翼和北部湾区为西翼，就可形成"一核引领、双翼齐飞"的发展态势，并带动江西、湖南、贵州、云南、四川等大腹地的经济拓展。

在向腹地辐射出强大的外溢效应的同时，粤港澳大湾区同时能得到广袤腹地的牢固支撑。首先是香港以东南沿海地区作为生产加工的腹地，并向内地扩展，构成"双层腹地"格局；其次广东省内汕尾、汕头、揭阳、河源、阳江等地对应广州、深圳、东莞、佛山组成的珠三角核心区，组成了广阔腹地；最后粤港澳大湾区腹地可以延伸到福建、广西、海南和台湾地区，以及毗邻地区的江西、湖南、贵州、云南、四川等区域，在获取足量资源要素的同时，完成产业聚集与转移。

（二）粤港澳大湾区的区域发展基础

经过多年的努力，粤港澳大湾区已经发展成为我国现有各湾区（如北部湾经济、渤海湾经济等）中发育程度最成熟的地区，奠定了显著的区域发展基础和湾区领先优势，已经具备打造世界一流湾区的基础与条件。

1. 具备了成熟湾区所需要的超级体量

粤港澳大湾区作为大珠三角核心圈的主干部分，其经济体量构成了大珠三角区域经济的主体。如表2-2所示，粤港澳大湾区是目前世界上面积最大、人口最多的湾区，是与海上丝绸之路沿海国家海上往来距离最近的发达区域，拥有全球最密集的港口群。2015年，粤港澳大湾区经济规模约为8.47万亿元，占全国的12%（包含港澳）。在亚洲，粤港澳大湾区的GDP以单一经济体计算，紧追日本、印度和韩国之后，排第四位；就世界大都市圈而言，仅排在东京大都市圈之后，居第二位，具备了世界级大湾区的基本体量。

粤港澳大湾区拥有香港和澳门两个自由港，深圳、珠海两个经济特区，南沙、横琴和前海蛇口三个自贸片区，形成了自由港、自贸区、经济特区等多重经济体的叠加优势，同时也是中国外向型程度最高的经济区，成为"一带一路"倡议的主力引擎。随着国家"一带一路"建设、全球化进程的不断推进以及粤港澳区位优势、政策优势的持续显现，粤港澳大湾区的发展水平必将迈上新台阶。

表 2-2　　粤港澳大湾区与世界三大湾区的体量对比（2015 年）①

类别	东京大湾区	纽约大湾区	旧金山大湾区	粤港澳大湾区
面积（万平方公里）	1.36	2.15	1.81	5.59
人口（万人）	3560	6500	700	6670
GDP（万亿元）	11.21	8.72	4.98	8.47
GDP 占全国比重（%）	37	9	5	12
世界 500 强企业数（家）	22	28	60	20
服务业占比（%）	82	89	83	62
人均 GDP	255788	420834	617546	126997
国际地位	日本最大的工业城市群和世界重要的国际金融中心、交通中心、商贸中心	世界金融的核心中枢以及国际航运中心	世界上最重要的高科技研发中心之一，美国西海岸最重要的金融中心	亚太重要的经济增长中心，全球制造业基地，世界重要的商贸中心，香港国际金融、贸易与航运中心
代表城市	东京、横滨、川崎、千叶、横须贺	纽约、纽瓦克、新泽西	旧金山、奥克兰、圣何塞	香港、澳门、广州、深圳、珠海、东莞

2. 具备了成熟湾区所需的超级影响力和超级集中度

受益于港口与城市聚集效应的带动，粤港澳大湾区已经形成了不同的产业集群，包括通信电子信息产业、新能源汽车、无人机、机器人等高端产业集群，以及石油化工、服装鞋帽、玩具加工、食品饮料等中低端产业集群。同时，受香港的金融服务、航运服务和澳门的旅游服务、文化创意服务以及深港现代服务综合示范区等多元力量的驱动，粤港澳大湾区三次产业占比超过了 80%，由此形成了该地区先进制造业和现代服务业双轮驱动的产业体系。2015 年，粤港澳大湾区的地区生产总值高达 8.5 万亿元，香港和澳门的第三产业占比均超过 90%（详见表 2-3）。粤港澳大湾区以不足全国 1% 的国土面积，创造了全国 12.3% 的 GDP，已经成为全球湾区的第四极。

---

① 林先扬：《港澳大湾区城市群经济外向拓展及其空间支持系统构建》，《岭南学刊》2017 年第 4 期。

作为经济发展的后续支撑,粤港澳大湾区以良好的自然、生态、社会、文化环境,形成了鼓励创新的浓厚氛围。粤港澳大湾区拥有 1 个国家自主创新示范区、3 个国家创新型城市、超过 200 所普通高校和 200 万在校大学生,有近 30 名中国科学院、工程院院士以及获聘其他国家同等职衔的科学家,拥有国家重点实验室 12 个。仅就深圳而言,就拥有华为、比亚迪、腾讯等一批知名创新型企业,PCT 国际专利申请量占全国 56%,接近韩国专利申请总量,在国家(含中国)排名中位居全球第六位。2013年国际专利申请量排名前 50 的四家中国公司均来自深圳。粤港澳大湾区已经形成了具有超级影响力和超级集中度的独特产业发展优势。

表 2-3　　　　粤港澳大湾区第三产业发展状况（2015 年）①

城市	地区生产总值（亿元）	服务业比重（%）	社会消费品零售总额（亿元）
香港	19791	93.0	3979.8
澳门	2977	92.6	893.91
广州	18100	66.8	7933.0
深圳	17503	58.8	5017.8
珠海	22024	48.0	913.2
东莞	6275	53.4	2154.7
佛山	8003	37.8	2687.2
江门	2240	44.1	1032.3
中山	3010	43.5	1079.7
惠州	3140	40.2	1070.7
肇庆	1970	36.1	632.4

3. 形成了高效快捷的基础配套设施

粤港澳大湾区已经形成了高效快捷的交通体系。2012 年第三条亚欧大陆桥开通,粤港澳大湾区在第三条亚欧大陆桥和亚欧经济新格局的形成过程中的地位更加重要。另外,湾区交通建设高度重视轨道交通网的规划建

---

① 单菁菁:《粤港澳大湾区　中国经济新引擎》,《环境经济》2017 年第 7 期。

设，以港深穗为主轴，把在建的高铁网、轻轨网和地铁网三网连成轨道交通网，形成优质通达的交通网，"粤港澳一小时生活圈"正加速形成，同时，以湾区为枢纽建设对外交通，形成高度可达性的交通基础设施，实现香港澳门与湾区其他城市之间跨界无缝衔接，极大地降低了制度成本。

目前，粤港澳大湾区拥有 5 个国际机场，根据 2015 年的统计数据，湾区的年客流量达到 1.74 亿人次，拥有香港、广州、深圳、珠海、中山、南沙等优良港群，区域港口集装箱吞吐量达到世界三大湾区总和的 5 倍以上。其中，深圳港、香港港、广州港都是世界集装箱吞吐量排名前十的国际性大港（详见表 2-4）。区域内铁路网、公路网密布，城际交通发达，特别是港珠澳大桥的建设更将使珠江口东西两岸形成完整的交通闭环，极大促进珠江两岸的经济交流合作，提升粤港澳三地的互补功能。四通八达的海陆空立体交通网络使粤港澳大湾区具有交通便捷、物流成本相对较低的突出优势。

表 2-4　　粤港澳大湾区主要港口和机场运输情况（2015 年）[①]

城市	港口货物吞吐量（万吨）	机场旅客流量（万人次）
香港	25660.0	6850
澳门	—	580
广州	50053.0	5520
深圳	21706.4	3972
珠海	11208.8	470

二　粤港澳大湾区的形成历程

粤港澳大湾区是我国内部的一个特殊跨行政区域。自秦朝起，港澳就是中国领土不可分割的部分；至清朝时，香港属于广州府新安县辖地，澳门则属香山县管辖；后来西方列强入侵，清政府将香港、澳门分别于 1842 年、1887 年割让给英国和葡萄牙，致使原本纯粹的自然地理区域分割线被上升为具有"国家"性质的边界。即便港澳已分别于 1997 年和 1999 年回

[①] 单菁菁：《粤港澳大湾区　中国经济新引擎》，《环境经济》2017 年第 7 期。

归祖国，这些历史原因仍导致粤港澳湾区内存在具有一定政治、经济和法律属性的分界线。不同于广东省的省级行政区域建制，香港和澳门是"一国两制"下的特别行政区，不仅享有高度自治权，还是独立的关税区和货币区。正因为如此，粤港澳大湾区才成为东亚地区最独特的跨境湾区，即同一国家主权下跨越不同关税区的政治地理湾区。

改革开放之前，粤港澳大湾区的合作主要发生在广州、香港、澳门三地之间，以此三足鼎立之势带领珠三角地区迎接世界经济的挑战。

北宋时期，一些北方居民以家庭、家族集体向南迁徙，同时，政府修建了水陆交通设施，这些因素为珠江三角洲各城镇兴起奠定了较好的基础。广州和佛山在北宋时期已成为当时全国著名的海港城市和工商业城镇，汇集全国各地的商贩，人口达到几万户。明代中期，以佛山为核心，包括广州、惠州、肇庆、高州等城镇，形成了全国知名的冶铁业城镇群。清代开放海禁后，粤港澳大湾区迎来了对外开放和经济发展的重要历史机遇期，尤其是广州成为特许的唯一通商口岸，广州的工商业实现了飞速发展，城市不断扩大，逐步成为国际商业中心城市，佛山因中转广州通商口岸的货物，其商业也日趋繁荣。鸦片战争后，我国对外开放的格局出现了较大的变化，随着上海对外贸易的崛起，环珠三角湾区各城镇经济发展和对外贸易相对有所减缓，但仍在继续发展。

改革开放后，国家逐步实施以特区、沿海开放城市为代表的开放模式，珠三角地区迎来了全国率先开放的机会，广东成为全国经济第一大省，辖区内的广州、深圳、东莞、佛山等城市迅速崛起，成为我国对外开放的桥头堡，粤港澳大湾区的开发和发展驶入了快车道。

从1978年至20世纪90年代中期，粤港澳大湾区利用长期交往历史构建的社会网络充分发挥经济效应。利用亲缘、乡缘优势，港澳企业家纷纷回粤投资并集中于环珠江口地区，按照区域市场分工转移制造业产业链中的低价值部分，形成"前店后厂"的跨境合作模式。借助这一粗浅的经济联系，珠三角地区获得来自港澳的先进知识溢出，顺利步入生产效率较高的工业社会，并在此基础上推进城镇化，如深港边境村——皇岗村、水围村等转型的城中村，无疑是这场革命式跨境经济运动的典型缩影。

20世纪90年代中期至2003年CEPA的签署，粤港澳大湾区内部的资源流动逐渐以经济性往来取代习俗性交往成为主要交流形式。经过上一时期以市场为导向、民间推动、港澳企业家主导的粤港澳湾区内部跨境产业分工和承接发展，港澳地区成功地通过内迁制造业至珠三角地区逐渐实现产业结构调整升级，催生了一定数量和规模的制造业领域的合资、合作经营、股份制等形式的私营公司，同时，珠三角地区也诞生了一批专业性集聚的"专业镇"，如中山古镇（灯饰）、东莞虎门（服装）、珠海斗门（水产）等。与此相伴，因应经营伙伴关系和客户关系等业务联系，港澳与广东之间的人员跨境流动逐渐以经济性往来取代习俗性交往成为主要来往形式。为了进一步巩固港澳与广东之间的合作成果，更有效利用湾区人力资源，实现劳动力匹配互补，提高市场运行效率，内地政府对跨境合作态度非常积极，但却一直未能得到港澳的正面回应。1998 年，为了再度激起并鼓励粤港澳三地跨境合作，持续改善以劳动力为关键生产要素的流动状态，粤港之间率先开始政府层面的对话，建立了粤港合作联席会议制度，共同解决口岸"通关"及交通"通行"等基础硬件设施建设，粤港澳经济合作关系也从早期的单向转为双向。2003 年 6 月，中央政府与香港、澳门特区政府签署 CEPA,[①] 是内地与港澳经贸交流与合作的重要里程碑，CEPA 是粤港澳经贸交流与合作的一个历史性时刻，它从制度上给予港澳正式的经济定位，意味着粤港澳经济整合从制造业转移走向服务业承接。CEPA 的开放式制度合作平台，有利于促进粤港澳生产及生活要素的流动，推动粤港澳大湾区内部经济一体化，初步形成湾区内部全方位的互联互通格局。

2004 年至 2014 年，粤港澳大湾区内部实现了全方位的内部合作与开放式发展。这一时期，粤港澳大湾区极大地拓宽了内部合作范围，包括传统的制造业、经济重心的服务业、基础的跨境交通设施和口岸海关、制度上的行政和城市管理、社会民生等领域，丰富粤港澳湾区共同享有的商品、物资、资金和人才等要素市场，从"前店后厂"到"厂店合一"，循序渐进升级经济合作模式，民间和政府合力推动产业优化、城市功能和制

[①] CEPA（Closer Economic Partnership Arrangement）是《关于建立更紧密经贸关系的安排》的英文简称。

度衔接等层面从功能性整合发展到制度性整合。粤港澳大湾区的经济一体化迈入了深化阶段。

2015年至现在，随着我国走向更高层次开放型经济，粤港澳大湾区越来越受到国家重视并上升到国家战略高度。2015年3月，国家发改委、外交部、商务部经国务院授权发布了《推动共建丝绸之路经济带和21世纪海上丝绸之路的愿景与行动》，并首次提出要"深化与港澳台合作，打造粤港澳大湾区"。2016年3月，国家"十三五"规划明确提出："支持港澳在泛珠三角区域合作中发挥重要作用，推动粤港澳大湾区和跨省区重大合作平台建设。"2017年3月，国务院总理李克强在政府工作报告中提出，"要推动内地与港澳深化合作，研究制定粤港澳大湾区城市群发展规划，发挥港澳独特优势，提升在国家经济发展和对外开放中的地位与功能"，此时的粤港澳区域发展已经上升为国家战略，粤港澳大湾区作为中国经济新引擎受到世界瞩目。2017年4月，李克强会见新当选并获中央政府任命的香港特别行政区第五任行政长官林郑月娥时表示，"今年，中央政府要研究制定粤港澳大湾区发展规划"。可见，未来粤港澳三地协同合作将达到新高度，成为提升珠三角区域整体国际竞争力的引擎，并有望成为世界一流城市群湾区。

第二节　粤港澳大湾区发展的战略定位与高地构建

一　粤港澳大湾区发展的战略定位

总体来说，粤港澳大湾区要在国家建设海上丝绸之路的大背景下，依托有利的湾区资源，借助经济发达的城市群，面向通往世界的广阔海洋，充分发挥开放经济的引领作用和创新经济的驱动作用，开创和探索我国开放经济发展的新阶段和新形态，建设成为我国海上丝绸之路桥头堡。

（一）构筑开放经济引领带，服务21世纪海上丝绸之路

海上丝绸之路的实质是海洋文化，21世纪海上丝绸之路和湾区经济相辅相成，聚焦湾区经济就是要在更大范围整合资源，打造一个辐射带动能力强大的战略支点发展海上丝绸之路。中央决定要求建设海上丝绸之路，具有承传我国和平友谊的海洋文化传统和海洋观，并以此作为和平外交政

策与睦邻友好基石。粤港澳大湾区作为海上丝绸之路历史最长、港口最多、航线最广的大省,是接收海洋文化最直接、最丰富、最充分的大省。粤港澳大湾区的发展正是基于丝绸之路的本质,依托湾区的港口优势、产业基础和经济实力,朝着世界级大湾区的方向迈进。

发挥粤港澳独特优势,打造粤港澳大湾区,提升区域增长极辐射带动能力,可以更好地服务于21世纪海上丝绸之路的国家战略。"一带一路"建设对于我国打造陆海统筹、东西互济的全方位开放新格局,实现两个一百年奋斗目标和中华民族伟大复兴中国梦具有重要意义。粤港澳地处海上丝绸之路要冲,推动粤港澳大湾区经济发展,有助于形成区域发展合力,成为更强大的经济纽带,通过深化粤港澳大湾区与"一带一路"沿线国家经贸合作,为21世纪海上丝绸之路提供更强大支撑。

(二) 进一步推动对外对内开放,促进环南海经济圈发展

打造粤港澳大湾区是服务国家南海战略,促进环南海经济圈发展的重要推手。南海位处世界航运要冲,能源资源丰富,战略地位突出,是实施海洋强国战略的重中之重。目前南海局势错综复杂,不稳定、不确定因素增多,粤港澳大湾区作为我国距离南海最近的经济发达区域,海洋经济总规模达1.23万亿元,连续20年位居全国首位,海洋电子信息业发达,是我国三大海洋工程装备制造业集聚区之一、国家重要的海洋科研技术经济平台。打造粤港澳大湾区,有利于加快南海资源开发利用,促进环南海经济圈发展,可以为国家经略南海提供重要的战略支撑。

发展粤港澳大湾区既是发挥广东对外开放先行先试作用,也是抢抓机遇深化粤港澳与内陆地区合作,在更大范围内配置资源和实现更好发展的内在需要。从国际区位来看,粤港澳大湾区地处环太平洋航线西岸,区位优势明显,处于连接东亚、南亚的关键区位,有到达东南亚、南太平洋、印度洋西岸东非国家的最短航路;有到达西亚和欧洲的陆路,是中国对外开放的前沿阵地。同时,从国内区位上看,粤港澳大湾区地处华南,连接西南,辐射中南地区,拥有广阔的腹地资源,宜于开发内陆资源,成为建设腹地经济的"桥头堡",也是西南、中南地区参与建设21世纪海上丝绸之路的便捷通道。同时,可通过港口辐射作用,带动内地产业发展,充实粤港澳大湾区的港口腹地。

（三）增创区域协同发展新优势，积极服务泛珠三角合作

打造粤港澳大湾区是增创区域协同发展新优势，积极服务泛珠三角合作的重要举措。2014年12月，中央经济工作会议对优化全国经济发展布局，促进区域协同发展做出新的部署。经过多年发展，粤港澳大湾区已经成为我国经济实力最强、发展最活跃的区域之一，湾区涵盖的11个城市是粤港澳大湾区中心城市、泛珠经济体核心区域和"一带一路"建设的重点区域。粤港澳大湾区拥有世界级的海港群、空港群，2015年，湾区机场年旅客吞吐量约1.74亿人次，港口集装箱吞吐量达到世界三大湾区总和的5倍以上，其中，深圳港、香港港、广州港都是世界集装箱吞吐量排名前10的国际性大港，经济总量超过8.47万亿元，将近旧金山大湾区的2倍，超过纽约大湾区，与东京大湾的差距进一步缩小，具备了比肩世界发达湾区的条件和基础。加快发展湾区经济，促进区域内要素合理流动，资源高效配置，市场深度融合，不断提升湾区经济国际竞争力，在服务"一带一路"建设中促进泛珠三角共同发展。

通过区域协同创新发展，粤港澳大湾区以海岸线为主轴，以11个中心城市为依托，以临港产业集聚区为核心形成临海产业带，以海洋产业群、滨海城镇群、海洋景观、海岸生态屏障为支撑，通过产业、居住、景观带的科学错位布局，打造宜业、宜居、宜游的粤港澳大湾区经济带。粤港澳大湾区的发展将突破行政区域界限，将不再以各个城市各自为政来发展区域经济，而是从整体上重新规划布局，这样有利于优化配置湾区资源，引导重点产业集聚，形成相应的产业集群，通过区域协同发展的新优势，积极服务于泛珠三角合作。

二 粤港澳大湾区未来的高地构建

打造粤港澳大湾区，既需要国家层面的统筹协调，也需要粤港澳之间的协调互动，更需要中心城市的积极作为。粤港澳大湾区未来的高地构建，必须以全球视野和战略思维，把握世界经济和国际湾区发展新趋势，充分发挥湾区高端资源的集聚优势，强化创新驱动，突出开放发展，提升核心功能，努力建设创新能力卓越、产业层级高端、交通网络发达、基础设施完善、生态环境优美、辐射功能强大的国际一流湾区，为实施国家战

略提供有力支撑。

(一) 努力打造分工协作的产业战略高地

协同发展是湾区经济的本质特征之一，粤港澳大湾区要努力提升区域合作水平，推动区域之间的协同发展，提升合作水平，扩大合作领域。粤港澳大湾区已具备一定的基础，但要发展成为世界一流的湾区，需要在体制和机制上大胆创新，建立国家层面的湾区发展协调制度。粤港澳大湾区要重点突破目前各行政区划地域边界刚性、地方政府制度及行政性保护壁垒等障碍，在中央政府的统一领导和协调下，促进粤港澳湾区形成有效的治理机制，大力完善区域开放式经济服务体系。在对标世界一流湾区发展目标下，由中央领导联合粤港澳大湾区各级政府，尊重市场发展规律和各方利益，形成共识，集聚合力，联合打造高度开放的粤港澳湾区"自由创新服务区"，提升湾区整体发展能力。

构建国家层面的湾区发展协调机制，是建设世界一流湾区的突破口，也是发挥粤港澳地区优势参与共建国家"一带一路"建设的重要策略。高度开放和国际化的香港、澳门，和前海、南沙、横琴三大国家级自由贸易试验区，分别由不同行政级别政府规划管理，缺乏统一协调，急需进一步扩展自由贸易区的地域范围。粤港澳大湾区要在环珠江出海口及东西岸的湾区核心地带，把已有的五区连点成片，积极争取中央政策，联合构建具有中国特色又高度开放的粤港澳湾区。以其为依托，实质性地推进深化粤港澳的跨区域合作，探索区域一体化治理机制和新的经济服务体制机制，整合集聚世界级优质产业资源要素。在经济服务区内打造跨境合作高新技术产业园区，形成跨区域产业价值链和分工协作网络。打破传统行政区域壁垒，实行一体化治理，统一规划，合理布局，融合共享。通过对粤港澳大湾区内部区域的科学定位和错位发展，实现湾区经济发展能力和效益的最大化。

(二) 努力打造资源丰富的创新创业高地

创新引领是湾区经济的重要特征，粤港澳大湾区要坚定不移地推进这一战略，充分集聚整合各类创新资源，形成强大的湾区自主创新基础能力，全面提升湾区自主创新整体效能，构建一流湾区自主创新生态体系，将高端技术研发产业打造成为最具优势的湾区经济产业形态。粤港澳地区高端人才聚集，创新资源丰富，同时也是世界重要的金融商贸中心、航运物流中心和制造业中心，拥有相对完备的产业链和创新链。未来可围绕区域产业的转型升级需求，重点进行产业科技创新，统筹区域创新资源，联合开展相关产业的基础科学研究和高新技术的研发应用，把粤港澳大湾区建设成为全球重要的产业科技创新中心。

粤港澳大湾区在香港和广州等城市拥有多所国际或国内知名大学，拥有 8 个国家级高新园区，16 个 863 基地，对利用内资，吸收外资以及扩大城市经济效益与经济规模，发挥着非常巨大的作用。粤港澳大湾区城市群依托港澳国际化城市，具有较高基础科研水平，完善的法治和知识产权保护制度，能够为创新型产业发展联结到海内外优质研发机构和高端人才。可以试点推动并共同打造"古洞北科研发展区—落马洲河套港深创新及科技园—福田保税区—深圳南山科技园—深圳前海地区科技金融区—东莞松山湖高新技术园区—广州科学城"的跨境创新核心走廊。同时，结合珠西战略、珠江西岸先进装备产业带规划与建设以及深圳东进战略等，在粤港澳大湾区城市群及外围区共同建设粤港澳大型合作园区，以新能源、新材料、大型装备制造、研发创新产业发展等为主，形成国际一流高科技创新产业集群和国际级创新平台，引领创新发展新格局。

（三）努力打造开放包容的文化高地

湾区是最具现代化国际化特征的城市形态，规划和推动粤港澳大湾区发展，以开放性和包容性的湾区思维不断深化粤港澳之间的合作，引领产业转型升级和深度参与国际竞争，共同打造更具竞争力的世界级城市群，是新时期国家赋予粤港澳大湾区的历史使命和战略要求。粤港澳大湾区要建立开放格局，以国际标准引导湾区经济发展，可充分利用湾区资源引领湾区的国际化城市建设，进一步提升整个湾区的建设发展水平。在此基础上，粤港澳大湾区应继续推进和深化对外开放战略，丰富国际友城建设内涵，强化与世界著名湾区城市合作，探索成立湾区城市联盟，打造有影响力的国际交流平台，全面提升湾区经济国际影响力。

共同培育开放、包容、多元的文化氛围，对粤港澳大湾区的发展至关重要。文化环境对粤港澳大湾区的产业发展和生态系统起着重要作用，湾区需要共同培育开放、包容、多元的文化氛围。硅谷之所以快速发展成为世界创新发动机和引领者,根本原因在于别具一格的创新文化,其特点是平民化、组织扁平化、经验交流、知识共享、拥抱变革、挑战传统,能够充分地发挥人的创造力,硅谷创新文化对技术人才的流动、聚集发挥了良好作用,在人才集聚的自组织机制安排方面,具有不可复制性和替代性。应将世界级大湾区的现代文化融入粤港澳大湾区的文化,构建适应湾区社会经济发展的创新文化。粤港澳大湾区的自然生态、经济环境、整体形象和规章制度,是湾区文化的外在表现形式,需要通过各种制度安排,精心培育和引导营造形成一种鼓励创新、追求变革的文化氛围。独具一格的开放性和包容性文化是粤港澳湾区生态系统发展的灵魂和活力源泉,让港澳地区开放成熟的市场机制、接轨国际的营商环境、公开透明的竞争体制等先进的体制机制来推动湾区的国际化、市场化和规范化,让粤港澳大湾区充沛的产业活力、丰富的人力资源、强大的配套能力促进湾区的繁荣稳定发展,把粤港澳大湾区建设成为经济一体、文化交融、制度对接、互利共赢、全民共享的共同家园。

(四)努力打造绿色生态的宜居宜业高地

陆地和海洋是一个"生命共同体",粤港澳大湾区应坚持陆海统筹,构建符合生态文明要求的空间发展格局,有度有序地开发利用海湾,可持续地推进湾区城市建设。要把握开发的时间空间秩序,严格控制近岸海域开发强度和规模,推动深远海适度开发,防止人为割裂陆海联系和不计代价盲目开发海洋。在经济社会发展、资源优化配置、人居环境改善等方面,粤港澳大湾区要全面统筹、周密谋划,促进海陆两大系统的优势互补、良性互动和协调发展,构建陆地文明与海洋文明相容并济的发展格局。

粤港澳大湾区应以湾区经济理念重新修订城市发展规划,整合区位资源优势构建湾区经济走廊,同时打造更加宜居宜业的生态空间,吸引更多外来投资和年轻移民者,为湾区发展注入新鲜活力。粤港澳大湾区可以采用"共同开发、共同受益"合作新模式,在这些环粤港澳大湾区城市群的外围地区探索推进若干个粤港澳紧密合作的创新示范区建设,快速形成产业与人口集聚,也促进产业、人口、技术、资本与这些地区的合作与发展,形成基于一小时生产配套与优质生活圈,共同构筑互动发展的新空间。粤港澳大湾区在优化产业空间布局，积极推进产业转移与升级的同时，应加快发展形成以香港—深圳—广州为发展主轴的世界级都市圈。应共同治理湾区的环境污染问题，特别是湾区核心区域的珠江流域水土污染问题，共同打造一个真正意义上的世界级滨海休闲、宜居宜业、风景优美的生态环境。

第三章　粤港澳大湾区的核心视角与重大问题

纵观当今世界，经济实力雄厚、最具竞争力的城市群，大多都聚集在沿海湾区，并成为带动全球经济开放创新发展的重要增长极。准确把握粤港澳大湾区的核心视角与重大问题，并结合湾区自身情况进行针对性分析，对于加快发展世界一流湾区经济，更好地服务"一带一路"建设，具有重要意义。

第一节　粤港澳大湾区的改革开放与持续发展

当前，粤港澳大湾区经济面临双重转型压力。充分利用"一国两制"制度优势，高度重视香港、澳门的国际地位，全面提升粤港澳大湾区城市间的经济合作水平，以更宽广的视野、更强的国家使命感，在更大的空间尺度上统筹规划，深入推进粤港澳大湾区的改革开放，充分发挥湾区的持续发展后劲，对破解粤港澳大湾区面对的双重转型难题具有重大意义。

一　粤港澳大湾区改革开放的深入

改革开放以来，由于历史及区位原因，粤港澳大湾区得到了较快发展，成为支撑中国经济的核心区域之一。随着工业的迅速发展，以港口为中心的区域进一步向湾区腹地扩张，粤港澳大湾区得到了进一步拓展与扩张，这时的湾区发展已突破了港口经济和海洋经济的范畴，向着更具包容性、创新性的方面发展。

(一) 以先进思想引领湾区发展

建设粤港澳大湾区就是要从传统的大而全、小而全的独立城市形态向统筹协调的城市群转变，要打破画地为牢行政分割，资源过度集中，经济发展差异显著的空间格局，充分发挥城市间的动态比较优势，形成各具特色，相互关联，科技创新、产业技术创新能力强，交易成本低、金融实力强大的全产业链国际竞争优势，从传统金融中心、服务中心、制造中心向多元复合型的科技创新中心转变。按照城市规模与发展水平，依照比较优势向"总部经济＋金融中心＋科技创新中心＋高端制造业中心""总部运营中心＋研发中心＋制造中心"等多种复合创新模式转变。

目前，粤港澳大湾区拥有香港和澳门两个自由港，深圳、珠海两个经济特区，南沙、横琴和前海蛇口三个自贸片区，形成了自由港、自贸区、经济特区等多重经济体的叠加优势，同时也是中国外向型程度最高的经济区，将成为"一带一路"的主力引擎。随着国家"一带一路"建设、全球化进程的不断推进以及粤港澳区位优势、政策优势的持续显现，粤港澳大湾区的发展水平必将迈上新台阶。

(二) 以开放型经济深化湾区建设

未来粤港澳大湾区建设发展核心是产业的整合和分流，打造现代服务业，重塑经济空间结构，产业结构靠近中高端，实现经济高增长。从香港、澳门产业优势的角度来看，其金融、贸易和物流、旅游三个优势产业对正在向服务业转型的广东省有很好的促进作用，尤其是有利于广东省金融领域的发展。从广东省角度看，其科技创新能力和战略纵深正是港澳所欠缺的，这将为粤港澳大湾区提供绝大部分的本土人才和大部分的市场。这样一来，粤港澳有望形成一个以香港为核心的大珠三角金融中心圈，以深圳为核心的"硅谷"创业中心圈，以及以整个区域为基准的旅游产业圈，成为具备可持续发展能力和持续吸引力的大城市群。

粤港澳大湾区要进一步深化改革成果，必须坚持发挥市场在资源配置中的决定性作用和中央政府规划统筹作用，充分发挥改革试验田作用，增创改革新优势，优化公共资源配置，推进统筹城乡、实现经济社会协调、可持续发展，跨行政区的综合改革试验区建设，创建充满活力、富有效率、更加开放的科学发展新体制，率先建成比较完善的社会主义市场经济体制。以港深大都市区建设带动粤港澳大湾区经济合作，支持深圳大力建设全国综合配套改革试验区，支持珠海在政府职能分层管理改革、社会管理制度创新等方面取得新进展，在对外合作、城乡一体化发展的体制机制创新等方面取得新突破。着力推进广州南沙、深圳前海、珠海横琴等地区金融科技创新先行先试。强化港深在推动湾区科技创新发展中的核心作用，保持港深世界金融中心地位，着力提升粤港澳大湾区自主创新能力与产业竞争力。

（三）以创新型政策制度完善湾区机制

粤港澳大湾区将打造为全球性经济、金融、人才、创新中心。粤港澳大湾区"9+2"的城市构成，其中，香港金融和现代服务业发达，澳门是国际化城市，深圳具备成为全球科技创新中心的潜质，珠三角地区其他城市则以高端制造、智能制造、系列制造闻名，粤港澳大湾区发展将有望成为未来的全球创新、现代服务、优质资源集聚地。国家确立粤港澳大湾区战略，正是从全球坐标出发谋划增创竞争新优势，推动湾区在国际化水平、产业结构、城市功能和人居环境质量方面综合协作，努力打造成为汇聚全球人才的聚集地、全球创新创业的活力区、国际型大湾区。

为了扩大对外开放的水平与格局，未来的粤港澳大湾区将进一步提升经济国际化水平，以开放推动转型升级，以提升国际竞争力为核心，加强区域合作，优化利用外资结构，提高"走出去"水平，构建规范化、国际化的营商环境，推动全面开放、深度开放、科学开放，加快建立全方位、多层次、宽领域、高水平的开放型经济新格局。最大限度地利用"一国两制"、政策空间优势，以港深为主体，创造出最具活力，最具国际竞争力的创新机制。

（四）以高端战略扩大湾区辐射功能

粤港澳大湾区将成为海上丝绸之路的心脏。历史上，粤港澳大湾区一带就是中国海上丝绸之路的重要港湾，在"一带一路"倡议引导下，湾区的大融合必将全面体现"一带一路"倡议。粤港澳大湾区东边是海峡西岸经济区，西边是北部湾经济区，北边是湖南、江西以及广阔的中国中部城市群，南边是东南亚，内强腹地、外接东盟，有助于重塑周边经济。从区域合作的角度而言，应全面推进粤港澳大湾区、珠江—西江经济带、粤桂黔滇高铁经济带、琼州海峡经济带和东江生态经济带等跨区域合作，强化对内辐射功能，深化粤港澳、粤闽、粤桂琼等海洋经济合作圈的协同发展。通过充分发挥各类合作平台在促进产业转移中的积极作用，大力推进广州泛珠合作园区、粤桂黔高铁经济带合作试验区建设，支持粤桂合作特别试验区、闽粤经济合作区、北部湾临海产业园、湘赣开放合作试验区等跨省区合作平台发展，形成粤港澳大湾区与周边内陆省区合作发展、联合发展的新格局。

粤港澳大湾区崛起，不仅能够加快广西、湖南、江西等地的产业梯度转移，而且其产业要素将加速通达北部湾和南宁等地，形成面向东盟的海陆国际大通道。未来的粤港澳大湾区将会打造成为"一带一路"21世纪海上丝绸之路的"新支点"，成为中国与东南亚、南亚、北非、欧洲各国深化贸易、基础设施投资、公共服务合作以及文化交流的前沿阵地。

二 粤港澳大湾区的持续发展后劲

从目前的发展情况看，粤港澳大湾区是我国现有各湾区（如北部湾经济、渤海湾经济等）中发育程度最成熟的地区，已经具备打造世界一流湾区的基础与条件，具有突出的优势和持续发展后劲。

（一）政策优势

粤港澳大湾区地处中国深化改革和对外开放的最前沿，先后设立有深圳特区、珠海特区、南沙新区、前海深港合作区、横琴粤港澳紧密合作示范区、广东自贸区等一系列改革开放试验区，拥有一国两制、自贸区、国家自主创新示范区、国家级新区、粤港澳合作示范区等改革创新先行先试的政策集成优势。

同时，"一国两制"是粤港澳大湾区的最大特点和优势，是粤港澳大湾区特质的决定性因素，是粤港澳大湾区不同于目前所有国内外湾区的本源性因素。粤港澳大湾区应该成为"一国两制"成功实践的示范区，应彰显"一国两制"的强大生命力。在贸易、金融方面，港澳特别是香港具有领先优势，内地还有不小的差距。在创新科技方面，内地比如深圳具有领先优势，港澳存在差距。差距就是潜力，湾区城市各有潜力，如能在大湾区框架下彼此学习，互相促进，将化挑战为机遇，实现更好发展。

（二）区位优势

粤港澳大湾区背靠内陆，连接港澳，面向东盟。从湾区出发，往东是海峡西岸经济区，往西是北部湾经济区和东南亚，可通过南广铁路等陆路交通和海洋运输快速连接中国内陆与东盟各国，是国际物流运输航线的重要节点和"21世纪海上丝绸之路"的重要枢纽。由于地理位置的天然优势，在向腹地辐射出强大外溢效应的同时，粤港澳大湾区能得到广袤腹地的牢固支撑。首先，香港以东南沿海地区作为生产加工的腹地，并向内地扩展，构成"双层腹地"格局；其次，广东省内汕尾、汕头、揭阳、河源与阳江等地对应广州、深圳、东莞与佛山组成的珠三角核心区，组成了广阔腹地；最后，粤港澳大湾区腹地可以延伸到福建、广西、海南和台湾地区，以及毗邻的江西、湖南、贵州、云南与四川等区域，在获取足量资源要素的同时，完成产业集聚与转移。

粤港澳大湾区的区位优势有利于实现湾区经济的国际化和市场化。粤港澳大湾区拥有具世界竞争力的生产要素和产业集群，是世界闻名的产品供应基地，也是亚太地区首屈一指的现代服务业中心，具有相当的国际竞争力；粤港澳大湾区所包括的9个城市一直是全国市场导向改革的先行者和试验田，是内地市场意识最强和市场体系较完备的地区，而香港和澳门两个特别行政区则是世界公认的市场经济制度和自由经济体，是中国市场化水平最高的区域之一。粤港澳大湾区对外开放度不但在全国领先，在亚太地区也令人瞩目，粤港澳大湾区已经形成开放型国际网络。

（三）产业优势

粤港澳大湾区已经具备了完备的产业体系。作为中国改革开放的先行地区，粤港澳大湾区坐拥珠三角这一全球知名的加工制造基地和产品出口基地，目前除形成了石油化工、服装鞋帽、玩具加工和食品饮料等中低端产业集群外，还形成了通信电子信息、新能源汽车、无人机与机器人等高端产业集群。另外，香港是著名的国际金融中心和国际自由贸易港，澳门是知名的全球旅游目的地，现代服务业高度发达，使得粤港澳大湾区构成一个比较完备的产业体系。

粤港澳大湾区在向创新经济和服务经济发展的同时，港口经济和工业经济将继续存在，形成独具中国特色的多阶段、混合型湾区经济特征。粤港澳大湾区是我国制造业门类最全、产业链最丰富、市场化最活跃的城市群，具备担当中国在第四次工业革命"弯道超车"的转型力量主体，应该成为第四次工业革命的重要策源地之一。多元化城市集群为第四次工业革命的原始创新、集成创新创造了条件，为引领和推动全球科技革命和创新变革提供了丰富的产业资源、科技资源、市场空间及企业主体。就创新科技而言，粤港澳大湾区则完全可以凭借健全的产业链，实现设计制造同区域完成，这意味着粤港澳大湾区同时具有竞争优势和成本优势。

（四）交通物流优势

粤港澳大湾区集黄金海岸和黄金水道于一身，除了拥有抵达世界各地的海上航道外，还拥有多个机场。粤港澳大湾区拥有5个国际机场，年客流量达到1.74亿人次，其中香港国际机场是全球交通枢纽，广州白云国际机场、深圳宝安国际机场等多家机场是我国海上丝绸之路国家航空网络布局的重要节点，更大范围的交通网络催生了环珠江口湾区文化国际开放性的特点。粤港澳大湾区还拥有香港、广州、深圳、珠海、中山、南沙等优良港群。区域港口集装箱吞吐量达到三大世界级湾区总和的5倍以上。其中，深圳港、香港港、广州港都是世界集装箱吞吐量排名前十的国际性大港。

粤港澳大湾区内部铁路网、公路网密布，城际交通发达，特别是港珠澳大桥的建设更将使珠江口东西两岸形成完整的交通闭环，极大促进珠江两岸的经济交流合作，提升粤港澳三地的互补功能，四通八达的海陆空立体交通网络使粤港澳大湾区具有交通便捷、物流成本相对较低的突出优势。优良的交通基础设施，更容易孕育多个港口城市，而且城市之间的直线距离短，更利于城市之间的文化流动，有利于粤港澳大湾区形成由多个具有较强经济文化影响力城市组成的都市圈，使得区域经济一体化更强，经济影响力更大。目前粤港澳大湾区已初步形成了以香港、广州、深圳等城市为核心的环珠江城市群，在城市与城市之间要素相互流动的影响下，粤港澳大湾区的发展更具包容性和凝聚力。

（五）人才优势

粤港澳大湾区各类高校和专业研究机构云集，拥有香港大学、澳门大学、中山大学、香港中文大学、香港科技大学、华南理工大学等众多名校。据不完全统计，该区域仅在校大学生和研究生就超过 180 万人，平均每 30 多人中就有 1 名在校大学生或研究生，人力资源储备非常丰富，是著名的智力密集区和人才高地。

例如，香港在人才方面具备明显的比较优势。香港拥有大量的法律和各个专业领域的人才，他们熟悉国际法律、惯例，具有丰富的处理国际业务的经验。与此同时，依托金融业发展起来的金融服务业，以及依托于内地经济开放和环亚太经济增长而发展起来的专业服务及其他工商业支援服务业，香港聚集了大量的专业服务机构、高端服务人才，能够提供国际化程度很高的专业服务。从目前看，粤港澳大湾区在经济体量、人口规模、人才资源等方面都已具备了打造世界级湾区的坚实基础和持续发展后劲。

（六）文化优势

自秦汉以来，海上丝绸之路的不断发展，推动了粤港澳大湾区文化的对外交流和融合，使其成为具有开放、包容、创新和外溢性的优良文化，这也成为推动粤港澳大湾区文化融入全球发展的重要推动因素。广东岭南地区作为始发地和通商大港，一直是海内外文化交流的重要平台，逐步形成了开放、兼容、务实、创新的岭南文化。而港澳的特殊历史以及江门、中山等著名侨乡，又使粤港澳大湾区兼具华侨、英语和葡语三大文化基因，成为连接"21 世纪海上丝绸之路"沿线国家的重要纽带。

粤港澳大湾区所具备的独特人文纽带关系，有利于开展公共外交，更好地服务国家战略。东盟、南亚等国家的粤籍华侨占华侨总人数的 50% 以上，是建设海上丝绸之路的重要人文资源。香港和澳门是东西文化荟萃地，在促进中国与英联邦和葡语国家经贸往来中具有重要作用。

第二节 粤港澳大湾区的制度创新与政府作用

与世界级大湾区不同，粤港澳大湾区是在一个主权国家内三个独立关税区高度合作的重要尝试，涉及产业布局、土地利用、资源共享、交通能源、基础设施、城市群协调等各个方面，更需要发挥政府作用，积极推进制度创新，形成最具发展空间和增长潜力的世界一流湾区，提升粤港澳参与国家发展战略的能力和水平。

一　粤港澳大湾区的制度创新

粤港澳大湾区的规划和建设，可以推动实现跨越全球贸易障碍的制度创新，有利于进一步拓展全球市场，培育具有国际竞争力的企业。要实现粤港澳大湾区未来的发展目标，唯有大胆探索，勇于进行制度创新，才能逐步化解矛盾，疏缓冲突，为顺利推进大湾区的健康发展提供制度保障。

粤港澳大湾区通过近域、远域与泛域的外向拓展，将进一步扩大发展空间，走上经济多元和持续发展的道路。为了更好地促进外向拓展也需要构建相应的产业链网络、基础设施网络、城镇网络、创新网络等空间支持系统，推进整体融入全球城市经济体系，参与全球更高层次的合作与发展。

2016年3月，中央政府发布的《十三五规划纲要》中指出，支持港澳参与国家双向开放，加大内地对港澳开放力度，推动内地与港澳关于建立更紧密经贸关系安排升级，加深内地同港澳在社会、民生、文化、教育、环保等领域交流合作，支持共建大珠三角优质生活圈，加快前海、南沙、横琴等粤港澳合作平台建设，支持港澳在泛珠三角区域合作中发挥重要作用，推动粤港澳大湾区和跨省区重大合作平台建设。广东自贸区就是以"先行先试"的政策打造粤港澳深度合作示范区，自贸区政策在实施中产生的叠加优势，有助于进一步拓展粤港澳三地合作的广度和深度，实现粤港澳大湾区产业结构演变和区域经济的协调发展。广东自贸试验区是在《内地与香港关于建立更紧密经贸关系的安排》和《内地与澳门关于建立更紧密经贸关系的安排》框架下实施对港澳更深度开放，其政策红利是在自贸试验区推动与粤港澳商贸、旅游、物流、信息等服务贸易自由化相适应的金融创新，提高粤港澳大湾区的服务业供给、竞争能力，带动商贸、物流、信息等相关领域的发展。同时，粤港澳大湾区国际都市圈的资源整合也有助于建立一个市场反应灵活的金融体系，紧密湾区内部的联系，并进一步推动服务贸易自由化。

这些制度创新的共同特征是降成本、降关税和降门槛，虽然它们在实施过程中或多或少推动了粤港澳大湾区的区域整合，促进了湾区一体化进程，但是如果作为长效机制，并没有达到最优要求，合作成本过高，成效不能持续，要被更为有效的合作机制所替代。从全球范围来看，降成本、降关税和降门槛的合作，已经被以"互联互通"为主的合作所超越，"互联互通"是全球化的新方向，也是粤港澳大湾区制度创新的新方向。

目前，粤港澳大湾区因产业链和市场链的作用在功能上已形成一个关联度极高的经济体。从粤港澳大湾区发展趋势来看，应当寻求经济发展的统一规划和配合，鼓励企业跨区域的有序合作与竞争，共同提高产业衔接和配套水平，培育有国际竞争力的跨国公司来形成城市群经济竞争力。未来粤港澳大湾区需要重点推进广州南沙港区、深圳前后海地区、深港边界区、珠海横琴区、珠澳跨境合作区、大广海湾经济区、环大亚湾经济区 7 个粤港澳创新发展跨境合作发展的重点地区，打造世界级的创新发展平台。

粤港澳大湾区的制度创新要以"互联互通"的理念重建长效机制，以"通"为基准点和定盘星，推动珠三角和香港、澳门的合作。未来的合作框架应以问题为导向，不再从市场开放合约出发，而是从现实出发，解开阻塞，打通血脉，并为此做出相应的制度性互动安排。根据这个方向，粤港澳大湾区内部要以港珠澳大桥建成通车为契机，打造立体交通联通网络。推进基础设施如铁路、公路、隧道、大洋航线、网络电缆和电网道路网络、机场、港口等的互联，不断提升联结效能；同时要重点关注软联通，推进医疗、教育、环保等具体领域的互联互通。同时，粤港澳大湾区更要以制度文化对接以保障硬件畅通，避免各类互联通道运送的乏力、失调、缺位、变形。要以完善的多层次和合作机制确保湾区经贸实力和文化软实力双重提高；外部则要重点瞄准全球供应链角力，向外部拓展资源、生产、服务、消费的连接，连通世界各个市场网络节点。

粤港澳大湾区的规划和建设，为打破服务贸易对外开放的僵持格局提供了契机，如果在大湾区的规划和建设中，在形式上把原来由分散三个小块的广东自贸区，扩展到整个大湾区，在内容上真正进行大胆的改革创新，实现服务贸易市场一体化，把大湾区真正建设为全国最大的自由贸易区，那么中国的改革开放可以从此再上一个大台阶，进而跨入了继 20 世纪 80 年代以来中国对外开放新的历史时期。

如果粤港澳大湾区实现统一的自由贸易区政策，湾区内可以进行更加深入的制度创新，进一步对接高标准的国际贸易规则，进一步纳入世界经济体系和全球经济一体化，与北美自由贸易区、欧盟等一起成为世界上最有影响力的自贸区之一，为中国的改革开放、经济发展和实现国家治理现代化做出更大的贡献。

二 粤港澳大湾区的政府作用

粤港澳大湾区的发展合作进程与中国改革开放政策的实施是同步进行的，合作的层次逐年递升，政府稳步推行的制度创新和政策措施起到了积极作用。

（一）政府创新政策的导向作用

在粤港澳大湾区的形成和发展进程中，中央政府、粤港澳三地的地方政府充分发挥了政策引导的作用，始终高度重视合作机制建设，湾区建设取得了巨大成就。可以说，在政府力量的推动下，粤港澳大湾区在制度创新、基础设施、合作平台等多方面取得了重大成绩，有力地促进了湾区的经济社会繁荣发展，为湾区的进一步发展奠定了雄厚基础。

目前，粤港澳大湾区的创新网络尚未完全形成，既缺乏在全球有着重大影响力的科技企业，也未能形成如同硅谷一样的强大产业生态，资源要素的创新功能有待通过再造人才激励制度、改革分配机制等政府创新政策予以激发。与此同时，珠三角地区的经济开放层级并不高，在全球价值链中的分工还处于低位，必须通过政府对产业升级与结构优化的政策引导，重塑自身的竞争优势。

粤港澳大湾区应突出创新驱动，以世界创新中心引领湾区经济发展。创新引领是湾区经济的本质特征，政府要坚定不移地推行创新政策的导向作用，充分集聚整合各类创新资源，形成强大的湾区自主创新基础能力，全面提升湾区的自主创新整体效能，构建一流湾区自主创新生态体系，将高端技术研发产业打造成为最具优势的湾区经济产业形态。

（二）完善投资与法治环境的作用

粤港澳大湾区的建设涉及粤、港、澳三地政府，而三地之间的法律制度和社会制度有着很大的不同，形成"一国两制三法域"的局面，因此不能直接由全国人大制定统一的实体法来解决法律冲突问题。面对复杂的法制背景，只能通过制定区际冲突法的方式来解决三地之间的法律冲突。可以由粤港澳三地经过充分协商，在粤港澳大湾区经济贸易合作委员会的主持下，通过签订区际协议的方式，各自草拟出区际冲突规范的主要条款，然后再由粤港澳三地的地方立法机关审议、讨论、通过后制定为冲突法规范。随着粤港澳的深度合作和政治社会环境的变化，在条件成熟的时候，可以考虑由全国人民代表大会制定《中华人民共和国统一区际冲突法》，并以此作为解决中国区际冲突的基本法律，全面解决粤港澳大湾区乃至中国区际法律冲突问题。

总之，粤港澳大湾区涉及"一国两制"在香港、澳门特别行政区的贯彻落实，在"一国"的前提下也必须顾及"两制"，所以，粤港澳大湾区的合作活动必须在法律的框架下进行，构建良好的法制环境可以极大地加速湾区经济的融合，密切我国内地与港澳地区的经贸往来，促进我国经济的快速发展。反之，将不利于粤港澳大湾区的规划与建设。

（三）融汇粤港澳合作机制的作用

粤港澳大湾区要构建高度开放的自由创新服务体系，就要重点突破目前各行政区划地域边界刚性、地方政府制度及行政性保护壁垒等障碍。在中央政府的统一领导和协调下，促进粤港澳湾区形成有效的治理机制，大力完善区域开放式创新服务体系，促进产学研协同创新，促进新思想、新技术的分享交流，创新传播、扩散机制，降低创新成本，获取关键创新资源，可将闲置的知识和技术商业化。在对标世界一流湾区发展目标下，由中央领导联合粤港澳湾区各级政府，尊重市场发展规律和各方利益，形成共识，集聚合力，联合打造高度开放的粤港澳大湾区自由创新服务区，提升湾区整体创新能力。

高度开放和国际化的香港、澳门，和前海、南沙、横琴三大国家级自由贸易试验区，分别由不同行政级别政府规划管理，缺乏统一协调，亟须进一步扩展自由贸易区的地域范围。要在环珠江出海口及东西岸的湾区核心地带，把已有的五区连点成片，积极争取中央政策，联合构建具有中国特色又高度开放的粤港澳大湾区。以其为依托，实质性地推进深化粤港澳的创新合作，探索区域一体化治理机制和新的创新服务体制机制，整合集聚世界级优质创新资源要素。在创新服务区内打造跨境合作高新技术产业园区，形成跨区域产业价值链和分工协作网络；联合共建一批世界级实验室和研究中心，共享最新科技资源、信息数据库；形成联合创新区，统一完善知识产权保护法律制度，构建技术创新开放共享制度，加强公共创新服务平台建设。打破传统行政区域壁垒，实行一体化治理，统一规划，合理布局，融合共享，最终形成以自由创新服务区为发展内核，辐射带动周边区域的粤港澳湾区创新生态系统。

第三节　粤港澳大湾区的市场配置与叠加优势

粤港澳大湾区一端连接着世界，一端连接着西部、中部和南部等广大腹地。其实，早在10多年前，云南、四川、江西、湖南等9省就和港澳开展了泛珠三角区域合作，希冀借助港澳这个窗口更好地辐射中西部地区。如今，以泛珠三角合作为重要基础，粤港澳大湾区将推动该区域合作向更高层次、更深领域、更广范围发展，丰富我国区域发展的内涵、层次和形式，提升整体竞争力。

一　粤港澳大湾区的市场配置

（一）资本资源配置

粤港澳大湾区经济规模宏大，已能与三大世界级大湾区相提并论。2016年，粤港澳大湾区的GDP总量达9.35万亿元人民币（超过1.3万亿美元）。东京湾区约1.8万亿美元，纽约湾区达1.4万亿美元，旧金山湾区仅0.8万亿美元。粤港澳大湾区以不足全国1%的土地面积，却贡献了全国12.3%的经济份额，且未来发展前景依旧可观。其中，香港、广州和深圳的GDP总量分别是2.23万亿、1.96万亿和1.94万亿人民币，为湾区经济做出主要贡献。[1]

作为中国对外开放的门户，粤港澳大湾区也是参与经济全球化和国际分工协作的主要地区，集聚了大量的资本资源。高达70%的外商直接投资

---

[1] 中国指数研究院：《粤港澳大湾区城市群发展规划解析》，2017年8月15日（https://wenku.baidu.com/view/752e5ab8f424ccbff121dd36a32d7375a417c605.html）。

来源于香港，同时有50%左右的中国内地直接对外投资是通过香港市场，广东是最大的外贸省份。粤港澳大湾区也是全球投资最活跃的区域，比如香港是全球第三大外商直接投资的市场，广东2016年吸引外资直接投资占了全国的1/4。

（二）基础设施资源配置

湾区靠港而生、依湾而兴，外向型特征明显。粤港澳湾区内集聚了深圳、香港、广州三个位列全球集装箱吞吐量前十位的港口，机场旅客年吞吐量达1.75亿人次，已经超过了纽约湾区三大机场的吞吐量。

粤港澳大湾区借助海运发达优势，使沿海港口城市发展成对外开放的重要枢纽，国际贸易往来频繁，外来投资丰裕，拥有很强的经济开放性。粤港澳大湾区拥有全球最大的海港群和空港群，包括排名世界第三、第五、第七的深圳、香港、广州这些世界级口岸，2016年总吞吐量以6232万标箱排名世界第一，全年对外贸易总额超过1.8万亿美元。其中广东以6.3万亿元人民币的货物贸易进出口总量，占全国25.9%的份额；且贸易结构逐渐优化，由"外资企业+加工贸易"向"民营企业+一般贸易"转变，一般贸易比重更是首次超过加工贸易。2015年广东拥有1.05亿人次的机场吞吐量，无悬念地占据全国各省之首位。所以说，粤港澳大湾区完全具备国际一流湾区、现代化城市群的基础设施资源配置。

大珠三角地区涵盖穗深珠、港澳五座干线机场，2016年全年高速通车总里程高达7673公里，城际轨道交通已有350公里的通车里程。规划建设共15条计1430公里城际轨道，期望形成珠三角"一小时城轨交通圈"。到2020年，将突破5500公里铁路运营里程、25万公里公路总里程。[①] 此外，港珠澳大桥作为粤港澳新支架，将大大提高交通便利程度，为大湾区未来发展开拓更为开阔的领域。

（三）创新资源配置

从产业分布和资源禀赋来看，粤港澳大湾区发展趋势和世界三大湾区相似，将更多发展第三产业。依托穗深高科技和创新产业优势，侧重金融

---

① 海通证券：《粤港澳大湾区与世界级湾区有多远》，2017年4月13日，新华财经（http://www.xinhuanet.com/fortune/2017-04/13/c_129532136.htm）。

及其他服务业发展，扶持多元新兴产业。以珠三角其他城市雄厚的制造业为基础，加之港澳地区发达的金融与高端服务，科技和金融双轮驱动可实现产业优化升级。

目前，粤港澳地区已拥有比较完备的创新链、产业链和供应链，可以实现理念、筹资、研发、制造、产业化等"一条龙"的创新全过程。粤港澳湾区最强大动力来自于创新。广东珠三角9市研发经费已占GDP的2.7%，紧追德国（2.83%）、美国（2.8%）；深圳创造了最高一天发明55件专利的"新深圳速度"。如今大湾区集中了诸多科技龙头企业如网易、华为、腾讯、中兴等，定将做好区域产业创新排头兵。港澳充分发挥内地与全球交流合作的桥梁作用，带动广东与外界在科研创新领域积极沟通契合，催生更多的科研中心、创新孵化器，为大湾区创新发展奠定强劲基础。如此强大的科技创新实力、辐射带动能力，是全球区域创新中心不可或缺的条件之一。

在粤港澳大湾区，深圳被誉为"中国的硅谷"，高科技产业日新月异，一直以来，创新都是深圳发展的不竭动力，这从深圳研发投入可见一斑。2016年，深圳全社会研发投入占GDP比重达4.1%，超过欧美发达国家水平；PCT国际专利申请量增长约50%，占全国一半。同时，2016年深圳市政府所鼓励的新产业、新业态、新模式对该市GDP贡献率达50.4%。[①]基于科技创新的基因，深圳在"十三五"规划中，提出建设"国际科技产业创新中心"的目标。目前，深圳已有一大批成长起来的高新技术企业，拥有高新技术产业基础和产业链配套集中等优势。深圳是粤港澳大湾区城市群经济发展的重要发动机，在粤港澳大湾区建设中可以进一步释放创新、创造和创业的辐射带动能力。

（四）文化业态资源配置

文化产业是个涵盖面极广的产业系统，也是充满生机活力的朝阳产业，有些发达国家（或地区）甚至将其作为国民经济的重要支柱。粤港澳大湾区由多元文化交融而成，拥有丰富的文化基础，兼具岭南传统文化与

---

① 陈莉：《PCT国际专利申请 深圳约占全国一半》，2017年5月2日，南方网·深圳新闻（http://sz.southcn.com/content/2017-05/02/content_169959616.htm）。

多样的国际大都市文化，加上语言习俗相通且文化同源，具有天然的认同性和亲近感。

从历史发展看，粤港澳湾区经历了农耕文化、海洋文化与侨乡文化，拥有丰富的民间文化资源；从地域分布来看，该湾区岭南文化、客家文化、粤商文化等兼收并蓄，拥有强大的凝聚力和生命力。目前进入广东省级非物质文化遗产的代表性项目共有452项；2014年香港公布的首份非物质文化遗产清单共有480个项目，其中表演艺术主项目21个、次项目18个，总数39个；传统手工艺主项目101个，次项目36个，总数137个。[①] 澳门也有许多非物质文化遗产，如澳门道教科仪音乐、土生葡人美食烹饪技艺等。从粤港澳文化创意产业园创建以来，三地在文化（创意）产业方面合作取得突破性成绩。如中山市文化广电新闻出版局代表团与澳门文化局组织代表团，前往澳门参观，并就两地历史文化、新闻传播与文化创意产业等进行讨论，密切双方合作交流；澳门举行"粤港澳电影创作投资交流会"，为三地影业发展创建高水平的交流平台，为进一步投资合作搭建桥梁；"广东首届（中山）文化创意博览交易会"的举办可提升产业影响力，对接文化消费品和市场；澳门文化局与深圳方共同主办"澳深工艺美术行业合作交流会"，为两地专家提供交流与探讨合作的机会，推进两地文化创意产业发展等。

开放的另一面是包容。由于高度开放，湾区城市在发展中往往会率先荟萃世界多元文化，吸引大量外来人口，形成不同于一般内陆地区、开放包容的移民文化，这些多元文化也进一步促进了粤港澳湾区的开放，反哺城市的创新发展。比如，纽约是美国人口最多的城市，也是个多族裔聚居的多元化城市，旧金山湾区吸引了不少来自印度、中国、韩国、日本等国家的工程师。在粤港澳湾区里，深圳是一个典型的移民城市。目前，深圳常住人口超过1300万，但本地人口只有250多万，外来人口超过80%。

二 粤港澳大湾区的叠加优势

粤港澳大湾区，包括香港、澳门两个特别行政区，以及珠三角9城，

---

① 欧志葵：《粤港澳探索构建湾区文化产业带》，《南方日报》2017年5月15日第A19版。

"9+2"的组合在我国所有区域城市群中，具有无可比拟的地位，包括有"一国两制"下的香港、澳门两个特别行政区和自由港，还有深圳、珠海两个经济特区，同时具有南沙、前海蛇口和横琴三个自由贸易试验区，多种优势叠加，使得粤港澳大湾区具有巨大的发展空间。

（一）"一国两制"的制度优势

在过去40年的改革开放进程中，经济特区、经济技术开发区等率先开放的地区依托国家政策在我国区域经济发展中发挥着重要的引领作用。在新的历史条件下，湾区经济作为新的开放模式和发展理念，应当依托市场经济的制度优势成为我国新一轮对外开放和经济发展的区域引擎。应以规划建设粤港澳大湾区为契机，充分发挥"一国两制"的叠加效应，重点推进制度创新，形成可推广的制度经验，以湾区经济对外开放促进和深化市场经济体制改革，同时，以深化改革和制度创新反过来推动我国的对外开放从政策开放向制度开放转变、从外向型经济走向开放型经济，形成对外开放和深化改革的良性互动。

"一国两制"是粤港澳大湾区发展的最大制度优势。由于香港、澳门是"一国"的一部分，一直以来香港、澳门受到国家坚定不移、一以贯之的支持，让香港、澳门搭上国家快速发展的快车，充分地享有"一国"之利；另一方面，香港、澳门保留了原有制度优势，实行自由经济政策，港元、澳元与美元挂钩，金融市场开放，出入境相对开放和简易，采用普通法制度，以中英、中葡双语为法定语言，与国际商业市场完全接轨，同时也有"两制"之便。"一国"和"两制"是粤港澳大湾区的双重优势，拥有这双重优势，使粤港澳大湾区在国内诸多湾区中享有特殊的地位。利用好这双重优势，就可以运用香港、澳门"所长"，满足湾区在经济发展和对外开放中的"所需"。

（二）多样经济体的组合优势

粤港澳大湾区拥有香港和澳门两个特别行政区，深圳、珠海两个经济特区，南沙、横琴和前海蛇口三个自贸片区，形成了不同关税区、自贸区、经济特区等多样化经济体的叠加优势，粤港澳大湾区就是要在市场规律下寻求多重经济体的优势互补，实现合作共赢。

经过多年积累，粤港澳大湾区核心城市在市场机制、协同发展作用下，都形成了各自特色，实力最强的香港、广州、深圳三足鼎立，各自扮演不同角色。香港过去30年转型到服务经济，拥有发达的金融业和现代服务业，是国际金融、航运和贸易中心，澳门是世界旅游休闲中心，以博彩产业为龙头的旅游业发达。广州地处珠三角中心，是国家中心城市，商贸发达，综合功能强大。深圳是一座最具硅谷特色的城市，已经拥有一大批成长起来的高新技术企业，拥有高新技术产业基础和产业链配套集中等优势。香港、广州和深圳是粤港澳大湾区城市群经济发展最大的"发动机"，在湾区建设中可以进一步释放创新、创造和创业的辐射带动能力。

粤港澳大湾区的区域联合，势必产生1+1+1>3的叠加效应，带动整个大湾区甚至泛珠三角区域的腾飞。粤港澳大湾区的超级城市虽然各具特点，但更多是优势互补的关系，本质是协同发展。也就是说，区域内城市需要各尽所长、各补其短，形成合力，共同发展。

(三) 梯度配套的产业布局优势

近些年，香港、澳门囿于产业结构、人口、土地以及国际经济大环境等因素，经济发展遭遇天花板效应。尤其是在科技创新方面，香港虽然有国际化资源和人才，基础研究成果卓越，但是科研成果转化和科技产品制造环节却一直缺失，而且土地不足，租金高昂使得创新性高科技公司望而却步。相反，珠三角的9个城市具有优良的创新创业环境，企业的应用研究成果卓越，但不足的是，科研机构和高等教育缺乏。"9+2"城市之间的优势互补、互利合作，将释放更多创新红利。在粤港澳大湾区中，广东9个城市的市场活力强，港澳地区开放度极高，区域资源和要素重新整合后，整个区域将释放更多发展能量，并将辐射周边城市，进一步提升其全球影响力。

第四节 粤港澳大湾区的工业化与城市化进程

在过去40年中，依托毗邻港澳的区位优势，粤港澳大湾区紧紧抓住了国际产业转移这个历史机遇。为了更好承接香港、澳门制造业转移，湾区内9个城市率先形成了"前店后厂"模式，经过多年发展，以轻型工业为主、高新技术产业和重型工业共同发展的体系已经形成。在知识密集型的高新技术产业领域，粤港澳大湾区出现了电子信息、生物技术、新材料、新能源等产业群，而对于劳动密集型产业，轻工业主要集中在纺织、电子、家电、医药等支柱行业。粤港澳大湾区的制造业在全国处于领先地位，服务业在香港、澳门的带动下也有了一定的规模，从长远目标来看，粤港澳大湾区内部的生产要素可以实现完全自由流动，这些都无疑为湾区经济的发展奠定了重要的产业基础。

一　粤港澳大湾区的工业化进程

自20世纪80年代设立珠三角经济区以来，珠三角经济区范围经历了数次调整，目前包括广州、深圳、珠海、佛山、惠州、江门、东莞、中山及肇庆9个城市，也就是粤港澳大湾区所包括的9个城市。回顾改革开放40年的发展历程，粤港澳大湾区的工业化进程已经走过三个发展阶段，目前正步入新的发展阶段。

（一）20世纪80年代，特区政策优势与香港产业转移推动大湾区的建设兴起

改革开放初期，粤港澳大湾区的9个城市由于长期脱离世界经济体系，原先的经济基础遭到十年浩劫的破坏，表现为以农业为主体的经济形态，形成了要素价格的洼地，劳动力、土地、自然资源成本极低。同时期的香港，作为亚洲四小龙之一，自20世纪50年代开始大力发展本港的制造业，在纺织、成衣、电子等劳动密集型工业方面取得飞速发展。本港制造业由于劳动力成本、土地成本上升、结构调整等因素，大量向湾区内9个城市转移。制造业转移活动，促使香港的第三产业迅速发展，湾区内9个城市的工业化迅速进步。改革开放初期的1979年，香港GDP达217亿美元，同期广州为31.35亿美元，深圳为1.26亿美元，香港GDP占粤港澳大湾区的比率达到72%，是湾区工业化最重要的经济引擎。[①]

1978年十一届三中全会的召开，标志着我国进入以经济建设为核心的新的发展时期。但由于起步阶段的体制改革与经济开发主要集中在少数几个经济特区，这一阶段湾区内9个城市的经济发展呈现不均衡状态。深圳

---

① 根据《广东省统计年鉴》、香港政府统计处提供的资料整理。

和珠海两个特区的经济发展速度高于湾区内其他 7 个城市的整体发展速度，而且深圳的发展速度远高于其他城市。这一时期经济资源首先在特区集中，改革开放仍然处于试点探索阶段。深圳和珠海两个经济特区的成功发展，为我国的对外开放打开了一条新的道路，同时也成为粤港澳大湾区工业化快速发展的榜样。

（二）20 世纪 90 年代，以出口加工制造产业为主导推动工业化快速提升

20 世纪 80 年代末期，香港制造业向珠三角大、中、小城市和乡镇大规模转移，全面推进了粤港澳的大湾区的工业化进程。1984 年 12 月 26 日，广东省委、省政府向中央报送《关于珠三角经济开发区的初步意见》，表明了广东省已经开始由窗口试点、门户对接向区域开放转化。受到廉价劳动力和土地的吸引，香港大部分劳动密集型的出口加工业大规模转移到粤港澳大湾区 9 个城市，以"三来一补"为主要形式的外源型工业的迅速扩展，加之农村经济改革、乡镇企业的发展，极大地促进了粤港澳大湾区的工业化进程。

这一时期，外资迅速成为拉动粤港澳大湾区经济增长与工业化的重要动力，这种状态一直维持到 21 世纪初期。粤港澳大湾区 9 个城市因改革开放的推动，经济取得巨大进展，但香港的经济发展速度更快。由于香港的制造业主要以劳动密集型产业为主，在分享香港制造业内迁的红利的同时，深圳在产业结构转型上发力，寻找新的内生增长点。广州作为华南工业基地的地位受到劳动力、土地成本上升带来的挑战，工业化开始向周边地区转移。外资来源多元化、投资规模扩大、投资行业升级是这一时期粤港澳大湾区利用外资的主要特点。电子及通信设备制造、电气机械及器材制造、金属制造业等比重快速上升，而传统的纺织、食品、服装及玩具业大幅度下降。随着中国正式申请加入世界贸易组织，粤港澳大湾区 9 个城市作为世界工厂的地位不断巩固。

这一阶段，由于物料成本的上涨和内地市场的开发，大量的香港制造业企业转移到小珠三角地区后，香港的服务业经济发展迅速。1987 年，广义贸易业（批发、零售、出入口、食肆和酒店等）超越制造业成为香港经济的最大支柱行业，广义金融业（金融保险、地产及商业服务业）后又超

过广义贸易业，生产性服务业一直都占据香港服务业中的主导地位，香港新兴的现代服务业如会计、法律、咨询、广告、营销等行业的快速增长，适应了香港经济多功能定位和世界级中心城市的发展趋势。20世纪80年代初，香港确立了亚太区域国际金融中心的地位，并在产业结构转型过程中日益巩固。香港的生产性服务业发达，是湾区城市群乃至世界级中心城市。

（三）2000年至现在，从工业化初级水平向后工业化时代的突破发展

1999年后，香港经济增长放缓，占湾区城市群的份额呈下降趋势，广州、深圳经济进步明显，占湾区城市群总体份额的比率上升。由于深圳和广州经济发展轨迹的高度接近性，粤港澳大湾区的经济发展呈现出香港、广州、深圳三中心并立的局面。

2002年珠三角制造业研究中，香港有63000家公司在广东从事制造业活动，其中东莞为1100家、深圳为15700家、广州为4900家。香港制造业的内迁，促进了湾区9个城市的工业化进程和经济增长。2000年，广州的第三产业超过第二产业，占比达到54%，2009年，深圳的第三产业首次超过第二产业，产值达到640.4亿美元。[①] 从2015年的第三产业占比看，香港的服务业仍远高于广州和深圳，从服务业空间结构上看，粤港澳大湾区形成了一主两副的服务业中心结构。

相比内地城市，粤港澳大湾区的产业结构转型起步早，先进制造业发展水平高，具备发展第三产业的优势，即贸易资源、智力优势、文化资源、地缘优势等。目前，粤港澳大湾区的第三产业上形成了围绕现代制造业而形成的现代服务业，如信息服务业、租赁和商务服务业、科学研究和技术服务业。这些服务业与制造业相辅相成，有力地促进了制造业的发展。例如，深圳于2007年开始着力于支持战略新兴产业发展，形成互联网、文化创新、新能源新材料等几大产业，服装、家具、钟表、眼镜等传统产业转型也较好，朝着品牌化、高端化发展。与深圳着力于传统轻工业转型和培育战略新兴产业不同，广州在工业方面形成了汽车制造业、石油化工制造业和电子产品制造业为支柱的国民经济体系，成为华南地区重要

---

① 汪行东、鲁志国：《粤港澳大湾区城市群空间结构研究》，《岭南学刊》2017年第5期。

的工业城市。2015年,广州的汽车、电子、石化三大产业对工业增长的贡献率达70%。香港的制造业转移和广州、深圳工业化的发展,改变了湾区城市群香港一家独大的局面,三城的GDP产值逐渐接近。

经过40年的快速工业化发展,粤港澳大湾区初步形成了规模分布合理的多层次产业体系。作为中国改革开放的先行地区,粤港澳大湾区坐拥珠三角这一全球知名的加工制造基地和产品出口基地,目前除形成了石油化工、服装鞋帽、玩具加工和食品饮料等中低端产业集群外,还形成了通信电子信息、新能源汽车、无人机与机器人等高端产业集群。另外,受香港的金融服务、航运服务和澳门的旅游服务、文化创意服务以及前海深港现代服务业合作区等多元力量驱动,粤港澳大湾区第三产业占比超过了80%,由此形成了粤港澳大湾区先进制造业和现代服务业双轮驱动的产业体系。

二 粤港澳大湾区的城市化进程

改革开放之前,由于广东省是传统农业发达地区,粤港澳大湾区依靠农业发展的乡村城市化发展十分缓慢,因为传统农业依赖农民个人经验积累的发展模式十分受局限,而现代农业发展需要城市的技术和科技人才的支持。

改革开放以后,粤港澳大湾区正式开启大规模城市化,从区域城市化的空间发展特征和人口转移特征分析,自20世纪80年代初至今,大致可以分为两个阶段,包括乡村城市化阶段和中心城市扩张阶段。

(一)乡村城市化阶段

粤港澳大湾区的乡村城市化阶段是国家政策和区域外部力量推动的结果,时间划分大致从改革开放到20世纪90年代中期香港产业基本转移完毕为止。这个阶段是粤港澳大湾区充分利用香港、澳门的区位优势,在深圳改革开放的示范引领下,充分利用国家改革开放政策的要求,对外吸纳香港和国际市场的产业和资本,对内吸引低价劳工和技术人才,形成外资企业和"三来一补"企业为主体的工业化发展,走出一条乡村工业化的城市化路径,典型的城市是东莞、中山、顺德和南海,在20世纪90年代被称为广东四小虎。

到 20 世纪 90 年代中期，粤港澳大湾区的乡村城市化方式是依靠外部推动力而达到城市化的，这个阶段城市化的空间特征是乡村空间形态的城市化，表现为农村耕地发展为城市建设用地，形成村庄与工业商业的混合区，但是城乡二元社会的结构关系没有改变，行政体制和管理机制没有改变，农民的身份也没有改变。在市场经济的推动下，利用土地制度的缺陷和管理制度的不完善，许多农村经济由种粮食和经济作物改为"种房子"，农民成为以收租为主要收入的食利阶层，比较同时期城市居民社会福利的消减和市场化，本地农民身份拥有更好的经济保障水平，加之在计划生育政策上农村户口更具吸引力，农民更愿意保留农村户口而不愿意转移为城市户口。概括而言，在这个阶段大多数乡村是因经济城市化与农民身份的强化、非城市化而产生矛盾，在物质形态上突出的表现为空间形态与社会形态的不协调，即"非城非乡"的空间特征。

（二）中心城市扩张阶段

粤港澳大湾区的中心城市扩张阶段开始于 20 世纪 90 年代中期。湾区核心城市广州是 1984 年以来内地 14 个实行改革开放政策的城市之一，但直到 1992 年春天邓小平南方之行前，城市的改革开放始终是在计划经济框架下的改良，资金、技术和人口都在政府的计划管制范围。直到 1993 年党的十四大确立了计划经济向市场经济过渡的战略方向之后，才真正激发了城市的潜力。深圳特区政策的普适化后，粤港澳大湾区的城市进入以广州、深圳、佛山为核心的大城市扩张阶段，在空间形态上表现为城市蔓延和郊区化进程加速，由于大城市的迅速发展扩张，城市边缘区的乡村被大城市吞并，成为城中村，例如，20 世纪 90 年代，广州向东发展与珠江新城建设导致猎德、冼村、石牌等村庄变成著名的城中村。城市郊区的发展带动周边农村的城市化，比如广州白云国际机场建设、花都中国汽车城的建立等，大量村庄被拆除，使花都迅速完成城市化的过程。

这一时期粤港澳大湾区的城市化是中心城市扩张的结果，表现为城市对乡村的侵蚀。21 世纪初期，房地产业的发展加剧了粤港澳大湾区中心城市扩张的趋势，在区域经济的带动下，中心城市的扩张不是重复乡村城市化的工业扩张方式，而是利用丰厚的历史文化资源、医疗教育资源，通过市场化的提供住房的方式吸纳区域富裕人群，形成房地产推动的城市化方式。这种发展方式一方面是资本通过征地拆迁政策，换取郊区农民的土地权益，导致失地农民增多，另一方面，富裕人群在城市的快速聚集导致优质公共服务资源的短缺和城市贫富分化的加剧。

总体而言，粤港澳大湾区城市群正是借助得天独厚的区位和历史基础，积极发展外向型经济，驱动城市群经济的飞快发展，同时城市群的投资环境得到改善，形成的现代化交通网络联系更是加强了城市群产业的集聚与扩散，区域城镇间有形和无形的经济联系更加强化，推动了区域城镇规模化发展，这种快速城市化的背后，也反映了城镇的人口与产业集聚效应正在不断地增强（详见表3-1）。

表3-1　　粤港澳大湾区城市群及各核心城市城市化率变动表[①]

地区	1982年	1990年	2000年	2010年	2015年
香港	100	100	100	100	100
澳门	100	100	100	100	100
广州	63.26	69.4	83.79	83.78	85.53
深圳	32.28	64.87	92.46	100	100
珠海	40.45	60.41	85.48	87.65	88.07
佛山	17.6	33.55	75.06	94.09	94.94
江门	13.41	27.46	47.08	62.3	64.84
肇庆	8.9	17.91	32.52	42.39	45.16
惠州	13.85	29.42	51.66	61.84	68.15
东莞	12.35	31.99	60.04	88.46	88.6
中山	13.93	32.59	60.67	87.82	88.12
合计	37.82	51.6	71.7	82.57	83.94

作为广东省辖范围内，加上港澳主权的回归，经济联系强化引起的行政联系弱化无形之中带来了核心城市之间各种经济联系的密切，特别是城市间各种要素流双向流动，推动了地区城市化发展进程。在国家深化粤港

[①] 林先扬：《港澳大湾区城市群经济外向拓展及其空间支持系统构建》，《岭南学刊》2017年第4期。

澳合作的战略推动下，粤港澳三地在经济、贸易、产业发展等众多领域开展了深入合作与发展，也极大地促进了粤港澳大湾区城市群成为全球城市地区（详见表3-2）。2015年，粤港澳大湾区城市群以不到全国0.6%的土地和不到5%的人口，创造全国约12%的经济总量，并且内部整合态势越来越明显与强化。

表3-2　　　粤港澳大湾区城市群合作与发展阶段特征及代表事件[①]

发展阶段	主要特征	代表事件
1980—1999年	"前店后厂""三来一补"，以加工制造业为主，形成加工贸易链条	1998年粤港高层合作联席会议制度建立，合作提上议程
2000—2013年	"共同市场"、以服务业为主要内容，尤其在生产服务业领域合作不断加强	2003年内地与香港、澳门特区政府分别签署了内地与香港、澳门《关于建立更紧密经贸关系的安排》，2004年、2005年、2006年分别签署了《补充协议》《补充协议二》和《补充协议三》；2006年广东省人民政府经中央批准设立港澳事务办公室
2014年至今	在跨境金融、航运物流、服务贸易等领域更深远的合作	2014年粤港澳地区也率先实现了区内服务贸易的自由化。2015年国务院批准设立了前海蛇口、南沙、横琴自贸区

（三）未来城市化深入推进趋向

粤港澳大湾区的核心城市如今都集聚了相当的人口规模，特别是在核心城市经济发展上，香港、澳门、广州、深圳、珠海、佛山等完全具备了大都市区化的条件，势必成为粤港澳大湾区在城市化方面的领跑者。

未来粤港澳大湾区发展采取多中心多级城市体系发展策略，通过促进区域性中心（主中心与副中心）、地区性中心（主中心与副中心）以及地方性中心等多层次的节点的建设，以点突破，形成面上的发展多中心、多层次的城镇空间体系，从而使产业体系与城镇体系在空间层面上实现对接。着重消除城市群整合的体制性与制度性障碍，构建由港深莞惠都市圈、广佛肇都市圈和澳珠中江都市圈，并且突出分散集中的空间发展模式，加强三个都市圈及内部中心之间便捷的交通联系，形成网络化的开敞

---

① 中国指数研究院：《粤港澳大湾区城市群发展规划解析》，2017年8月15日（https：//wenku.baidu.com/view/752e5ab8f424ccbff121dd36a32d7375a417c605.html）。

空间体系。对于粤港澳大湾区核心地区，严格控制工业区和住宅区的开发以限制建设用地的无序增长，保护自然生态环境，保护开敞空间，保护原有的生态聚落结构，并注意生产、服务、基础设施和文化设施的建设。对于大湾区城市群外围拓展区，从自然生态和经济发展的角度考虑，重视这一地区的城镇产业与人口的集聚发展，提供大量新的工业用地和就业岗位及相应的居住发展用地，从而形成互补发展的局面。

第五节 粤港澳大湾区的发展约束与统筹协调

粤港澳大湾区的发展思路不仅仅是粤港澳合作的深化，而且要保持港澳长期繁荣稳定，通过推进粤港澳大湾区建设，充分发挥粤港澳的综合优势，高水平参与国际合作，提升在国家经济发展和全方位开放中的引领作用。同时，通过努力建设共同的目标，将粤港澳大湾区建设成为更具活力的经济区、宜居宜业宜游的优质生活圈和内地与港澳深度合作的示范区，携手打造国际一流湾区和世界级城市群。

一 粤港澳大湾区的发展约束

建设粤港澳大湾区也是丰富"一国两制"实践的重大安排。以国家战略方式重构区域发展蓝图，是深化粤港澳合作、推进区域协同发展的重要措施，也为香港再度重塑对外开放新功能带来新的契机。目前，粤港澳区域经济深度合作面临着共同的发展需求与现实挑战。

（一）大湾区规划与行政区划问题

到目前为止，粤港澳大湾区的规划并没有一个明确的定义。按照传统思维来看，粤港澳大湾区城市群发展规划可能是一个城市空间布局规划，比如将"9+2"城市群用行政的或主观的意志，确定规划范围内的主要城市的地位和作用，指定湾区的龙头城市等等；也可能是一个城市间产业合作和发展的规划，用行政指令指定湾区内哪个城市发展金融产业，哪个城市发展高科技产业，哪个城市发展工贸产业等；也可能是一个区域交通设施建设的规划，比如再修几条铁路、发展几个机场，形成什么样的交通网络等。近年来，国家有关部门和广东省曾经做过很多类似的规划，包括

"珠三角发展规划""泛珠三角发展规划"等，但是实践证明，这些规划并没有起到实质性作用。这说明，依靠传统的行政性思维制定粤港澳大湾区规划缺乏实际意义。

从历史上看，广东珠三角的崛起，靠的是改革开放大政策大环境，靠的是珠三角尤其深圳在改革开放方面夺得先机，形成强大的市场竞争的活力和优势，是城市之间、企业之间的竞争带来了高速发展。没有城市、企业和市场的活力，仅靠国家和广东省的规划，不可能带来珠三角的繁荣发展。粤港澳大湾区"9+2"城市群中各个城市形成的发展规模和历程、主导产业的形成，甚至主要基础设施建设，从根本上讲都不是完全按照广东省有关部门的规划发展起来的，而是靠城市竞争、企业竞争、市场竞争的活力来推动。

粤港澳大湾区 11 个城市中，实际上分为两个部分：一部分是已经与世界经济和全球化连为一体的名副其实的国际化城市，并且是单独特别关税区和自由港的香港和澳门；另一部分是经济上与世界紧密联系，但并未完全实现国际化的珠三角 9 个城市。随着改革开放和市场经济的发展，珠三角 9 个城市的经济已经与世界经济紧密相连了，并且成为国际跨国公司的主要投资区域、中国最大的进出口基地和世界制造工厂，在社会、文化等方面与世界的联系也日益加强。但总体上讲，这 9 个城市仍然没有与世界连为一体，"9"和"2"之间仍然是被分割为两个部分，没有形成像欧盟那样各区域之间的人流、物流、信息流、资金流等要素全面融合的一体化的经济社会体系。

改革开放以来，包括 9 城市在内的湾区经济得到迅速发展，其中广州、深圳的经济总量已接近或超过香港，而港澳特别是香港经济遇到了发展瓶颈，在经济发展中的地位趋于下降。因此，粤港澳大湾区规划的方向应该从港澳带动 9 城市国际化、全球化出发，在坚持"一国两制"的基本原则的前提下，带动 9 城市进一步在经济、社会等方面与港澳接轨、与世界接轨，尽快融入世界经济体系。

粤港澳大湾区城市群发展规划应该从战略全局和长远发展出发，跨越传统行政性区划思维。从指导思想上看，应以市场为主导，鼓励竞争，激发活力，按照社会主义市场经济发展规律，按照城市区域发展规律，认真总结珠三角高速发展的宝贵经验，而不能仅仅靠行政的、政府的，甚至是计划经济的传统搞规划；从内容上看，不能仅仅是个城市区域空间发展规划、产业合作规划、城市群内部基础设施发展规划，而应该是个涵盖经济、社会、生态、文化、城市基础设施等方面的全方位的综合发展战略规划，能够进一步激发城市、企业和市场的活力，争创科技创新、产业集聚、营商环境、生态环境、社会文明等方面新优势，使粤港澳大湾区成为世界一流的金融中心、贸易中心、航运中心和科技创新中心，跨进世界知名大湾区和城市群之列。

（二）不同关税区的制度冲突问题

粤港澳区域的"两制"差异，形成跨境区域合作的屏障和阻隔。相对于内地京津冀、长三角区域发展，粤港澳三地分属三个独立关税区，行政模式、政策手段难以衔接，实行不同的制度和法律法规，在信息、边检和市场等管理上存在差异。从跨境治理层面看，粤港澳三方属于平行主体，政府事权有限，粤港澳合作的具体政策需要国家有关部门的授权，在原有合作机制框架内难以有效发挥协调功能。例如，服务业合作，涉及营商环境和法律制度方面建设，尤其是在推进粤港澳服务贸易自由化过程中，合作事项涉及 CEPA 框架下内地与港澳作为独立关税区的政策协调，很多事权都属于中央有关部门，三方自主协商范围较小。若要将粤港澳进一步融合成大湾区经济圈和生活圈，跨境协同治理难度较其他国际湾区或国内城市群更大。

市场优化资源配置的前提和基础，是市场的互联互通以及要素的自由流通。目前在交通基建硬件方面，粤港澳大湾区的联通改善明显，随着港珠澳大桥开通"一地两检"的突破，大湾区基建方面的互联互通将逐步完善。但在软环境上，粤港澳大湾区的经济融合面对一系列客观条件的限制。港澳与广东经济制度不同、法律相异，又分属三个不同的经济体和关税区，致使区内人员、资金、货物及信息等要素在三地间并不能自由流通，存在边界管理。此外，三地的关税水准、资金流通制度、投资开放程度、对外经济政策亦有实质性的区别。

由于广东并非一个独立经济体，与外界的经济整合受制于全国的开放水准和对外经济政策，这意味着在"一国两制"框架下，粤港澳大湾区城市群的经济整合程度只能是有限度的整合，内地对外关税水准、要素流通开放程度和管理制度，无法在短期内与港澳特区一致。未来如何突破，这既取决于内地的开放深度和速度，也取决于大湾区制度创新与跨境管理模式上的突破。例如，加强通关便利化设施建设、优化调整粤港澳人员的签注政策、放宽科研资金的跨境使用限制、便利科研试验设备及材料的跨境通关等。位于深港落马洲河套区的"港深创新及科技园"及"深圳科创园区"，可以作为探索深港科技创新要素资源无障碍配置和便利流通的试点区。

（三）"一国两制"背景法律协调问题

粤港澳大湾区的经济合作需要法律保障，这种保障是有法律基础的。粤港澳大湾区经济合作的核心是粤港澳经贸合作，但这种合作又不同于一般意义上的自贸区，它是在主权国家之内实行不同政治制度和社会制度的地方政府所进行的区域间的经贸合作。港澳只是中国的特别行政区，它们所拥有的自治权都是由全国人大制定的特别行政区基本法所赋予的，其自治权来源于中央政府的认同和授权。因此，粤港澳之间的经贸合作在实质上是国内行政区域之间的合作，不受国际条约的掣肘。

粤港澳大湾区内香港、澳门与其他城市在政治体制和法律制度上存在较大差异，一定程度上阻碍了两地融合于创新合作。与纽约湾区、旧金山湾区以及东京湾区不同的是，粤港澳大湾区并不是在同一个政治经济体制下运行，内地实行的是社会主义制度，而香港作为自由贸易港，实行的是资本主义制度，这成为粤港澳大湾区区别于世界其他湾区的最大不同，也是其最大的中国特色。广东省内9个城市的法律属于大陆法系，香港、澳门的法律属于英美法系。在知识产权保护方面，香港法律体系比较完备。香港以所得税为主，鼓励企业创新。而其他内地城市税收以流转税为主，支持企业科技创新主要采取税收优惠的方式，实际执行较难。在科研经费的使用上，内地城市的科研经费无法跨境在香港澳门使用。

粤港澳大湾区经济合作的特殊性在于，它虽有自贸区的性质，但又不同于主权国家之间签订的自贸区，它是以"一国两制"为基础而设计成型的。尽管港澳特别行政区实行了与广东不同的政治和法律制度，但它却不具有国际法上主权国家的地位；港澳是国内法主体，却又与普通意义上的国内法主体不同，它们在参与国际经贸活动时，都是国际条约中的主体，具有国际性质上的相对独立性，而且它们还分别是两个独立的关税区。广东省虽然也是中国的行政区，但它只是中国的一个省，不具备独立关税区的地位。因此，粤港澳大湾区经济合作是相对独立的合作，不是纯粹的国内行政区域之间的合作。

由此可见，粤港澳大湾区经济合作的法律基础，既有国内法，但又不完全是国内法；既有国际法或国际条约，但也不完全是国际法或国际条约，而是两者兼有的、综合性的法律体系，这当中包括宪法以及具有宪法性质的港澳基本法，还有国际法性质的WTO、CEPA协议等，地方政府间的区域合作协议及各种安排同样是法律基础的重要组成部分。这些经济合作的法律基础，有的与国内其他行政区域是相同的，与粤港澳合作所适用的法律重合；除此以外，还有一部分法律依据不同于国内其他区域，如珠江三角洲改革发展规划纲要、广东省与港澳政府的府际协议等。

（四）湾区空间不同规划思路问题

粤港澳大湾区的规划和发展中，会遇到各种各样的困难和问题，其中最困难和最重要的是制度和体制的创新，特别是如何处理湾区空间不同规划思路问题。

首先，如何处理"一国两制"的问题。"一国两制"是粤港澳大湾区规划和发展的基本方针，"一国两制"对粤港澳大湾区建设是最大的制度红利。假如没有"一国"，在香港作为英国殖民地、澳门作为葡萄牙殖民地的背景下，谈不上大湾区的统一规划和建设。没有"两制"，就没有香港和澳门的繁荣稳定与独特优势，就难以保障港澳国际金融中心、贸易中心、航运中心的战略地位，但从另一方面来看，如果思想不解放，不全面深化改革，"两制"可能是粤港澳大湾区的建设的最大制约。在未来粤港澳大湾区的空间规划和建设中，如何在保持"一国两制"基本原则前提下，重新认识"两制"的内涵，充分发挥"一国两制"的优势，逐步实现政治上"两制"，经济、社会、文化、生态"一制一体"，这是未来需要认真研究和解决的问题。

其次，如何处理和解决粤港澳大湾区9城市之间的行政关系，实现"行政异城，经济社会同城"的目标。改革开放40年来的实践说明，各城市之间既有共同的利益，也有着不同的诉求，当涉及不同城市之间的利益的时候，各地方政府之间的关系难以协调。粤港澳大湾区城市群发展规划涉及11个城市，在未来大湾区的规划和建设中，各地方政府之间的利益关系也是制约粤港澳大湾区建设的一个非常重要的因素。

再次，如何处理好各城市之间的竞争和合作关系。在粤港澳大湾区的规划和建设中，往往更多宣扬的是城市之间的合作和统筹安排，但实际上，在城市之间的经济社会发展领域起主导作用的是竞争和独立，城市之间的竞争和独立既是粤港澳大湾区成功发展的主要因素，也是当前湾区存在很多问题的主要原因。从目前情况来看，单独靠行政手段和行政规划来进行不同城市的分工，例如，让香港主要发展金融产业、深圳主要发展高科技产业、广州主要发展商贸行业等等，已经难以真正被实行。无论是过去、现在还是未来，粤港澳大湾区中的各个城市在发展过程中既需要合作更需要竞争，如果没有竞争和合作，就不会有粤港澳大湾区的现在和未来。例如，没有与香港、广州机场的竞争，深圳机场也可能早就被边缘化了，正因为有深圳机场的竞争，才使香港、广州有了更大的压力，才促进香港机场、白云机场更好地发展；没有港口间的竞争，广州、深圳就不会跻身世界级的集装箱大港；没有企业间的竞争就没有产业的发展，没有城市之间的竞争就没有城市群体的崛起。所以，粤港澳大湾区的未来发展主要还是靠竞争，形成各个城市竞争上进的态势，促进湾区的大发展和大变革。

（五）不同城市关于战略定位问题

多中心城市群的协同发展，一是需要有合理的战略定位，二是要形成互补互动的产业链条，强化内在经济联系。目前与国际几大湾区比较，粤港澳大湾区规模大而不强，内部联系的浓度和密度均不足，区域内城市间呈现一定程度的疏离状态，具有较大的发展空间。粤港澳大湾区未来发展的目标不是仅仅通过城市间、企业间的产业合作、科技合作和基础设施建设的合作，提升香港的竞争力和深圳高科技产业的发展，促进珠三角地区经济不断增长，而是应该有更长远的战略构想和战略目标。

从经济层面的战略目标来看，粤港澳大湾区应实现经济高度一体化，打造大湾区"经济共同体"，使其成为人员、货物、资金、劳务、信息、技术、科技等生产要素自由流动最畅通、最活跃的地区。未来，粤港澳大湾区将成为全球规模最大、经济实力最强的湾区经济中心城市群，成为全球最大的金融、贸易、服务、高科技、制造业中心,成为全球最开放的地区,成为中国走进世界、联系世界的最便捷连接地带。

从社会层面的战略目标来看,粤港澳大湾区各城市在社会、教育、文化、卫生、公共服务等方面,应逐步相互融合,融为一体,使湾区全体居民都能分享经济发展的成果,成为人民富裕程度最高、文明程度最高、公共服务最完善的区域。没有社会层面的融合,大湾区经济融合也会受到很大制约。

就粤港澳大湾区的战略定位而言,2017年7月1日签署的《深化粤港澳合作 推进大湾区建设框架协议》明确了粤港澳三方的合作目标,在产业分工上进行错位发展,构建协同发展现代产业体系,完善产业发展格局,加快向全球价值链高端迈进。广东的发展目标是强化广东作为全国改革开放先行区、经济发展重要引擎的作用,构建科技、产业创新中心和先进制造业、现代服务业基地。香港的发展目标为巩固和提升香港国际金融、航运、贸易三大中心地位,强化全球离岸人民币业务枢纽地位和国际资产管理中心功能,推动专业服务和创新及科技事业发展,建设亚太区国际法律及解决争议服务中心。澳门的发展目标则是推进澳门建设世界旅游休闲中心,打造中国与葡语国家商贸合作服务平台,建设以中华文化为主流、多元文化共存的交流合作基地,促进澳门经济适度多元可持续发展。上述合作目标表述显示,在粤港澳的定位设定上已力求错位发展,但目前只有广东总体定位,尚未见到9个城市的细分角色。此外,城市群中各经济功能形成和演变,并不完全是按政府规划逻辑发展的,更多的是市场竞争合作的结果。在适度竞争环境中,城市群多中心网络化格局将更为明显。区域协同互动发展的良性格局是否能够形成,是否能成为大湾区城市群发展的总体方向,也取决于湾区的基础条件以及政策要素的配套。

(六)创新发展与各自为政的问题

从长远看,粤港澳大湾区的规划和发展过程应该是在保持两种政治制度和意识形态的前提下,在多重层面全面衔接、融合的过程,这个过程一定会遇到很多重大理论和实践问题的挑战。同时,我国传统行政区划主导下的管理模式使得粤港澳大湾区的合作进展缓慢,培育跨体制的粤港澳大湾区国际城市经济圈更加困难。

粤港澳大湾区的建立意味着"一国两制"下的粤港澳三地合作开始进入深水区。粤港澳大湾区发展需要在市场规律下发挥城市各自优势，寻求合作与共赢。但同时由于区域协调上的不畅，粤港澳在某种程度上又较难摆脱各自为政、各谋发展的单打独斗的格局。粤港澳大湾区内拥有三大核心城市香港、广州和深圳，后两者经过多年快速发展，在经济总量上已可与香港并驾齐驱。政府如何在市场规律下的跨境整合中发挥适宜的引领和推动作用，如何协调好多中心区域内的合理分工与定位，需要构建新的协调机制，需要有中央层面的参与和主导。国家发展改革委及粤港澳四方签署的《深化粤港澳合作 推进大湾区建设框架协议》是一个良好开端，四方提出要完善协调机制，编制《粤港澳大湾区城市群发展规划》，并推进规划落地实施，商定每年定期召开磋商会议，协调解决粤港澳大湾区发展中的重大问题和合作事项，每年提出推进粤港澳大湾区建设年度重点工作，由国家发展改革委征求粤港澳及国家有关部门意见达成一致后，共同推动落实。

区域经济融合既有促进区域整体发展的积极作用，但同时对区域内多元主体会产生不同影响。目前港澳社会民间层面对粤港澳大湾区城市群建设的战略意义和价值的认识还不够，部分香港人在观念、理念上对进一步融合存在疑虑，担心香港在区域整合中会失去自身空间。此外，也有一些观点对"两制"下的独立关税区做简单的划分与区隔，认为互联互通与要素便捷流通会对"两制"造成破坏。衡量经济整合程度的核心标准是要素流通的自由程度，不同制度下的跨境城市群整合，会对不同的地区带来不同的政治社会影响，这对城市的承载力、社会开放压力以及政府管治能力都将是一个考验。粤港澳大湾区需要协调与平衡区域内经济发展、基本建设、社会发展和环保教育的要求，需要突破现行的管理制度与法律法规，在香港还需要消除政治因素的人为阻挠。因此，政府、智库与社会共同研讨、宣传、交流大湾区发展蓝图，凝聚共识，将有助于粤港澳三地政府形成并落实大湾区建设的总体目标及年度重点。

（七）基础设施信息共建共享问题

国家主席习近平指出，国家将支持香港在推进"一带一路"建设、粤港澳大湾区建设、人民币国际化等重大发展战略中发挥优势与作用，为香港"谋划未来"指出了方向。广东省也将粤港澳大湾区建设列入工作重点，今后将把粤港澳合作重点拓展到共同走向世界、开拓国际市场上，携手港澳共同建设粤港澳大湾区，畅通三地人流、物流、资金流和信息流，发展具有全球影响力和竞争力的湾区经济。

基础设施信息共建共享是粤港澳大湾区建设的重点方向之一，也是区域合作的基础。目前，粤港澳大湾区城市间在交通规划一体化、新兴产业错位发展、土地和资源集约利用、生态环境共治、公共服务同城化等方面还面临着协调难题；原始创新不足，区域内整体创新合作程度不深，创新资源未能完全实现共建共享，创新潜力尚未完全释放；交通枢纽功能不强，区域对外通道、湾区东西岸之间的连接依然薄弱，跨界交通基础设施衔接不够通畅。粤港澳大湾区要推动基础设施互联互通，重点在于加强湾区内交通设施有效衔接，优化高速公路、铁路、城市轨道交通网络布局，构建高效便捷的现代综合交通运输体系，完善现代货运物流体系，提升客货运输服务水平，共建世界级港口群和空港群。

随着粤港澳大湾区基础设施互联互通的推进，合作理念的创新，在建设湾区的过程中，香港可以与广州、深圳等核心城市形成功能互补、资源整合的错位发展局面，并把各项专长和特色发挥到极致。香港特别行政区、深圳经济特区是中国两个宝贵的特区，两者已有全世界最大密度的跨境交流，基础设施的互联互通将加速深港创新圈、深港增长极迅速形成。香港可以充分发挥金融中心的优势，积极争取区域经济发展主导地位，在带动区域经济发展中不断壮大自己，为香港带来一个新的繁荣期；通过共建更多国际合作平台，将香港的国际化优势与广东的制造业优势充分结合起来，一起迈向国际分工体系高端。广深港高铁即将开通，香港正式融入内地高铁网络，港珠澳大桥的开通也将产生强大的经济效应，有助于打造粤港澳大湾区"1小时生活圈"，为湾区融入国家发展，搭乘国家发展的快速列车构筑坚强后盾。

（八）湾区内资源与流量融通问题

如何在粤港澳大湾区两种制度、三个关税区、三个法律体系的异质城市群内，按照湾区经济和城市群的发展规律，实现要素便捷流通、资源高效配置和产业协同效应，这涉及如何突破跨境行政壁垒和体制束缚，也面临着如何建立统筹协调机制推动协同有序发展，如何完善营商环境对标国际一流、吸引国际高端资源集聚湾区，如何消除经济融合对多元主体的不同影响，都对三地政府跨境治理带来很大挑战，需要新的突破，需要创新管理模式。

目前，粤港澳大湾区的资源和流量融通存在明显的现实障碍。粤港澳大湾区涉及多个城市和地区，行政壁垒和地区融合之间的矛盾也备受关注，不同城市之间，尤其是广东9个城市与港澳之间差异巨大，短期内难以实现完全一体化，人流、物流、资金流、信息流都不够畅通，社会融合比经济融合更难，例如，港澳居民在内地生活的国民待遇问题，养老和教育方面也很难与内地体系完全对接。粤港澳大湾区内跨境人才的流动受到两种体制的限制，湾区内职业技术资格不能互认，香港科研创新人才被视为"境外人员"，须在内地和香港同时缴税，很多人被动地"来了又走了"。香港的创新人才可进来可留下，但没有相应通道让他们选择回香港，严重限制了香港国际化创新人才的引入和回流。不仅如此，粤港澳湾区城市交通体系缺乏一体化规划和建设，跨境基础设施的衔接存在严重的问题，粤港澳湾区通关便利化也尚无大的突破，研发设备出入境关税较重。对比三大世界级湾区，粤港澳大湾区内存在的要素资源的跨境流动性障碍，是打造世界级湾区面临的最为棘手的问题。

二　粤港澳大湾区的统筹协调

粤港澳大湾区建设规划的制定及跨境治理的实施，既是对"一国两制"实践的丰富，从某种意义上来说，也是中国探索参与全球治理的一个"试验田"。如果形成可以复制和推广的协调机制和政策创新，将有助于国家推进新一轮开放，其模式甚至可应用到"一带一路"沿线不同经济体的合作，为全球跨境合作与经济治理贡献新方案与新示范。

（一）尽快实现有效的跨境协调机制与运作模式

粤港澳大湾区面临的最大的特殊性，是涉及"一国两制"下的跨境治理，存在如何完善协调机制的艰巨任务，存在"两制磨合"。目前的"机制体制安排"，是由国家发展改革委和粤港澳四方共同签署协议来推进。之外，签署四方每年将定期召开磋商会议，协调解决大湾区发展中的重大问题和合作事项，并就推进大湾区建设订定年度重点工作，由四方以及国家有关部门达成一致意见后，共同推动落实。粤港澳政府共同建立推进粤港澳大湾区发展日常工作机制，分别设在广东省发改委、香港特区政府政制及内地事务局、澳门特区政府行政长官办公室，日常运作中将更好发挥工作机制在合作中的联络协调作用，来推动规划深入实施。较之过往的粤港、粤澳合作机制，这种模式增加了国家发展改革委在其中的牵头协调功能，加大了总体规划和协调的力度。但由于所推进落实的内容，仅限于达成一致意见的事项，整个协同发展的力度和权威性会有所折扣。如果有一方难以落实，或是预期在落实程序上存在不确定性，就会影响到合作进程顺利开展。

此外，政府功能强弱上的落差、规划内涵及执行力的不同、行政程序的繁复差异等，都会影响到粤港澳大湾区的合作进展。香港一直没有类似内地综合性的发展战略规划，其策略发展规划，例如《香港2030＋：跨越2030年的规划远景与策略》，主要是为人口增长和经济发展提供最基本的要素，如土地及其相应规划配套，其规划要素类似城市规划。此外，香港特区政府的长远策略规划，都是以香港自身发展蓝图为主，很少触及跨境规划，在配合国家发展战略上一直较为被动。而澳门近年来配合国家"十三五"规划，已制定了澳门本地首个五年规划，规划期与国家五年规划相对应。如何处理好资源配置中市场与政府的关系，如何协调政府间的差异与分歧，既发挥政府对区域总体发展的顶层设计与引领作用，又在微观领域为企业松绑，鼓励良性竞争，营造国际化营商环境和优质生活环境，吸引国际优质资源落户大湾区，对于大湾区内生动力的培育及国际一流湾区目标的实现，显得至关重要。

（二）深化提升跨境产业转型与升级融合机制

目前粤港澳合作面临转型压力，亟待升级，迫切需要加大行政协调力度。后危机时代，香港经济增长乏力，产业结构进一步金融化和虚拟化，新经济增长点培育困难，对引领粤港澳深化合作带来影响。一方面，粤港之间传统产业合作的互补性有所下降，香港实体经济进一步萎缩，制造业占GDP不足2%；服务产业出现同质化趋向，竞争成分加大，香港服务业与珠三角腹地间的联系出现逐渐下降与分离，香港服务业优势得不到进一步发挥。另一方面，香港在广东产业升级过程中，难以有效引领，加大分离趋势。广东受资源、能源和劳动力成本的制约，产业结构迫切需要转型升级，需要发展先进制造业和现代服务业。香港因缺乏相关产业发展经验和直接资源，较难参与其中。香港服务业与广东制造业合作模式仍处于不断探索中，粤港澳继"前店后厂"式的以资源要素对接为主的合作模式后，如何在竞合中走向产业链中高端的新合作、如何在合作中共创国际竞争新优势，需要区域层面的共同谋划与协调。

（三）加快推进和完善跨境资源配置制度

广东珠三角一直是中国改革开放的前沿地区和先行先试的试验田，也是中国改革开放以来最早的经济引擎。改革开放40年来，珠三角与港澳的经济联系不断深化，从要素互补推动的"前店后厂"式合作，过渡到逐步趋向融合的互动竞合关系。粤港澳大湾区城市各具特色，社会经济形态多元，既有很强的互补性，也存在很大的差异。粤港澳大湾区包括港澳及珠三角9个城市，有"一国两制"下的香港、澳门两个特别行政区；有深圳、珠海两个经济特区；有南沙、前海蛇口和横琴三个自由贸易试验区，另外还有多个制造业发达的珠三角城市。其中，香港、广州、深圳都是超级大都市，呈现多极状态。因此，其他城市群存在的协同不足等问题，在粤港澳大湾区更加突出。

多年来，粤港澳大湾区由市场自发推进的要素合作潜能已经释放，未来深化合作，需要政府层面发力，一是进一步提升内地服务开放的深度；二是拆除障碍深化合作的有形及无形藩篱，便利市场机制更好地配置区内资源；三是共同规划未来，引领发展方向。由于广东与港澳分属不同的关税区，涉及不同的政治经济及行政区跨境合作，需要政府间形成共识并签署协议（CEPA及其补充协议、粤港粤澳合作框架协议）来开展合作，形成了市场之外的政府间的协调机制。

第六节 粤港澳大湾区的特色打造与湾区模式路径构成

与世界级大湾区不同，粤港澳大湾区建设是在一个主权国家内三个独立关税区深化合作的重要尝试，涉及产业布局、土地利用、信息互通、资源共享、交通能源、基础设施、创新创业、城市群协调等诸多方面。因此，更需要发挥"一国两制"优势，健全合作机制，增强集聚辐射作用，形成具有独特发展特色与稳定增长模式的世界超级湾区，提升粤港澳参与国家发展战略的能力和水平。

一　粤港澳大湾区的特色打造

提升粤港澳大湾区在国家发展战略中的地位和功能，需要借鉴世界级大湾区建设的成功经验。从纽约、旧金山、东京为典型代表的世界级大湾区的建设经验来看，打造粤港澳大湾区，需要重点提升示范合作、创新创业、开放包容、高端业态、绿色宜居的特色，形成对全球高端要素配置、产业升级、创新发展等强大牵引和带动作用，推动粤港澳大湾区与"一带一路"建设在更高层次上的融合发展。

（一）"一国两制"互融互通的湾区

加强"一国两制"的制度对接，让港澳地区开放成熟的市场机制、接轨国际的营商环境、发达完善的金融网络、公开透明的竞争体制等先进的体制机制来推动珠三角的国际化、市场化和规范化发展，让珠三角地区充沛的产业活力、丰富的人力资源、强大的配套能力促进港澳地区的繁荣稳定发展，把粤港澳大湾区建设成为经济一体、文化交融、制度对接、互利共赢、全民共享的共同家园。

同时，要进一步强化基础设施的互联互通，打造沟通内地、连接港澳、辐射海内外的高度发达的立体化综合交通体系。通过不断深化合作领域，逐步将粤港澳合作从经贸领域拓展到文化领域和社会领域，在产业合作、文化交流、环境保护、社会治理、公共服务等方面大胆创新合作模式，争取先行先试和不断深化。

（二）全球创新创业中心的湾区

创新引领是湾区经济的本质特征，要坚定不移地贯彻这一理念，充分集聚整合各类创新资源，形成强大的湾区自主创新基础能力，全面提升粤港澳大湾区自主创新整体效能，构建一流湾区自主创新生态体系，将高端技术研发产业打造成为最具优势的湾区经济产业形态。

粤港澳大湾区拥有众多亚洲一流学府、国家级实验室和企业实验室，高端人才聚集，创新资源丰富。同时，粤港澳地区也是世界重要的金融商贸中心、航运物流中心和制造业中心，拥有相对完备的产业链和创新链。未来可围绕区域产业的转型升级需求，重点进行产业科技创新，统筹区域创新资源，联合开展相关产业的基础科学研究和高新技术的研发应用，把粤港澳大湾区建设成为全球重要的产业科技创新中心。

(三) 国际商务高度聚集的湾区

粤港澳大湾区应重塑产业布局，以核心区域带动湾区经济发展，建设产业转型升级先导区。湾区经济格局包括核心区域和经济腹地，世界著名湾区经济发展经验表明，其影响力的深度和远度取决于湾区核心区域的高度以及经济腹地的广度。发展湾区经济不仅要强化提升核心区域功能，还要做好经济腹地支撑。

以湾区经济理念重新修订粤港澳大湾区的城市发展规划，整合区位资源优势，构建"三湾一带"经济走廊，同时打造更加宜居宜业的生态空间，吸引更多外来投资和年轻的移民者，为城市发展注入新鲜活力。充分利用港澳在金融、商务、商贸、资讯等方面的专业化服务以及其他高增值服务领域的核心优势，开展现代服务业的深化合作，不断拓展服务领域，提升服务功能，把粤港澳大湾区建设成为立足亚洲、面向国际的总部经济聚集地和高端商务服务中心。

(四) 绿色低碳宜居宜业的湾区

世界一流湾区都以生态环境优美、宜居宜业为其重要特征。当前，粤港澳大湾区正处于转型升级、爬坡过坎的关键阶段，既要偿还过去多年经济高速发展的环境欠账，也要解决当前发展中出现的新问题。

粤港澳大湾区应按照中央推进"五位一体"建设的要求，把生态文明建设放到建设优质生活圈工作中更加突出的位置，牢固树立生态自觉意识，在坚守生态底线的基础上，进一步提升生态质量。将粤港澳大湾区生态文明建设做实做优，共同建设跨界自然保护区和生态廊道，联手打造粤港区域生态屏障，使湾区经济在结构质量效益上形成新的竞争力，推动绿色发展、循环发展、低碳发展，不断提高居民的生活质量和幸福指数，开创大湾区经济社会全面协调可持续发展的新局面。

（五）国际一流的开放包容湾区

粤港澳大湾区应强化开放格局，以国际标准引导湾区经济发展。湾区是最具现代化国际化特征的城市形态，可充分利用湾区概念引领粤港澳大湾区的城市化建设，进一步提升整个湾区的建设发展水平。继续推进对外开放战略，丰富国际友城建设内涵，强化与世界著名湾区城市合作，探索成立湾区城市联盟，打造有影响力的国际交流平台，全面提升湾区经济的国际影响力。

湾区开放层级相对较高，是较大区域范围内经济发展的引领者。尽管粤港澳大湾区的发展还处于起步阶段，与世界一流湾区相比还有一定的劣势，但已经具备了发展湾区经济的雄厚基础和条件，依托共享湾区这个核心来发展湾区经济，形成湾区引领的对外开放新格局，对于提升我国开放型经济水平，推动中国经济转型升级意义重大。

二 粤港澳大湾区的路径构成

（一）全力打造湾区新都市群

1. 完善粤港澳大湾区协调发展机制

借鉴京津冀协同发展领导小组的做法，建立由中央政府主导、港澳特区政府和广东省政府参与的粤港澳大湾区发展委员会，负责湾区的规划建设。在国家层面设立粤港澳大湾区发展委员会，强化中央政府对粤港澳大湾区建设和跨境治理的顶层设计和日常事务的统筹和协调。

2. 构建"港澳+自贸试验片区"联盟

借鉴港澳自由贸易港的发展经验，以深圳前海、广州南沙、珠海横琴三个自贸试验片区为主体，探索建立"2（港澳）+3（自贸试验片区）"联盟，率先探索"一国两制"下粤港澳体制机制、法律法规等制度层面全面对接，全面提升粤港澳大湾区对外开放水平，为推动我国主导的更大范围的自贸区建设提供经验借鉴和制度框架。

3. 促进粤港澳大湾区要素自由流动

一是加强通关便利化硬件建设。在粤港澳陆路口岸加大硬件设施建设，大幅增加E通道，提高自助通关能力和水平。科学界定和调整粤港澳已有及在建陆路口岸的功能，避免资源错配，推动粤港澳轨道交通有机衔接和无缝接驳。

二是提升粤港澳货物通关便利化和科研资金跨境便利化。推进粤港澳"信息互换、监管互认、执法互助"大通关建设。推进试验设备及材料跨境通关便利化,对科研所需的仪器设备、实验材料的跨境运输及使用,给予保税货物等特殊通关待遇。争取国家海关在湾区设立研发"小物流"进出口报关机构,争取研发"小物流"进出口的税收减免。放宽科研资金跨境使用限制,强调项目负责人责任和事后审计。

4. 加快推进跨境基础设施建设和综合交通协同

一是推进粤港澳大湾区建设世界规模的轨道交通网络,辅之以普通公路和高速公路等其他交通方式,形成综合交通网络,为居民出行、生活、工作提供便利。建立粤港澳大湾区"整合交通网络",利用高速、便捷的交通网络连接城市群,实现空间一体化,为企业建构区域性生产网络提供便利。

二是协调粤港澳大湾区五大机场,争取扩大湾区空域使用空间;协调五大机场之间的分工协作,更有效地错位发展;规划建设相关机场间的轨道连接或交通基础设施,促进机场间要素更加自由便利地流动等。设立有关机构,专责粤港澳大湾区空港紧密合作事宜,防止空港之间的竞争激化,协调空港分工。

5. 珠三角实施港澳居民同等待遇推进有效融合

对在珠三角工作和生活的港澳居民实行同等待遇,包括子女受教育机会、医疗服务、社会保障、公积金缴纳、税制税率、购买住房资格等方面的待遇。对在内地长期工作和生活的港澳居民,放宽人才流动政策,制定包括税收、社保等方面的福利可携性政策以及双方的制度衔接规定,确保符合条件的港澳居民与湾区居民享受同等社保待遇。

(二) 全力培育湾区创新驱动新路径

1. 加快国家级研发中心进驻粤港澳大湾区

引进国家级研发中心进驻粤港澳大湾区,对新进驻的国家级企业技术中心、工程研究中心或工程实验室、工程技术研究中心、重点实验室等研发中心,给予资金支持。对新认定的国家级产业技术创新战略联盟的牵头单位,给予项目支持。对认定的国家级科技企业孵化器,给予资金和项目支持。

2. 支持港澳优秀人才与内地人才的互流互通

鼓励和支持香港有关机构与湾区内的华为、腾讯、中兴、华大基因等高新科技企业合作，接收港澳优秀人才前往实习，培养创新意识，提高技能水平与实践能力。推动已经度过创业阶段、具有一定实力的企业进入港澳，鼓励创新型企业在港澳设立办事处、研发中心分部或者实验室等，与港澳的优势有机衔接，以港澳作为"走出去"的重要平台，共同发展创新科技，开拓国际市场。

3. 强化香港创新科技"超级联系人"作用

发挥香港在研发设备、研发材料、中间产品等环节的物流功能；发挥香港适用香港法律、与国际市场直接对接的优势，规避部分国家对向中国出口技术产品的限制；推动香港风险投资市场覆盖大湾区，支持湾区内地企业和研发机构以科研成果吸引风险投资进入。

4. 发挥港澳科技创新综合信息服务的功能

强化电话网络数码化，加强宽带上网设施建设，推广多媒体信息服务；发挥港澳网络信息自由流通的优势，收集世界顶尖核心技术信息情报，为湾区创新科技的原始研究与前沿技术开发提供更广泛、更有力的支撑；共建共享以提供科技文献、标准、情报等信息服务为主的科技信息平台，推动大数据共享。

5. 加强香港研发与其他城市产业的对接

一是推动香港的纳米材料/纳米级结构器件、光通信及智能消费类电子产品技术等国家科技重大专项，与湾区大型科技创新企业对接。二是结合香港发光二极管技术、薄膜太阳能光伏技术、云计算、生物医学、纳米材料等方面的研究优势，与湾区其他城市共同推动战略性新兴产业发展。三是结合香港现代农业科技创新、重点产业技术升级、现代服务业科技、民生科技、可持续能源资源环境技术的研发，与湾区高端软件产业对接，推动重点领域核心关键技术突破。

第四章　粤港澳大湾区的枢纽城市与空间组合

第一节　粤港澳大湾区的圈域差异与城市梯队

粤港澳大湾区覆盖9个城市和2个特别行政区，目前初步形成了"广佛肇""深莞惠""珠中江"三大紧密型都市圈，它们作为粤港澳大湾区的重要引擎，发挥原本已有的经济、教育、产业优势，按照都市圈空间层次和模式规律组织空间功能，推动形成内部层级集聚、外部高能释放的大湾区。

一　粤港澳大湾区的圈域差异

（一）经济圈域的形成

2009年6月19日，广州、佛山、肇庆三市的《广佛肇经济圈建设合作框架协议》签署，标志着官方层面的"广佛肇"经济圈正式建立。协议提出了以一体化为目标，以交通基础设施建设为先导，以劳动力和产业双转移为重点，推动广佛肇经济圈发展。此后，三市在交通设施、产业发展、环境保护、教育文化、旅游等方面陆续签订多个专项协议，同时共同开展广佛肇经济圈重大战略研究，制定广佛肇区域一体化发展规划。

2009年2月27日，深圳、东莞、惠州三市在深圳召开了党政主要领导联席会议，签订《推进珠江口东岸地区紧密合作框架协议》，以加快珠江口东岸的经济一体化进程。作为"深莞惠"经济圈正式成立的标志，该协议提出了"重点加强三市之间发展规划的衔接，在产业发展上错位发展，加大东江流域的水资源共同保护力度，加快城际轨道交通建设，促进完善珠三角电网和跨区域输电通道"等关键思路。"深莞惠"的工商行政管理合作、环保合作、金融业合作等协议也先后签订并启动。

2009年4月17日，首届珠海、中山、江门三市紧密合作工作会议在珠海举行，签订了《推进珠、中、江紧密合作框架协议》，三市将率先在规划、交通基础设施、产业、环保、应急处理等方面展开合作，以促进要素合理流动，形成珠中江三地互动共赢的良性发展，全面提高珠江口西岸地区的综合发展水平和整体竞争力。随后，三市也签订了医疗卫生服务、旅游、警务、农渔业、环保合作等领域的补充合作协议。

（二）经济圈域的差异

1. 发展特色的差异

在三大经济圈中，"广佛肇"经济圈规模最大，互补性最强。在合作框架协议下，三市平等协商，紧密合作，以科学发展、先行先试的精神，初步探索走出了一条"要素自由流动、资源配置高效、区域协调发展"的道路。

"深莞惠"是《珠江三角洲地区改革发展规划纲要》中提出发展规划与建设目标的重点区域。深圳、东莞、惠州三市地处珠江口东岸，其经济规模、体制机制、人文历史、产业格局等都在广东占据重要地位。近年来，三市共同努力，志在打造珠三角开放度最高、自主创新能力最强、生态文明最优的先行区，经济圈的辐射和示范效应更加增强。

"珠中江"是珠江口西岸的重要产业和经济带，也是珠三角一体化进程的重点发展区。自合作框架协议实施以来，三市的合作规划编制顺利推进，各领域协调发展全面铺开，多项利民惠民措施成效明显。

2. 发展绩效的差异

近年来，"广佛肇"经济圈取得了显著的发展成就。一是区域综合经济实力有了新突破，目前三市地区生产总值占广东省近四成，为经济圈的下一步发展积累了良好的物质基础；二是区域发展规划编制进展顺利，涉及产业协作、交通基础设施、环境保护等方面的多项整体规划陆续出台，《广佛肇经济圈发展规划（2010—2020）》已完成印发；三是区域产业初步实现协同发展，广州的优势产业链在佛山、肇庆得到延长，佛山的传统产业在肇庆得到转移和承接，肇庆利用其资源优势，使高新技术产业和战略性新兴产业得到培育和发展，推动产业价值链向高端延伸；四是以高快速路网、轨道线网为骨架，集多层次、多元交通方式于一体的综合交通体系基本形成，完成了区域内城市轨道和城市快速路与港口、机场的对接，战略性综合交通枢纽的辐射效应日益凸显；五是维护了可持续发展的区域生态环境，从倡导低碳发展模式、建设区域绿色屏障、保障资源长期利用、联合防治污染等多个角度入手改善，区域整体环境质量上有了新的提升；六是社会保障等公共服务合作成果喜人，包括三市同步发行公交一卡通、实现车辆通行费年票互认、广佛教育城域网实现互联、指定医院参保人医疗费用直接结算、医院检验结果实现互认等。

从主要经济指标上考量，目前三市地区生产总值占全省比重超过1/3，深圳、东莞继续保持稳定的发展势头，惠州在其带领下连续多年实现GDP同比增长率超过10%。不仅如此，"深莞惠"经济圈的共同发展规划正在紧锣密鼓的编制中，初步明确了"发挥深圳作为中心城市的服务功能，优化区域空间布局，推进珠江口东岸地区经济一体化"的基本思路。产业合作方面，三市统筹规划加强联系，已先后签署了多项合作协议及备忘录，在加快产业转移园区建设、打造世界级电子信息产业基地等重点项目上取得阶段性的成果。在交通基础设施领域，为实现人流、物流的更加便利，已初步建成了由高速公路、国省干道为骨架，辐射周边的现代化路网体系，实现城际轨道交通和公共交通的互通互联，高速路网电子联网收费和年票互认，逐步撤销区域内所有普通公路收费站，"深莞惠"交通一体化基本成型。三市共同签署了《跨界河流综合治理计划》，以流域水质改善和保护为核心，通过加大垃圾无害化处理和工业废水达标排放管理力度，推进流域内防洪排涝基础设施建设，实施河道防洪整治和低洼片区排涝工程，共同确保了流域防洪排涝安全。区域公共服务一体化则更加体现惠及民生，如三地户籍教师师资实现互认、教育业务培训互通、学龄儿童就近入学、统一人力资源市场、社会保险关系的无障碍转移等。在信息化领域，实施了便民信息的互联互通工程，推动三市区域内通信资费统一，逐步取消区域内长途费、漫游费。经过多年的发展，"深莞惠"经济圈一体化开始进入了纵深拓展、全面深化的新阶段。

在广东省政府的统一领导和指导下,"珠中江"经济圈科学制定了本地区发展规划,开始积极探索推进区域一体化的新机制和有效策略。在产业方面,充分发挥资源丰富、腹地广阔的优势,主动承接港澳现代服务业的扩张转移,密切沟通粤西地区,配合广东"双转移"战略实施,建立了互助互补的多元化产业合作平台,构筑了高效的现代物流体系和制造业基地;同时以旅游业为突破口,整合区内资源,形成了合理错位发展,避免无序竞争与重复建设新型产业格局。在交通及路网建设上,自 2010 年实行车辆通行费年票互认以来,三市按照公平对等、分步实施的原则,积极探索一体化公共交通的试点线路,多个交通基础设施项目顺利推进,已初步实现了区域交通网络的一体化。在环保方面三市统一了排放、收费、治理等标准,以水环境污染和空气污染联防联治为突破口,加强资源节约和环境保护,实施环境污染的共同治理,不仅改善了区域整体环境质量,更有利于打造宜居宜业的优质生活圈。公共服务领域,由珠海市牵头制定了三地通信一体化的实施方案,在通信资费、客服、通信网络建设等方面融合力度不断加大,初步实现了无线宽带 3G 技术、通信基础设施的全区共享。在社会公共事务管理上,加强了三市在治安、疫情、食品药品安全、突发环境安全事件和防灾减灾方面的应急协作,建立了人才供求信息的定期报告制度,着力打造三地统一的人力资源服务品牌。通过多年的合作与发展,"珠中江"经济圈已初步形成了宽领域、深层次、多形式的一体化,展示出强大的活力和广阔的前景。

二 粤港澳大湾区的城市梯队

粤港澳大湾区的建设有别于传统的粤港澳经济合作,是整体规划和整体协调发展的结果,是分工合作的层次上升。作为大湾区建设中的城市梯队,如何在建设中发挥自身的作用和优势,做好必要的定位是当前最需要思考的问题。

(一)第一梯队城市发挥引领功能相互对接(深圳、广州、香港、澳门)

改革开放以来,由于历史及区位原因,粤港澳大湾区以香港、澳门为国际窗口,以深圳、广州为区域中心,得到了较快的发展,成为支撑中国经济的核心区域之一。与世界级三大湾区相比较，粤港澳大湾区城市群的结构更接近于旧金山湾区，两者都存在多个经济地位接近而功能定位又各不相同的核心城市。深圳、广州、香港、澳门正是粤港澳大湾区内的第一梯队城市，充分发挥这四个城市的引领作用，将对整个大湾区的产业合作带来远大于由单核心城市驱动的影响。

价值链上游的核心城市对下游制造基地的辐射和引领将是未来大湾区的发展趋势。深穗港澳四核心驱动既有助于突破新型服务行业发展的制度瓶颈，又能强化错位发展与分工协作，还能更有效地辐射整个大湾区内的其他城市。

四个城市各自的政治地位不同，作为特别行政区的香港、澳门拥有更成熟和更规范化的市场准则和市场实践。尤其是在专业服务业的诸多领域，香港、澳门能为广州、深圳在市场制度完善与创新方面提供标杆，并为新型服务行业在广州、深圳的试点提供借鉴。而广州、深圳则各自拥有自贸区，新的制度与行业模式可以在自贸区先行先试，试验成功的经验又可通过广州省会城市的影响力推广至大湾区其他城市。

四个城市的产业结构有助于错位发展与分工协作。广州的优势在贸易与综合交通枢纽，深圳主打的是高新技术产业与金融业，而香港依然保持着作为国际金融中心的比较优势，澳门具有世界知名的旅游文化产业，四者之间并不构成直接竞争。即便香港与深圳各自都有强势的金融产业，但侧重点也有所不同，深圳更多地服务内地企业的金融需求，而香港则作为国际资本进入内地的通道发挥着重要的桥梁作用，港深两地的金融产业更多地体现了行业内的分工而非竞争。

四个城市能够更有效地辐射整个大湾区城市群，促进其他城市的产业转型与升级。由于知识、人才与优质企业等高端要素天然聚集于核心城市，多核心发展的格局意味着从核心城市溢出的高端要素能够更广泛地被周边城市所吸收，为周边城市的产业转型和升级提供了原动力。另外广州和深圳的制造服务业的侧重也各有不同，令周边城市能够依据自身制造业转型的需要，主动与广州、深圳形成分工。如广州的汽车制造业辐射粤西的汽配行业，深圳的高新技术产业辐射惠州、东莞的制造业等。

如果能够明确第一梯队城市各自的功能定位，并同时发挥各自独特的产业优势，将比仅仅依赖某一核心城市产生更为巨大的动能，令整个大湾区城市群的分工合作与产业升级更为有效与顺利。第一梯队城市共同驱动的大湾区将比单独依赖某一核心城市驱动在产业升级与分工合作上更占优势，这样的多核心驱动模式天然就带着强大的共享基因，必然能将整个大湾区打造成开放、共享和创新的世界级城市群，并更为有力地服务于国家"一带一路"建设的实施。

（二）第二梯队城市强化制造功能互通有无（东莞、佛山、惠州、中山、珠海）

第二梯队城市应以粤港澳大湾区建设为龙头，在第一梯队城市的引领下，进一步强化城市功能，深化湾区城市间分工合作，重点推进湾区创新资源集聚、基础设施对接、产业融合发展、环保联防联控、生态共建共享，携手港澳打造粤港澳深度合作核心区和粤港澳优质生活圈。佛山、东莞、中山等市要做大做强主城区，带动城市功能板块优化整合，形成城市内部的合理分工，珠海、惠州等市要重点加强市区建设，辐射带动周边县市发展。第二梯队城市应携手港澳共建现代化、国际化的世界级城市群，打造探索科学发展的试验区、深化改革先行区、扩大开放的重要国际门户、世界先进制造业基地和现代服务业基地、全国重要的经济中心，成为"南南合作"的国际交往中心和 21 世纪"海上丝绸之路"的建设枢纽和国际门户。

第二梯队城市均位于粤港澳大湾区核心轴线上，具有不可替代的地缘优势，在产业配套以及与港澳的合作机制方面都具备先天优势，是大湾区融合发展的重要依托。第二梯队城市应积极实施"对接湾区、融入港澳"的策略，主动对接粤港澳大湾区战略，全面融入湾区城市群发展，强化深港莞穗、澳珠中江等黄金走廊空间发展轴线，进一步加强快速互联互通交通基础设施对接，加强创新资源、产业联动、生态治理、水资源保护等领域的协调合作，共同打造世界级城市群。对接和融入粤港澳大湾区是第二梯队城市"十三五"规划纲要和新一轮总规划的核心策略，第二梯队城市应积极打造粤港澳大湾区中的国际制造中心，力争将第二梯队城市发展成为湾区的核心城市，在构建大湾区发展格局中，通过集中优势资源，携手深圳、广州、香港、澳门打造湾区的核心圈。

参与粤港澳大湾区建设，是第二梯队城市在更深层次更高水平上融入区域一体化进程，参与全球产业分工和竞争的又一次重大战略机遇。第二梯队城市应将参与建设粤港澳大湾区的使命任务，作为定位自身角色的坐标，着重扮演好三个角色：一是突出制造业优势，打造大湾区的制造重镇，二是突出经济圈优势，打造大湾区的核心区，三是突出承东启西的区位优势，打造大湾区辐射带动粤东西北振兴发展的桥头堡。

携手第一梯队城市共同打造世界级经济增长极和优质生活圈，有助第二梯队城市推动产业结构优化升级，强化创新驱动发展能力，提升开放型经济发展水平。第二梯队城市应把握粤港澳大湾区建设机遇，强化蓝色带动，强化创新引领，强化开放发展，实现自身更快速度、更好质量、更高水平的发展。

（三）第三梯队城市应用配套功能优势互补（肇庆、江门及其他周边城市）

第三梯队城市包括肇庆、江门及其他周边城市，应保持与第一、二梯队城市的密切合作，实现应用配套功能优势互补。推进粤港澳大湾区建设，打造国际一流湾区和世界级城市群，很重要的一点就是要拓展新发展空间，培育新增长极，而放眼大湾区"9+2"城市群，第三梯队城市有空间、有条件承担新增长极的重任。为进一步拓展第三梯队产城融合发展大格局，全方位融入粤港澳大湾区城市群建设，肇庆、江门等城市应加快建设高速铁路、高速公路、城际轨道等高快速交通干线，促进城市功能互补、产业分工合作和要素资源优化配置。促进区域产业统筹发展，推动粤港澳大湾区与粤东西北地区产业合作共建，促进要素资源互通共用。开展产业链联合招商，鼓励引导湾区龙头企业将生产性环节放在粤东西北地区，形成更紧密的经济联系。

目前，肇庆、江门等城市已提出融入粤港澳大湾区的总体思路。在粤港澳大湾区规划引领下，统筹城市发展空间布局，推动城市从"一中心"向"多中心"拓展；坚持交通先行，全力推动珠西综合交通枢纽建设，实现北广州、东深圳、西江门交通枢纽"三足鼎立"；坚持产业为重，谋划打造重大产业发展平台；坚持深度合作，推动科技、金融、旅游、人才等领域全方位融入大湾区，打造粤港澳大湾区西翼枢纽门户城市和粤港澳合作重大创新发展平台。

在城市基础设施方面，第三梯队城市充分重视交通建设。肇庆、江门等城市正在积极推进深江肇铁路的前期工作，谋划建设南宁经玉林至深圳铁路，形成与广西、贵州方向的直达高速铁路通道。同时，充分发挥西江黄金水道的作用，依托大广海湾临港岸线资源优势，使肇庆、江门成为泛珠三角重要的出海通道和门户，以加强面向大西南地区联系通道布局。不仅如此，第三梯队城市对内规划布局快速路网，建设城区复合交通走廊，为深度融入粤港澳大湾区建设提供先决条件，对外交通对接香台高速、斗恩高速、珠斗城际等，加强与港珠澳大桥、深中通道的对接，以强化第三梯队城市与粤港澳大湾区的交通对接。

第二节　粤港澳大湾区的枢纽节点与核心模块

粤港澳大湾区的 11 个城市中，广东 9 个城市一直是全国市场导向改革的先行者和试验田，并取得巨大成效，是内地市场意识最强和市场体系较完备的地区，构成了大湾区的枢纽节点。与此同时，大湾区规划把香港、澳门两个特别行政区纳入其中，增添了"一国两制"的政策优势和与国际市场完全接轨的制度安排，形成了多元互动的混合体制，构成了大湾区的重要发展核心。

一　粤港澳大湾区的枢纽节点

从地理层面看，粤港澳大湾区的香港、澳门形成两个支点，广东 9 市分属珠江口及东西两岸，其中以深圳为核心，东莞和惠州为节点构成珠江东岸产业带，以珠海为核心，中山、江门、佛山、肇庆等为节点构成珠江西岸产业带，作为推动湾区经济和产业发展的重要引擎。11 个城市之间通过一体化的城际快速交通网相互连接，在能源、信息、人才与服务方面融会贯通，共同建立起支持粤港澳大湾区经济运行的枢纽节点。

（一）核心城市引领的枢纽节点

未来粤港澳大湾区要形成世界级的城市群，必然需要多中心特色的核心城市引领功能的枢纽节点。目前的城市群中,香港、深圳、广州可以担当此类角色。

香港可以充当"超级联系人"的枢纽节点。香港作为内地与世界之间的桥梁,担当内地跨境贸易、投融资和商务服务的平台,曾在内地改革开放进程中发挥了独特作用。在粤港澳大湾区的建设中,香港有望继续发挥内地与世界"超级联系人"的作用,进一步发挥香港的竞争优势,提升在国际贸易和金融服务中的地位。香港拥有发达的金融业和现代服务业,也是世界上最开放的经济体之一,拥有高效、稳定和值得信赖的营商制度和金融市场,尤其是企业开办和注销非常便利。在粤港澳大湾区中,香港可以发挥"超级联络人"的作用。如果说港珠澳大桥是粤港澳大湾区的骨架,那么香港就能够起到大湾区的核心引擎作用。2015年,香港的GDP达到1.79万亿,服务业、第三产业占比93%,更重要的是,香港连续第23年被美国传统基金会评为全球最自由经济体,其中"财政健康""贸易自由"和"金融自由"方面均被评为首位。30多年来的香港经济高速发展,一方面得力于香港本身的高度国际化,另一方面也借力内地改革开放。香港只有更加国际化才能保持自己的核心地位,才能够让内地仍然需要香港、依托香港。开放性、国际化是香港经济自身发展的需要,也是香港能够成为大湾区的核心枢纽,带动大湾区发展的重要节点。

深圳可以承担创新创业枢纽的功能。深圳作为粤港澳大湾区的龙头城市之一,是中国改革开放的窗口、全国三大金融中心之一、外贸出口第一大城市,位居福布斯中国最具创新力城市第一名。在深中通道建设之前,深圳向西发展长期受制于珠江天堑的阻隔,现在通过深中通道向珠江口西岸城市发展,与珠江口西岸城市实现无缝对接,可以说,深中通道带给深圳的不仅仅是一条交通通道,而是中山、江门、珠海等城市合计1.3万平方公里的经济腹地,将极大地释放深圳的发展活力,提升深圳的发展潜力。深中通道建成后,深圳产业与资本向粤港澳大湾区西岸城市的转移布局将得到进一步畅通。目前,一批深圳企业已经先行一步,在中山、江门、珠海等地有计划地开展投资布局。据中山市发改局统计,近三年来,约有230多家深圳企业落户中山;据中山市国土局统计,在深圳投资客的强力买入下，中山市的商品房成交量倍增，价格半年内上涨超过50%。①江门也是深圳企业投资布局的重要目的地。据江门工商部门统计，已有198家深圳企业在江门投资设立企业法人共166户，注册资本300.2亿元，深圳企业在江门设立的分支机构达225户。②当然，迁移至珠海的深圳企业也在逐年增加。可以预计，随着时间的推移，将会有更多的深圳企业，尤其是制造业企业向低成本的中山、江门、珠海等地进行投资布局乃至于整体转移。

广州作为商贸中心枢纽的功能必须受到重视。广州地处珠三角中心，是国家中心城市，商贸发达，综合功能强大。早在秦汉时期，广州就是重要的进出口港和商贸集散地，拥有"千年商都"的厚重底蕴。2017中国发展高层论坛发布的《机遇之城2017》，广州排名第一，在福布斯中国最佳商业城市排行榜上，广州已获五连冠，彰显了广州作为商贸老大的资质。现在广州正加快南沙城市副中心的建设，南沙将形成粤港澳大湾区的核心支撑点，促进广州与周边城市共同建设布局更加合理、功能更加完善、联系更加紧密的世界级城市群。在粤港澳大湾区的整合中，广州的优势是明显的。广州正在建设枢纽型网络城市，"粤港澳大湾区"建设的新一轮要素分配也正在启动，在这一过程中，广州将扮演积聚和分配高端要素的枢纽城市的角色。在"硬件"上，广州通过建设枢纽型网络城市已经稳居珠三角最大、最高效的交通枢纽地位。仅以广州南站为例，2016年便累计发送旅客1.12亿人次。此外，规模比南站还要大的新广州北站正在建设之中，这意味着广州将成为连接珠三角和中国腹地的最大枢纽。③铁路、航空枢纽崛起的背后，也意味着广州已经成为粤港澳大湾区最具潜力的商贸城市和重要的要素分发中心。在经济、文化等方面，广州基于文化的深厚底蕴和经济的巨大潜能，将为粤港澳大湾区的融合提供源源不断的动力。

---

① 李欣、覃素玲、刘熙：《3年230余家深企落户中山》，《南方日报》2016年11月11日第AC02版。
② 庄树雄、傅静怡：《深圳制造业如何突围》，《南方都市报》2017年7月26日第SA03版。
③ 谭保罗：《粤港澳大湾区整合在即，广州迎来重大机遇》，《南风窗》2017年第7期。

（二）国际超级制造业的枢纽节点

制造业不仅是珠三角城市的优势产业，而且高端制造业的发展也将成为粤港澳大湾区的重要发展方向，充当国际超级制造业枢纽节点的城市包括东莞、佛山、中山等城市。

珠江口东岸创新走廊从香港向北到深圳，再经东莞松山湖（生态园），直抵广州科学城、知识城一带，几乎所有珠江口东岸的研究机构、创新研究项目都在向这个新轴线区域布局聚拢，东莞正处于这条创新走廊的中点，南承北接，能够串联起整个珠江口东岸，起到提升粤港澳大湾区创新发展的作用。东莞市将打造粤港澳大湾区中的国际制造中心，力争成为湾区的核心城市，在构建大湾区发展格局中，通过集中优势资源，重点突出，携手广州、深圳、佛山、香港、澳门打造湾区的核心圈。目前，东莞市公路体系已初步形成了"以高快速路为龙头，国省道为骨架，一级公路通镇街"交通网络，并提出了"五纵四横六连"的高速路网格局，构建与周边城市"一小时"通勤圈。随着沿江高速的通车，以及日后广深港高铁、穗莞深城际等轨道交通的开通，东莞位居大湾区核心轴的地缘优势将进一步得到强化。东莞将实施"对接湾区、融入深广"的策略。主动对接粤港澳大湾区战略，全面融入珠三角城市群发展，强化穗莞深港黄金走廊空间发展轴线，进一步加强快速互连互通交通基础设施对接，加强创新资源、产业联动、生态治理、水资源保护等领域的协调合作，共同打造世界级城市群。

作为粤港澳大湾区的重要节点，佛山未来将扮演三个角色：突出制造业，打造大湾区的制造重镇；突出广佛同城，打造大湾区的核心区；突出承东启西的区位优势，打造大湾区辐射带动粤东西北振兴发展的桥头堡。佛山在粤港澳大湾区中的定位，正是基于自身产业优势、区位优势、区位责任及发展目标，并置于世界级粤港澳大湾区格局中通盘考虑的结果，既反映佛山的雄心与谋略，也体现佛山的责任与担当。佛山的区域优势明显，向东紧靠广州，向西则面向珠江西岸辽阔的制造业腹地，已经发展成为珠江西岸装备制造业的龙头。目前，佛山提出在突出广佛同城优势打造粤港澳大湾区核心区的同时，还要积极打造大湾区辐射带动粤东西北振兴发展的桥头堡。制造业是佛山的立市之本、强市之基，也是佛山的产业特色，是参与大湾区建设的核心竞争力所在。反过来，粤港澳大湾区的建设，也需要佛山制造的强力支撑。佛山制造正是粤港澳塑造湾区经济竞争力的关键力量。依托粤港澳大湾区的世界级舞台，佛山致力于打造大湾区制造重镇。通过打造国家制造业创新中心，佛山将吸引全世界的创新资源、科技成果，最终挺起粤港澳大湾区的制造脊梁。制造业是佛山的立市之本、强市之基，也是佛山的产业特色，是参与大湾区建设的核心竞争力所在。在粤港澳大湾区的竞合新平台中，佛山所贡献的不只是 GDP，更是大湾区平台中西部融合的加速器，而这个定位，更可能反作用于佛山的制造业转型发展。佛山的发展优势不仅在于其强劲的产业实力和制造业资源，更在于其未来将拥有全国最密集的城际轨道网络、广东铁路网络主站之一的佛山西站，以及定位面向珠三角的新干线机场。在这些庞大的交通资源带动下，佛山或许不仅仅是一个制造业强市，更会在粤港澳大湾区的舞台中，成为一个联通桂黔、粤西北、珠三角西岸的枢纽型城市，而这些资源将为其制造业再添动力。

中山是粤港澳大湾区中专业镇比例最高的城市，目前拥有装备制造产业、新能源产业、现代照明产业和五金设计与制造行业等 27 个国家级产业基地和 15 个省级"技术创新专业镇"。而专业镇、特色产业集群已成为中山经济发展的最大亮点，专业镇对中山全市的经济贡献率占半壁江山。随着经济社会的不断发展，传统优势产业遇到转型升级考验，"一镇一品"的专业镇发展模式已经不能满足中山当前发展的需求。这样的背景下，中山被纳入粤港澳大湾区核心城市，恰恰为当前城市发展带来了千载难逢的发展机遇。目前，做实组团发展构建"一中心、四组团"的差异化发展格局，成为中山融入大湾区经济的首选之策。根据组团发展要求，中山将 25 个镇区组合为"一中心、四组团"共 5 个组团，其中，中心组团包括主城区及周边 8 个镇区，着力打造珠三角宜居精品城市首善之区；东部组团包括火炬开发区等 3 个镇区，重点对接深圳、港澳，建设高新技术产业集聚区、现代化滨海新城、文化旅游度假区；东北部组团包括三角镇等 3 个镇，重点对接广州、深圳、佛山，建设珠江西岸先进装备制造产业带重要基地、现代物流枢纽和生态农业功能区；西北部组团包括小榄镇等 7 个镇，重点对接广州、佛山、江门，建设具有国际影响力的传统产业智能化服务化转型升级示范区、新型城镇化示范区，打造具有全国乃至全球影响力的制造业强区；南部组团包括三乡镇等4个镇，重点对接港澳、珠海，着力打造珠江西岸先进装备制造产业带重要增长极、智能制造引领区、粤港澳大湾区重要的生态休闲旅游集聚区。对于中山来说，谋划"组团式发展"的意义不仅仅是"建设"，同时也是一种"释放"。所要释放的正是中山拥有的各项优势中所潜藏的发展动能。

（三）世界级旅游休闲中心的枢纽节点

未来，粤港澳大湾区将坚持走绿色化发展道路，建设成为具有世界影响力的门户枢纽和旅游目的地，生态、生活、生产"三生空间"统筹发展的绿色现代山水城市。结合这一发展导向，澳门、珠海、惠州等城市将成为世界级旅游休闲湾区的重要枢纽节点。

澳门地处粤港澳大湾区的西岸，与珠三角的珠海和中山相邻，更靠近粤西的阳江、茂名和湛江等地。由于自身发展空间比较少，因此澳门地区更应该在定位中更多地考虑利用相邻地域的土地和人力等方面的资源，继续加强与珠海的联系，拓展自身发展的空间，特别是利用横琴自贸区以及横琴岛的土地，解决商业、居住和生产的用地不足的问题，借用横琴的地块兴建澳门大学已经是一个很好的例子。另外，港珠澳大桥的通车使得澳门地区可以作为湾区西岸一个很重要的转口贸易出口地，充分发挥湾区西岸的旅游生态资源，促进粤港澳大湾区成为世界级旅游休闲中心。

在参与粤港澳大湾区的建设中，珠海具有宜居、宜业、宜游等多重优势。珠海是粤港澳大湾区环境最好的城市之一，其环境优势将成为珠海参与湾区建设的重要竞争力。此外，珠海还拥有土地资源相对充裕、高校资源丰富等优势，这些优势使得珠海在粤港澳大湾区乃至"21世纪海上丝绸之路"建设中发挥重要作用。目前，珠海拥有港口、与港口相连的货运铁路等发展湾区经济的硬件设施，多个游艇码头也在加快规划或建设，为湾区发展成为世界级旅游休闲中心打下良好的硬件基础。

惠州是粤港澳大湾区重要的旅游休闲度假和"菜篮子"基地，区域产业错位发展、合作发展的潜力巨大。惠州生态环境优良，在有大工业、大石化的背景下保持了好山好水好空气，惠州蓝、东江水已成为城市的品牌和"搬不走"的竞争优势，这既是惠州得天独厚的自然禀赋，也是惠州产业竞争的高阶"势能"不断转化为跨越发展的强劲"动能"。依托惠州市山、水、城、田、海等生态旅游资源和"文、商"等人文资源基础与潜在优势，利用惠州市创建国家全域旅游示范区的契机，重点发展以休闲度假旅游为主，集滨海旅游、生态森林度假、科技旅游、乡村休闲、城市人文旅游、户外运动、生态观光等功能于一身的旅游目的地。惠州是著名的绿色生态名城，绿色发展理念深入人心，正致力于建设成为依山伴湖与拥江抱海浑然天成、都市繁华与田园风光交相辉映、"绿水青山"与"金山银山"互融共赢的绿色现代山水城市，成为粤港澳大湾区宜居宜业优质生活圈的典范。

二 粤港澳大湾区的核心模块

经过多年积累，粤港澳大湾区的核心城市在市场机制、协同发展作用下，都形成了各自特色。例如，香港过去30年转型到服务经济，是国际金融、航运和贸易中心，澳门是世界旅游休闲中心，以博彩产业为龙头的旅游业发达，粤港澳大湾区就是要在市场规律下发挥城市各自优势，寻求合作共赢。

（一）深港核心模块

深港作为粤港澳大湾区域中的枢纽城市，坐拥面向东南亚向西延伸的海上通道，经过改革开放40年来的发展，两地已经具备了雄厚的经济基础和城市辐射服务能力，创新能力和国际化程度得到了提升，这都为深港建设21世纪海上丝绸之路枢纽城市提供了强大支撑。当前，在粤港澳大湾区建设中强化深港核心模块，以"制度创新"替代"制度优惠"，必将促进粤港澳间所签署各项双边协议的落实，打破公共服务和要素流动等方面的规制和壁垒，激发湾区内部的充分竞争与合作。

深港核心模块的发展能加快构建粤港澳大湾区的轴心。改革开放以后，以香港为核心和源头的制造业转移，带动了粤港澳大湾区特别是珠江东岸的经济发展，形成了一条沿着广深高速和107国道的穗深港发展轴，促进了深圳以及粤港澳大湾区的快速发展。随着港珠澳大桥、深中通道、粤港澳大湾区轨道交通等重大基础设施的规划建设，粤港澳大湾区的发展格局越来越清晰化，沿海发展轴正在形成，深港作为粤港澳大湾区中的枢纽城市恰处在该发展轴上，当前势必更需要深化深港两地之间的合作与协同，合力提升深港核心模块的层次，抢占粤港澳大湾区打造沿海发展轴的先机，而且对于打通向粤东、粤北乃至福建、江西等更大腹地范围的通道意义重大。

香港是举世闻名的自由港，全球重要的金融中心和航运中心，深圳经过改革开放40年来的发展，市场经济的发育也较为成熟。强化粤港澳大湾区建设中的深港核心模块，可以更加充分发挥市场机制对大湾区资源的整合效率，在互惠互利原则基础上，更易于建立粤港澳大湾区内各地域间的合理分工与协作体系，有效地避免市场分割，快速提升粤港澳大湾区经济区的紧密联系和世界竞争力。

香港土地面积狭小，深圳也正面临着土地资源的紧约束压力，必须改变过去深港两地各自为政，缺乏规划协调和优势整合的发展格局。利用建设粤港澳大湾区的有利时机，积极参与谋划粤港澳大湾区规划，充分整合空间资源，优化配置要素资源，将香港的金融、物流、研发等生产性服务业优势进一步向深圳延伸，并与深圳的制造和科技创新优势结合起来，促进深港两地的产业发展形成深度合作，共同构建相互支撑的产业价值链、创新产业链和新兴产业集群，扶持创新优势产业和战略性新兴产业做大做强，将进一步增强深港两地的创新能级，使粤港澳大湾区成为世界级的创新发展高地。

（二）广佛核心模块

粤港澳大湾区城市群的发展，有望崛起为辐射东南亚地区和中国南部经济区的中心，在不久的将来，粤港澳大湾区的城市将全面升级，而广佛超级城市将会成为世界第四大湾区的重要组成部分，成为粤港澳大湾区的主力军。在超级城市政策的深化下，广佛核心模块的轨道交通路网已完善，广佛同城利好带动经济商圈，逐步迈向国际化城市，整体经济水平快速提升。广佛两市地缘相近，文化同源，人缘相亲，同城化既是两市人民共同的美好愿望，又是时代赋予的重大历史使命。广佛同城将责无旁贷地担当起携领粤港澳大湾区发展先行者的历史重任，担当起推动粤港澳大湾区打造更具综合竞争力世界级城市群的重要角色。

广佛在产业协作发展等方面具有很强的互补性。在产业结构上，广州以服务业为主，而佛山以制造业为主，制造业与服务业互补成为广佛同城化的最大亮点之一。广州发达的服务业不仅能够服务于自身的制造业，还为佛山制造业的发展提供了良好条件。反过来，广州可以利用佛山强大的制造业发展生产服务业和现代服务业，佛山的制造业为广州服务业的发展奠定了良好基础。广佛产业对接将使两地的二、三产业比重趋向平衡，产业结构更加合理。

广佛分别在制造业、服务业内部的合作也具有较好的发展前景。制造业方面，双方可利用现有的优势产业进行配套协作，延伸产业链条，形成产业集群。这方面的典型例证是汽车产业，本田、丰田等汽车巨头进入广州后，佛山以特有的区位优势吸引了多家汽配企业进驻，形成了"广州整车、佛山汽配"的产业格局。在服务业方面，双方可在会展、物流、金融和服务外包等方面加强合作，共谋发展。会展业是广佛共同的优势产业，佛山把会展业作为带动第三产业发展的先导行业和新的经济增长点，并拟打造若干在国内具有较高知名度、在国际上具有一定知名度的专业化、品牌化、国际化会展。广州多年荣膺"最具活力会展城市"称号，更拥有广交会这样的世界第三大会展。每年广交会期间，佛山都会安排陶博会、家博会等配套展览，酒店服务业也在跟进。双方合作会使广州较高水平的会展对佛山的辐射进一步加强，而佛山也应该主动承接辐射，加强衔接和配套。服务外包方面，广州是全国服务外包示范城市，佛山正在兴建广东金融高新区这样的金融服务后援基地，两者可合作建成国际服务业外包基地。物流方面，双方可加强物流园区建设、信息共享等合作。

参与粤港澳大湾区建设，是广佛核心模块在更深层次更高水平上融入区域一体化进程，参与全球产业分工和竞争的又一次重大战略机遇，广佛两市已经明确提出要突出广佛同城优势，打造大湾区的核心区。为了在粤港澳大湾区的建设中更充分地发挥核心模块作用，未来的广佛正在努力实现交通深度对接，预计未来佛山共计10条地铁线与广州地铁线网中的13条地铁线实现无缝对接，实现两市轨道交通"一张网、一张票"。同时，广佛两市正加快推动产业协同发展，发挥广州现代服务业和佛山先进制造业的比较优势，构建广佛产业协同发展空间格局，并全力推进同城化合作示范区建设，着力构建区域协同创新体系，加强广佛创新资源要素整合，大力推动产学研合作，完善科技创新服务体系，发展创新型经济。

（三）珠澳核心模块

珠澳核心模块有着长久而又密切的历史，珠海与澳门各自扬长避短，形成了血肉不可分割的紧密联系。澳门不仅是国际上为数不多的自由港，具备高度开放的市场经济体系，而且拥有丰富的国际资源，澳门与葡萄牙及欧盟特殊的密切关系，成为珠海通往欧洲及众多新兴的葡语国家的桥梁。与之相对应，珠海7600多平方千米的面积中，有1600多平方千米的丰富陆地土地资源；特区大量来自内地的高素质专业技术人员，为两地经济合作准备了扎实的人才基础；有长达700多千米的海岸线和良好的港口、交通和城市基础设施，为澳门提供了物流市场和客流量。在粤港澳大湾区发展背景下，珠澳核心模块具有广阔的发展空间。

2015年4月，横琴自贸试验片区正式挂牌成立，被中央赋予建设粤港澳深度合作示范区、21世纪海上丝绸之路重要枢纽的重要使命，是珠澳协同发展最核心的引擎。早在2012年12月，习近平总书记到横琴视察时，充分肯定横琴建设成效，并寄语横琴"勇于探索合作模式，着力进行体制机制创新，为深化粤澳合作，保持澳门长期繁荣稳定作出贡献"。一直以来，横琴以合作、创新、服务为主题，以"珠澳合作"为主线，以体制机制创新为核心，以促进澳门产业多元化和港澳地区的繁荣发展为目标，坚持在基础设施建设上无缝对接澳门、在优惠政策上倾斜澳门、在产业用地保障上协力拓展澳门、在营商环境营造上趋同澳门。目前珠澳协同发展已取得不少成效，横琴开发不仅让珠澳合作有了一个质的飞跃，也为澳门产业多元发展搭建了一个新平台。

澳门地区要融入粤港澳大湾区的建设中，需要在现有的环境中做好自身的定位策略，加强与粤港之间的联系，做好产业发展的规划，以在大湾区建设中实现错位发展。澳门作为粤港澳大湾区中的两个自由经济体之一，相比于香港地区的土地面积和人口数量更显得微小，先天的不足也制约了自身的发展，某些产业的发展必须要借助于粤港两地的产业链，如物流业、制造业以及高新技术产业等。澳门要带动大湾区西岸的经济发展，还需要珠海紧密配合，突破空间的局限。自贸试验区以制度创新为核心，珠海正在努力将横琴作为合作平台继续深入探索珠澳合作机制创新，借鉴澳门经验建设国际化市场化法治化营商环境，推进粤港澳服务业人员执业资格互认或单边认可，促进粤港澳三地人员、信息、资源要素等便捷流动等工作。放宽外商投资市场准入是"十三五"时期我国深化投资管理体制改革的重点内容，珠海正在积极探索 CEPA 框架下深度推进粤港澳服务贸易自由化，深化落实负面清单管理模式，提高港澳专业服务机构和人才进入珠海的便利性。在参与粤港澳大湾区建设的进程中，珠海可以充分发挥横琴自贸试验区功能，深化与港澳合作，共同打造粤港澳大湾区，使之成为"一带一路"和"21世纪海上丝绸之路"的桥头堡。

港珠澳大桥即将建成通车，深中通道也正在加紧建设，珠海将成为粤港澳大湾区特别是珠江西岸的核心城市和交通枢纽，珠澳核心模块也将迎来新的发展机遇，珠澳两地共同参与粤港澳大湾区建设将会有更美好的未来。

第三节 粤港澳大湾区的空间组合与整体谋划

未来的粤港澳大湾区将由"国内的经济发展引擎、国内人才聚集地、科技与金融穿心地、中国都市圈"，逐步发展为"全球经济发展的引擎、汇聚全球人才的聚集地、全球创新创业的活力区、国际型大湾区"。与京津冀"自上而下"集中管治空间的模式相比，粤港澳大湾区应该发挥市场程度高、资源配置能力强的优势，创新"自下而上"多层级城市群空间治理新模式，打造国际化都市圈。

参考国际化都市圈发展轨迹，以及都市圈空间层次发展规律，未来粤港澳大湾区城市群在空间上应形成"3核+3带"的空间结构，形成具有层次性，同时兼具协同发展能力的创新型城市布局。具体而言，一方面，深港、广佛和珠澳构成3个大湾区发展核心模块，作为珠三角的核心引擎，发挥原本已有的经济、教育、产业优势；另一方面，以"港深莞惠""广佛肇""澳珠中江"构成3个环珠江城市带，按照都市圈空间层次和模式规律组织空间功能，形成内部梯度集聚、外部高能释放的大湾区。顺应腹地拓展和区域一体化发展趋势，围绕3个环珠江城市带继续拓展，融合发展构建更大范围的新型都市区，进一步与邻近湖南、广西、福建等省区的合作，以华南地区作为战略纵深支撑。最终形成"3核+3带"的粤港澳大湾区都市圈格局。

一 粤港澳大湾区的空间组合

粤港澳大湾区城市群核心地带的溢出效应会促进各种要素进行空间的重组，包括一些传统粗放产业会向城市群外围区扩散，与此同时进行的一些更高级别的产业类型会被吸引进来实现产业更替，包括城市群核心区会对高新技术产业、企业以及和高级人才产生更大的吸引力，从而形成基于城市群框架的高技术产业集群以及跨区域跨部门的创新体系，从而实现粤港澳大湾区城市群从传统加工制造业为主的工业基地转向高新技术产业和生产服务业集聚区域。

（一）城市发展空间组合

粤港澳大湾区城市群的核心城市如今都集聚了相当的人口规模，特别是在核心城市经济发展上，香港、澳门、广州、深圳、珠海、佛山等完全具备了大都市区化的条件，势必成为粤港澳大湾区城市群在都市区化的领跑者。

未来粤港澳大湾区城市群发展采取多中心多级城市体系发展策略，通过促进区域性中心（主中心与副中心）、地区性中心（主中心与副中心）以及地方性中心等多层次的节点的建设，以点突破，形成面上的发展多中心、多层次的城镇空间体系，从而使产业体系与城镇体系在空间层面上实现对接。着重消除城市群整合的体制性与制度性障碍，构建由港深莞惠都市圈、广佛肇都市圈和澳珠中江都市圈，并且突出分散集中的空间发展模式，加强三个都市圈及内部中心之间便捷的交通联系，形成网络化的开敞空间体系。对于粤港澳大湾区核心地区，严格控制工业区和住宅区的开发以限制建设用地的无序增长，保护自然生态环境，保护开敞空间，保护原有的生态聚落结构，并注意生产、服务、基础设施和文化设施的建设。对于大湾区城市群外围拓展区，从自然生态和经济发展的角度考虑，重视这一地区的城镇产业与人口的集聚发展，提供大量新的工业用地和就业岗位及相应的居住发展用地，从而形成互补发展的局面。

（二）产业结构空间组合

粤港澳大湾区城市群经济联系与合作需要突破行政区，建立起复杂多样的协作分工体系，形成产业链、技术扩散链和市场分工链，使城市群产业的成长与和发展空间得到不断拓展。目前，粤港澳大湾区城市群因产业链和市场链的作用在功能上已形成一个关联度极高的经济体，从粤港澳大湾区城市群发展趋势来看，应当寻求经济发展的统一规划和配合，鼓励企业跨区域的有序合作与竞争，共同提高产业衔接和配套水平，培育有国际竞争力的跨国公司来形成城市群经济竞争力。未来粤港澳大湾区城市群需要重点推进广州南沙港区、深圳前后海地区、深港边界区、珠海横琴区、珠澳跨境合作区、大广海湾经济区、环大亚湾经济区7个粤港澳创新发展跨境合作发展的重点地区，打造世界级的创新发展平台。

粤港澳大湾区城市群必须通过优势产业协同发展来影响和控制周边地区发展。在近域空间上粤港澳大湾区城市群发展企业总部、研发设计、培训以及营销、批发零售、商标广告管理、技术服务等环节，近域拓展区侧重发展高技术产业、加工制造业和零部件生产，形成高端产业集聚于大湾区城市群的核心地带，其生产基地集聚于各个外围节点城市，形成大总部和生产基地的产业链分工与协同发展。特别是把临港新增长中心建设成为粤港澳大湾区国际性现代物流中心，突出港口集货、存货、配货特长，以临港产业为基础，以信息技术为支撑，以优化港口资源整合为目标，发展具有涵盖物流产业链所有环节特点的港口综合服务体系。通过综合物流服务体系，为临港工业的贸易和流通提供支持，并以此来带动腹地经济的快速发展。我国入世后参与全球分工的程度将不断加深，粤港澳大湾区城市群具备了最具规模的产业体系，也逐渐发展成为潜力巨大的消费品以及服务业市场。未来可以通过建立全球生产网络导向的信息产业集群、现代装备制造业集群和家电产业集群，同时，这些产业集群也支撑起金融、贸易、交通、信息为代表的现代服务业集群的发展壮大，共同形成制造业与服务业共同发展的格局。值得一提的是粤港澳大湾区城市群可以鼓励核心企业主导兴办工业园区，这样不但使更多相关中小企业集聚，满足企业与企业之间的专业化分工和协作化生产要求，也能推动产业内外技术、信息、人力等经济资源共享，最终达到优势互补与联合，创造强势竞争力。

(三) 创新创业空间组合

粤港澳大湾区在香港和广州等城市群拥有 8 个国家级高新园区，16 个 863 基地，对利用内资，吸收外资以及扩大城市经济效益与经济规模，发挥着非常巨大的作用。同时，拥有多所国际或国内知名大学。粤港澳大湾区依托港澳国际化城市，具有较高基础科研水平，完善的法治和知识产权保护制度，能够为创新型产业吸纳引进海内外优质研发机构和高端人才。

基于创新创业的角度，粤港澳大湾区可以试点推动粤港澳大湾区城市群可共同打造"古洞北科研发展区—落马洲河套港深创新及科技园—福田保税区—深圳南山科技园—深圳前海地区科技金融区—东莞松山湖高新技术园区—广州科学城"的跨境创新核心走廊。同时，结合珠西战略、珠江西岸先进装备产业带规划与建设以及深圳东进战略等，在粤港澳大湾区城市群及外围区共同建设粤港澳大型合作园区，以新能源、新材料、大型装备制造、研发创新产业发展等为主，形成国际一流高科技创新产业集群和国际级创新平台，引领创新发展新格局。

(四) 基础设施空间组合

以通信干线、高速公路及高速铁路、水路及空中航道、能源运输（包括水电输送）体系所构成的区域性基础设施网络，其中发达的铁路、公路设施构成了粤港澳大湾区城市群内外部空间结构的骨架。粤港澳大湾区城市群同外部空间的资源对流，需要加强与周边高速公路、快速连接线以及轨道建设。

在"十三五"期间乃至更长一段时间内，粤港澳大湾区城市群在继续加大基础设施建设的投入上不断完善内部的立体交通网络，如完善港珠澳大桥、深茂铁路、深中通道、南沙港铁路等，增建包括广深港、高铁香港段在内的铁路线路、香港机场跑道、跨境跨海隧道、粤港澳口岸建设等在内的跨区域重大基础设施的建设，同时开展一批对外重点交通基础设施项目的规划建设，如着重建设广州白云机场、深圳机场、香港机场、澳门机场和惠州机场形成的空港枢纽群。最终形成以机场枢纽群、高铁枢纽群、港口枢纽群以及高速公路、城市主干道系统和市际轨道快速交通网，从而构筑以海、陆、空全方位的对外交通通道。依托这些强大的枢纽与交通网络，粤港澳大湾区城市群可以便捷同内陆地区及欧亚大陆桥相连接以及"一路一带"沿线国家与地区相联系，进一步拓展腹地。未来粤港澳大湾区城市群企业与产业需要将其企业与产业依托交通干线以及枢纽地区向外进行扩散与转移，这会提升粤港澳大湾区城市群嵌入全球生产网络的程度。

二 粤港澳大湾区的整体谋划

推进粤港澳大湾区城市群建设，必须坚持世界标准，瞄准国际标杆，借鉴国际一流湾区的成功经验，充分发挥要素集聚和空间溢出效应，形成合理的城市分工和规模分布。未来应加快沿海城市带的发展，形成以港深、广佛、珠澳为核心模块，以沿海为带，以珠江为轴的"T"字形空间结构，建设相互协调、共同发展的三大城市圈（港深莞惠城市圈、广佛肇城市圈、澳珠中江城市圈），构成"3核+3带"的粤港澳大湾区城市群空间结构。按照点、线、面逐步扩展的方式，构造具有国际竞争力的湾区经济和城市布局，充分发挥核心城市的辐射带动作用，培育形成多级多类发展轴线，多层次网络化空间格局。

（一）着力建设多层次城市等级体系，打造伞形网状城市规模层级结构

首先，坚持政府引导与市场主导相结合，推动大、中、小城市在空间上有序分布，促进人口和经济活动在地理上有效集聚，实现不同类型资源在不同空间上优化配置，形成层级有序、分工合理、协同发展、联系密切的伞形网状城市层级体系，提高大湾区城市群的国际竞争力。

其次，明确等级清晰的城市功能定位，区分不同类型城市职责，鼓励核心大城市打造面向未来的全球城市，成为全球城市文明创新的倡导者，全球科技创新和智能制造的引领者；推动大城市打造现代化、国际化城市，建设国家创新城市、国际制造名城；引导中小城市建设区域中心，成为现代生态城市、地方特色城市。

再次，推动层次合理的城市产业分工，注重城市产业专业化分工，加快核心大城市发展科技创新产业，建设世界级科技创新中心、全球金融科技中心和全球资源配置中心；推动大城市发展创新服务业、科技制造业，

建设特色鲜明的世界级高端制造业集群；引导中小城市建设区域商贸中心、物资集散中心和先进制造中心。遵循湾区城市群一般演进规律，打造"以港澳国际大都会为引擎、三大城市圈为支撑"的粤港澳大湾区伞形网状城市群。加快三大城市圈之间互联互通。高度重视城市圈之间重大基础设施的高效衔接，超前布局连接三大城市圈的新一代信息基础设施，推动产业有序转移与有效集聚，引导三大城市圈之间人流、资金流、信息流自由畅通，推动各个城市圈的密切互动、错位协同、有效竞争。

（二）建设功能清晰、分工合理的核、轴、带

按照打造世界级湾区核心城市要求，加快提升港澳核心竞争力和综合服务功能，充分发挥港澳辐射带动和示范引领作用，推动非核心功能疏解，推进珠海、东莞、惠州等周边城市协同发展，引领城市群一体化发展。推动沿海湾区城市高效协调发展。加大国际贸易、国际投资的沿海优势，着力发挥东部、西部沿海城市的地缘优势，加强以深圳、珠海为中心的东西部港口城市建设，大力发展以深圳、珠海为核心的沿海湾区城市带，推动沿海湾区城市带高效协调发展，辐射带动湾区内陆城市经济全面发展。强化广州作为全国经济中心城市地位，升华广州经济、文化、教育、区域交通枢纽地位，对于带动粤港澳大湾区周边内陆地区的发展具有决定性作用。要提升佛山的综合服务功能，承接、传递区域辐射带动力，加快重型装备制造业、高新技术产业和物流业的发展，改善城市圈的生态环境，加快外围组团的环境基础设施建设，共同维护区域经济基础与人居环境载体。

（三）提升城市空间利用效率

粤港澳大湾区经济已经形成了通信电子信息产业、新能源汽车、无人机、机器人等新兴产业集群，以及石油化工、服装鞋帽、玩具加工、食品饮料等传统产业集群。但战略新兴产业发展不足、传统产业过度集中在中低端环节，各地过度竞争、同质化现象仍然突出。根据资源环境承载能力，提升空间利用效率，优化粤港澳大湾区国土空间开发格局，应科学确定城市边界、最小生态安全距离和空间结构，统筹经济社会发展、人口空间分布、陆海资源利用、生态建设和环境保护、基础设施建设和对内对外开放。应从提升区域整体竞争力出发，处理沿海沿江城市与腹地城市、中

心城市与中小城市的关系，明确城市功能定位，强化错位发展，形成优势互补、各具特色的协同发展格局。

第四节　粤港澳大湾区的和谐与相对均衡发展

一　粤港澳大湾区的和谐发展

粤港澳大湾区未来要强调城市与人、城市与自然、人与人、人与自然的和谐共生。当前，新的文化工业正成为全球城市发展的新动力和创新方向，新一波的城市创新表现为艺术与技术的结合，以互联网技术为物质基础，以新的含有附加价值的服务业为支撑，以优质生活圈为目标。顺应这个趋势，粤港澳大湾区一方面要将城市技术、智能创新的功能进行功能提升，突出产业的集聚效用，使产业迈向复杂生产层次，从粗加工升级到高级制造，然后进入高级服务领域；另一方面又要突出城市群的社会属性，将主要的精力放在社会文化和环境等领域，放在教育、文化、医疗、养老、环保、新能源上面，由此形成经济和社会融合、人和自然和谐相处、文化多元交往的城市框架，努力提升大湾区的现代性和活力。

粤港澳大湾区要以削减城市边界、极度便利的通关安排为方向，以"城市，让生活更美好"的原则消除城市有形和无形的隔阂，逐步使大湾区城市群切实连成一片，实现人、财物的跨境流动自由、方便、快捷。按照无边界的要求，在法律监管、信息沟通、税收政策、市场自由度、金融环境实现对接，建设平层城市网路，改变排队吃饭等级制度。同时，粤港澳大湾区城市群边界消失过程中首先必须保证"一国两制"的完整落实，适度把握进程和节奏，这个过程比较漫长，并不是近期就要完成；同时在城市边界消失的过程中，湾区内的各城市单元必须定位清晰，合理分工，功能匹配，优势互补。避免出现中心服务厚度分散情况，更好提升城市设施功能共建共享程度。

粤港澳大湾区本身就是以城市群为骨架的，打造世界级城市群是既定目标。成为世界级城市群意味着未来粤港澳大湾区将不仅是众多国际机构的所在地，还是各类专业性组织和工业企业总部所在地；不仅拥有大型的国际海港、大型国际航空港，还集中拥有大型医院、大学、科研机构、国家图书馆和博物馆，是国家最主要的金融和财政中心、信息汇集和传播的中心，同时也是相当比例的富裕阶层人口聚集之地。与此相配套，粤港澳大湾区应致力于培育利益共享的高端产业价值链，加快向全球价值链高端迈进，打造具有国际竞争力的现代产业先导区，加快推动制造业转型升级，重点培育发展新一代信息技术、生物技术、高端装备、新材料、节能环保、新能源汽车等战略新兴产业集群。

粤港澳大湾区城市群应共建大湾区优质生活圈。大湾区可以通过改善社会民生为重点，打造国际化教育高地，完善就业创业服务体系，促进文化繁荣发展，共建健康湾区，推进社会协同治理，把粤港澳大湾区建成绿色、宜居、宜业、宜游的世界级城市群。具体而言，一是充分依托环珠江口的自然条件，打造一流的湾区生活基地，可以在香港、澳门、深圳、珠海、广州南沙区的珠江口沿岸和一些优质岛屿（如横琴岛、荷包岛等）预留一定的海岸线用于生活、休闲和生态建设。二是构造环珠江口便捷绿色的交通网络，构建以广州、深圳和香港为核心的城际"1小时交通圈"，充分利用"湾区"的自然河道和水体通道，建设以轨道交通和水运交通为主体，高速公路交通为辅的便捷绿色的交通网络。三是营造优质的生活服务区，整合相关开发商，对交通、绿化、房地产、商业、旅游业、休闲运动、文教科技等进行一体化开发，试行粤港澳三地社会福利、社会保障、医疗、教育设施和政策的对接。四是建设多元的文化交汇区。充分挖掘发挥多元文化特色，吸引国际高素质人才到此长期居住和创业。

二 粤港澳大湾区的相对均衡发展

从区域一体化发展的实际来考察，虽然区域经济发展要经历非均衡的阶段性过程是绝对的，然而从长远发展规律性来说，在市场经济运作机制的作用下，区域内部或区域之间通过制定和实施相关的区域协调发展政策和措施，逐步消除壁垒和缩小差距，最终实现区域经济的均衡发展又是相对的。就粤港澳大湾区而言，发展的非均衡性主要来源于湾区内自然与社会资源的禀赋不均。珠江口附近的广州与毗邻香港的深圳，因其交通区位和政策上的优势，使之能在更广的范围内利用和配置资源取得先行发展；但是随着粤港澳大湾区基础设施网络的进一步完善，自然资源和社会资源等的享有在全区域范围内变得均等化；同时由于中心城市已有的继续发展空间受限，在其辐射带动下其他城市获得新的发展动力，原有的比较优劣势及发展速度将发生逆转，由此推动区域经济由非均衡逐步趋向均衡发展，有利于粤港澳大湾区进一步提升竞争力。

根据发展经济学理论，国家功能汇聚越多，区域发展动能就会越充足。中央需设立统筹协调机制，通过全局规划粤港澳大湾区的长远发展，粤港澳大湾区的合作需要成立一个粤港澳大湾区发展合作委员会。大湾区发展合作委员会要取代三地政府的一些职能，创新区域合作的体制机制，让商品流、资金流、技术流、人才流和信息流等要素在大湾区有序地流动起来，实现资源的高效配置，推动贸易投资便利化，降低交易成本。例如构建全球性的高端人才、高端资源要素、高端市场的平台，建设基础设施的互联互通、资金的融通、贸易的畅通等。同时，还应成立城市群层面的规划委员会，明确各城市的功能及地位，推进城市间的分工合作。

粤港澳大湾区城市群规划必然会涉及利益共享、分配和补偿等问题，因此要形成区域合作共识，培育利益共享理念，建立区域合作的补偿机制、分配机制，解决区域利益分配协调问题。例如，深圳、广州、珠海这三个城市在粤港澳大湾区中将发挥核心作用，带动其他周边城市的发展，形成稳定的三角结构。以广州为核心带动佛山、肇庆的发展，以珠海为核心带动中山、江门的发展，以深圳为核心带动惠州、东莞的发展，再加上香港、澳门两个引擎，粤港澳大湾区一定能迅速腾飞，超过东京湾区和旧金山湾区，和纽约湾区相抗衡。

具体而言，推动粤港澳大湾区的相对均衡发展，既要密切强化湾区的内部区域合作，又要积极推进湾区的基础设施对接。

（一）推进粤港澳大湾区的内部区域合作

进一步发挥广东自由贸易试验区毗邻港澳的优势，在制度创新、贸易往来、金融创新等领域加强与港澳的紧密合作。深化金融服务合作，积极探索促进深港资本市场、保险市场、信贷市场等金融市场接轨；在前海深港现代服务业合作区发展的基础上进一步推动人民币跨境创新业务；大力发展研发设计、第三方物流、融资租赁、检验检测认证、服务外包等生产性服务业，为粤港澳与国际开展全方位高端合作提供支持和保障；加强粤港澳版权产业和版权管理执法合作。推动粤东西北地区建设一批粤港澳深化合作区，实现双方共同规划、合作开发、共同管理、共享利益。

（二）推进粤港澳大湾区的基础设施对接

加快推进港珠澳大桥、广深港高速铁路、深港西部快速轨道线、深港机场联络线、莲塘/香园围口岸等跨境大型基础设施和口岸建设；深化基础设施建设、运营和管理合作，发挥机场群、港口群整体效应；完善广州、深圳、珠海、香港和澳门五大机场联席会议机制，支持香港机场巩固国际航空中心地位，将广州白云国际机场建成我国门户复合型航空枢纽，共同构筑优势互补、共同发展的民用机场体系；加强珠三角与香港航运中心在航运、物流组织服务上的对接，提升粤港澳区域港口、航运、物流合作层次。完善公共交通接驳，推动交通、物流供应等跨境"一卡通"；深化口岸管理体制改革，探索海关、检验检疫、边检等口岸查验方式创新，实施单一窗口或"一站式"通关模式。

第五章　粤港澳大湾区的产业选择与结构优化

第一节　粤港澳大湾区的产业构成与制约瓶颈

建设粤港澳大湾区助推港澳经济转型发展，确保港澳地区的繁荣稳定成为粤港澳大湾区发展的使命之一。在经济全球化和区域一体化下，港澳经济自21世纪以来转型发展面临着一些问题，通过开展粤港澳大湾区城市群发展规划，有利于港澳更好地拓展自身经济功能和营商规则优势，更好地融入内地改革开放进程中，从而解决内部经济发展问题，顺利进行经济转型。

一　粤港澳大湾区当前的产业构成

（一）城市群无序蔓延中的有序聚合发展

1. 空间形态上呈现连绵均质的城乡分布

当前珠三角遍布工业，城乡不分的连绵景观令人印象深刻，然而这一景观的形成，不过30年的时间。珠三角是在珠江水系三大干流汇流入海的过程中不断冲刷、沉积、分汊和汇合而成，由于复杂边界对河流与海洋动力的重塑和改造，三角洲的沉积发育在不同区域表现出不同特征，西岸地区以江河水网及丘陵为主，而东岸地区则以山地、台地为主。在农业时代，西部水网更加适合农业耕种和运输，孕育了最初的农业文明、商业文明以及早期城镇；东部台地则相对发展滞后，但在改革开放后的工业化时期，东部地区更加广阔平坦的土地优势体现出来，超越西岸而形成了大规模的城镇聚集区。

回顾历史，在区域城镇化的过程中，珠三角自20世纪80年代末起，曾先后编制了4次区域规划，分别是1989年的《珠三角城镇体系规划（1991—2010年)》、1994年的《珠三角经济区城镇群规划》、2004年的《珠三角城镇群协调发展规划（2004—2020年)》以及2008年的《珠江三角洲地区改革发展规划纲要（2008—2020年)》。4次规划体现了政府在宏观层面对珠三角在不同发展阶段所面临问题的政策应对。在政府的协调和市场力的共同作用下，珠三角城市群已出现分工协作的趋势。

自20世纪下半叶以来，通信信息技术的迅猛发展，缩小了地区间沟通的障碍；跨国公司推动下的全球资本扩张和流动加速达到前所未有的程度。在经济全球化以及港澳台投资的持续推动下，尤其是来自香港的产业转移，使得珠三角东西两岸城镇不断扩张、连绵、融合，逐渐形成了新的产业布局和城市化空间——巨型城市区域。2012年，珠三角全域的建设用地总规模约为9227.83平方千米，其中城乡居民点建设用地规模约为7408.79平方千米（包括城市建设用地2326.63平方千米、镇建设用地1971.34平方千米、村建设用地3110.82平方千米），占建设用地总量的80.29%，[1]各市边界、城乡边界逐渐趋于模糊，形成了广佛同城化、三大都市区一体化发展的城镇群格局。

世界银行报告认为，珠三角城市连绵区已是东亚最大的城市化区域（World Bank，2015）。在比较美国和日本大都市带后，Ginsburg认为居住地扩散是美国大都市带形成的原因，主导产业扩散是日本大都市带发展的动力。而在珠三角，以香港为中介的外源型产业的聚集，成为了珠三角大都市辐射区形成的重要因素——各市为了吸引外源产业，竞相在市内靠近港澳却远离市区的区位设立产业园区，而这些园区的快速发展，直接导致了产业和城市在区域的蔓延。

2. 产业集群上呈现日趋明显的区块聚合

在日趋连绵均质的城乡空间景观背后，如果从产业的角度进行观察，

---

[1] 广东省城乡规划设计研究院：《珠江三角洲全域空间规划（2016—2020)》，2017年12月20日（http://www.gdupi.com/Project/detail/goods_id/347.html）。

看到的却是另外一种截然相反的高度集聚的空间景观。珠三角产业的发展得益于20世纪70—80年代的国际产业转移，具有很强的外向性特征。工业化早期的珠三角，基层政府主动积极，市场力量蓬勃兴旺，大量港资制造业企业向内地转移，珠三角成为香港出口加工活动的最主要的转移地区（见图5-1），乡镇企业和外商投资迅速推动了乡镇地区工业化的进程（许学强，1986），呈现出"村村点火户户冒烟"的工业蔓延现象。在全球化动力的推动下，产业在全域范围内全面开花，城市之间的竞争也日趋激烈，这种以疆域为发展边界的所谓"诸侯经济"及其所带来的城市间产业同质化竞争，一度遭到诸多学者的质疑。

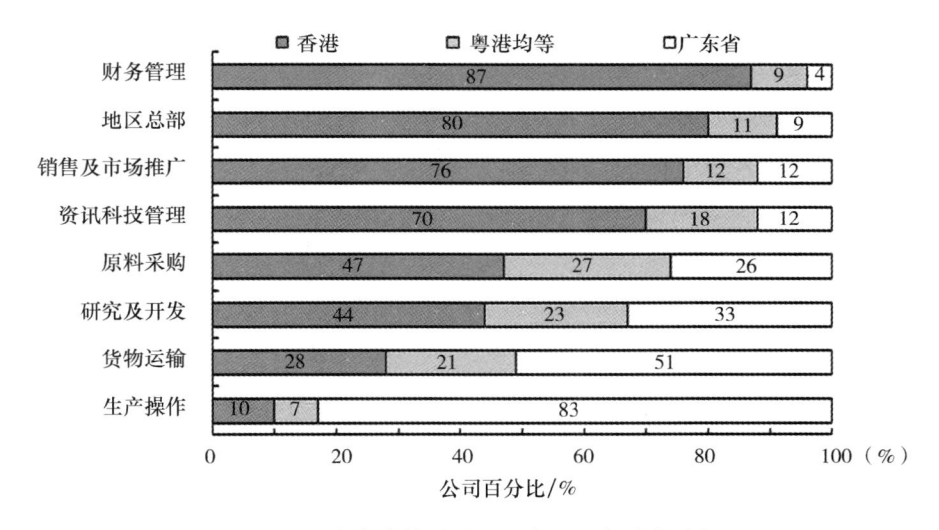

业务	香港	粤港均等	广东省
财务管理	87	9	4
地区总部	80	11	9
销售及市场推广	76	12	12
资讯科技管理	70	18	12
原料采购	47	27	26
研究及开发	44	23	33
货物运输	28	21	51
生产操作	10	7	83

图5-1　广东省的香港公司各项业务地点选择

资料来源：香港经济研究中心，2003。

然而，细看珠三角产业网络之中的细分门类和演进历程，可以发现珠三角产业集群的极化程度其实在不断地提高，不同行业在不同地区间的分化不断地加深。以广州整车为中心的环珠三角汽车产业链，以广州、中山、珠海、江门为中心的珠江口船舶产业基地，以惠州为中心的石油炼化产业基地都已粗具规模；珠三角9个国家级高新区已形成了电子信息、生物制药、新材料等战略性新兴主导产业突出的集聚发展新局面；此外还形成了顺德家电、中山灯饰、佛山陶瓷、东莞电子信息和纺织服装等享誉国际的专业镇产业集群（李立勋，1997）。

以包含 183 万家企业的广东工商注册数据库为基础，运用 GIS 信息平台的"核密度分析工具"，可以直观地观察到珠三角内部不同行业企业的分布差异（见图 5-2）。总体上，珠三角制造业依托主要的开发区、高新区、工业园、专业镇，在内圈层逐步形成了板块式的簇群发展，并呈现分别以广佛和深莞为中心向外辐射的两个集聚扇面。服务业则主要集中在广、深两个中心城市，佛山、东莞服务业也已具有一定规模，形成了一条"佛山—广州—东莞—深圳"的珠三角现代服务业聚合带；而珠海、中山、江门、惠州、肇庆服务业发展相对滞后。

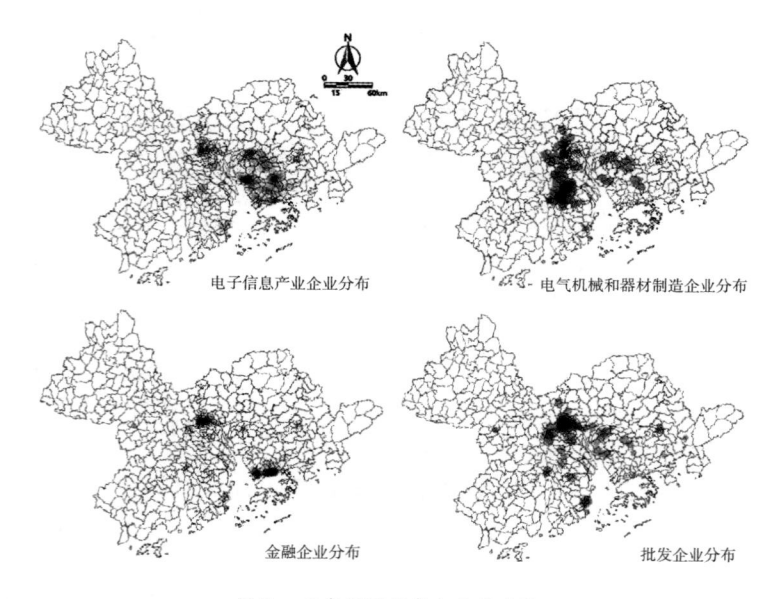

电子信息产业企业分布　　　电气机械和器材制造企业分布

金融企业分布　　　批发企业分布

图注：颜色越深代表企业越密集。

图 5-2 珠三角部分行业企业数量分布示意图

资料来源：《珠江三角洲全域空间规划（2016—2020）》，2017 年 12 月 20 日（http://www.gdupi.com/Project/detail/goods_id/347.html）。

（二）粤港澳大湾区的主要产业及其构成

世界三大湾区都是由主要城市拉动整体湾区经济，粤港澳大湾区发展特征类似。如旧金山湾区的旧金山、圣何塞和奥克兰、纽约湾区的曼哈顿、东京湾区的东京、横滨和千叶，主要城市拉动新兴产业和龙头公司聚集湾区，三大湾区的世界500强企业数量分别达60家、28家和22家，具体来看：

纽约湾区：对外贸易周转额占全美的1/5，制造业产值占全美的1/3，位列国际湾区之首。华尔街是世界金融中心，银行、证券、期货等金融机构总部均设于此，全美最大的500家公司，1/3以上的总部设在纽约湾区。

旧金山湾区：以科技发达著称，硅谷聚集了大量新兴科技公司，谷歌、苹果、脸书等互联网巨头和特斯拉等企业全球总部均设立在旧金山湾区。

东京湾区：日本东京湾区聚集了日本1/3人口、2/3经济总量、3/4工业产值，其湾区经济发展主要得益于庞大的港口群带动，包括横滨港、东京港、千叶港、川崎港、木更津港、横须贺港六个港口，港口年吞吐量超过5亿吨。目前，日本年销售额在100亿元以上的大企业半数都聚集于湾区，如三菱、丰田、索尼等。

而从城市集群及产业分布来看，粤港澳湾区发展趋势与三大国际湾区相似。三大湾区产业分布均以第三产业为主，服务业占比均达80%以上，各湾区服务业种类有所不同，科技创新实力和金融产业基础也不尽相同。粤港澳大湾区依托珠三角城市的新兴科技创新能力和深厚的制造业基础，叠加以香港为龙头的金融核心圈，产业体系主要由科技和金融双轮驱动。

粤港澳区域一体化和产业分工趋势明显，推动粤港澳协同发展，以国际一流湾区为标杆，以国际通行的湾区经济发展理念为指导，进一步优化功能布局、加快区域融合发展，促进港澳与周边地区更紧密合作，从而更好地融入国家经济发展体系。有利于巩固和提升香港国际航运、金融、贸易中心地位，推动澳门产业适度多元可持续发展，为港澳未来发展赢得广阔空间，推动港澳经济转型，确保港澳长期繁荣稳定。

在各城市布局方面，粤港澳大湾区涉及珠三角9座城市和港澳2个特区，又可以划分为深莞惠经济圈，包含深圳、东莞、惠州，对接香港；广佛肇经济圈，包含广州、佛山、肇庆，以广州为核心；珠中江经济圈，包含珠海、中山、江门，连通澳门。粤港澳11个地区产业体系完备，分工各具特色，初步形成具有国际竞争力的城市群。具体来看，各经济圈产业分布体现为不同特征：

深莞惠经济圈：在三个经济圈中，深莞惠经济圈产业同构现象最为严重，基本均以电子信息制造业为主。其中，深圳形成了以电子信息产业为主导、生物医药以及新能源和新材料产业为辅的高新技术产业集群，产业水平较高，自主创新能力强；东莞是全球最大的制造业基地之一，制造业总产值占规模以上工业总产值的90%以上，形成以电子信息、电气机械、纺织服装等八大产业为支柱的现代化工业体系；惠州的四大支柱产业分别为电子信息产业、石化产业、汽车产业及现代服务业。

广佛肇经济圈：广州近年来以汽车制造业、重大装备制造业的高端产业上升较快，食品加工、纺织服装、造船等传统优势产业稳健发展；佛山则以电气机械制造业和陶瓷业等传统优势产业继续发展；肇庆与广州、佛山产业结构不同，农业比重相对较高、工业比重低，因此制造业结构与周边城市差异较明显。

珠中江经济圈：珠海、中山、江门三市支柱产业均以装备制造业为主，地区产业差异化程度不明显。珠海拥有电子信息、石油化工、精密机械制造等主导产业，经济发展质量较高；中山经历了产业集群的升级发展，形成电子电器、五金家电等具有较强竞争力的特色产业集群；江门在交通及海洋装备、石油化工、电子信息、包装印刷及纸制品、现代农业等方面基础较好，具有较大的发展空间和后发优势。

香港、澳门：作为粤港澳大湾区的两个行政特区，香港是全球金融中心，贸易及物流业、金融服务业、专业及工商支援服务业、旅游业并列为香港四大支柱产业；澳门是全球最大的博彩业中心，博彩旅游、出口加工、建筑地产和金融服务是其四大支柱产业。

香港：贸易及物流业、金融服务业、专业及工商业支援服务业与旅游业；澳门：博彩旅游、出口加工、建筑地产、金融服务；深圳市：电子信息、生物医药、新能源、新材料；广州市：石化产业、汽车制造业、电子产品制造业；珠海市：电子信息、石油化工、家电电气、精密机械制造、生物医药、电力能源；佛山市：机械设备、家电、陶瓷、金属加工、家具；惠州市：电子信息产业、石化产业、汽车产业及现代服务业；东莞市：电子信息、电气机械、纺织服装、家具、玩具、造纸及纸制造业、食品饮料、化工；江门市：交通及海洋装备、石油化工、电子信息、包装印刷及纸制品、食品饮料、现代农业；中山市：电子电器、五金家电、灯饰光源、装备制造、健康医药、纺织服装；肇庆市：金属加工、电子信息、汽车零配件、食品饮料、生物制药、林产化工、农业等。（见图5-3）

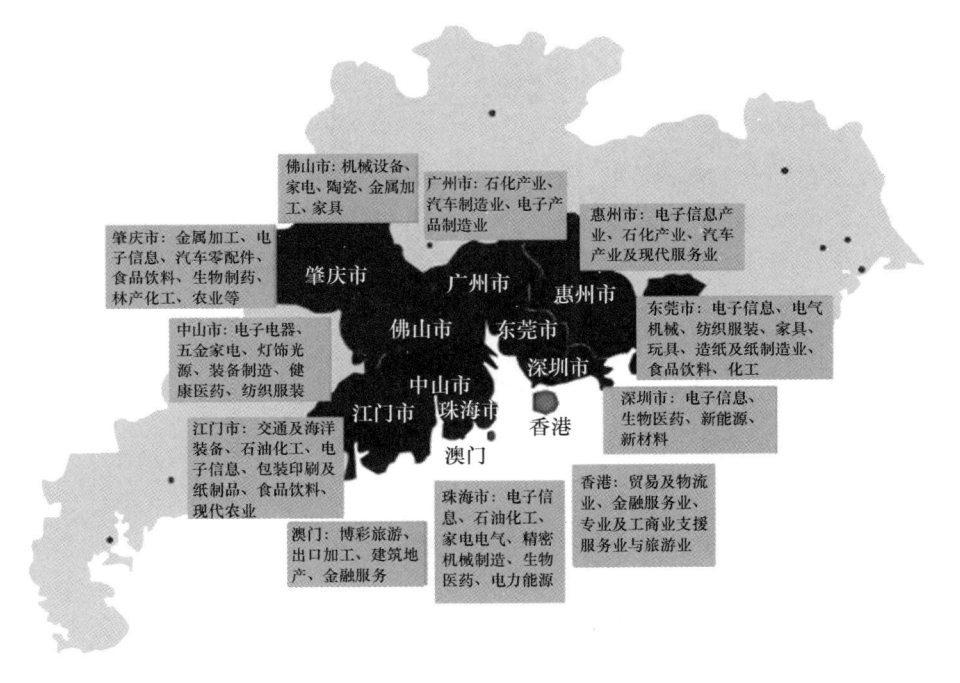

图5-3 粤港澳大湾区的产业布局

资料来源：各地方政府官网，广发证券发展研究中心汇总。

（三）核心城市的门户城市与经济中心

广州和深圳是珠三角的核心城市，香港则是具有全球影响的国际都市。这三座处于大珠三角第一梯队的顶尖城市，在区域中所担任的角色分工却有很大差异。

根据英国"全球化与世界城市研究小组"（GaWC）2010年全球生产性服务业企业的统计数据，对约100个世界城市、约300家全球生产性服务业企业（共在全球设立超过10000家分支机构）在广州、深圳、香港设立分支机构情况进行分析，观察这3座城市与全球100个世界城市的联系强度，可以发现：广州与北京、上海和香港等国内的中心城市联系最为紧密，同时与纽约、伦敦、巴黎、东京、新加坡等全球城市也有着高频联系；深圳在对外联系密切程度上与广州有差距；但与香港相比，广州、深圳与世界城市的联系程度还远远落后，香港仍然在珠三角对外联系网络中扮演重要角色（见图5-4）。

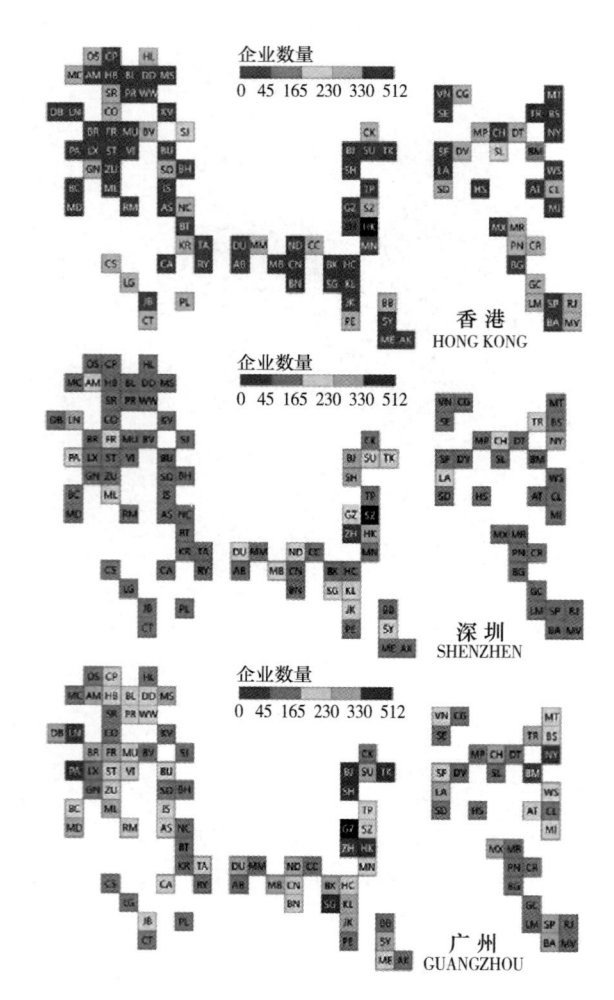

图5-4 香港、广州、深圳与100个世界城市的联系强度

资料来源：《珠江三角洲全域空间规划（2016—2020）》，2017年12月20日（http://www.gdupi.com/Project/detail/goods_id/347.html）。

第五章 粤港澳大湾区的产业选择与结构优化   149

如果观察广州和深圳两个核心城市在珠三角所扮演的角色，两者在企业分布和跨市公司组织方面也存在很大差异。首先，从行业类型来看，广州第二产业前三门类是交通设备、化工和通信电子，同时作为国家中心城市，服务业功能呈现较强的复合性，各类服务业企业集聚均较明显，特别是在"广交会"的带动下，批发零售服务企业在广州及周边地区大量集聚。深圳作为新兴的国家经济中心城市，第二产业前三分别是通信电子、电气设备和石油及天然气开采，而在"深交所"和电子信息产业发展的带动下，金融、信息服务业集聚明显。

其次，从企业对外联系来看，通过对广州、深圳跨市公司的出度和入度[①]数据进行分析可发现：广州入度较高，表明广州是跨市公司作为珠三角分支机构的首选地（见图5-5）。广州作为省会城市的行政资源使其拥

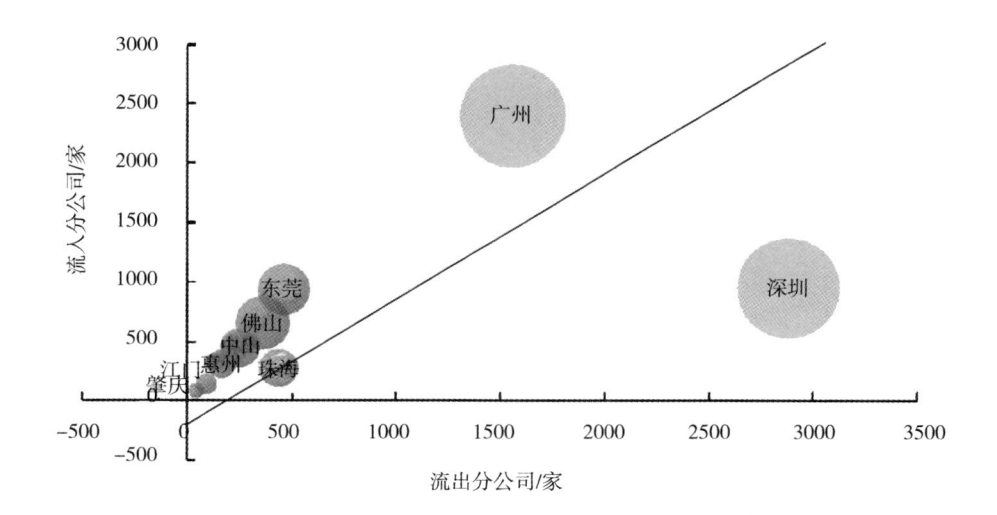

图注：圆圈大小代表企业数量多少

图 5-5 珠三角各市跨市企业分公司设置与企业总数关系

资料来源：《珠江三角洲全域空间规划（2016—2020）》，2017年12月20日（http://www.gdupi.com/Project/detail/goods_id/347.html）。

---

① Friedman 和 Sassen 等将世界城市或者全球城市的总部控制功能的空间特征概括为出度和入度两方面，将总部数量定义为所在城市的出度，分支机构数量定义为所在城市的入度。

有大量央企、国企的分支机构，同时大型跨国公司和跨地区公司也倾向于选择在广州设立地区分支机构；而深圳拥有最高的公司出度，表明深圳拥有大量的公司总部，借助经济特区优势，深圳吸引了大量民营企业在本地注册，形成了庞大的民营企业基础。

此外，从城市出行情况（见图5-6）来看，根据对2016年12月某日中国移动手机信令的数据进行分析，对于每一对城市，除肇庆外广州的数据是外地的到达量大于本地的出行量；而深圳则呈现相反的特征：对于每

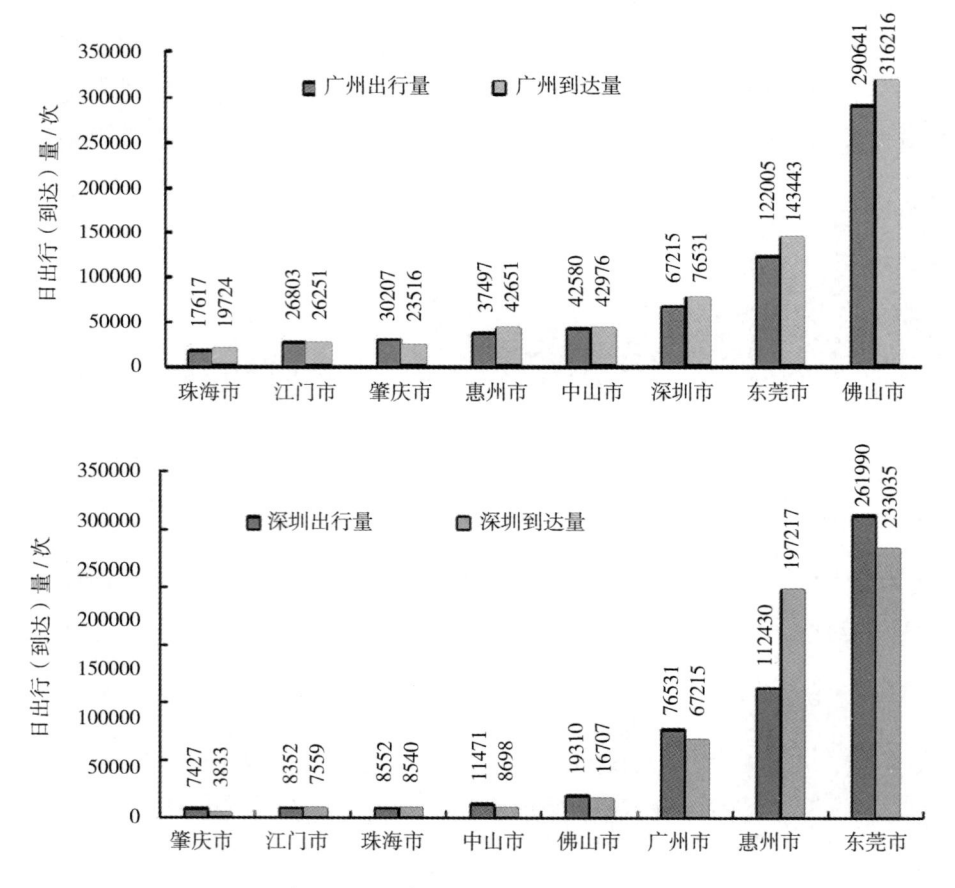

图5-6 广州、深圳与珠三角其他城市间交通出行强度

资料来源：《珠江三角洲全域空间规划（2016—2020）》，2017年12月20日（http://www.gdupi.com/Project/detail/goods_id/347.html）。

一对城市，除惠州外深圳的数据是出行量大于到达量。如果说产业结构的数据反映了广州和深圳两个城市的产业差异的话，企业分部和手机信号的数据，则充分显示了近距离的两个超级都市出现了竞合关系的新格局：广州呈现出门户城市的特点，而深圳则显现出经济中心的特征。

以上的数据显示：珠三角已告别当年"诸侯经济"的时代，城市群在产业和城市功能方面都已产生分工。

二 粤港澳大湾区产业发展的瓶颈

粤港澳大湾区发力或重视的行业，包括新兴产业、先进制造业，当然，传统产业优化升级发展的前景仍然非常好。根据研究结果，在若干个重点领域，比如新一代信息技术、新能源汽车、生物医药技术等，珠三角占有独特的优势。但是珠三角城市的经济增长既是源于香港、广州、深圳的产业疏散，也是政府有意识培养内生增长动力的结果。多中心各自发展给粤港澳大湾区城市群带来了更多的挑战。

（一）产业发展不平衡带来的制约

粤港澳大湾区产业发展瓶颈首先就是产业发展不平衡，湾区里面各个城市的产业发展程度不一样，珠江两岸城市的产业发展差异也很大，主导产业不突出。对照世界上几个著名的湾区，湾区经济都有主导产业也有特色，纽约湾区是金融湾区，旧金山湾区是科创湾区，东京湾区是产业湾区，但是反观粤港澳大湾区现在制造业、高科技产业、金融业等都有，可又都不是太突出。粤港澳大湾区下一步发展是如何做到制造业和服务业联动起来，与高科技产业和传统产业平衡和良性互动。

无论是国外三个成熟的湾区，还是在国内另外两个湾区，大体上可以理解为在一种总的制度、总的文化、总的利益均享下推进的湾区建设。利用自贸区、湾区建设国际化的标准、国际化视野、国际化惯例来倒逼国内的改革和开放很有必要。国家对自贸区和粤港澳大湾区建设的发展，还有一个希望借助这样的发展能够更好地融入国际经济的想法。中国将会成为世界主要经济的引领者，在这个过程中，一方面我们在适应传统国际贸易的新规则，另外一个方面通过自贸区和粤港澳大湾区的建设能够创新国际政治经济交往的新规则，并成为这个规则的制定者和引领者。

近年来香港和澳门的经济发展乏力，主要有四点问题：第一，传统香港澳门社会趋于保守，部分企业缺乏参与区域合作的进取心，与广东珠三角地区的快速发展和创新驱动形成鲜明对比。第二，香港澳门经济规模微小，资源禀赋和比较优势相对单一，在区域合作中处于较不利位置。第三，澳门大多数企业规模微小，处于相对弱势状态。第四，在博彩业一业独大背景下，澳门非博产业基础相对薄弱，澳门城市建设和城市基础设施发展相对滞后。

没有能够统筹全局的发展规划，港澳也已不具备带动广东的全面发展的强大实力，因而粤港澳合作选择的是一条"优势互补、错位发展"的道路。按照珠三角《规划纲要》制定的发展方向，是要优先侧重在某些成熟的合作领域开展先行先试。广东则是以推进具有地理区位优势的深圳和珠海与港澳的协调发展为突破口，通过率先开展港深、珠澳的紧密合作进而将港澳资源辐射整个珠三角地区，以此来拓展现有的经济发展格局和优化港澳资源配置。广东着力加速深港、珠澳在经济、社会、文化等多领域的共同发展，使深圳、珠海这两个港澳的近邻城市成为深化粤港澳更紧密合作的先行地和试验区。

（二）产业重复性发展带来的制约

金融危机引发我们不断调整产业结构，尤其深圳做了非常大的贡献，已经是新的增长动力来源。从产业链分工变成了平台分工，在于平台的每一个组成部分都可以是这个产业过程的发起方。粤港澳大湾区不只是有分工角力，更将有融合。

深圳的前海和福田，广州的南沙和天河，珠海的横琴，都将一道成为金融高地，但却是差异化发展。前海和福田侧重金融业务实体，包括证券业、投行、股份制银行、人民币国际化后台、保险业等，以及一个深圳证券交易所平台。南沙和天河侧重于金融平台，包括国新央企基金运营管理中心、银河金控南方总部、中证报价南方运营中心，以及一个永久落户明珠湾的国际金融论坛。

深圳的通信和互联网设备电子业、生物科学和互联网等，广州的国际商贸业、汽车制造业、移动互联网业、地产业、电子显示业，香港的国际金融业、咨询业等现代服务业，都将成为粤港澳湾区名片，而高铁互通、地铁联通，是各地牵手的方式。

香港定位为国际金融中心、国际中转港和物流中心、现代服务业中心，形成湾区对接世界的窗口和金融、港口物流的国际化功能，强化香港在金融和国际物流方面作为湾区龙头的功能，强化香港对珠三角的带动作用。

广州预期将作为枢纽型网络城市和综合性产业基地而存在，预期定位为商贸中心、南中国腹地港口物流中心、国际综合交通枢纽，以及互联网业、地产业、显示产业、化工产业和华南汽车制造业等综合性产业基地。侧重于枢纽型网络功能和综合性产业基地（包括与深圳差异化的新兴产业）。

深圳预期将作为湾区硅谷的重要职能而存在，预期为科技产业中心（通信设备等电子信息、互联网、生物基因科学等）和对接香港的区域金融中心（股份制银行中心、南中国证券业中心和对口香港的人民币国际化后台的区域金融中心），以及华南东部、江西南部货物进出口港口。有所侧重新兴产业、市场经济的金融和研发中心，呈现高精尖态势，制造环节迁移东莞惠州。

而大湾区东岸的东莞惠州，承接深圳的电子信息等产业，大湾区西岸的中山江门珠海，打造装备制造业高地，佛山先行与广州同城化融合成为世界级都市。

粤港澳湾区是一个世界级特大城市雏形的构想，统一规划，避免重复建设，无序竞争，广深在港口、金融和新兴产业方面角逐和分工。粤港澳大湾区概念应强化城市的融合，比如提出社保互认，对城市定位不应过细，在确保避免无序竞争情况下，不应用行政定位限制在特定城市的一些产业和功能，在提出城市大致定位前提下，让一些产业在市场条件下竞争，例如，广州引入了中证报价南方运营中心，深港打造粤港澳大湾区金融中心，并不意味着广州不能差异化发展金融，而应在确定香港是国际金融中心前提下，允许广州金融在市场条件下与深圳实现差异化发展，侧重打造金融平台，不能说广州不能搞金融，湾区就相当于一个特大城市，由市场这只手指挥哪些产业要去哪儿发展。

广深港作为湾区城市群的中心城市，存在着同质化竞争的问题。在提供专业化服务方面，特别是建设金融中心方面尤为显著。20世纪80年代初期香港已经成长为世界金融中心，立足中国、东南亚，辐射欧美。于1986年被列为首批五个金融改革试点城市之一后，广州提出要建设区域性金融中心，致力于成为区域性金融管理中心、营运决策中心、资金调度中心，服务范围辐射华南。CEPA签署后，广州成为香港国际金融中心辐射的承接点和中继带点，成为国际化的金融中心，在2017年发布的"全球金融中心指数"（GFCI）中，广州名列全球金融中心第37位。深圳也较早地提出建设区域金融中心的主张，1990年成立于深圳的深交所，与上交所一起成为中国最主要的证券交易机构。1992年深圳市政府提出把深圳建成联系国内外两个市场的区域性金融中心。

深圳已经成为国内仅次于北京、上海的金融中心，在CFCI中位居第22位，远高于广州。在湾区城市群的三个中心城市，均致力于建设金融中心，对金融资源存在竞争关系。同质化的恶性竞争可能伤害到区域整体经济竞争力，浪费经济资源。另一个代表性的行业是港口业。很长一段时期香港作为主要的转运港口而存在，是湾区城市群和南中国航运业的中心。随着小珠三角城市经济发展，深圳港、广州港、虎门港、惠州港、珠海港、中山港逐步建立，参与到航运业务的竞争中来。港口作业产能的相对过剩和同质化竞争，严重地浪费了区域经济资源。

（三）产业定位低度化带来的制约

改革开放以来，珠三角依托香港国际金融中心、商贸中心和航运中心的特殊功能，积极参与全球生产分工，迅速成长为具有世界影响力的制造业基地。在快速发展过程中，珠三角城市群在全面开花的工业化驱动下，空间规模迅速扩张蔓延，秩序让位于效率，无论在产业布局还是城乡面貌上都呈现出粗放发展、无序混乱的局面。随着产业网络的逐渐成型，专业化的产业集群出现，城市群在无序中逐渐呈现有序态势。然而在这个转变过程中，珠三角与港澳的分工却出现新的问题。

现代平台分工越来越专业化，怎么建立更加专业的生产性服务业网络来服务专业的平台分工，以及越来越多的文化创意容易失败，需要非常健全的社会体制来促进更加灵活的就业。

粤港澳大湾区经济之间的比较，不在于大，而在于强；不在于规模，而在于质量；不在于单体城市，而在于城市群和产业圈的集聚和扩散能力。《财富》杂志最新发布的 2017 年世界 500 强企业榜单中，纽约、旧金山、东京三大湾区分别达到 22 家、28 家和 60 家，粤港澳大湾区的上榜企业数为 17 家，仍存在差距。教育资源方面，据《泰晤士高等教育》最新公布的 2016—2017 年世界大学排名显示，排名前 100 的高校中有 3 所分布在旧金山湾区，5 所位于纽约湾区，排名均在前 50 位，日本湾区仅东京大学 1 所入围。其中，粤港澳大湾区共有 3 所大学上榜，均位于香港。湾区建设离不开"知识影响力"。

澳门科技大学副校长庞川认为，粤港澳大湾区长远发展需要做好人才培养，而发展高等教育则是培养人才的重要因素。北京大学汇丰商学院院长海闻提出："粤港澳大湾区需要办更多大学，尤其是研究性大学，建议粤港澳三地加强院校合作和校企合作，推动教育改革。从产业结构来看，粤港澳大湾区第三产业比重不到 60%，目前仍处于工业经济阶段。而纽约、东京、旧金山三大湾区的这一占比分别达到 89%、83% 和 82%。三大湾区已经以服务业或信息产业为主导，完成了由工业经济向服务经济和创新经济的过渡。"

粤港澳大湾区该如何完成这一过渡？前世界银行咨询顾问尹伊文表示在加速产业转型、由中等收入迈入高等收入行列的过程中，粤港澳大湾区要充分发挥自己的特殊优势，一个是有效市场，一个是有为政府。

与此同时，面对新的发展要求，粤港澳普遍感到，过去三地的经贸合作虽然取得巨大成效，但主要集中在劳动密集型、低附加值的轻型加工装配业上，企业自主创新能力不强，发展方式粗放，迫切需要提高合作层次；与港澳相比，广东在政府效能、城市管理、公共服务等方面还存在较大的差距，迫切需要提高合作水平；特别是在争取相互开放领域，由于广东与港澳的体制差异和双方利益诉求各异，资格互认进展缓慢；由于涉及内地查验部门之间以及内地与港澳查验部门之间的信息共享，通关便利化也存在难以逾越的障碍。同时，广东各地在学习借鉴香港经济发展经验方面，点少面窄；产业转型升级方面，港澳资企业对内地市场及政府运作情况不熟悉，心存疑虑，信心不足。另外，从统筹内地与港澳区域经济合作的大局看，如何进一步把广东与港澳合作的优势和效应传导给周边地区和祖国内地，处理好广东率先开放发展与全国开放发展的关系，也需进一步加以推进。

（四）珠三角与港澳的协同发展遭遇瓶颈

珠三角能够在30年的时间里由农业经济转变为世界工厂，与港澳的作用密切相关。以港澳的产业转移为先导，在市场推动和政府协助下，港澳与珠三角在20世纪90年代形成了"前店后厂"协作互利的关系，带给了双边极大的利益。借助港澳的协作关系，珠三角得以快速实现工业化，而香港则在全球城市的排名中达到史无前例的第三，成为被称为世界经济的"纽伦港"三个中心之一。

但是，进入21世纪以来，与珠三角区内城市的产业和功能分工日渐明晰的情况相反，珠三角与港澳的经贸关系则由原来清晰的垂直分工格局（"前店后厂"）走向不明朗。根据相关研究，2000—2014年，港澳台与广东省城市间的分工协作关系日益恶化，地缘经济关系从过去的互补性转变为竞争性，粤港澳台地区整体的竞争出现同质化倾向，严重阻碍了粤港澳台地区的深度合作和区域经济一体化发展，港澳台资也逐渐失去海外接单、内地生产的搭配优势。在珠三角的经济依然保持强劲增长的时期，而香港的人均GDP却在2003年被新加坡超过，2010年，新加坡经济总量也首次超过香港。2016年，新加坡在GaWC全球城市的排名中超越香港成为了全球第三。

实际上，内地与港澳之间依然存在很强的相互需求和互补性，也有很大的合作空间。港澳拥有链接全球的高水平现代管理和服务资源优势，但由于自身土地、劳动力等资源不足，科研创新成果缺乏与之配套的产业转化平台，迫切需要拓展经济发展的新空间。破解障碍建立三地新的分工关系，是摆在粤港澳面前的挑战。

（五）环境与空间约束下增长的新挑战

粤港澳大湾区城市群经济发展形成的以"两头在外""大进大出"的出口导向发展模式正受到严重挑战。同时，粤港澳大湾区城市群除去农业保护、水源保护等不可建设用地，可建设用地总量相当有限，加上人口的迅猛增长和城市土地的不断开发利用，发展空间越来越局促。在土地成本、人力成本、交易成本、资源耗费成本等不断上升形势下，投资"报酬递减"和产业比较优势势必下降。和粤港澳大湾区城市群产业发展相匹配的矿产资源与能源相对匮乏，需要从外部大量输入，而粤港澳大湾区城市群空港、铁路站线、港口资源的统一规划与整合还没有付诸实践，这与粤港澳大湾区城市群产业发展与空间发展不相适应，经济空间成长挑战巨大。另外，由于受地价、劳动成本以及税收政策等因素的影响，粤港澳大湾区城市群正通过大力发展生产服务业和先进制造业来推动产业结构高级化和提高区域竞争力，然而高素质的人力资源成为区域经济持续发展中最重要的生产要素。实际上粤港澳大湾区城市群自身的专业技术人才供应不足，需向外大量引进人才。为了吸引这些人力资本，粤港澳大湾区城市群的创新创业环境如融资渠道、知识产权保护、企业登记注册、学习和生活环境等与高品质发展需求还不匹配。

（六）经济外向拓展的强大空间需求

从现实来看，粤港澳大湾区城市群本身的空间过度竞争会制约内部产业的成长。对于粤港澳大湾区城市群具有比较优势的制造业，在粤港澳大湾区城市群内形成的服装纺织业和消费类电子工业，不仅有劳动力成本的优势，而且有生产技术和产品质量的多重优势。

基于原有的品牌，进一步加大产业的组织程度，通过跨境地区和国家的外部空间拓展，使之尽快成长为具有国际竞争优势的全球性产业，推动与之相关联的产业的发展空间更进一步拓展。对于具有巨大国内市场和竞争优势的制造业如电器机械及器材、电子及通信设备、仪器仪表及文化办公机械制造业可努力与周边地区企业采取总部与基地建设的方式，利用国内市场与资源扩大占有率。

对于具有巨大国际市场和竞争优势的制造业如汽车、重大装备、石油化工、钢铁和半导体、计算机及通信等产业，它们拥有极高成长性和较大市场空间，共同建设更多国际合作平台，将国外先进技术和资本吸引过来，也需要同国外先进技术和自主创新结合起来，实现粤港澳大湾区城市群产业的跨国发展。随着我国"一带一路"建设推进，粤港澳大湾区城市群参与全球分工的程度将不断加深，也有机会有能力在更广的地域范围内整合资源，发挥扩张力而成为全球分工与竞争的重要节点。

第二节　粤港澳大湾区的结构转型与产业选择

一　粤港澳大湾区的结构转型

经过改革开放40年的发展，粤港澳大湾区内的城市经济发展迅猛，但是现阶段普遍增长乏力，面临着转型的迫切需求。

19世纪中后期，香港、澳门在一系列不平等条约下开埠。粤港澳之间正式的合作始于政府主导的基础设施共建项目。19世纪末，港英政府与满清政府达成协议，共同兴建一条连接九龙与广州的九广铁路（Kowloon-Canton Railway）。铁路于1909年动工，对珠三角的交通格局产生了关键性的影响。此后三地间多次开展大规模的基础设施共建合作，如1963年粤港共建东深供水工程，以及2009年开工并即将正式通车的港珠澳大桥。

进入20世纪80年代，粤港澳合作由政府主导向社会扩散，粤港两地形成了一种双赢的合作模式：港商北上带来资金、技术和国外市场，珠三角提供土地和劳动力，双方优势的结合推动珠三角的工业化，在90年代进一步演进为以港澳为购销管理中心的产业跨地域分工格局，即广东与港澳的"前店后厂"格局。这种产业链分工格局下推动香港在全球供应链管理上的地位不断提升，在21世纪初登上GaWC（Globalization and World Cities Study Group and Network）全球城市的第三极，成为排名仅次于伦敦、纽约的全球城市。

自20世纪90年代中期以来，港澳居民对内地工业化带来的区域环境污染问题越来越关注，粤港澳合作开始向政府间的环境联合治理领域拓展，先后成立了粤港环境保护联络小组（后更名为粤港持续发展与环保合作小组）、粤澳环保合作专责小组。2002年粤港两地政府发布《改善珠江三角洲地区空气质素的联合声明（2002—2010）》，提出粤港两地共同实施珠三角空气质素管理计划。2008年，香港政府提出"绿色大珠三角地区优质生活圈"设想，得到了粤澳积极响应。2010年粤港澳三方有关部门共同组织编制《共建优质生活圈专项规划》，旨在透过建构三方长远合作蓝图将大珠三角地区发展成具有示范意义的绿色宜居城市群。

进入21世纪，"前店后厂"下的粤港垂直分工模式随着珠三角的成本上升而走向式微，粤港澳开始探索新的经贸合作方式。2003年中央政府先后与香港、澳门正式签署CEPA（Closer Economic Partnership Arrangement），意在推动服务贸易自由化，促进三地的横向分工。三地推动原有的垂直产业分工合作模式转型的意愿是坚定的：珠三角积极推进以制造业为主导向以服务业为主导的经济体系转变，香港推进经济向高增值服务业和多元化方向发展，澳门政府则推动产业的适度多元化。但自CEPA签署后，粤港澳关系发生了微妙的变化，珠三角与香港贸易占香港对外贸易的比重不断上升，而香港在珠三角的对外贸易中的比重则缓慢下降。从实践来看，CEPA的实施并未能带动港澳与粤的经贸合作关系进入新局面。

2008年，国务院颁布的《珠江三角洲地区改革发展规划纲要（2008—2020年）》提出粤港澳三地要紧密分工合作，优势互补，构建全球最具核心竞争力的大都市圈之一。2015年国家出台的《推动共建丝绸之路经济带和21世纪海上丝绸之路的愿景与行动》首次提出要"深化与港澳台合作，打造粤港澳大湾区"。2016年《国务院关于深化泛珠三角区域合作的指导意见》提出："携手港澳共同打造粤港澳大湾区、建设世界级城市群。"2017年，国务院总理李克强在政府工作报告中提出：要推动内地与港澳深化合作，研究制定粤港澳大湾区城市群发展规划，粤港澳大湾区的构建成为了国家议题。

在百余年的岁月中，粤港澳之间的合作都是区域发展的基石。早年政府间的基础设施共建打开了合作的大门，改革开放后，港澳成为了珠三角工业化和城市化进程的重要影响因素。根据世界银行2015年发布的《东亚变化中的城市图景：度量十年的空间增长》研究报告，珠三角已取代东京大都市区成为东亚最大的都市连绵区域。在这个过程中，粤港澳之间过去形成的分工协作关系也遇到了瓶颈。"粤港澳大湾区"概念的提出，标志着珠三角与港澳的合作在层面上提升到了国家议题，在广度上迈向了涉及面最为广阔的空间合作的新阶段，为新秩序的构建提供了契机。在这一背景下，研究粤港澳大湾区在当前阶段存在的问题，以及面临的机遇与挑战，有助于把握新时期粤港澳合作的方向，具有现实意义和政策指导意义。

粤港澳大湾区已经聚集了强大产业体系，构建了包括电子信息、生物医药、互联网、新能源和文化创意等战略新兴产业和未来产业，集聚了符合创新要求的研究型大学和研究机构，吸引了国家高端移民人才，这些因素正在汇聚成大湾区的创新体系。粤港澳大湾区城市群要担负起上述战略使命，就需要立足于世界科技发展和经济发展的新趋势，从中国创新驱动发展的需要出发，准确选择发展的战略重点。

改革开放以来，粤港澳大湾区呈现出"前店后厂"的分工协作模式，成为世界著名的制造业基地，具有较强的国际竞争力，同时存在一些突出的问题，比如自主创新能力低，产业升级乏力，产业体系不完整，低成本优势难以为继等。林耿（2006）认为，粤港澳大湾区在实现区域经济一体化方面具有很强的优势，比如说粤港澳地区一直具有良好的协作基础和文化根基，以及共同的产业升级的需求，再加上各个地区通过优势互补合作，可以实现互利共赢的协同效应；但是也存在一些困难，比如说地区制度的差异、基础设施的统一和每个地区发展的不平衡等，因此需要通过政府政策的协调，培育区域产业体系。陈广汉（2008）指出粤港澳区域合作面临转变产业结构、增长模式和发展方式的问题，CEPA 存在很多制度性障碍，粤港澳地区需要加强金融合作等，粤港澳地区要从低层次合作向高层次融合转变，必须从创新合作模式、深化合作领域以及完善合作机制等方面下功夫。

（一）世界科技发展和经济格局嬗变新趋势

当前，世界经济发展呈现出两个重要特点。一是，总体上，世界经济仍然处于低迷期。根据世界银行发布的《全球经济展望：脆弱的复苏》[1]，2016 年预估的世界经济增速只有 2.4%，预测到 2019 年增速也只有 2.9%。尤其是发达经济体，2016 年的预估增速和 2019 年的预测增速都只有 1.7%。二是，世界正处于新科技革命驱动新产业、新经济结构形成的初期。目前，以互联网、人工智能、新能源和新材料技术等为代表的新科技革命方兴未艾，由此推动以网络化、数字化、智能化为特征的第四次产业革命悄然兴起。对此，我们需要给予高度的重视。从产业革命的历史经

---

[1] 世界银行：《全球经济展望：脆弱的经济复苏》，2007 年 7 月 12 日，社会科学报（网络版）2007 年 7 月（http://www.sohu.com/a/156578607_550962）。

验看,新产业革命不仅会大大拓展世界经济发展的新空间,更重要的是,催生与之相对应的新经济结构,并将重塑世界经济发展格局甚至是各个国家的命运。因此,粤港澳大湾区城市群就需要紧紧抓住第四次产业革命这个新机遇,按照弯道超车、先人一步的思路,积极谋划,力争从世界经济发展潮流的跟随者转变为伴跑者、领跑者。

从国内来看,中国正进入科技创新的爆发期,以及科技创新和改革开放共同催生新业态、新产业的加速期。经过改革开放40年来的发展,中国不仅仅是积累了相当雄厚的资金,形成了规模巨大的产能,而且,还积累了十分可观的科技创新能量。

在科技创新方面,仅从发明专利看,2016年,中国的国内发明专利拥有量超过了100万件(为110.3万件),与美国、日本一道成为世界上仅有的三个国内发明专利拥有量超过百万件的国家;全年共受理发明专利申请133.9万件,增长了21.5%,连续6年居世界首位。在新业态、新产业发展方面,中国的"互联网+"、高铁、核电、移动通信、智能电网、共享经济、数字经济等已经形成了蓬勃发展之势,走在了世界前列。其中,许多科技创新、新业态、新产业就诞生于粤港澳大湾区城市群。因此,粤港澳大湾区城市群需要继续走在全国创新驱动发展的最前列,发挥引领作用。

(二) 粤港澳大湾区的三大战略性转型

在科技革命的驱动下,国际国内经济发展正在发生阶段性的重大变化,未来将会出现新的经济社会形态。全面小康社会是中国的既定发展目标,它不仅仅是生活水平达到富裕,还需要符合创新、绿色、共享、幸福的时代进步要求,体现以人民为中心的宗旨。从技术决定的生产和生活方式看,信息社会将是可以预见的社会形态,其特点就是智能、智慧。

目前,智慧生活方式、智慧社区、智慧城市建设等已经显现出信息社会的端倪。粤港澳大湾区城市群要探索和建立一种新的经济社会发展形态,代表中国和世界经济社会发展的阶段性变化和方向。因此,就需要把建成全面小康社会和信息社会作为一个战略重点。在全国率先建成以人民为中心,充满活力,以智能、智慧为技术特点的创新、绿色、共享、幸福的全面小康社会和信息社会。

就中国的城市群来看,比较而言,粤港澳大湾区城市群具有更好的发展条件,在一些关键性的发展领域具有其他城市群所无法比拟的优势。主要体现在,粤港澳大湾区城市群的创新驱动力强大,已经形成了为世界所瞩目的创新发展势头。深圳是位居世界前列的创新中心,广州、香港也集聚了相当可观的创新资源,香港是国际金融中心,珠三角其他城市有规模庞大、产业链相对齐全的制造业,总体上现代产业体系基本形成。这里还聚集了一批以华为、中兴、腾讯、大疆、格力、美的、顺丰等为代表的大企业,基本具备了世界性的引领能力。而且,"一国两制"、三个独立关税区的结构也为粤港澳大湾区城市群提供了更加灵活的制度条件及国际化发展的优势。粤港澳大湾区城市群需要抓住中国作为世界经济发展的主要引擎和"一带一路"建设顺利推进的有利时机,充分利用经济实力雄厚、市场活跃、创新和创业蓬勃发展、产业体系相对完整等有利条件,建设成为具有强大的引导力和辐射力的世界经济中心。

1. 由低端产业转向战略产业中心

从国际来看,目前位居世界经济发展空间格局顶端的是纽约湾区、旧金山湾区、东京湾区三大湾区。与之相比,粤港澳大湾区城市群尤其是广东珠三角地区正处于结构调整逐步见效的时期。广东珠三角地区经过近10年的结构调整,以先进制造业、高技术产业、现代服务业为主体的新产业结构日渐形成,经济发展的动力基本上完成自由低成本从要素投入驱动向创新驱动的转换,新业态、新模式、新产业正处于蓬勃发展的状态。

而且,粤港澳大湾区城市群的对外贸易和投资、本地市场消费也保持了相对稳定的增长。总体来看,在粤港澳大湾区城市群中,新的产业结构、经济结构所蕴藏的发展活力正在释放,经济发展充满了活力。因此,粤港澳大湾区城市群要充分利用好这个有利条件,在创新、改革、开放三个方面同时发力,着力形成创新、改革、开放互动的经济发展新机制;以新的经济结构为基础,实现经济中高速增长;实现社会和谐发展、生态环境可持续发展、人民幸福生活,成为世界城市群发展的新模式、新样板,力争在发展活力方面超越纽约、旧金山、东京三大湾区,成为世界最具活力的湾区。

对大多数发达经济体而言,回归乃至重塑制造业并不现实,金融中心城市更是几乎不可能，因此发展创新科技成为次优选择，即通过发展创新科技，实现从财富投资驱动向创新驱动的动力转换。大都市是世界创新资源的集聚中心和创新活动的控制中心，是国家综合实力的代表，标志着国家在世界分工体系中的高度。

2. 由区域服务转向世界服务中心

主要是以服务先进制造业、高技术产业发展、支持科技创新为导向，充分发挥香港、广州、深圳等的服务业优势，在贸易、运输、物流、金融、文化艺术等领域，加快由区域性中心向世界性中心的转变；加强新理念和新业态创新，努力保持在互联网金融、电子商务、移动通信、共享经济、大数据服务、电子政务等方面的先行优势。

3. 由世界制造转向世界创新中心

粤港澳大湾区城市群要加快实现由世界工厂向世界制造业中心的转变，建成先进的世界制造业中心。主要是继续加快制造业转型升级，充分利用"互联网+""人工智能+"，通过产业融合、业态和模式创新，在信息技术、人工智能、无人机、智能制造等领域创造新优势，在新能源、电动汽车、轨道交通、机器人、云计算、新材料和生物医药等领域实现弯道超车，培育一批以自主创新为支撑的世界知名制造业企业，建设一批世界知名、各具特色的高端制造业基地。

(三) 大湾区建成科技创新产业中心

1979年，香港的二、三产业的占比为21%、78%，此时广州的分别为55%、34%，深圳分别为20%、42%。在绝对值上，香港三产产值为169.6亿美元，深圳仅为0.53亿美元，相差达319倍；广州的三产产值为10.7亿美元，与香港的产值差异上也相去甚远。在提供专业化和多样化的服务业上，香港具有更大的优势，香港20世纪60年代以来制造业发展后产业转型，形成了完备的生产性服务业体系。广深的第三产业方面，广州的第三产业2000年超过第二产业，占比达到54%，绝对值达到152亿美元（以1979年为基期平减的真实值，下同）；深圳第三产业在2009年首次超过第二产业，产值达到640.4亿美元。从2015年的第三产业占比看，香港的服务业仍远高于广深，香港的三产产值达2926.5亿美元，高于广州的1924.2亿美元和深圳的1595.2亿美元。从服务业空间结构上看，湾区城市群已经形成了一主两副的服务业中心结构。

因此粤港澳大湾区要依托共享湾区建设成为我国乃至世界的科技创新产业中心,一是加强粤港澳大湾区东岸的创新要素集聚,推动高端研究机构、大学实验室、创新企业和高端人才进一步集中聚集,加快形成香港、深圳、东莞和广州自主创新产业带;二是建设"科技+金融"的创新体系,形成以中环和前海为核心的全球金融中心,以深圳南山为核心的全球科技创新中心,推动金融科技的有机结合;三是大力发展战略性新兴产业,通过新建一批产业基地进一步加强战略新兴产业在粤港澳大湾区的集聚。

(四) 深圳与广深科技创新走廊的引领

改革开放初期,小珠三角城市由于长期脱离世界经济体系,原先的经济基础遭到十年浩劫的破坏,表现为以农业为主体的经济形态,形成了要素价格的洼地,劳动力、土地、自然资源成本极低。同期的香港,作为亚洲四小龙之一,自 20 世纪 50 年代开始大力发展本港的制造业,在纺织、成衣、电子等劳动密集型工业方面取得飞速发展,1969 年香港人均 GDP 已达 858.9 美元,达到中等收入水平。香港制造业由于劳动力成本、土地成本上升、结构调整等因素,大面积地向小珠三角城市转移。制造业转移活动,促使香港的第三产业迅速发展,小珠三角城市的工业化迅速进步。

2002 年《珠三角制造业》研究中,香港有 63000 家公司在广东从事制造业活动,其中东莞为 18100 家、深圳为 15700 家、广州为 4900 家。香港制造业的内迁,促进了广州、深圳的经济增长。深圳的第二产业产值从 1979 年的 0.26 亿美元,增长到 2002 年的 147.3 亿美元;广州的制造业产值从 1979 年的 17.34 亿美元,增长到 2002 年的 154.5 亿美元。

(五) 珠三角城市的内生工业结构调整

由于香港的制造业主要以劳动力密集型产业为主,在分享香港制造业内迁的红利的同时,深圳在产业结构转型上发力,寻找新的内生增长点。2007 年开始,深圳着力于支持战略新兴产业发展,形成互联网、文化创新、新能源新材料等几大产业;服装、家具、钟表、眼镜等传统产业转型也较好,朝着品牌化、高端化发展。与深圳着力于传统轻工业转型和培育战略新兴产业不同,广州在工业方面形成了汽车制造业、石油化工制造业和电子产业制造业为支柱的国民经济体系,成为华南地区重要的工业城市。2015年汽车、电子、石化三大产业产值达7317亿元（当年价），对工业增长的贡献率达70%。香港的制造业转移和广深工业化的发展，改变了湾区城市群香港一家独大的局面。

（六）广深港第三产业的发展与调整

由于物料成本的上涨和内地市场的开发，大量的香港制造业企业转移到小珠三角地区后，香港的服务业经济发展迅速。1987年广义贸易业（批发、零售、食肆和酒店等）超越制造业成为香港经济的最大支柱行业，广义金融业（金融保险、地产及商业服务业）后又超过广义贸易。如果将运输仓储通信和广义金融业、商业服务业看作是为生产性服务业的话，那么生产性服务业一直都占据服务业中的主导地位。新兴的现代服务业如会计、法律、咨询、广告、营销等行业的快速增长，适应了香港经济多功能定位和世界级中心城市的发展趋势。

20世纪80年代初，香港确立了亚太区域国际金融中心的地位，并在产业结构转型过程中日益巩固。香港的生产性服务业发达，是湾区城市群乃至世界级中心城市。

广州作为华南工业基地的地位受到劳动力、土地成本上升带来的挑战，工业化向周边特别是其他小珠三角城市转移。作为广东省省会，广州拥有其他城市不具备的发展第三产业的优势——贸易资源、智力优势、文化资源、地缘优势等。广州作为千年商都，2015年交通运输、仓储和邮政业实现增加值为1265.68亿元（当年价，下同），是中国南方重要的海运、陆运和空运枢纽。作为华南地区的金融中心，金融业是广州第五大支柱产业，2016年实现保费收入1166.1亿元，连续10年居全国大城市第三位；同比增长64.2%；全市保险法人机构5家（2015年广州市国民经济统计公报）。广州形成了以商贸业、金融业为主的第三产业体系。深圳产业结构转型起步早，先进制造业发展水平高，第三产业上形成了围绕现代制造业而形成的现代服务业，如信息服务业、租赁和商务服务业、科学研究和技术服务业。这些服务业与制造业相辅相成，有力地促进了制造业的发展。作为华南地区重要的金融中心，2015年深圳的金融业占GDP比重达到14.5%，增加值达2542.82亿元；物流业增加值达到1782.7亿元，占GDP比重10%；文化产业增加值达1021亿，占GDP比重达5.8%（2015

年深圳市国民经济统计公报)。深圳的第三产业中现代服务业、金融业、物流业、文化产业发达。

由三个中心第三产业的发展情况看,香港的服务业全面布局,发展程度高;广深均发力金融业,广州的贸易业发达,深圳现代服务业、物流业、文化产业发展较好。

二 粤港澳大湾区的产业选择

(一)探索经济发展新模式

在参与世界经济发展竞争、占据经济发展主导地位方面,粤港澳大湾区城市群不仅要在经济总量上超过纽约、旧金山、东京三大湾区,更要在发展竞争力和对世界经济的影响力、带动力方面赶超这三个湾区,力争发展成为主导世界经济格局的又一个大湾区,成为中国参与世界经济发展竞争的主力军和经济"名片"。

在探索经济发展新模式和发挥引领作用方面,粤港澳大湾区城市群需要加快形成以创新为发展动力,以先进制造业、高技术产业和现代服务业为主体,以数字经济、共享经济、生态文明为特征的新经济结构,实现经济发展由量到质的跃升,在践行中国提出的创新、协调、绿色、开放、共享五大新发展理念,以及世界新科技革命和第四次工业革命方面走在前列,为全球经济治理提供中国经验,引领世界经济发展新方向。

在为"一带一路"建设提供支撑方面,粤港澳大湾区城市群要以国际化发展为导向,积极拓展国际发展空间,构建联通国际国内的经济网络,打通21世纪海上丝绸之路与丝绸之路经济带的联系,成为"一带一路"建设的重要枢纽。

(二)科技发展与创新突破

湾区经济要有创新引擎企业。例如,旧金山湾区有一批优秀企业,像英特尔、惠普、谷歌、苹果等,这批优秀企业是创新的引擎。长三角地区有阿里巴巴这样的企业。粤港澳大湾区有华为、腾讯这样一批企业,这批企业能否成为创新的引擎,能否起到带头作用?比如阿里巴巴最近提出一个设想,要为未来20年组织一个独立的研究开发部门,服务20亿人口。

粤港澳大湾区的这些大企业有自己的规划发展。但是社会、粤港澳大湾区如何为企业的创新提供更好的条件是需要深入思考的。一旦粤港澳大湾区发展取得突破，建立起来会成为世界最大的城市带。目前，唯有粤港澳大湾区能够媲美硅谷所处的旧金山湾区，尤其是深圳高速发展的知识型经济，为区域贴上鲜明的创新标签。深圳正成为中国的新"硅谷"，在此之前，它已经是公认的全球"硬件硅谷"，是全球第一大消费电子制造基地，孵化出了类似大疆科技等一大批硬件科技公司。

深圳可以依托香港连接全世界，深圳接近南海海域，与东盟经济体有着天然的地理联系，是"一带一路"倡议的桥头堡，深圳背靠珠三角，紧连东莞、惠州，北连广州、肇庆等中心城市，西边靠着珠海、中山、江门等发达城市，东边靠着潮汕等正在崛起的城市，具有广阔的湾区经济发展腹地。其次，深圳的开放型经济发达，外资外贸数量名列前茅；深圳的资本市场比较活跃，有主板和创业板两大证券市场，而且风险资本和私募基金相当发达，中小板和创业板上市的企业总数居于全国首位；深圳的研发投入多，深圳研发投入占GDP的4%，已超过发达国家。再次，深圳民营企业发达，涌现出一批行业龙头企业，加上一批年轻的创新人才团队，形成了独具特色的自主创新体系。

（三）养老与文化产业的突破

对于服务业来说，现代物流是亮点，大湾区是最大的航运中心，按照集装箱货运量计算，这个港口区已经占到全国的28%，后面必然会有陆路各种各样的物流，如铁路、公路运输和物流服务等等，香港也是国家定位的国际贸易中心和国际航运中心，再加上珠三角的联动，发展航运的前景会非常好。

此外，养老业和文化创意产业也将在湾区寻得广阔的发展空间。随着居民生活水平的提高，我们更加强调共享发展的理念和绿色发展的理念，在珠三角打造优质生活圈，为居民提供各种各样的生活服务，比如养老服务等。港澳珠三角各城市在文化创意产业领域有较大的发展潜力，在文化创意方面，深圳有向"时尚之都"进一步提升的空间。港澳珠三角各城市在文化创意产业领域有较大发展潜力，比如，深圳有向"时尚之都"提升的空间。

（四）促进海洋经济的发展

过去20多年广东海洋经济一直都在全国处于领先地位。作为史上最早"海上丝绸之路"起点的广东省，这几年借助"一带一路"倡议带来的重大历史机遇，正加快从"海洋大省"向"海洋强省"迈进。

2005年，珠江三角洲经济区主要海洋产业总产值是3000亿元，占全国主要海洋产业总产值的比重为17.7%。主要的几个海洋产业是滨海旅游业、海洋渔业、海洋电力业、海洋油气业和海洋交通运输业，这五大海洋产业之和占本地区主要海洋产业总产值的93.9%。至2015年，珠三角地区海洋生产总值已达13796亿元，占全国海洋生产总值的比重有21.3%。

湾区是未来产业升级的载体，也是区域经济发展的载体。我国提出海洋战略，发展海洋经济，是希望走出一条不同于陆地发展模式的新道路。我国开发海洋经济从单纯地考虑GDP增长，到现在成为国家倡议，表示海洋是我国未来经济发展重点，无论是从国防还是从经济上都非常重要。

国家大力实施海洋强国倡议，加快推进南海油气资源开发以及21世纪海上丝绸之路建设，粤港澳大湾区城市群紧邻国际航道，沿海的港口及城市都是作为古代海上丝绸之路的重要驿站，如今更是我国大南海战略与国家21世纪海上丝绸之路重要中转站，粤港澳大湾区城市群可以发展成为中国南海油气勘探开发的支持基地、国家石油战略储备基地和远洋渔业及综合补给服务基地，全面助推国家经济转型与升级。这些为粤港澳大湾区城市群外向拓展提供了新的机遇，也使其整体处在这个倡议机遇区段。可以预见利用倡议机遇来推动全新的产业分工和产业链条的形成与发展，必将提升城市群的整体经济竞争能力。

（五）产业链及其空间的系统构建

粤港澳大湾区城市群经济联系与合作需要突破行政区，建立起复杂多样的协作分工体系，形成产业链、技术扩散链和市场分工链，使城市群产业的成长与发展空间得到不断拓展。目前，粤港澳大湾区城市群因产业链和市场链的作用在功能上已形成一个关联度极高的经济体。从粤港澳大湾区城市群发展趋势来看应当寻求经济发展的统一规划和配合，鼓励企业跨区域的有序合作与竞争，共同提高产业衔接和配套水平，培育有国际竞争力的跨国公司来形成城市群经济竞争力。

未来粤港澳大湾区城市群需要重点推进广州南沙港区、深圳前后海地区、深港边界区、珠海横琴区、珠澳跨境合作区、大广海湾经济区、环大亚湾经济区 7 个粤港澳创新发展跨境合作发展的重点地区，打造世界级的创新发展平台。

粤港澳大湾区城市群必须通过优势产业协同发展来影响和控制周边地区发展。在近域空间上粤港澳大湾区城市群发展企业总部、研发设计、培训以及营销、批发零售、商标广告管理、技术服务等环节，近域拓展区侧重发展高技术产业、加工制造业和零部件生产，形成高端产业集聚于大湾区城市群的核心地带，其生产基地集聚于各个外围节点城市，形成大总部和生产基地的产业链分工与协同发展。特别是把临港新增长中心建设成为粤港澳大湾区国际性现代物流中心，突出港口集货、存货、配货特长，以临港产业为基础，以信息技术为支撑，以优化港口资源整合为目标，发展具有涵盖物流产业链所有环节特点的港口综合服务体系。通过综合物流服务体系，为临港工业的贸易和流通提供支持，并以此来带动腹地经济的快速发展。我国入世后参与全球分工的程度将不断加深，粤港澳大湾区城市群具备了最具规模的产业体系，也逐渐发展成为潜力巨大的消费品以及服务业市场。未来可以通过建立全球生产网络导向的信息产业集群、现代装备制造业集群和家电产业集群，同时，这些产业集群也支撑起泛域影响区市场为切入点引领金融、贸易、交通、信息为代表的现代服务业集群的发展壮大，共同形成制造业与服务业共同发展的格局。值得一提的是，粤港澳大湾区城市群可以鼓励核心企业主导兴办工业园区，这样不但使更多相关中小企业集聚，满足企业与企业之间的专业化分工和协作化生产要求，而且能推动产业内外技术、信息、人力等经济资源共享，最终达到优势互补与联合，创造强势竞争力。

（六）创新空间支持系统构建

粤港澳大湾区在香港和广州粤港澳大湾区城市群拥有 8 个国家级高新园区，16 个 863 基地，对利用内资，吸收外资以及扩大城市经济效益与经济规模，发挥着非常巨大的作用。同时，拥有多所国际或国内知名大学。粤港澳大湾区城市群依托港澳国际化城市，具有较高基础科研水平，完善的法治和知识产权保护制度，能够为创新型产业发展链接到海内外优质研发机构和高端人才。

可以试点推动粤港澳大湾区城市群可共同打造"古洞北科研发展区—

落马洲河套港深创新及科技园—福田保税区—深圳南山科技园—深圳前海地区科技金融区—东莞松山湖高新技术园区—广州科学城"的跨境创新核心走廊。同时，结合珠西战略、珠江西岸先进装备产业带规划与建设以及深圳东进战略等，在粤港澳大湾区城市群及外围区共同建设粤港澳大型合作园区，以新能源、新材料、大型装备制造、研发创新产业发展等为主，形成国际一流高科技创新产业集群和国际级创新平台，引领创新发展新格局。

（七）形成产学研连接网络

湾区持续的发展需要把大学、政府、科研机构、企业的研发中心连成一个网，连成一个能即时分享先进成果的系统。2015年日本东京大学的经济学家在深圳专门做的研究，其研究主题是深圳的无人机为何能够发展得如此迅猛。日本学者加茂贝树认为按照日本经济学家过去的思考，在没有产权保护的国家，科技创新的小企业是很难迅速扩大的，但深圳的这类型小企业实际上迅速扩大成长，背后的主要原因就是原创知识的共享。如何将这种原创知识的共享进一步扩大，并形成一种新型的体制是深圳和粤港澳大湾区突破的关键之一。

粤港澳大湾区城市群的建设和发展有利于港澳地区和珠三角地区的经济融合发展，实现区域经济一体化；有利于进一步打造粤港澳"一小时生活圈"；有利于发挥三地协同效应，吸引高端人才集聚，加快构建世界级的科技产业创新中心。粤港澳大湾区世界级城市群的战略目标，有利于提升珠三角区域的整体国际竞争力；有利于提升服务"一带一路"的功能能级；有利于增强国家经济、文化外交话语权与规则制定权。

（八）支撑湾区经济转型升级

近年来，国家相继出台了系列区域发展战略。作为中国东部沿海三大增长极之一，粤港澳大湾区协同发展上升为国家战略，将形成北有京津冀一体化、中有长江经济带、南有粤港澳大湾区的区域经济发展新格局，有利于进一步丰富我国区域发展的内涵、层次和形式，在更大范围整合资源，促进要素资源更加高效流动，带动中西部地区发展，消除区域不平衡，促进转型升级，提升整体竞争力，为打造中国经济升级版提供有力支撑。

第五章 粤港澳大湾区的产业选择与结构优化　171

从粤港澳大湾区出发，往东，是海峡西岸经济区；往西，是北部湾经济区和东南亚；往北，是湖南、江西以及广阔的中国中部城市群。内强腹地，外接东盟，重塑周边经济。粤港澳大湾区崛起，不仅能加快广西、湖南、江西等地的产业梯度转移，而且其产业要素将加速通达北部湾和南宁等地，形成面向东盟的海、陆国际大通道，成为"一带一路"重要建设枢纽（见图5-7）。

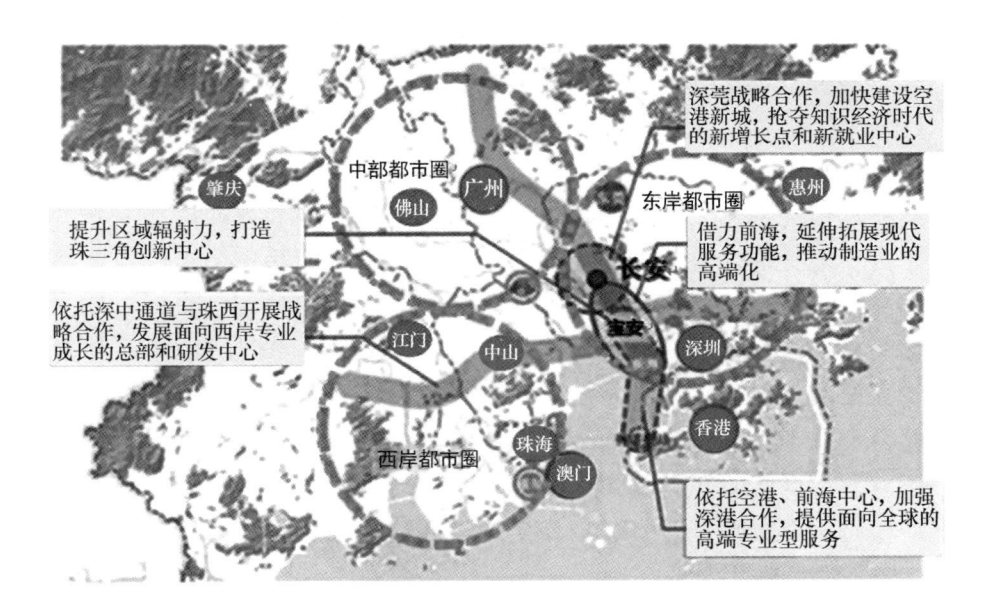

图5-7　粤港澳大湾区规划图

资料来源：《珠江三角洲全域空间规划（2016—2020）》，2017年12月20日（http://www.gdupi.com/Project/detail/goods_id/347.html）。

第三节　粤港澳大湾区的产业分工与区域互补

一　粤港澳大湾区的产业分工

根据湾区经济的递进发展规律从港口经济阶段—工业经济阶段—服务经济阶段—创新经济时段来看，粤港澳大湾区经济主要处于服务经济阶段，并产生部分创新经济阶段。目前粤港澳经济以服务业为主导，经济活动拓展至周边城市，湾区核心城市成为区域深圳全球资源配置的重要节点。由于劳动力成本及环境保护等原因，香港、深圳、广州的工业大规模转移，金融、租赁等服务业兴起，城市功能由制造中心向生产服务中心转移，湾区核心城市香港、深圳、广州等对周边小城市的辐射带动作用更为显著。

粤港澳大湾区已从区域合作层面提升至国家发展策略层面，将成为我国参与全球竞争、建设世界级城市群的重要载体。未来粤港澳大湾区充满发展前景和投资机会，"互联网+"、人工智能、云计算等"未来产业"将蓬勃发展，规模有望达到万亿元级别。

（一）大湾区群产业带分布

科技创新现在是广东省"十三五"创新驱动重要战略。粤港澳大湾区的创新驱动能力突出，是华南地区的创新中心，高校和科研资源密集，涌现出华为、比亚迪、腾讯等一批知名企业，广东的PCT国际专利申请量占全国的一半以上，有5家企业跻身世界PCT国际专利申请50强。珠三角以深圳为核心，是全国最有条件发展成为硅谷这样的创新中心。整合金融、物流贸易、科技创新、旅游合作在三地的产业整合和协调发展，这是构建粤港澳大湾区很重要的内容。

粤港澳湾区包括的珠三角城市群产业带分为：东岸知识密集型产业带、西岸技术密集型产业带、沿海生态环保型重化产业带（见图5-8）。

（二）创新动力机制为目标

除了上述世界三大湾区，近几十年还有很多围绕湾区快速发展起来的经济圈，如美国的坦帕湾区、中国的粤港澳大湾区、杭州湾区和环珠江口湾区。与世界三大湾区对比来看，粤港澳大湾区在经济体量、城市集群及产业分布方面存在共同特征，体现出相似的发展趋势。

纵观全球一流世界湾区，无一不是带动全球经济发展的重要增长极，引领技术变革的领头羊。从这些知名湾区的发展经验来看，湾区经济的发展常依托于交通一体化，将资源及要素等高度集中。

（三）金融服务业发展需要

现阶段，粤港澳大湾区湾区经济的提升受到制约，尤其是金融服务的发展。改革开放40年来，我国实体经济发展取得了巨大的成就，已成为

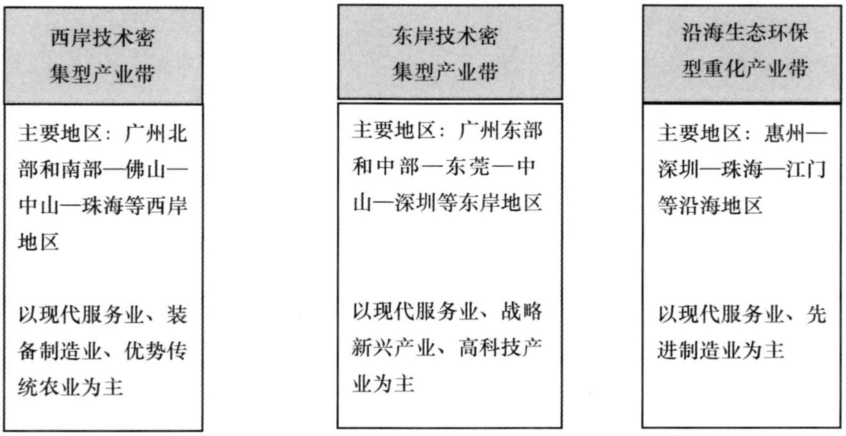

西岸技术密集型产业带	东岸技术密集型产业带	沿海生态环保型重化产业带
主要地区：广州北部和南部—佛山—中山—珠海等西岸地区	主要地区：广州东部和中部—东莞—中山—深圳等东岸地区	主要地区：惠州—深圳—珠海—江门等沿海地区
以现代服务业、装备制造业、优势传统农业为主	以现代服务业、战略新兴产业、高科技产业为主	以现代服务业、先进制造业为主

图 5-8 粤港澳大湾区三条主要产业带

全球第二大经济体，但金融业创新不够、服务实体经济的能力不足，发展程度远远滞后于实体经济的发展，成为制约中国经济进一步发展的瓶颈。根据世界经济论坛发布的《2016—2017 年全球竞争力报告》，2011 年中国综合竞争力排名全球第 26 位，但金融市场发展水平排名第 56 位、金融服务便利程度排名全球第 60 位。在金融领域开展进一步的改革开放越来越迫切。

二 粤港澳大湾区的区域互补

粤港澳大湾区地理区位条件优越，世界级湾区雏形凸显，外向型经济高度发达，又拥有"一国两制"优势和独特的人文纽带关系，在对外开放新格局中具有独特优势。在研究深圳湾区经济开放战略中认为：一方面，深圳具有丰富的湾区资源，一方面，港口资源和海洋资源丰富；另一方面，区位优势明显。[①]

（一）湾区产业配套逐渐完善

粤港澳大湾区城市群核心地带的溢出效应会促进各种要素进行空间的重组，包括一些传统粗放产业会向城市群外围区扩散，与此同时进行的一

---

① 申勇：《海上丝绸之路背景下深圳湾区经济开放战略》，《特区实践与理论》2015 年第 1 期。

些更高级别的产业类型会被吸引进来实现产业更替，包括城市群核心区会对高新技术产业、企业以及和高级人才产生更大的吸引力，从而形成基于城市群框架的高技术产业集群以及跨区域跨部门的创新体系，从而实现粤港澳大湾区城市群从传统加工制造业为主的工业基地转向高新技术产业和生产服务业集聚区域。

一是大区交通方面以一个湾区来统筹，深圳也将成为高铁枢纽，广东省谋划深圳经南沙到肇庆另外修建高铁线路，将深圳联通贵广和南广高铁。

二是城市交通，也将珠三角各城市统一以一个特大城市来谋划，比如广州可规划修建天河到中山甚至到澳门的直达高速地铁。广州的地铁19号线也可向西延伸经佛山西站到丹灶，向东经新塘过中堂到莞城，形成广佛莞都市地铁东西快线。深圳地铁14号线延伸到惠阳形成深惠地铁大动脉，规划莞深快轨经松山湖到东莞市区，深莞地铁也全面规划接驳。

三是产业转移，譬如深圳新兴产业，通过深中通道转移到中山翠亨新区，深圳无疑是粤港澳湾区产业转移的发动机，因为深圳培育壮大的新兴产业，急需往周边扩大地盘转移，深圳地少地贵，深圳将在湾区打造中发挥经济中心作用。

四是珠三角各城市社保交通等方面融合和互通互认，打通断头路，开通跨城公交等。

五是产业和城市功能融合，在湾区背景下深圳将补齐教育和医疗短板，例如，中大深圳校区，中大深圳附属医院等，深圳也将形成高铁枢纽。

（二）特殊地理区位条件优越

粤港澳大湾区是我国与海上丝绸之路沿线国家海上往来距离最近的发达经济区域，又通过东莞石龙铁路国际物流中心与丝绸之路经济带沿线经济体的市场相连接。随着中国—东盟自贸区的深化发展，粤港澳的区位优势更加凸显。

粤港澳大湾区有漫长的海岸线，有整个区域经过改革开放40年发展的积累，有三个全球十大港口，香港港、深圳港、广州港，它的区位优势非常之好，好在处于东北亚到东南亚的战略要冲，是世界最大的深水港。

珠江东岸有东莞长安新区20.36平方公里、深圳大空港新城45平方公里、前海（蛇口）自贸区28.2平方公里；珠江西岸有广州南沙自贸区60平方公里、中山翠亨新区约80平方公里、珠海唐家湾新城60平方公里、珠海横琴自贸区28平方公里、澳门新城3.5平方公里。粤港澳大湾区约325平方公里的8大新城和新区，是粤港澳大湾区"十三五"投资最为集中、最具活力的经济增长极。

粤港澳大湾区是通往东南亚、南亚、中东、欧洲"一带一路"沿线国家的必经之地。向东是海峡西岸经济区；向西是北部湾经济区和东南亚；向北则是湖南、江西以及广阔的中国中部城市群。形成内接腹地、面向东盟的海、陆国际大通道，是"一带一路"的重要建设枢纽。

（三）突破行政区域的藩篱

政策制度等软环境存在差异，把它形象比喻为"一个国家、两种制度、三个关税区"的格局，9个城市之间还要打破行政区域规划与管理体制的藩篱。

粤港澳大湾区涵盖两种制度、连接两个市场，具有与国际接轨的法律体系和市场规则。香港和澳门作为特别行政区，司法独立，具有自由港和独立关税区地位。香港已经与67个国家签署民用航空协议、35个国家签署避免双重征税协定、17个国家签署投资保护协定，多年来位居世界银行全球营商环境排名前列，被认为是全球最开放、最具活力、最具竞争力的经济体之一。广东是改革开放先行地，是全国市场化程度最高、市场体系最完备的地区，率先形成了一套与国际接轨的体制机制和营商环境。

另外，粤港澳大湾区具有侨乡、英语和葡语三大文化纽带，是连接21世纪海上丝绸之路沿线国家的重要桥梁，有利于开展公共外交，更好服务国家战略。粤港澳大湾区与海上丝绸之路沿线国家地缘相近、人文相通，东盟、南亚等国家的粤籍华侨占华侨总人数的50%以上，是建设海上丝绸之路的重要人文资源。香港和澳门是东西文化荟萃地，在促进中国与英联邦和葡语国家经贸往来中具有重要作用。

（四）交通配套设备逐渐完善

从对外联系来说港澳刚好处于21世纪海上丝绸之路的中国走向世界的一个枢纽点。从内部来说，它的交通已经达到一个很发达的情况，它有三个全球性的港口，九纵三横的高速公路网、珠三角城际轻轨都正在建设完善中。珠江出海口，除了已通车多年的虎门大桥，港珠澳大桥、深中大桥都将建成通车。粤港澳大湾区已具备进一步发展为世界级城市群的条件。

粤港澳拥有世界级海港群和空港群，深圳、香港、广州三大港口年集装箱吞吐量均居世界前八强，总量突破6000万标准箱，超过世界三大湾区之和；香港国际机场的货运量排名全球第一，广州白云国际机场是国内三大枢纽机场之一，粤港澳大湾区内机场年旅客吞吐量接近1.4亿人次，远超纽约湾区三大机场的吞吐量。

1. 目前已拥有交通配套

便捷的网络，如交通网络、市场网络、信息网络、高端制造的软件网络等。崛起中的粤港澳大湾区，经过近30年的建设，其交通网络如桥梁、高速公路、轨道交通、港口等设施，已可媲美世界级湾区（见图5-9）。

目前大湾区已有高速公路、铁路运营、城际轨道、机场和港口，其中：高速公路总里程7673公里；铁路运营总里程5500公里；城际轨道总里程1430公里；机场有香港机场、广州白云机场、深圳宝安机场、澳门机场和珠海机场构建的5城干线机场；港口有深圳港、香港港、广州港和珠海港。

同时，粤港澳大湾区对外贸易总额超过1.8万亿美元，并且拥有世界上最大的海港群和空港群。粤港澳大湾区拥有香港和澳门两个自由港，深圳、珠海两个经济特区，南沙、横琴和前海蛇口三个自贸片区，形成了自由港、自贸区、经济特区等多重经济体的叠加优势；还拥有世界上最大的海港群和空港群，以香港、广州、深圳三个一线城市为首"9+2"11个城市的湾区实力雄厚，具备成为世界级湾区的条件，足以比肩纽约湾区、旧金山湾区、东京湾区等世界级湾区。

2. 正在规划中的交通配套

正在规划的有港珠澳大桥预计2017年底正式建成通车（见图5-10），虎门二桥预计2019年建成通车，赣深高铁预计2020年建成使用，深中通道预计2024年12月建成通车，广汕高铁2017年开工，深圳第二机场在选址研究中，珠三角新干线机场已确定选址佛山高明。

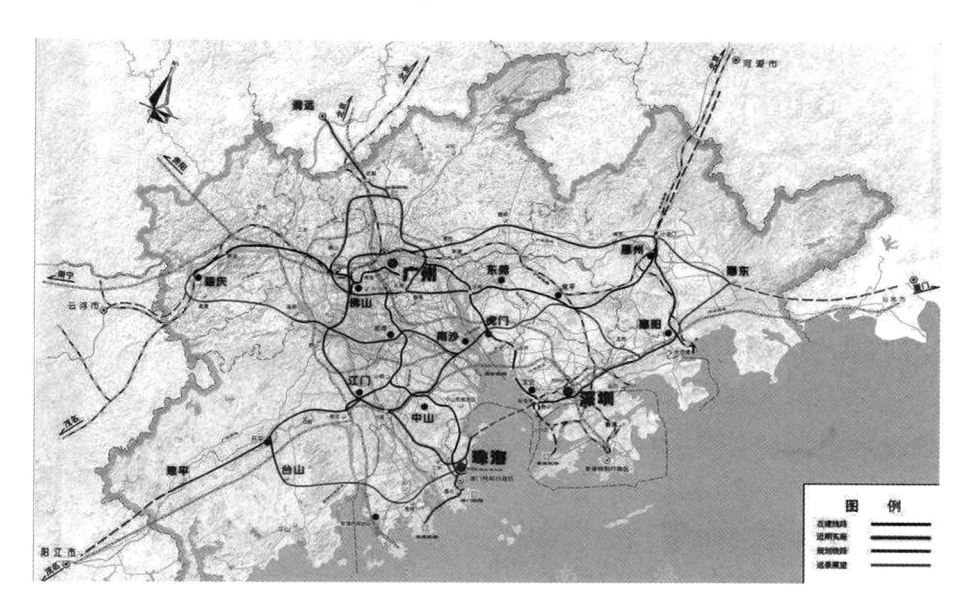

图 5-9 珠三角城际轨道交通布局规划图

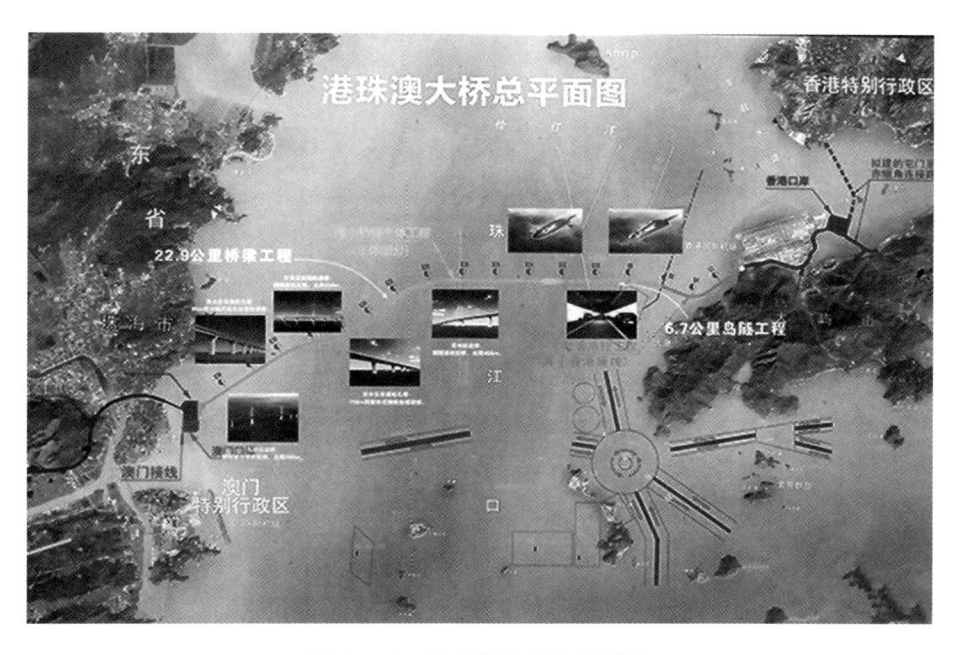

图 5-10 港珠澳大桥总平面图

粤港澳大湾区以珠江为轴线，以广州为起点，珠江东岸东莞、深圳、惠州、香港4个城市为东轴，珠江西岸肇庆、佛山、江门、中山、珠海、澳门6个城市为西轴，港珠澳大桥、深中通道、虎门一桥、虎门二桥成为连接珠江两岸的4条东西通道，形成一个大大的"A"字（见图5–11）。

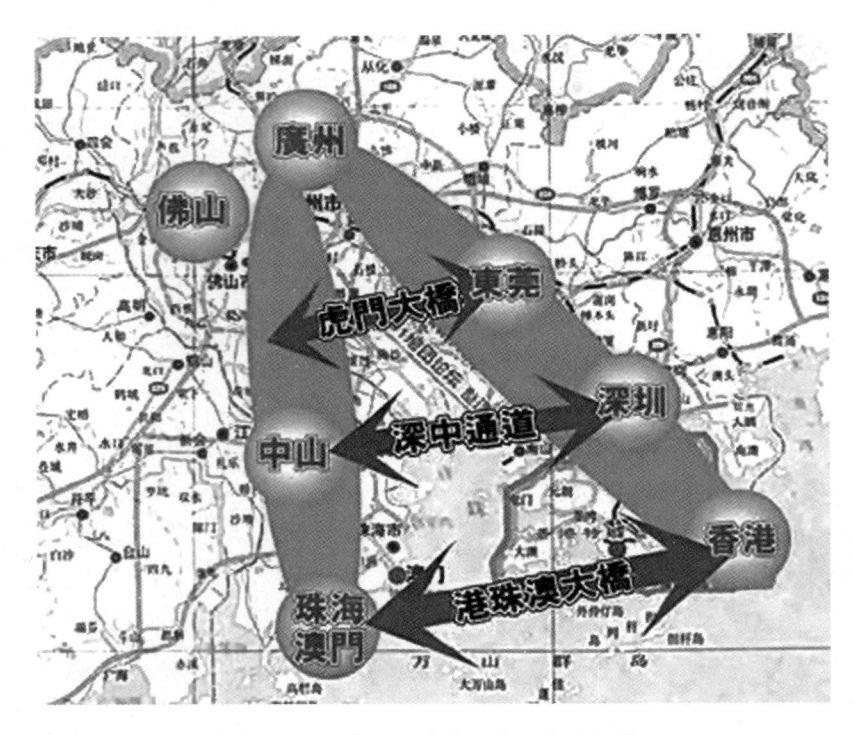

图5–11　粤港澳大湾区主要交通通道

第四节　粤港澳大湾区的增量布局与产业发展

一　粤港澳大湾区的增量布局

（一）粤港澳大湾区的经济总量

粤港澳大湾区4万多平方公里，6000万人口，它的经济总量GDP在2014年是1.4万亿元，对外贸易额是1.8万亿元，接近东京湾。粤港澳大湾区是国内最具湾区经济雏形的区域。2015年粤港澳大湾区的GDP达到1.44亿美元，超过旧金山湾区的2倍，与纽约湾区相接近，大致为东京湾区的三分之二，经济规模已跻身世界级湾区行列。粤港澳大湾区经济发展潜力巨大，GDP 总额位居四大湾区第二位，增速排名第一（见图 5-12）。

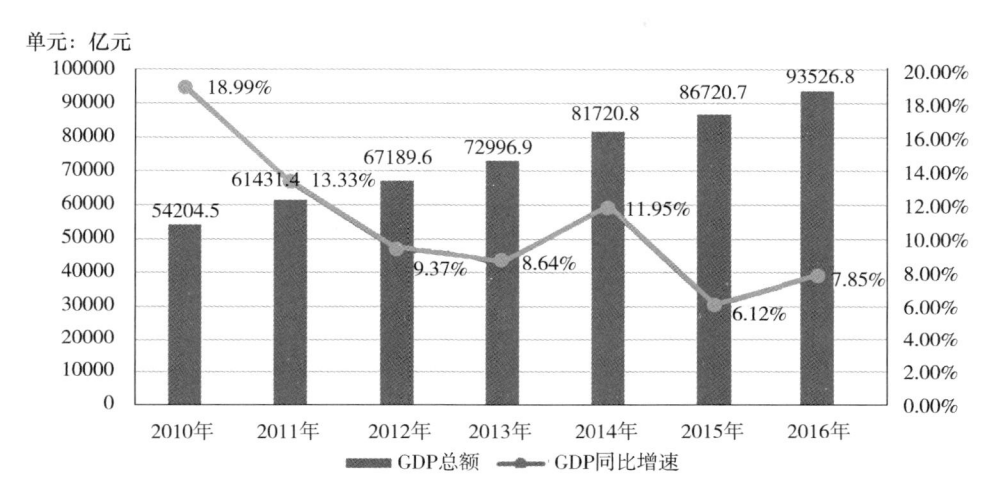

单元：亿元

年份	GDP总额	GDP同比增速
2010年	54204.5	18.99%
2011年	61431.4	13.33%
2012年	67189.6	9.37%
2013年	72996.9	8.64%
2014年	81720.8	11.95%
2015年	86720.7	6.12%
2016年	93526.8	7.85%

图 5-12 粤港澳各大湾区 GDP 总额及增速

资料来源：根据广东省政府网站数据整理。

2010 年到 2016 年，粤港澳湾区的 11 个城市 GDP（国内生产总值）逐年上升，从 2010 年的 5.42 万亿元人民币增长至 9.35 万亿元，约合 1.34 万亿美元。2016 年粤港澳大湾区的经济总量位居四大湾区第二位，仅次于纽约湾区，但是从人均 GDP 来看，粤港澳大湾区处于末位，但从增速来看，粤港澳湾区增速位列第一位，仍处于高速发展阶段，发展潜力比较大。

粤港澳大湾区的现在和将来作为中国改革开放的前沿阵地以及经济发展的重要引擎，粤港澳大湾区已经悄然成为世界第四大湾区经济。粤港澳大湾区与世界三大湾区 GDP 总量相当。2015 年，粤港澳湾区 GDP 为 1.24 万亿美元，与其余三大湾区 GDP 总体量相当。2016 年粤港澳大湾区的经济总量超过 1.4 万亿美元，超过了旧金山湾区，对外贸易总额超过 1.8 万亿美元，高达 9.1% 的 GDP 增速，用全国 0.6% 的土地和 4.8% 的人口，创造出全国 12.5% 的产值，成为全球第 13 大经济体。将其当成国家来核算，介于俄罗斯和西班牙之间。珠三角区域内的 9 大城市对标世界知名城市 GDP 也相当。

（二）粤港澳大湾区的经济增量

建设与世界超级湾区媲美的粤港澳大湾区，关键要深刻领会习近平总书记对广东工作重要批示的深刻内涵和精神实质，借鉴深圳在全面深化改革中形成的一批引领性制度成果，率先在构建开放型经济新体制，增创国际竞争新优势方面大胆探索，突破发展升级的瓶颈，突破对外开放的局限，从而引领粤港澳大湾区实现优化发展、转型发展。

1. 构建全面开放的新格局

在发挥好深港原有合作机制的基础上，还要赋予深圳以更大政策支持和改革权限，率先探索建立高效合作协调机制，统筹解决粤港澳大湾区建设中的重大复杂问题，协调落实重大合作事项，从而凝聚粤港澳湾区建设的强大合力。

打造粤港澳大湾区是落实"一带一路"倡议、构建全面开放新格局、应对各种风险和挑战的重要举措。从世界湾区的一般建设经验看，以纽约、旧金山、东京为典型代表的世界超级大湾区，就是通过发挥核心城市的集聚辐射功能，提升其重要的金融中心、航运中心、创新中心、经贸中心等地位，从而对全球高端要素配置、产业升级、创新发展等产生巨大集聚和带动作用。

与世界湾区建设的一般规律不同，粤港澳大湾区建设是在一个主权国家内三个独立关税区深化合作的重要尝试，涉及产业布局、土地利用、信息互通、资源共享、交通能源、基础设施、创新圈、城市群协调等重大复杂问题。因此，建设与世界超级湾区媲美的粤港澳大湾区，关键是要深刻领会习近平总书记对广东工作重要批示的深刻内涵和精神实质，借鉴深圳在全面深化改革中形成的一批引领性制度成果，率先在构建开放型经济新体制，增创国际竞争新优势方面大胆探索，突破发展升级的瓶颈，突破对外开放的局限，从而引领粤港澳大湾区实现优化发展、转型发展，推动大湾区建设与"一带一路"倡议在更高层次上的融合发展，使之成为代表国家参与国际竞争的主力军。

2. 未来重点从六个方面谋划

一是加强基础设施互联互通，形成与区域经济社会发展相适应的基础设施体系，重点共建"一中心三网"，形成辐射国内外的综合交通体系。

二是打造全球创新高地，合作打造全球科技创新平台，构建开放型创新体系，完善创新合作体制机制，建设粤港澳大湾区创新共同体，逐步发展成为全球重要科技产业创新中心。

三是携手构建"一带一路"开放新格局，深化与沿线国家基础设施互联互通及经贸合作，深入推进粤港澳服务贸易自由化，打造CEPA升级版。

四是培育利益共享的产业价值链，加快向全球价值链高端迈进，打造具有国际竞争力的现代产业先导区。加快推动制造业转型升级，重点培育发展新一代信息技术、生物技术、高端装备、新材料、节能环保、新能源汽车等战略新兴产业集群。

五是共建金融核心圈，推动粤港澳金融竞合有序、协同发展，培育金融合作新平台，扩大内地与港澳金融市场要素双向开放与联通，打造引领泛珠、辐射东南亚、服务于"一带一路"的金融枢纽，形成以香港为龙头，以广州、深圳、澳门、珠海为依托，以南沙、前海和横琴为节点的大湾区金融核心圈。

六是共建大湾区优质生活圈，以改善社会民生为重点，打造国际化教育高地，完善就业创业服务体系，促进文化繁荣发展，共建健康湾区，推进社会协同治理，把粤港澳大湾区建成绿色、宜居、宜业、宜游的世界级城市群。

（三）科技创新驱动能力突出

目前，粤港澳地区科技创新实力非常突出，有通信电子信息、新能源汽车、无人机、机器人等高端产业集群。

以广东省为例，2016年共有高新技术企业19857家，规模居全国第一，全省区域创新能力综合排名连续7年位居全国第二，技术自给率达70%，有效发明专利量和PCT国际专利申请量保持全国第一。其中，PCT国际专利申请量占全国的56%。另外，粤港澳地区拥有1个国家级自主创新示范区、3个国家创新型城市、超过200所普通高校和200万在校大学生，拥有30名中国科学院院士、工程院院士，12个国家重点实验室，以及华为、比亚迪、腾讯等一大批全球知名的创新型企业。

腾讯董事会主席兼首席执行官马化腾认为，大湾区科技创新潜力巨大,未来以此为支撑的各类创新发展将会在大湾区逐渐壮大。粤港澳大湾区发展是"抓了一副好牌",区域不仅拥有显著的制造业、金融业、服务业优势,在产业上还正在形成硬件、软件、服务的协同。目前,区域内科技创新企业众多,并形成了良好的创新发展环境,这将成为打造粤港澳世界级创新大湾区的基础。

除科技创新产业集群外,粤港澳大湾区还存在石油化工、服装鞋帽、玩具加工、食品饮料等中低端产业集群。这意味着,其拥有巨大的传统制造业升级潜力。

随着粤港澳三地合作加深以及科技创新带动,区域内传统制造业将逐步迈向高端。制造业升级将成为大湾区重要的产业和经济发展动力。轨道交通、高端装备制造、智能硬件、电信设备等产业都会得到快速发展,并逐步形成完整的产业集群。而结合"互联网+"、人工智能、云计算、大数据等技术,电子商务、互联网金融、在线教育、远程医疗、数字娱乐等"未来产业"也将蓬勃发展,规模有望达到万亿元级别。

粤港澳大湾区充满发展前景和投资机会。从大湾区现有的产业禀赋和未来的产业发展趋势看,高科技产业、战略新兴产业和以高科技驱动的制造业升级,将成为大湾区重要的发展驱动力,相应投资机会显而易见。

二 粤港澳大湾区的产业发展

(一)粤港澳大湾区的产业现状分布

广东的广州、深圳、珠海、佛山、惠州、东莞、中山、江门、肇庆9个城市和香港、澳门两个特别行政区形成的粤港澳大湾区,面积5.6万平方公里,人口6765万,具备建成国际一流湾区和世界级城市群的基础条件。与京津冀和长三角地区相比,粤港澳大湾区的经济增长迅猛,产业布局完善,对外贸易发达,创新氛围浓厚,综合实力全国最强。

2015年粤港澳大湾区内主要城市的GDP值如图5-13所示。

从2016年粤港澳大湾区的三大结构中可见,广州和深圳服务业占比最高,其次为东莞、珠海,占比均超过50%,大部分城市正处在工业经济向服务业经济转型阶段,为粤港澳大湾区金融服务业的发展提供了坚实的基础(见图5-14)。

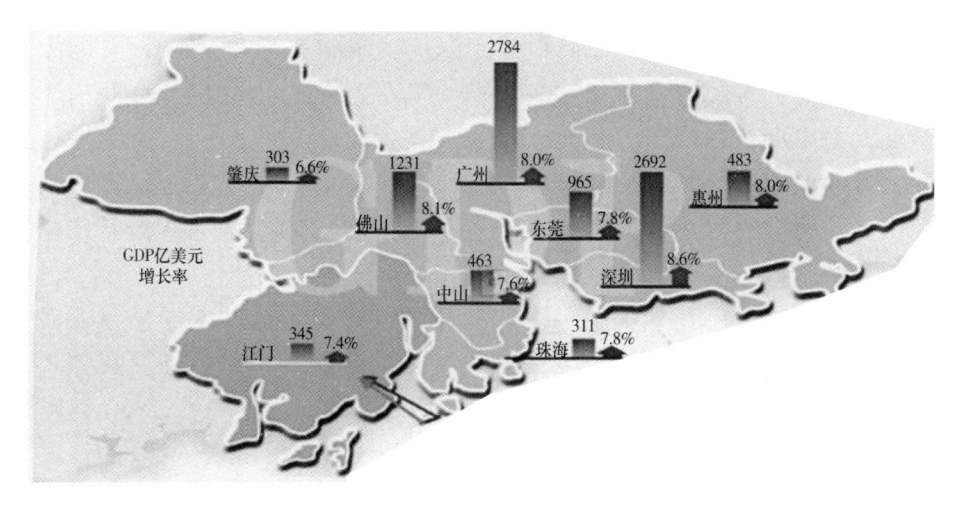

第五章 粤港澳大湾区的产业选择与结构优化 183

图 5-13 2015 年粤港澳大湾区内主要城市的 GDP 值

资料来源：根据广东省政府网站数据整理。

图 5-14 2016 年粤港澳大湾区各城市 GDP 值

资料来源：根据广东省政府网站数据整理。

(二) 粤港澳大湾区的产业未来发展

广东省委、省政府在"十三五"规划建议和纲要中提出，今后一个时期要把大力发展湾区经济作为推动区域协调发展的重大战略，重点要以港口发展带动湾区开发，推进重点湾区保护和开发，实施蓝色海湾整治行动，打造陆海统筹发展的战略支点、港产城融合的战略基地和海洋经济发展新增长极。

粤港澳大湾区已经聚集了强大产业体系，构建了包括电子信息、生物医药、互联网、新能源和文化创意等战略新兴产业和未来产业，集聚了符合创新要求的研究型大学和研究机构，吸引了国家高端移民人才，这些因素正在汇聚成大湾区的创新体系。因此粤港澳大湾区要依托共享湾区建设成为我国乃至世界的科技创新产业中心，一是加强粤港澳大湾区东岸的创新要素集聚，推动高端研究机构、大学实验室、创新企业和高端人才进一步集中聚集，加快形成香港、深圳、东莞和广州自主创新产业带；二是建设"科技+金融"的创新体系，形成以中环和前海为核心的全球金融中心，以深圳南山为核心的全球科技创新中心，推动金融科技的有机结合；三是大力发展战略性新兴产业，通过新建一批产业基地进一步加强战略新兴产业在粤港澳大湾区的集聚。

深圳已经成为硬件创业者的"世界首都"，得到各路创客的青睐。只要有创意和创新的点子，在深圳就很容易得到实现，很多创意公司搬迁到深圳，因为在这里可以找到便宜的供应商，而且根据需求工厂很快就能做出产品模型。美国硅谷的硬件从构想到批量生产周期一般是6到7年，而深圳只需要1到2年的时间。

(三) 大湾新区将聚焦"八大产业"

粤港澳大湾区产业发展将紧紧围绕研发及科技成果转化、国际教育培训、金融服务、专业服务、商贸服务、休闲旅游及健康服务、航运物流服务、资讯科技八大产业。未来三条投资主线布局：

第一，"粤港澳大湾区"最为受益的核心区：珠海市本地公司。未来受益的公司有珠海港、格力地产、世荣兆业、恒基达鑫、珠海中富等。

第二，大基建类。港口、物流、航运、高速公路，未来受益的公司有广州港、盐田港、深赤湾A、粤高速A、中远海特、深高速等。房地产

（土地储备）未来受益的公司有招商蛇口、珠江实业、香江控股、天健集团、深物业 A 等；水泥、玻璃、路桥施工、水利工程、园林工程，未来受益的公司有塔牌集团、南玻 A、达安股份、粤水电、棕榈股份等；机械（楼宇设备），未来受益的公司有快意电梯、广日股份等。

第三，休闲旅游类，推荐受益标的：岭南控股等。粤港澳大湾区无论是内通还是外联，陆运还是水运，都占尽优势。

粤港澳湾区是广东乃至全国高速路网最密的地区，直至 2016 年底广东省高速公路通车总里程近 7000 公里，居全国第一。以"九纵五横两环"为主骨架，以加密线和联络线为补充，形成以粤港澳大湾区为核心，以沿海为扇面，以沿海港口（城市）为龙头向山区和内陆省区辐射的路网，全省 67 个县（市）实现"县县高速"的目标。粤港澳大湾区处于全国高速公路网最密集地区的核心。

未来随着港珠澳大桥、深中大道、深茂铁路和虎门二桥的建成通车，加上原有的虎门大桥，跨珠江口的通道就有五条，必将大大缩短珠江口两岸的交通距离和成本，珠三角将从原来的 A 字形变成真正的三角形。

另外，粤港澳大湾区既是"21 世纪海上丝绸之路"的关键节点，也是第三条亚欧大陆桥的桥头堡，有关构想以深圳港为代表的广东沿海港口群为起点，昆明为枢纽，经缅甸、孟加拉国、印度、巴基斯坦、伊朗，从土耳其进入欧洲，最终抵达荷兰鹿特丹港。此外，通过江门、佛山沿西江可西进广西、贵州和云南。由此可见，粤港澳大湾区无论是内通还是外联，陆运还是水运，都占尽优势。

第五节　粤港澳大湾区的产业政策与梯度发展

一　粤港澳大湾区的产业政策

2017 年全国两会期间，"粤港澳大湾区"也成为代表委员热议的话题。广东省原省长、全国人大财经委副主任委员朱小丹在两会期间透露，粤港澳大湾区正在做规划，将被纳入国家战略并获得国家的大力支持。现在正委托国家智库制定粤港澳大湾区的规划，而且已经有了时间表。

深圳作为我国最重要的高新技术产业聚集地，培育和发展战略性新兴产业具有独特的优势和产业基础。实践中，深圳也是国内率先出台战略性新兴产业振兴发展规划及配套政策的地区。截至 2013 年，深圳市政府已经出台 6 个发展战略性新兴产业的地方产业政策及一系列配套政策，产业政策分别是《深圳互联网产业振兴发展规划（2009—2015 年）》《深圳生物产业振兴发展规划（2009—2015 年）》《深圳新能源产业振兴发展规划（2009—2015 年）》《深圳文化创意产业振兴发展规划（2011—2015 年）》《深圳新材料产业振兴发展规划（2011—2015 年）》《深圳新一代信息技术产业振兴发展规划（2011—2015 年）》。

进一步分析这些政策的内容可以发现，政策框架基本一致，内容基本体现了国家层面相关的政策精神。主要包括四个方面，一是简要分析深圳发展新兴产业的基础和优势，例如，深圳已经形成的以大学、科研机构、工程（技术）研究中心、企业技术中心为依托的创新平台模式有助于战略性新兴产业的技术供给；二是提出发展新兴产业的指导思想和阶段性实现目标；三是提出任务分解和重点推动工作等，如重要的产业布局、产业结构和产业链延伸等；四是围绕目标提出若干保障措施，如人财物方面的制度保障。这些政策的出台为深圳规划布局战略性新兴产业，引进人才和技术发挥着重要作用。

《创新驱动与都市转型：打造中国的世界级湾区》报告指出，从区内软硬件环境上，未来应加强便利化硬件建设，优化完善粤港澳人员签注政策，提升货物通关便利化水平，便利实验设备和材料跨境通关，放宽科研资金跨境使用限制；在制度上，则应制定在公司注册、准入限制、税收等方面的同等待遇，以及在就业、社保、医保、教育等方面的同等待遇等政策。

尽管这一系列战略性新兴产业政策出台及时也很重要，但在指导原则、主体角色定位、政策功能和程序规则以及政策跟踪评估等方面，还存在一些问题。

（一）政策与法的关系协调不够

产业政策和产业法之间应该保持一定空间的兼容性和传递性。深圳在制定战略性新兴产业政策时首先需要考量国家法律对发展产业的规定、限制性要求以及责任认定机制等。如果颁布的产业政策不依据或参考相关产业法，甚至与产业法发生冲突，在一定程度上可能会影响产业发展速度和质量，增加产业中主体之间的协作成本与创新费用。

然而，分析深圳出台的有关产业政策可以发现，目前的多数政策条款、措施与相关法律协调性不强，无法发挥政策和法律共同促进战略性新兴产业发展的整体效能。例如，现行的国家法律有《循环经济促进法》《清洁生产促进法》等，明确规定了"国家对浪费资源和严重污染环境的落后生产技术、工艺、设备和产品实行限期淘汰制度；设立中小企业发展基金"等内容，然而在《深圳新能源产业振兴发展规划（2009—2015年）》中，依然是原则性、方向性的内容，对贯彻、细化国家相关法律的时间表、路线图以及可操作性措施依然表述模糊，这就在一定程度上形成了法律法规与地方政策文件协调性不够，无法真正发挥政策促进作用。

（二）实施主体权责利边界不清

战略性新兴产业具有综合性、系统性、基础性等特征，需要整合政府、研究机构、大学、企业等多方参与主体共同推进。其中，政府在制定规划、财政支持、信息服务等方面应该发挥先导性作用；研究机构需要提前储备研究一批战略性新兴产业所需的行业技术和共性技术，发挥支撑性功能；大学要为战略性新兴产业发展提供人才保障，在专业设置、学科建设等方面及时调查研究并逐步调整；企业要主动开拓市场，通过技术创新、产品创新和组织创新来促进市场对战略性新兴产业的认可和接受。

深圳的战略性新兴产业政策，在政府、研究机构、大学、企业和中介组织等参与主体的权利、职责和义务界限方面存在不明确、不清晰问题，对政府的"公益性、基础性"等职能定位缺乏细化，对企业进入战略性新兴产业的市场准则、条件和要求未明确回答，涉及大学培养人才的条款基本空白。例如，《深圳文化创意产业振兴发展规划（2011—2015年）》中提出"充分发挥'文化+科技'、'文化+金融'、'文化+旅游'特色，推动文化生产方式、营销方式、传播方式的创新，拓展新型文化产品和服务"目标，但是具体到承担主体是谁，监管主体是谁等都未明确，这在很大程度上影响了政策实施的效率和质量。

(三) 实施客体现实性针对性不强

很多实施客体都属于提倡性、号召性内容，在现实的可操作性方面存在明显不足。例如，《深圳生物产业振兴发展规划（2009—2015年）》中提出"鼓励企业、高等院校和科研机构积极承担生物产业领域国家、省级研发及产业化项目，专项资金予以最高1500万元配套支持"，但笔者在对相关企业、科研单位调研时，发现相关配套资金核发部门、具体申请标准、资金申请程序等实施细节仍然不明确，政府不同部门之间相互推诿时有发生。

还有，《深圳新一代信息技术产业振兴发展规划（2011—2015年）》中提出，"加大创新型产业用房建设力度，有效缓解企业发展空间受限难题"，然而在实际操作中，虽然深圳市也有《创新型产业用房建设方案》配套政策，但很多企业反映鉴定创新型产业用房标准在国土资源部门以及住房建设部门存在很大分歧，因为在国家层面的建设用地中尚未有创新性产业用房政策。《深圳新能源产业振兴发展规划（2009—2015年）》中提出，"鼓励我市各类电力用户积极采购太阳能等新能源电量，太阳能光伏发电项目业主单位可向用户直供电，所发电量直接与用户结算"。然而，笔者实地调研发现一些新能源企业向用户直供电实施起来还存在一定困难。

(四) 实施监测手段及校正机制不明

目前这些产业政策普遍存在实施环节缺乏跟踪评估、信息反馈和校正机制等内容。一个政策要想持续发挥作用，必须建立动态政策评估监测手段和校正机制。战略性新兴产业政策评估作为衡量其实施成效的工具，可以从两方面来入手：一是以系统、科学、客观的方法评估产业政策（规划）实施对当地经济、就业等客观指标的促进效果。二是从价值、兴趣等主观方面评断公共政策活动及效用，审视产业发展是否符合市委、市政府等政策制定者的设计初衷。无论如何，只有通过设立政策实施评估和监督手段，才有利于动态了解政策在执行阶段是否有缺失，并能及时通过德尔菲法和社会公众与专家的参与来不断改进政策内容。

二 粤港澳大湾区的梯度发展

(一) 产业梯度发展的理论指导

第一阶段:港口经济阶段。在20世纪50年代以前,港口城市经济活动单一,主要是装卸运输,范围局限于港区内部,对于周边城市的经济发展推动也不显著。此阶段港口是湾区最重要的形态,港口区位优势起决定作用。

第二阶段:工业经济阶段。20世纪50年代到80年代左右,港口城市以临港工业为主导,经济活动范围向港区外扩展,港口城市成为制造业中心。加上工业文明和海洋运输的优势,推动了临港工业的集聚发展。例如,东京湾区由横滨港、东京港等6个港口延伸发展,形成了京滨、京叶两大工业地带。

第三阶段:服务经济阶段。20世纪80年代到21世纪初,以服务业为主导,港口经济活动拓展至周边城市,湾区核心城市成为区域或全球资源配置的重要节点。此阶段出于劳动力成本及环境保护等原因,临港工业大规模转移,金融、船舶租赁等服务业兴起,城市功能由制造中心向生产服务中心转移,湾区核心城市对周边小城市的辐射带动作用更为显著。

第四阶段:创新经济阶段。21世纪以来,湾区以信息产业为主导,经济活动范围更广阔,形成多极增长的区域发展格局。此阶段的主要代表是旧金山湾区。经过前期几个阶段的发展,旧金山湾区的人才、资本、技术、文化等诸多要素集聚融合,规模效益促进了创新型经济的兴盛,使其成为全球高新技术发祥地。

香港、广州、深圳作为粤港澳大湾区的经济核心,其第三产业占比也最高,GDP总额贡献占比达65%。2016年,粤港澳大湾区GDP总值为9.35万亿元,占全国12%(包含港澳)。其中:香港2.21万亿元、广州1.96万亿元、深圳1.95万亿元,为第一梯队;佛山0.86亿元、东莞0.68万亿元,为第二梯队;惠州0.34万亿元、中山0.32万亿元、澳门0.31万亿元、江门0.24万亿元、珠海0.22万亿元、肇庆0.21万亿元,为第三梯队(见图5-16)。

190　未来之路——粤港澳大湾区发展研究

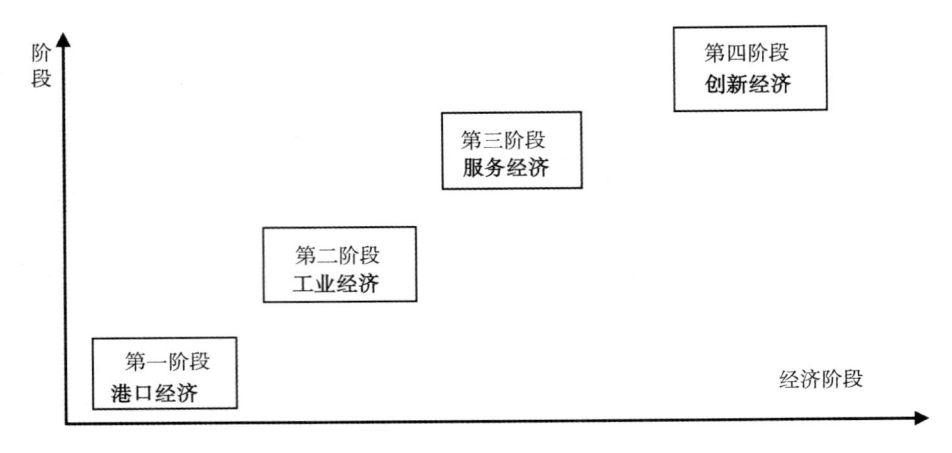

图 5-15　湾区经济发展阶段

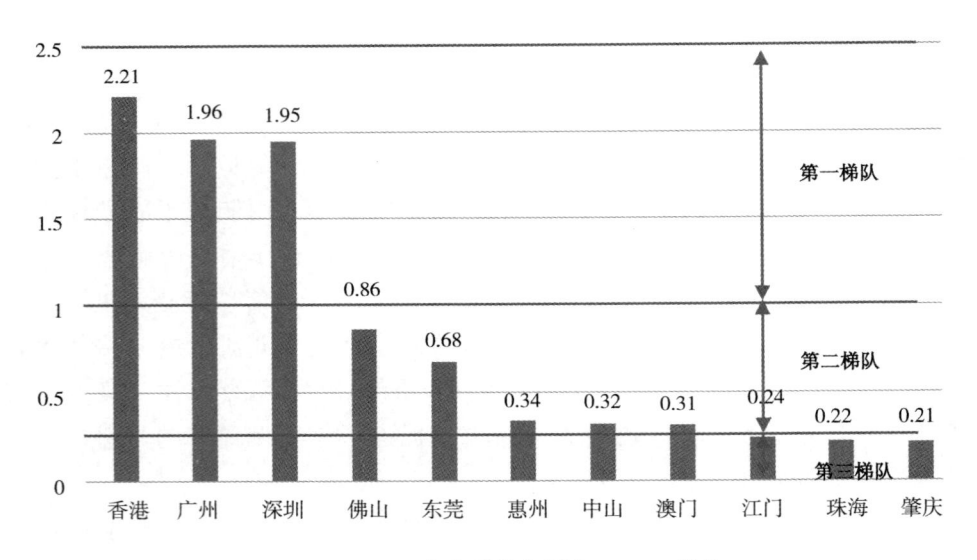

图 5-16　2016 年粤港澳各城市 GDP 三梯队

资料来源：根据广东省政府网站数据整理。

（二）统筹湾区内产业布局层级

深莞惠经济圈应主动适应粤港澳大湾区发展战略，顺应产业发展规律，统筹布局完整的产业层级体系，以使其能充分发挥粤港澳大湾区核心引擎的作用，总体思路如下。

第一层级：深圳创新型产业。目前深圳已呈现典型的创新经济特征，新产业新技术不断涌现和集聚，深莞惠经济圈应在产业层级的统筹布局上强化这种特征，使深圳在整个经济圈创新活动中切实发挥领头羊的作用。

第二层级：东莞和惠州高端制造业。近年来，东莞和惠州产业转型升级已取得实质性成效，传统制造业正逐步向高端制造业蜕变，东莞和惠州产业定位应以高端制造业为主体，传统产业为补充。

第三层级：汕尾和河源中低端制造业。汕尾和河源主要承接深圳、东莞和惠州传统产业的转移，产业定位应为中低端制造业。

（三）相关配套产业的梯度发展

制定湾区城市群发展远景规划，发挥中心城市的比较优势，限制同质竞争，错位发展。经济资源的稀缺性，同质性产业竞争、产能的重复建设会浪费资源，造成城市群整体效率的下降。

在金融产业上，湾区城市群已形成了一主两副的金融中心结构，广深港应发挥自己的比较优势，做大做强。香港作为自由贸易港，跨国金融机构集聚，实行联系汇率制，货币可自由兑换，应继续发展综合性的金融服务业和建设人民离岸结算中心，服务的范围辐射中国内地、中国台湾、东南亚等地；广州的优势在于作为广东省会，区域性的银行机构众多，有条件发展为区域性银行贷款中心，票据、债券、外汇、期货交易中心，以及金融支付结算、产权交易中心；深圳有证交所，银行业、风险投资、基金业发展充足，为深圳成为区域科技创新提供重要的金融支持。

在科技创新方面，广州是华南地区重要的高教基地，高校与科研院所集聚，科技创新人才培育方面和基础研究方面具有极大的优势；深圳是重要的科技创新中心，技术创新发达，企业为主体的应用型技术研究强度大，但在人才培养和基础研究方面较为滞后；香港科技创新较为落后，商业咨询、风险投资发达可为科技创新提供支持。三城应发挥比较优势，促进湾区城市群的持续发展。

广深在实现产业高端化转型的同时，提高城市人才吸引力。广深较早开始产业转型，培育新兴产业和疏散劳动力密集、环境公害大的产业。近年来劳动力成本、地租成本飞涨，劳动力密集型产业外迁趋势显著。而劳动力成本、租金成本的高涨，提高了城市营商成本、创业成本，降低了城市对于高端人才的吸引力。在人口红利消失长期趋势下，如何在城市竞争中吸引高层次人才，是对城市未来命运具有决定性意义的一环。张浩然等在对中国十大城市群空间结构与经济绩效的实证研究发现，多中心对城市群的绩效呈现出负面影响。湾区城市群作为多中心城市群，如何整合多中心实现协同发展，将是提高湾区城市群竞争力的关键。香港作为亚太地区金融中心，如何保持经济优势，不简单沦落为湾区城市群经济中心，也是值得关注的问题。

（四）顺应产业层级布局创新主体

针对创新要素中高校和科研机构数量不足和力量较弱等问题，结合产业层级特征，深莞惠经济圈需合理布局创新主体。

深莞惠经济圈应增加高校数量，提升高校质量，合理规划学科设置和层次结构。深圳应加大财政力度，建设以深圳大学为引领的高水平大学，加强与国内外著名大学的联合办学，建设国内和国际一流的大学和学科；东莞和惠州应加大财政力度，建设国内和广东省一流的大学和学科，并不断向国内高水平大学方向努力；河源和汕尾则应在加强职业教育的同时，有条件地创建本科院校，积极建设省内著名职业类院校和学科。

深圳应充当经济圈领头羊的作用，充分发挥创新和研发的核心作用，重点围绕新产业新技术，积极引进高层次创新团队和人才，建设和培育一流的基础技术研究机构；东莞和惠州临深的国家级园区则充当创新次中心的作用，应重点围绕高新技术产品制造，培育和引进一流的技术应用研究机构；河源和汕尾正在承接深莞惠的产业转移，未来产业发展方向为中低端传统制造业，应重点围绕传统产业的转型升级，积极培育和引进相应的应用性研究机构。

（五）强化创新核的网络建设融合

深莞惠经济圈应注重创新核建设，并大力促进创新资源在经济圈内的高度融合，从而打造完善的创新网络体系。

第一，创新核建设。理论和实践均已证明，创新活动和创新产业具有典型的集聚特征，需要充分发挥创新核的作用，以点带面逐步推进。

深莞惠经济圈应重点建设各核心城市创新网络体系中的以产业园区（或科技园）为载体的创新核，在此基础上，充分发挥创新核的带动作用，有效辐射周边企业和区域，从而形成从点到面的创新体系和创新网络。

第二，创新网络融合。创新网络融合分为两个层次：一是城市内部创新资源共享。深莞惠经济圈核心城市除应通过加强各园区的联系和交流，促进全市共享创新资源，有效促进创新核的创新能力外，还应加强官产学研介合作，大力建设深莞惠经济圈的各类协会，如企业家协会、行业协会、商会、高校和研究机构协会、中介协会，通过市场的力量和非正式形式促进政府、企业、高校、科研机构和中介机构进行交流合作。二是城市之间创新资源共享。加强经济圈内各城市间创新网络的科技合作和共享。经济圈内各城市间可以通过科技产业园建设和转移与高科技产业园的交流合作，加强科技项目合作和科技平台建设，进行科技信息共享和合作；鼓励民间资本进行科技平台建设和产业园建设，促进科技转移和合作。

第六节　粤港澳大湾区的结构优化与产业模式

一　粤港澳大湾区的结构优化

随着粤港澳大湾区的城市群发展，内地和香港澳门之间就可以通过人才的交流、贸易的往来、金融的互相流通形成优势互补。香港的金融优势可以帮助内地的一些企业获得融资的便利，而内地在贸易和人才上的优势也同样可以弥补香港澳门的发展短板。

（一）构建大湾区产业结构圈层

1. 形成粤港澳创新合作发展的新格局

通过大湾区创新设计圈的建设，将港澳设计创新资源的国际化、专业化和高端化优势与珠三角地区的产业链、创新链和供应链相结合，促进大湾区形成协同创新合力，构建开放兼容、共创分享、文化融合、优势互补的创新生态和设计文化，使之成为全球最具活力的创新中心，共同推动大湾区制造业和服务业转型升级，并辐射周边国家和地区，服务"一带一路"建设。

2. 发挥粤港澳创新资源配置的乘数效应

发挥三地的产业优势、技术创新优势与设计资源优势，必将在大湾区内形成放大和扩散效应。一方面，珠三角地区可以充分利用香港的优质设计创意和科技服务，并借助港澳国际化平台更广泛地聚合全球设计资源，提高制造业自主创新能力和品牌创建能力，为加快形成国际竞争新优势提供支撑，同时为形成具有国际影响力的设计服务业集聚区拓展国际空间。另一方面，香港设计服务企业可以充分利用珠三角产业链完备、配套能力强、市场潜力大等优势，实现其设计创新成果产业化，在内地形成新的消费市场需求并向国际市场拓展。

3. 增进与港澳年青一代的密切联系

近年来，"港独"势力明显抬头的一个重要因素，是香港青年人缺乏了解和沟通交流渠道，难以分享内地发展成果所导致的。设计服务业恰恰是吸纳大学生群体创业和就业最多的行业之一，通过广泛吸引港澳设计人才到珠三角从事创新创业、设计交流和服务活动，可以让他们分享祖国经济发展成果，增加实实在在的获得感和信任感，提高凝聚力和向心力。

（二）发挥主体功能区的顶层引领

依据粤港澳大湾区总体规划的主体功能区划分，发挥顶层规划引领作用。严格根据海湾主体功能定位明确产业协作安排，例如研究全球金融中心建设规划、功能区划和区域性保护规划等相应配套制度，明确优先发展的金融领域，加强对金融风险敏感区、脆弱区和安全节点规划保护。

（三）增强城市之间的协同效应

未来粤港澳大湾区的建设发展核心是产业的整合、产业的协调发展和错位发展，目前粤港澳已经有良好的协作基础。2017年政府工作报告提到的"粤港澳大湾区城市群"，经济总量已经跟世界知名的旧金山湾区、纽约湾区、东京湾区相当了，但从具体的城市看，目前广州、珠三角集聚着大量的制造业，城市间分工协作发展仍需要深入研究。

湾区各大城市间实现协同互助，以东京湾区为例，千叶为原料输入港，横滨专攻对外贸易，东京主营内贸，川崎为企业输送原材料和制成品，各港口群虽然保持各自独立经营，但在对外竞争中则形成为一个整体，提升了东京湾港口群的整体竞争力，各种生产要素在城市群中自由流动，促使人口和经济活动更大规模地集聚，形成了城市群巨大的整体效应（见图 5-17）。

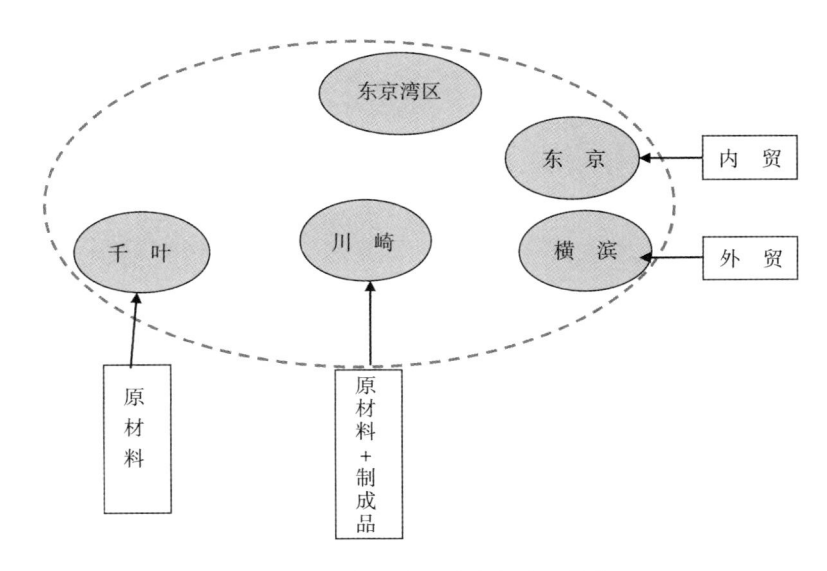

图 5-17　东京湾区城市间分工协作

资料来源：《东京湾启示录：世界性大湾区的成功秘诀》。

粤港澳三地已经形成了一个很好的产业分工合作基础。香港逐渐转型成为以服务业为主的城市经济体，成为国际重要的服务、航运、金融中心，澳门成为国际旅游休闲中心，珠三角成为全球制造业基地，就是区域产业分工合作的结果。"9+2"城市目前分工现状：香港，全球金融中心及物流中心；深圳，国际创新服务中心；广州，岭南文化中心及华南重工中心；东莞，全球IT制造业重点；佛山，国际产业制造中心；珠海，国家级大装备制造中心；中山，中国白色家电基地之一；澳门，世界旅游休闲中心；惠州，世界级石化产业基地；江门，国家级先进制造业基地；肇庆，传统产业转型升级集聚区（见图 5-18）。

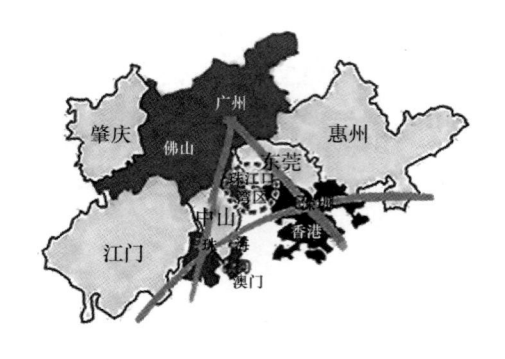

香港：全球金融中心及物流中心
深圳：国际创新服务中心
广州：岭南文化中心及华南重工中心
东莞：全球IT制造业重地
佛山：国际产业制造中心
珠海：国家级大装备制造业中心
中山：中国白色家电基地之一
澳门：世界旅游休闲中心
惠州：世界级石化产业基地
江门：国家级先进制造业基地
肇庆：传统产业转型升级集聚区

图 5-18　粤港澳大湾 9+2 城市组成与分工现状

资料来源：南方都市网。

二　粤港澳大湾区的产业模式

粤港澳大湾区有三个超级城市——香港、深圳、广州，谁是龙头、火车头、核心城市或者说这个湾区应该多核心？如何看待这些城市的竞争？这三个超级城市各有特点，同时也各有制约。

（一）产业联动拓展开放经济模式

在这一区域的五大机场、三大港口如何去整合物流是一个重要议题。在我国对外开放进程中，港澳一直发挥着重要枢纽和主要门户的作用，成为中国内地进出口贸易和制造业外商投资的重要通道。

粤港澳大湾区具有外向型经济发展的优越条件，香港是国际贸易和国际物流中心，是国际著名的自由港，是一个全球性供应链管理中心，是国际联系欧美市场、东南亚的一个非常重要的枢纽。

从澳门的地位来说，它和香港有一个错位，它和葡萄牙等葡语、拉丁语国家有很密切的社会文化等各方面的服务贸易。所以中央对澳门的定位是两个：一个是世界旅游休闲中心，一个是很重要的中国和葡语国家商贸合作的服务平台。

广州南沙其实就是海上丝绸之路的国际航运物流的一个重要节点，广东 2015 年对外贸易额超过 1 万亿美元，占全国的 1/4，是进出口贸易超过万亿美元的唯一省份，其中与东盟的双边贸易额接近 1000 亿美元，约占中国与东盟的 1/4。

(二) 金融协力促成紧密协同模式

香港就是世界现代服务业的高地，区域内有着专业服务支援、低税率和完善的法律制度、良好的金融环境，成为众多跨国公司设立亚太总部的首选。近年来香港经济面临一些挑战，尤其是在金融领域。香港经济长期以来依赖贸易、金融、航运、旅游、地产和专业服务，全球因素对香港经济金融的影响远大于香港内部因素。世界经济不稳定直接影响到香港经济的发展。

香港强于金融和专业服务，香港的国际化水平高，自由开放，能吸引国际高端人才要素。然而，香港与珠三角之间的经济已经从产业之间垂直分工向产业内的水平分工转变，经济关系也从早期比较简单的合作进入合作与竞争并存的阶段。在粤港澳大湾区建设中，香港需要提升传统优势，打造新的竞争优势，提升在区域发展中的地位和功能，形成合理的区域经济分工，实现错位发展。并且，政府在规划中推动力不足，主要依赖于市场，在区域规划中政府的作用往往非常有限。

1. 深港协力金融中心

产业互补合作有很多方面，但是如果站在考虑粤港澳大湾区各个城市目前的产业优势的角度来看，未来主要集中在四个方面：金融、贸易和物流、科技创新产业、旅游。尤其是金融产业，广东是全国的第一经济大省，广东 GDP 占全国的八分之一，但是广东在转型向服务业发展的过程中金融业严重滞后。广东金融业占 GDP 的平均水平低于上海、江苏，甚至低于全国平均水平。

全球经济发展首先是金融的发展，金融的带动。在这样的前提下，粤港澳湾区要发展，金融业要发展。粤港澳大湾区金融业要发展，其核心的问题就是发挥现有的金融优势，突破目前金融发展瓶颈。具体来说，应发挥香港的国际金融中心的地位，结合深圳快速崛起的金融产业，广州配套的服务支出。最后形成带动珠三角、香港、澳门、深圳、广州，甚至珠海、澳门来整合这个地区的金融业发展，形成一个大珠三角金融中心圈。

从 2007 年到现在，伦敦国际金融城市报告每年发表两次排名，香港一直在第三位,2015年排名跌到第四位。那么从国际上的观点来说,香港是最有可能发展成为像欧洲的伦敦、美洲的纽约这样的全球性的国际金融中心,但前提是它必须和广东珠三角连成一体。这一点香港金融管理局是非常清楚的。如果香港能够依托深圳、广州这些珠三角地区发展,香港是非常有可能成为全球性国际金融中心的。香港是中国企业最成功的境外市场,它在资本市场、资产管理、人民币离岸中心方面是世界级的。

深圳金融业的附加值占GDP的比重是14%,在全球的排名达到了22位,所以深圳和香港其实是可以错位发展。深圳现在最大的优势有两条,它有A股主板市场、中小企业板市场、创业板市场。另外深圳的私募基金、创业投资基金、风险投资基金非常发达。在这样的前提下,深圳是有可能发展成中国的风险投资中心和中国的纳斯达克市场。广州最大的缺陷是没有资本市场,但是经过多年的努力,终于等到中央批准在广州南沙自贸区内成立一个碳排放权的商品期货交易所。广州的优势是它的银行业。现在澳门和珠海横琴做特色金融,即做融资租赁、债券市场资产管理等。

香港是国际金融中心和亚太地区的服务运营中心,深圳是国内重要的金融中心城市,港交所和深交所IPO总额突破1754亿港元,仅次于纽交所的1788亿港元,位居全球第二。香港和国内以深圳为代表的金融业发展现状,各自具有强大的优势和发展的瓶颈,通过对比可以发现,两者具有良好的互补优势(见图5-19)。

2. 港广深金融与产业联动

从城市集群及产业分布来看,粤港澳湾区发展趋势与三大国际湾区相似。三大湾区产业分布均以第三产业为主,服务业占比均达80%以上,各湾区服务业种类有所不同,科技创新实力和金融产业基础也不尽相同。粤港澳大湾区依托珠三角城市的新兴科技创新能力和深厚的制造业基础,叠加以香港为龙头的金融核心圈,产业体系主要由科技和金融双轮驱动。

在粤港澳大湾区内,深圳在高科技和产业创新方面做得好,但与纽约、旧金山、东京等国际典型大湾区相比,粤港澳大湾区的科技创新能力是短板。科技创新与产能转化需要大量的资金支持,更需要与全球经济融合。香港金融和科技服务业领先,深圳的创新生态完善,广州高校科研院所力量强大,且现代制造业发达,再加上通达全国、全球的海陆空交通货

第五章　粤港澳大湾区的产业选择与结构优化　199

香港金融业

优势
- 专业服务和团队
- 丰富的国际经验
- 强大的创新能
- 低税率
- 完善的法律制度
- 良好的金融环境

劣势
- 受全球市场冲击
- 缺乏实体支撑
- 市场小发展受限
- 竞争激烈生存难
- 内部发展不平衡

深圳金融业

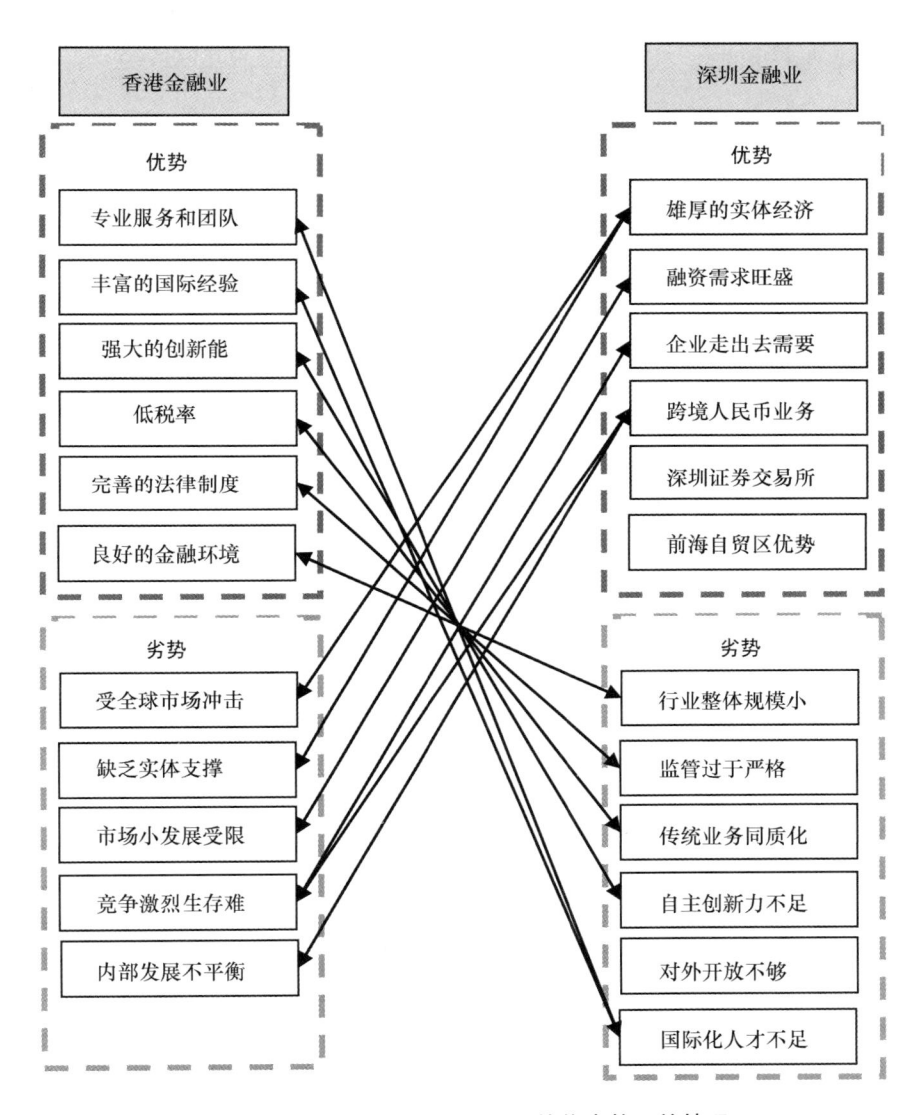

优势
- 雄厚的实体经济
- 融资需求旺盛
- 企业走出去需要
- 跨境人民币业务
- 深圳证券交易所
- 前海自贸区优势

劣势
- 行业整体规模小
- 监管过于严格
- 传统业务同质化
- 自主创新力不足
- 对外开放不够
- 国际化人才不足

图 5-19　香港与深圳金融行业的优劣势互补情况

运，完全可以形成从研发、募资、制造、产业化到贸易运输的创新链和产业链，打造出一个层次更立体、覆盖链条更全面的科技湾区形态。

深圳的创新经济以及金融服务、广州的第三世界首都以及商贸服务业、香港的国际贸易和金融中心地位再加上东莞、珠海、澳门等城市的物流、制造业等辅助，这里将成为具有全球要素资源配置能力和影响力的世界级科技湾区。

广州有发达的商贸网络，又与珠三角中高端制造业发达城市的产业联系紧密。粤港澳大湾区产业体系完备，珠三角地区是全球重要的制造业基地，号称"世界工厂"，在全球产业体系中已形成较强的分工协作网络。然而，区域的产业发展质量和层次不高，珠三角制造业在全球价值链的分工中处于低层次。

三个城市很难判断也不需要争论谁超越谁，这三个城市更多是优势互补的关系，目前全球（城市群）的成功模式是软件、硬件、服务缺一不可，三地刚好可以利用优势互补联合起来（见表5-1）。把港澳高度的国际化水平、国际化专业人才与珠三角广阔的市场优势和产业优势结合起来，共同打造全球价值链、供应链和创新链，提高城市群产业国际竞争力。另外，粤港澳大湾区城市群作为一个整体来规划，珠三角可以借香港的国际化走出去，粤港澳携手参与和服务"一带一路"建设。粤港澳大湾区要有组合型的龙头，将香港的专业服务和珠三角的制造业、深圳的创新结合起来，共同开拓"一带一路"第三方市场。未来可以实现金融服务在香港，研发在深圳，制造在珠三角。

表5-1　　　　　　　　粤港澳大湾区主要城市的优劣势对比

	香港	澳门	深圳	广州	珠三角
优势	国际金融中心；亚太服务运营中心；专业服务支援、低税率和完善的法律制度、良好的金融环境	国际休闲旅游中心	高科技和产业创新活力强，国内重要金融中心城市	商贸网络以及与珠三角城市的产业联系	全球制造业基地
劣势	受世界经济影响；成本高企；科技创新严重缺乏；人才吸引力不足；政府推动力非常有限	受博彩业影响巨大，旅游配套的基础设施不足	融资不足、走出去经验不足	融资不足	金融发展滞后

3. 助港金融服务业进入内地

政府在提升香港传统优势产业竞争力、培育新的竞争优势和推进大湾区建设中，具有积极的作用。政府可以通过多种方式，向社会各界介绍大湾区建设的目的和意义，讨论香港在大湾区建设中的地位和作用，形成社会共识。香港政府已经制定了《香港2030＋：跨越2030年的规划远景与策略》，这个规划应该与粤港澳大湾区规划进行对接。

在粤港澳大湾区城市群规划中，一定会有不少涉及跨境的软件基础设施和硬件基础设施的建设，粤港澳三地之间政府沟通和合作必不可少，更需要中央政府的协调。粤港两地政府可以通过大湾区建设，切实解决香港服务业进入内地市场，以及香港居民在珠三角就业、生活等方面的制度性障碍，使企业和一般市民都能感受到大湾区建设带来的好处，分享大湾区发展的成果。

(三) 要素流动推进提升配置模式

"粤港澳"区域经济一体化在很大程度上体现为粤港澳三地商品、人员、资本等要素的自由流动，港澳特区的特殊区情对三地之间的商品与要素流动造成了一定阻碍，不利于区域经济的协调发展。因此，在"粤港澳"城市经济协调发展中，必须要采取一定的措施来促进商品和生产要素在三地之间的双向流动，主要可以从两个方面进行突破：一方面，通过一系列制度安排和体制创新为三地跨境人、物、资金、技术的交流提供便利，如2003年签署的《内地与香港关于建立更紧密经贸关系的安排》《内地与澳门关于建立更紧密经贸关系的安排》极大地消除了粤港澳三地之间的关税及非关税壁垒，促进了三地贸易及投资自由化的发展。随后，《内地与港澳关于建立更紧密经贸关系的安排》又以年均一项的速度出台了一系列的补充协议，进一步推动了"粤港澳"城市之间的货物、服务、投资发展。

另一方面，加强基础设施建设，形成海陆空多位一体的交通运输模式。在海运方面，应当加快港深、珠澳业务整合与紧密合作，减少恶性竞争，形成发展合力，共同抢占国际航运制高点；在空运方面，通过铁路实现深圳机场与赤鱲角香港国际机场的连接，实现"一地两检"，打造连接两地的"超级空港"；在陆运方面，实现地铁、高铁、城轨在粤港澳之间的对接，此外港珠澳大桥的建设也将为珠三角地区的发展注入新的活力，在推动粤港澳三地发展的同时也带动周边地区发展，使粤港澳紧密联系起来。

（四）借助政策优化服务合作模式

2013 年我国第三产业增加值比重达 46.1%，比第二产业增加值比重高 2.2 个百分点，这是我国第三产业增加值比重首次超过第二产业，这意味着我国正式迈入"服务化"时代；2015 年我国第三产业增加值比重为 50.5%，首次突破 50%，第三产业撑起我国经济的半壁江山。虽然我国第三产业比重不断攀升，但是相比于港澳 90% 以上的占比，发展还较为落后，因此在未来"粤港澳"的发展过程中应当借助现有政策加强同粤港澳之间的服务业合作。

从现有政策来看，广东自贸区与"一带一路"建设推动了粤港澳在金融、航运、旅游、科技等方面的融合；2015 年底签署的《内地与香港CEPA 服务贸易协议》与《内地与澳门 CEPA 服务贸易协议》于 2016 年 6 月 1 日正式执行，其大大便利了港澳企业在内地的服务业投资。

在金融方面，广东自贸区将前海（蛇口）片区定位为对接香港，金融、国际贸易是产业重点，与其他区域相比，前海具有金融业开放程度高、跨境融资渠道多等优势，目前在前海已汇聚了上万家金融企业；在物流方面，广东自贸区将南沙新区片区定位为"重点发展航运物流、特色金融、国际商贸、高端制造等产业，建设以生产性服务业为主导的现代产业新高地和具有世界先进水平的综合服务枢纽"，南沙片区水域条件优良，可开发大型深水港，其腹地经济及货源规模巨大，为其航运物流的发展打下了坚实的基础；在旅游方面，广东自贸区将横琴片区的重点发展项目定位为旅游休闲健康产业，首期投资高达 200 亿元的横琴长隆海洋度假区现已投入运营，吸引了大量的海内外游客。在科技方面，深圳、广州在高科技产业发展方面具有良好的基础，而香港具备较为规范的创业板市场以及大量的风险资本与科技成果，粤港澳三地可紧密合作实现优势互补，将港澳科技成果在广东实现转化。

第六章　粤港澳大湾区经济一体化及主导路径

随着经济全球化和国际贸易的日益扩大，这种湾区带来的集聚度将更加明显。我们在对湾区经济比较发达的美国、英国和日本等国家分析后发现，它们不仅将大量生产能力集聚在纽约、东京、伦敦等湾区城市，而且正在通过快速交通建立以湾区都市为核心的新的都市圈集群，美国正在形成以纽约、华盛顿、波士顿为重点的都市圈集群，英国正在形成以伦敦、伯明翰、曼彻斯特为重点的都市圈集群，日本正在形成以东京、大阪、名古屋为重点的都市圈集群。这都显示湾区的集聚力正在越来越强，集聚范围越来越大，集聚资源也越来越多。

第一节　世界区域经济一体化的理论溯源与动态

一　世界区域经济一体化的理论溯源

湾区是指一个海湾或相连的若干海湾、港湾、邻近岛屿共同组成的区域。综观世界，各国湾区都是滨海城市和临海产业布局的重要空间。湾区经济的发展主要根据相关区域经济理论的形成，主要包括区位经济理论、增长极理论、中心—外围理论、城市圈域经济理论。

（一）区位经济理论

区域经济学是由经济地理学逐步演化而来的，从区域经济学的未来发展趋势看，区域经济学以空间资源配置的合理性为基础，形成了日益规范的空间分析经济学。空间分析的思维带入了区域经济分析之中促进了区域经济学的形成，从而完成了从传统的区位理论向系统化、标准化的区域经济学科的蜕变，使区域经济学日益成为规范的空间分析经济学。"在过去的几十年间，区域经济学已经成为具有坚定的研究方向和巨大研究潜力的成熟的经济学科之一。"[①]

1. 迈克尔·波特：运用产业集群理论对区域经济竞争力的分析

迈克尔·波特发表在《哈佛商业评论》1990年第2期的《论国家的竞争优势》一文改变了产业集群理论的边缘状态，引起了产业集群研究的热潮。波特认为，产业集群是在某一特定领域内互相联系的、在地理位置上集中的公司和机构集合。波特在《论国家的竞争优势》中提出了"钻石模型"，他认为一个集群的优势依赖于几个相互作用的因素，它们决定了公司的竞争优势。波特利用钻石模型决定了哪些公司和产业具有竞争优势，并且他强调有主导产业存在于集群中获得利益的重要性。该理论是波特的一个庞大的研究成果中最核心的部分。波特在《论国家的竞争优势》中提出的"钻石模型"适合解释集群的动态竞争优势。他认为"钻石模型"的构成有四个基本因素："一是要素条件，二是需求条件，三是相关产业及支撑产业，四是企业的战略、结构和竞争对手，同时还有机会和政府两个附加要素。"波特强调只有在每一个要素都积极参与的条件下，国家发展才能有机地组成一个"钻石模型"构架，创造出企业发展的环境，促进整个产业的发展。而国内竞争的压力和地理集中是使整个"钻石模型"构架成一个系统的必要条件。国内市场竞争压力可以提高国内其他竞争者的创新能力；地理集中将使四个基本因素整合为一个整体，从而更容易相互作用和协调提高。

波特的国家竞争优势理论认为，集群在三个方面产生竞争优势：一是提高该领域企业的生产率，二是指明创新方向和提高创新速率，三是加强和扩大集群本身。随着集群优势的形成，利润可以在垂直联系及水平联系企业之间流动。同时认为集群有助于实现内部多样化，并通过诞生企业、分工协作、分包或转包等形式，使知识、信息、技术、价值等在集群内转

---

① ［美］彼得·尼茨坎普：《区域和城市经济学手册》第1册，黄胜强等译，经济科学出版社2003年版。

移和扩散，及时适应多变的技术和市场环境。企业集群竞争优势表现在产品质量、特征和新产品的创新上。

2. 克鲁格曼：从集聚角度对区域创新的分析

克鲁格曼是继马歇尔之后开始把区位问题和规模经济、竞争、均衡这些经济学研究的问题结合在一起的第一位主流经济学家，他对产业聚集给予了高度的关注，认为经济活动的聚集与规模经济有紧密联系，能够导致收益递增。

1991年以来，克鲁格曼发表了一系列有关经济聚集和产业集群的论文和著作，为自己树立了新经济地理学、新国际贸易理论和聚集经济学说代表人物的地位。除了这篇论文和精练的专著外，克鲁格曼90年代以来还发表了几部重要著作，在产业集群研究领域产生了较大的影响。1995年，克鲁格曼发表了《发展、地理学与经济地理》一书，该书既是他的新经济地理学的一部代表著作，又是对他的产业集群理论的进一步补充，尤其是建立了关于产业集群的新的模型，从地理的角度来研究主流经济学所不能研究的发展问题，开创了发展研究的新思维。1999年，克鲁格曼和另外两位学者合作发表了《空间经济：城市、区域与国际贸易》一书，系统地论述了产业集群和聚集经济的形成因素，并完全用经济学的方法，站在经济学的视野上解释和分析了产业集群和经济聚集这些现象，这部著作在美国经济学界有较高的地位，引起了发展问题研究的重视，一段时间来在许多重要学术期刊上都能见到该书的书评。

3. 克鲁格曼、阿瑟和维纳布尔斯、巴罗和沙拉马丁等：对新空间集聚的研究

克鲁格曼、阿瑟和维纳布尔斯、巴罗和沙拉马丁等人对新空间集聚的研究是从两条思路展开的："一是从报酬递增角度对空间集聚进行研究，二是从区域成长的角度对空间集聚进行研究。"

从报酬递增角度对空间集聚的研究最早是由克鲁格曼、阿瑟和维纳布尔斯等人进行的。这一视角主要建立在这样的理论基础之上，即报酬递增、规模经济和不完全竞争在形成贸易和专业化方面远比报酬稳定、完全竞争及相对优势等更重要；市场、技术及其他使报酬递增的因素在规模上既不是国际的也不是国内的，而是通过区域或地方的经济集聚过程形成

的。在空间集聚的过程中，不同的学者强调报酬递增的不同形式。比如在克鲁格曼和维纳布尔斯的模型里，集聚的动力主要是三个外在因素，即劳动力市场、技术溢出、中间商品的供求关系，它们导致区域经济活动的空间集聚。

根据巴罗和沙拉马丁的研究，新古典集聚模型在一国内部的区际之间比在国际之间更为实用。这是因为一个国家不同地区的工业发展因素，诸如技术、文化、政府管制与政策、制度和立法体系等具有相似性。这就会导致一国内部的地区之间的集聚比国家之间的集聚更容易实现。经济全球化对区际经济活动集聚与扩散的影响将取决于市场波及范围、交通费用及区域间劳动力可移动性。可以说，经济全球化提高了资本及劳动力的可移动性，这必将产生更大范围的空间集聚，核心和边缘区之间的差距将加大，空间上的不平衡将加剧。[1]

（二）增长极理论

由法国经济学家佩鲁在1950年首次提出，该理论被认为是西方区域经济学中经济区域观念的基石，是不平衡发展论的依据之一。增长极理论认为：一个国家要实现平衡发展只是一种理想，在现实中是不可能的，经济增长通常是从一个或数个"增长中心"逐渐向其他部门或地区传导。因此，应选择特定的地理空间作为增长极，以带动经济发展。

增长极理论最初由法国经济学家佩鲁（francois perroux）提出，许多区域经济学者将这种理论引入地理空间，用它来解释和预测区域经济的结构和布局。后来法国经济学家布代维尔（J. B. Boudeville）将增长极理论引入区域经济理论中，之后美国经济学家弗里德曼（John. Frishman）、瑞典经济学家缪尔达尔（Gunnar Myrdal）、美国经济学家赫希曼（A. O. Hischman）分别在不同程度上进一步丰富和发展了这一理论，使区域增长极理论的发展成为了区域开发工作中的流行观点。

法国的另一位经济学家布代维尔认为，经济空间是经济变量在地理空间之中或之上的运用，增长极在拥有推进型产业的复合体城镇中出现。因

---

[1] 百度百科：《区域经济理论》，2014年12月3日（http：//wiki.mbalib.com/wiki/%E5%8C%BA%E5%9F%9F%E7%BB%8F%E6%B5%8E%E7%90%86%E8%）。

此，布代维尔定义增长极是指在城市配置不断扩大的工业综合体，并在影响范围内引导经济活动的进一步发展。布代维尔主张通过"最有效地规划配置增长极并通过其推进工业的机制"，来促进区域经济的发展。

美国经济学家盖尔在研究了各种增长极观点后，指出影响发展的空间再组织过程是扩散—回流过程，如果扩散—回流过程导致的空间影响为绝对发展水平的正增长，即是扩散效应，否则是回流效应。[①]

(三) 中心—外围理论

"中心"与"外围"理论（Core and Periphery Theory）是由阿根廷经济学家劳尔·普雷维什提出的一种理论模式（见图6-1），它将资本主义世界划分成两个部分：一个是生产结构同质性和多样化的"中心"；一个是生产结构异质性和专业化的"外围"。前者主要是由西方发达国家构成，后者则包括广大的发展中国家。"中心"与"外围"之间的这种结构性差异并不说明它们是彼此独立存在的体系，恰恰相反，它们是作为相互联系、互为条件的两极存在的，构成了一个统一的、动态的世界经济体系。[②]

从产业发展规律和城市发展规律看，既有发达城市吸引落后地区人口、资源的集聚效应，又有发达城市资源、人才流向周边落后城市的扩散效应。如果纯粹从招商引资的角度看，集聚效应和扩散效应很有可能都在珠三角地区存在。不过，随着未来粤港澳大湾区建设的推进，珠三角地区的市场将会扩大，港澳优势、政策优势将得到更进一步发挥。而行政区划壁垒进一步消除，尤其是海陆空交通基础设施的发展，要素流动的自由，将使得珠三角制造业的成本降低。未来，粤港澳大湾区需要作为一个整体对外吸引要素资源，届时整个区域的经济发展层次获得提升，其对内的经济腹地也将扩大。

(四) 城市圈域经济理论

第二次世界大战后，随着世界范围内工业化与城市化的快速推进，以

[①] 百度百科：《区域经济理论》，2014年12月3日（http://wiki.mbalib.com/wiki/%E5%8C%BA%E5%9F%9F%E7%BB%8F%E6%B5%8E%E7%90%86%E8%）。

[②] 同上。

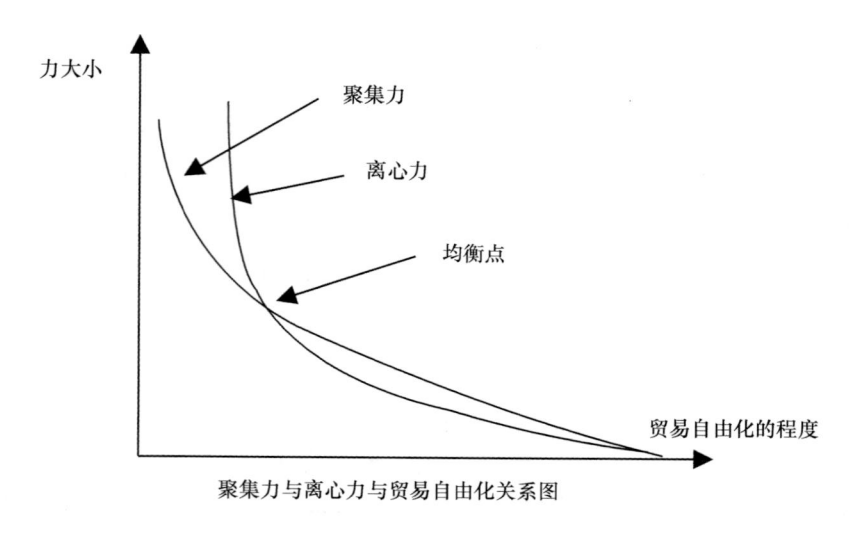

208　未来之路——粤港澳大湾区发展研究

（图：力大小 vs 贸易自由化的程度，标注"聚集力""离心力""均衡点"）

聚集力与离心力与贸易自由化关系图

图6-1　中心—外围理论图

资料来源：百度百科。

大城市为中心的圈域经济发展成为各国经济发展中的主流。各国理论界和政府对城市圈域经济发展逐渐引起重视，并加强对城市圈域经济理论的研究。该理论认为，城市在区域经济发展中起核心作用。区域经济的发展应以城市为中心，以圈域状的空间分布为特点，逐步向外发展。该理论把城市圈域分为三个部分，一是有一个首位度高的城市经济中心；二是有若干腹地或周边城镇；三是中心城市与腹地或周边城镇之间所形成的"极化—扩散"效应的内在经济联系网络。

城市圈域经济理论把城市化与工业化有机结合起来，意在推动经济发展在空间上的协调，对发展城市和农村经济、推动区域经济协调发展和城乡协调发展，都具有重要指导意义。

二　世界区域经济一体化的当前动态

区域经济反映了区内经济发展的客观规律，对于区域经济的研究源于德国经济学家杜能的农业区位论，随后韦伯提出了工业区位论、克里斯塔勒提出了中心地理论、廖什提出了市场区位论、佩鲁提出了增长极理论，新近的研究有迈克尔·波特的产业集群理论以及保罗·克鲁格曼的新经济地理理论等。通过对这些经典区域经济理论的梳理，笔者发现学者们的研究可以概括为区域经济发展中的时空关系，即从时间与空间两个维度对区域经济发展中的各个方面开展相关研究。就我国的区域经济差异研究来看，我国学者从空间集聚、技术进步、FDI、产业结构、人力资本、贸易开放度、发展战略等视角开展了相关分析。就区域经济发展中的时空差异研究来看，陈红霞、李国平通过1985—2007年京津冀发展的经济数据研究了三地区域经济发展的时间演变、空间分布进行了分析；华娟等选取2000—2010年重庆各区域经济数据，通过主成分分析结合Arcgis空间分析，研究了重庆经济发展的特征与趋势；黄木易、程志光采用2001—2008年安徽省的经济数据分析了其城市化与经济协调发展的时空特征；此外关伟和刘勇凤、张东海和任志远等、杨亮和丁金宏等也就区域经济发展中的时空差异（或演变）问题开展了研究。

我国学者从产业、税收、投资、金融、法律等多个角度分析了"珠三角"区域经济协调发展的进程、现状与对策。罗增庆基于对"珠三角"区域粤港澳三地税收制度分析，探索了三地开展税收合作的必要性、可行性与有效路径；袁申国、刘兰凤从粤港澳的经贸关系、贸易结构、经贸增长三个角度通过实证分析了三地开展金融合作的基础与可行性，粤港澳经济一体化进程中的法制协调机制现状、强化与完善路径；王鹏在粤港澳产业科技合作的基础上探讨了广东省产业转型升级有效措施；李佳鸿、白军强、青婵对外商、港商、澳商在广东地区的投资的区位布局以及投资带来的经济效应进行了研究。

从以上研究可以发现当前学者对"粤港澳"区域经济协调发展进行了多维度、多层次的研究，但是直接基于时间演变以及空间差异的研究尚不常见，基于此本书就珠三角地区粤港澳经济协调发展的时空差异开展相关研究。

2017年全国两会期间，提到粤港澳大湾区城市群这一概念时，来自港澳地区的很多代表委员都认为，这对于香港来说是一次好机会。时任香港特区行政长官梁振英3月5日接受媒体采访时表示，粤港澳大湾区城市群规划具有现实意义。"粤港澳大湾区城市群无论是人口规模还是经济规模，都等于欧洲一个中型或者大型国家的规模，香港和广东一直以来，尤其在改革开放之后合作的效果非常好,所以我们应该做好这方面的工作。"

全国政协委员、香港中华总商会前会长杨钊在接受《中国经济周刊》记者采访时表示,粤港澳大湾区城市群的建设有助于香港拓展经济发展的新空间。粤港澳大湾区城市群的建设不仅有利于内地和香港、澳门之间的优势互补,协同发展,也会对改善香港的社会环境起到一定的作用。当前香港面临一定社会矛盾,例如房屋土地供应短缺、房价高企,土地、劳动力等生产要素相对短缺,结构性矛盾较为突出。粤港澳大湾区城市群的建设,将推动三地资源的整合,一方面促进香港金融、服务业等领域的人才向外输出,向珠三角地区提供技术人才;另一方面,珠三角地区劳动人口密集,也可以协助解决香港在人口老龄化趋势下面临的劳动力短缺问题。

不少来自港澳的全国人大代表表示,中央政府把"粤港澳大湾区城市群发展规划"提上国家经济发展战略的层面,对香港既是激励,也是鞭策。香港是时候正确认识自己在国家经济发展中的定位,应更主动地融入与珠三角区域共同发展的大蓝图中。陈永棋表示粤港澳大湾区城市群建设对香港发展很重要。作为大湾区的一部分,香港的金融优势将会在整个大湾区的建设发展中起到重要的作用。香港应该担任好"超级联络人"这个角色,继续担当内地跨境贸易、投融资和商务服务的平台,进一步发挥香港的竞争优势,提升在国际贸易和金融服务中的地位。

第二节 粤港澳大湾区经济一体化的历史进程

一 粤港澳大湾区一体化的阶段进程

粤港澳大湾区最早可追溯到深圳。早在 2014 年,深圳首次把"发展湾区经济"写入当年政府工作报告,报告提出深圳力争打造产业发达、功能强大、开放互动、区域协同的湾区经济,在更大范围、更高层次参与全球经济竞争合作,实现更高质量、更高层级的发展。

此后又不断深化、完善、发展湾区经济概念,最终提出携手周边打造"粤港澳大湾区"的构想。2017 年初,深圳市委全会又将其列入 2017 年工作的"十个重点方向",此后再次将"粤港澳大湾区"写入市政府工作报告。

2015年3月，国家发改委、外交部、商务部联合发布的《推动共建丝绸之路经济带和21世纪海上丝绸之路的愿景与行动》文件中，也提出要打造粤港澳大湾区的概念，同年11月被广东省明确发展为粤港澳大湾区。

2016年3月，国务院印发《关于深化泛珠三角区域合作的指导意见》，提出要携手港澳打造粤港澳大湾区。《意见》指出，构建以粤港澳大湾区为龙头，以珠江—西江经济带为腹地，带动中南、西南地区发展，辐射东南亚、南亚的重要经济支撑带。促进城市群之间和城市群内部分工协作，着力构建沿江、沿海、沿重要交通干线的经济发展带。形成以大城市为引领，以中小城市为依托，以重要节点城市和小城镇为支撑的新型城镇化和区域经济发展格局，积极推动产城融合和城乡统筹发展。

2017年3月，"粤港澳大湾区"首次出现在国务院政府工作报告中，提出要推动内地和港澳深化合作，研究制定粤港澳大湾区城市群发展规划。发挥港澳独特优势，提升在国家经济发展和对外开放中的地位与功能。深圳之所以在2014年就提出发展打造全球科技创新中心"湾区经济"最大的"底气"是形成了优势产业集群。2014年，深圳湾以高新技术园区为龙头已经形成了全市在未来主要的科技创新和总部聚集区，创新创业氛围十分浓郁，聚集了100多家重要的上市公司。而且深圳的目标是要打造产业发达、功能强大、开放互动、区域协同的湾区经济，在更大范围、更高层次参与全球经济竞争合作，实现更高质量、更高层级的发展。

国家发展和改革委员会、广东省人民政府、香港特别行政区政府、澳门特别行政区政府于2017年7月1日在香港签署了《深化粤港澳合作推进大湾区建设框架协议》，这意味着粤港澳大湾区城市群建设已经启动。该协议强调，粤港澳大湾区城市群要"高水平参与国际合作，提升在国家经济发展和全方位开放中的引领作用"。

粤港澳大湾区作为"区经济"的重要"试验田"，近年来受到政策重点扶持发展规划提速，其区域战略地位凸显。

2014年深圳市政府工作报告首次提出"湾区经济"，表示要以"湾区经济"新发展构建对外开放新格局，加快推进粤港澳大湾区合作。

2015年11月，广东省委十一届五次全会审议通过了《广东"十三五"规划建议稿》，在省级政府文件中正式提出了建设"粤港澳大湾区"

的要求。该意见明确提出，创新创新粤港澳合作机制，打造粤港澳大湾区，形成最具发展空间和增长潜力的世界级经济区域。

2016年3月，国家"十三五"规划纲要正式提出，表示"支持港澳在泛珠三角区域合作中发挥重要作用，推动粤港澳大湾区和跨省区重大合作平台建设"。这标志着粤港澳大湾区建设提升至国家战略层面。此外，《国务院关于深化泛珠三角区域合作的指导意见》提出，"构建以粤港澳大湾区为龙头，以珠江—西江经济带为腹地，带动中南、西南地区发展，辐射东南亚、南亚的重要经济支撑带"，明确了粤港澳大湾区的全球重点辐射区域。

粤港澳大湾区发展战略是区域合作深化的成果。作为城市群规划战略的重要组成部分，2017年3月份建设粤港澳大湾区战略被写入2017年《政府工作报告》，未来在政策助力下将加快推进（见表6-1）。

表6-1　　　　　2017年中央层面对粤港澳大湾区的指导意见

时间	职务	姓名	关键内容
3月5日	国务院总理	李克强	推动内地与港澳深化合作，研究制定粤港澳大湾区城市群发展规划，发挥港澳独特优势，提升在国家经济发展和对外开放中的地位与功能
4月11日	国务院总理	李克强	2017年中央政府要研究制定粤港澳大湾区发展规划
5月12日	发展改革委副主任	宁吉喆	大湾区规划跟"一带一路"有关联，同时也是大区域规划的一个重要内容，现在国家有关部门，正在跟香港有关部门紧锣密鼓地对接，研究编制起草相关的规划

2017年3月5日，2017年《政府工作报告》中，提到建设"粤港澳大湾区"，报告表示"要推动内地与港澳深化合作，研究制定粤港澳大湾区城市群发展规划，发挥港澳独特优势，提升在国家经济发展和对外开放中的地位与功能"。

2017年4月8日，在深圳举办的"粤港澳大湾区发展论坛暨一带一路国际经贸合作先导区研讨会"上，深圳前海（蛇口）自贸投资公司首次对外公布了其建设前海妈湾片区的规划：将围绕"一区三方向六平台"，将妈湾打造为"一带一路国际经贸合作先导区"。

2017年4月11日，国务院总理李克强明确表示，2017年中央政府要研究制定粤港澳大湾区发展规划,将推出内地和香港之间的"债券通",目的就是进一步密切内地与香港的交流合作,继续为香港发展注入新动能。

另外,在国家"一带一路"建设中,粤港澳大湾区是"21世纪海上丝绸之路"的重点区域,是对接东南亚、南亚、中东、欧洲等国家的必经之地。2015年3月,"一带一路"顶层设计《推动共建丝绸之路经济带和21世纪海上丝绸之路的愿景与行动》中提到,"打造粤港澳大湾区,充分发挥深圳前海、广州南沙、珠海横琴、福建平潭等开放合作区作用,深化与港澳台合作",未来粤港澳大湾区将利用其区位优势,对接"一带一路"建设。从区域经济规划战略方向来看,粤港澳大湾区战略与深港合作、"一带一路"、自贸区等国家战略与在地理覆盖范围上有一定重合性,同时体现出各区域之间协同性发展要求。

从政府政策来看,粤港澳大湾区已上升为国家战略层面,顶层规划设计正在研制中。自2017年3月份以来,无论是中央、省级,都已相继出台政策大力促进粤港澳大湾区城市群的发展(见表6-2)。同时,各地政府也在积极研制出台一系列政策大力发展湾区经济(见表6-3)。

政府工作报告中提出"研究制定粤港澳大湾区城市群发展规划",目前粤港澳大湾区建设已摆上重要日程。

表6-2　　　　　　　2017年省级层面对粤港澳大湾区的指导意见

时间	职务	姓名	关键内容
3月6日	广东省发改委主任	何宁卡	把粤港澳大湾区建设成为全球创新发展高地、全球经济最具活力区、世界著名优质生活区、世界文明交流高地和国家深化改革先行示范区
3月6日	广东省委副书记	马兴瑞	粤港澳大湾区的建设不仅是城市群的建设,还有经济、社会的发展,也包括交通的互联互通
4月21日	香港特别行政区行政长官	梁振英	未来会重点研究如何接着国家规划使香港人流、物流、资金流进入内地更方便。这些生产要素的流动,对两地共同发展十分重要
5月3日	广东省省长	马兴瑞	立足粤港澳三地,着眼全国发展大局,注重精准定位,坚持问题导向,以最大限度促进人流、物流、资金流、信息流畅通为主要目标,继续深入开展粤港澳大湾区城市群发展规划研究

表6-3　　　　　　　2017年市级层面对粤港澳大湾区的指导意见

时间	职务	姓名	关键内容
3月5日	时任深圳市委书记	许勤	深圳将全面落实习近平总书记系列重要讲话和对深圳工作的重要指示批示精神，按照李克强总理所做政府工作报告部署要求，加快建设国际科技、产业创新中心，携手打造粤港澳大湾区，以特区的使命担当，为全国和全省发展做出新贡献
3月4日	江门市市长	邓伟根	江门市粤港澳大湾区的一员，更是珠江西岸的门户城市。虽然看经济体量和地理位置，江门谈不上举足轻重，但以后的潜力是不可替代的，也是不可或缺的
3月10日	广州市委常委	丁红都	要以加快形成区域综合交通枢纽和信息港为基础，以对接国际投资贸易通行规则和标准为支撑，以打造国际航运、贸易、金融等重大功能性战略平台为抓手，全面加强与港澳的深度合作
3月13日	东莞市市长	梁维东	以港口城市为重要牵引力，发展以海带陆、区域合作的经济模式，充分融入到粤港澳大湾区经济的建设中。借助海洋经济的开发，大力发展湾区经济，实现粤港澳的产业融合及升级
3月17日	惠州市委书记	陈奕威	惠州将加以"两港三网"为重点的基础设施建设，打造更具综合实力的区域枢纽。惠州机场二期改扩建正在紧锣密鼓推进，谋划建设珠三角千万级新干线机场
3月22日	佛山市市长	朱伟	佛山要抢抓粤港澳服务贸易自由化、广深港高铁及港珠澳大桥即将建成通车和深中通道建设等重大机遇。依托粤港合作高端服务示范区这一平台，推动佛山制造业与粤港澳服务业优质项目资源对接，增强佛山产业转型升级的动力
4月12日	珠海市委书记	郭元强	把创新驱动发展战略作为经济社会发展的核心战略，以珠三角国家自主创新示范区为抓手，加快形成以创新为主要引领和支撑的经济体系和发展模式，打造粤港澳大湾区创新高地
4月21日	中山市委书记	陈如桂	中心将主动作为，抓紧谋划，全面加强交通对接、产业协作、环境公治、服务同城，积极融入粤港澳大湾区城市群建设
5月3日	肇庆市委书记	赖泽华	以最大诚意扶企惠企、以最大的力度减负让利、以最大的决心简政放权，出台了一系列力度空前的扶持政策，全力打造粤港澳大湾区连接大西南枢纽门户城市

二　粤港澳大湾区一体化的现状与问题

在小珠三角城市空间整合方面，形成了广佛肇、深莞惠、珠中江三大城市组团内部整合趋势。城市组团，指临近城市间形成空间整合一体化。广佛肇城市组团中，广佛同城化发展显著，2010年连接广佛的佛山地铁一号线开通，广佛同城效应明显；肇庆发展明显落后于广佛，被排除在一体化进程之外。深莞惠一体化不足，2009年提出四纵两横一支的交通线路规划到2017年没有一条完工。珠中江城市组团一体化由于核心城市珠海经济实力不足，短期内难以提上日程。对小珠三角城市而言，如何打破行政区划壁垒，促进要素的自由流动，提供同等的公共服务，是未来区域整合的重要难题。

同时粤港澳大湾区面临的问题同样严峻，例如区域间有坚实的跨行政区制度壁垒、法定性联盟机制尚未建立、缺失跨区域统筹的规划和管理、产业结构同质化和不可持续、存在明显的交通和设施短板、监管制度改革不能与时俱进等问题。

（一）跨行政区的障碍与关税壁垒

粤港澳大湾区城市群规划建设启动在即，跨行政区的制度壁垒成为首先要面临的问题。粤港澳大湾区建设要求三地分治下，基于自发性市场导向的"分割蛋糕"，转变为三地共治下基于"一国两制"制度安排的"做大蛋糕"。粤港澳大湾区建设要求三地从各自为政、各设关卡的制度藩篱，转变为互联互动、与时俱进的制度创新设计。

首先，"一国两制"下广东与香港、澳门的合作仍面对不可逾越的行政制度壁垒。特别是香港内部当前面临"泛政治化"和"立法会乱象"，导致很多旨在制度创新的合作领域被阻挠甚至搁置。如广深港高铁的"一地两检"制度迟迟不能破冰，原因就在于香港立法会的拖沓和纠纷。

其次，三地由于利益博弈而自设制度屏障。例如在金融放开方面，香港的金融体系和监管制度与内地有所差异，一些基于宏观审慎的金融领域没人敢碰。人才流动方面，香港对内地高端人才的引进力度甚小，长远来说对香港保持金融业和专业服务业竞争优势，发展创新及科技产业有百害无一利。

再如在合作园区建设方面，港澳地区出发点在于对土地的开发权和使用权，而自贸试验区片区出发点则在发展经济。利益诉求的差异使得制度设置更为固化，合作推进速度较慢。

最后，涉及一些不熟悉领域的制度创新，对传统政府部门和公务员提出了难题。基于改革的风险性，以及政府免责机制的不完善，很多亟须制度改革的领域不了了之。香港公务员体系沿用港英时代的架构和人员，擅长执行，不擅长制度设计。而且特区政府一直信奉"小政府、大市场"的不干预理念，对制度和政策设计的重要性理解不深。深圳前海设置了管理局，引进了一批专业人员从事经济政策制定和行政管理，亦设置了对港合作事务处，但仍处于发展的初步阶段。广州南沙新区沿用之前的区一级政府管理架构，公务员队伍的考核和知识储备与自贸试验区制度创新需求不匹配。根据对自贸试验区一些知识密集型机构的调研，国际金融领域、新兴业态领域等涌现的新问题，一般政府职能部门和工作人员无法解决。

（二）法定性联盟机制尚未建立

虽然，有利于促进粤港澳大湾区之间深度合作的制度安排已经开展多年，但三地在基于湾区经济层面的深度合作仅仅处于初步阶段。三地政府在联盟机制的设立上仍未有重大突破，目前的合作仍以自发性的产业和投资贸易合作为多。

香港政府方面，在与内地深化合作议题上，"一带一路"的作用备受关注。与"一带一路"建设愿景的热度不同，以深圳前海、广州南沙和珠海横琴自贸片区为支点的粤港澳大湾区建设体系，并没有得到香港特区政府方面的全面深入关注。

澳门政府方面则侧重和横琴的通关和投资合作两个方面，对整合三地资源的机制设计探讨研究亦比较少。目前珠三角与港澳合作呈现出这样的特征：前海与香港较为紧密的市场合作；澳门和横琴比较紧密的政府主导合作；南沙与澳门和香港的合作则较为松散。基于粤港澳大湾区各城市之间，及港澳政府之间法定性的联盟机制，没有得到整体性和一致性的思考和顶层设计。

（三）跨区域规划管理及统筹的缺失

即使在中国内地也存在不少问题。由于大湾区多分属不同行政区划，难以统筹协调，导致跨区域湾区往往面临开发无序、疏于保护的突出问题。一方面，规划体系不健全，导致目标难一致、资源难共享、发展难协同。目前，尚缺乏站在国家层面针对大湾区的统一规划，湾区内现有规划编制多以属地政府城市总规划为基础，导致同一湾区在产业发展、基础设施建设、生态环境保护等方面低水平重复建设，保护不同步、资源不共享。规划执行上，由于跨区域湾区缺乏高层次统一领导，行政壁垒突出，保护与开发难以采取联合一致的行动，一些重大生态保护问题悬而不决，一些关系湾区发展的重大设施布局与建设时序难以匹配衔接。

另一方面，管理体制机制上竞争大于合作，政出多门、多头管理，跨区域、跨部门保护尚未形成合力。跨行政区域的湾区保护上，自扫门前雪、地方利益思想占据主导，过于注重所有权控制，不能搁置争议从保护好整个湾区生态大局出发共同开发。跨部门管理"政出多门"问题突出，海洋、环保、海事等部门职能交叉、多头执法、越位缺位并存，设施等资源难以共享、管理监督各自为政。

（四）产业结构同质化和不可持续

湾区产业结构和层次有待提升，一些湾区还处在层次较低、发展粗放的阶段，即使是经济密度和开发强度相对较大的湾区也存在"低小散弱"不可持续的问题。

首先，产业同质化、产业布局雷同。湾区依托岸线和港口优势，都竞相建设大型港口，港区高标准重复建设，往往造成大港功能闲置；各湾区产能过剩和低质化并存，以资源开发和初级产品生产为主，缺乏核心竞争力，也缺乏大空间范围内的产业协同思维。

其次，新兴特色产业和引领性项目缺乏。大多数湾区产业链长、带动能力强、具有重大影响力的大项目引进力度不大，新兴产业总量较小，高端"龙头"项目不多，高新技术产业产值比重不高。海洋科技自主创新和科技成果转化能力也不能满足湾区海洋经济发展需求。

最后，资源利用效率偏低和要素保障不足的矛盾并存。一些湾区开发建设方式粗放，部分岸线资源没有按照相关规划进行合理利用，部分县（市）、区业主码头岸线所占比例过高，总体利用效率不高；一些湾区部分园区土地利用率、亩均税收、投资强度偏低，滩涂围垦存在围而不能用、用而未批的问题。与此同时，一些湾区要素保障日益紧张，部分重点区块、重大项目融资难、开发进度放缓，一些重大项目无法落地。

（五）监管制度改革不能与时俱进

1. 香港土地建筑规制僵化

香港很多管制措施沿用港英政府时期颁布的政策，未能与时俱进进行修改。除了不合时宜、阻碍经济发展外，还间接引致政治和民生问题。如郊野公园和荒地滩涂的开发，有利于解决香港土地房屋造成的社会撕裂，但由于土地开发一直沿用港英时代颁布的《法定图则》，一块土地从生地到熟地需时 5 至 11 年，严重拖缓民生工程的进度。开发最容易的落马洲河套地区，由于香港土地和建筑开发的僵化规制，从土地平整到落成要经过重重论证，耗时 7 年。相较深圳前海的高效建设进程，这样低的建设效率会错失更多与珠三角合作发展新兴经济的时机。

2. 各地的行业地方保护

香港有些传统的优势服务业为了保持其行业权威和经济地位，长期不对内地放开。如执业医师和执业律师等专业服务业领域的人才，引进力度相当小，除了不利于香港本地医疗服务和法律服务人才的供应，还限制了香港专业服务向内地输出。

面对香港人口老龄化和高端人才缺失的困境，特区政府推行"优才计划"，但由于冲击了本土人才的既得利益，来港人才数量备受限制。自贸试验区尽管划出专门的区域对接港澳合作，但基于本地重点行业的发展，若港澳对其造成较大冲击的，亦采取限制的政策。如广州、深圳、香港三地航运业之间的竞争和保护等。

3. 边境管制阻碍资源流通

第一个要解决的就是跨境合作的问题。尽管已有了上述的制度合作、产业分工合作基础，但粤港澳三地是三个关税区域，仍存在关税等边境管治问题，各种资源要素的流动依然要受到边境管制。此外，在"一国两制"的政策下，粤港澳三地的经济制度、社会制度还是有差异的，这些都会为三地区域的合作带来挑战。

4. 金融风险监管差异大

其实是基于风险防范考虑：自贸试验区采取"一线放开，二线安全高效管住"的宏观审慎态度，主要基于海关和金融两个领域高风险、难监管的特征。

相较自贸试验区对金融和通关监管的不断开放，香港对金融业的监管却显得更多严格和保守。相较内地线上支付及其衍生产品的发展，香港基于金融安全，线上支付一直管制较为严格。

第三节　粤港澳大湾区经济一体化与自由贸易区

一　粤港澳大湾区自由贸易区的布局

粤港澳大湾区自首次在中国政府工作报告中正式亮相后，学界、政界、业界、媒体均予以广泛关注。粤港澳大湾区城市群发展规划首次写入国务院总理李克强的政府工作报告，表明粤港澳大湾区发展问题提升到了国家发展战略层面，粤港澳大湾区城市群发展规划已放到国家发展中一个非常重要的位置。

把该规划上升到国家战略，主要是出于发挥港澳在国家发展中的独特作用，利用粤港澳大湾区在对外开放新格局中具有独特的优势，服务国家"双向"开放、解决港澳经济转型发展问题的瓶颈、助力国家一带一路建设、突破前海自贸区发展这四大方面的考量。

（一）国家"双向"开放的重要平台

发挥"一国两制"的制度优势，粤港澳大湾区向外依托香港和澳门两个自由港实现与国际市场对接，向内与"泛珠三角"和广大内地市场相连，粤港澳大湾区自身通过 CEPA 安排实现粤港澳服务贸易自由化。

建设粤港澳大湾区更好地发挥港澳独特优势，提升港澳特区在国家经济发展和对外开放中的地位与功能。香港和澳门两个特别行政区高度国际化，在"一国两制"下拥有许多独特的优势。近年来，香港在中国内地对外直接投资和外商对中国内地直接投资的份额都迅速上升，有高达 70% 的外商直接投资来源于香港，同时有 50% 左右的中国内地对外直接投资经过香港。

华南城市研究会副会长孙不熟认为三角洲经济在内涵上更强调对内辐射、带动腹地发展；湾区经济则更强调对外连接、抢占全球产业链的制高点（见图 6-2）。粤港澳大湾区能够更好地利用"两个市场、两种资源"，探索社会主义市场经济的体制优势、规则优势和竞争优势，在国家"双向"开放中发挥重要平台的功能。因此，做好粤港澳大湾区城市群发展规划，可以更好地突出和发挥香港和澳门在国家新时期对外开放中的地位和作用。

220　未来之路——粤港澳大湾区发展研究

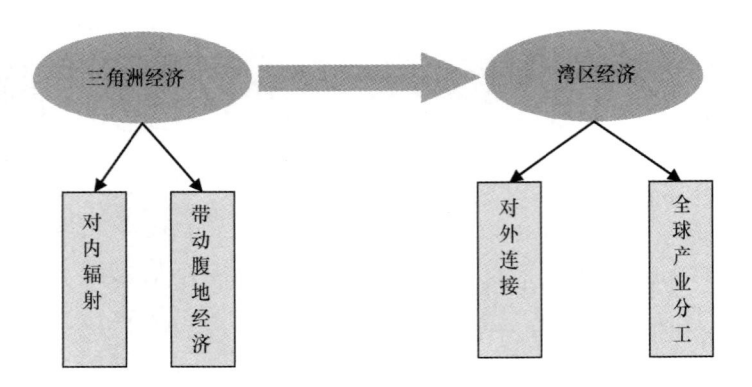

图 6-2　三角洲经济与湾区经济的转型

资料来源：搜狐财经网。

（二）助力"一带一路"建设联动

"一带一路"建设统领"十三五"时期对外开放全局。建设粤港澳大湾区已经是国家战略，成为"十三五"规划一个重要内容，成为推进"一带一路"的重要构成部分，成为泛珠深化的一个重要组成部分（见图6-3）。

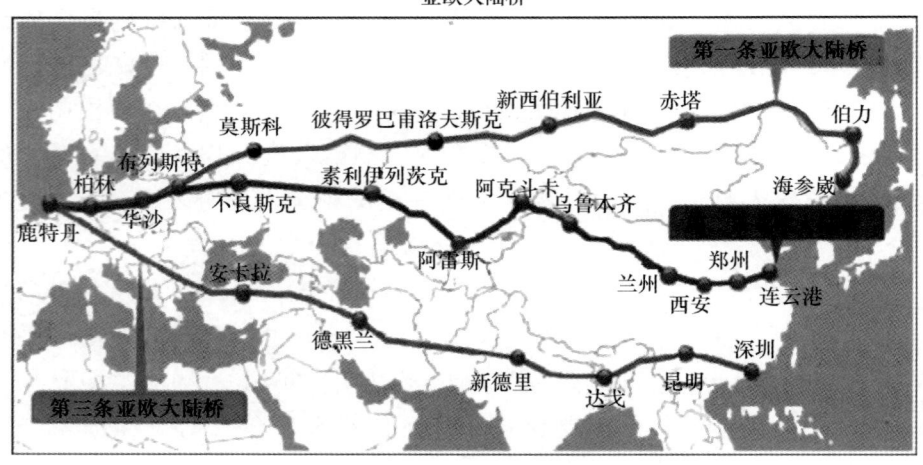

图 6-3　"一带一路"激活新亚欧大陆桥

资料来源：搜狐财经网。

2013 年 9 月和 10 月，国家主席习近平在出访中亚和东南亚国家期间，先后提出共建"丝绸之路经济带"和"21 世纪海上丝绸之路"的重大倡议，得到国际社会高度关注。2016 年 3 月 28 日，国家发展改革委、外交部、商务部联合发布了《推动共建丝绸之路经济带和 21 世纪海上丝绸之路的愿景与行动》。

随着"一带一路"成为时代命题，作为改革开放重要前沿，具备特区、湾区叠加优势的深圳，提出到 2030 年，建成全球一流湾区城市。深港地处亚太主航道，承担着粤港澳大湾区交通枢纽的重要职能，是深圳湾区新岸线建设的重要节点，也是发展湾区经济、建设海上丝绸之路桥头堡的重要战略支点，面临着重大的历史机遇和重要平台。

1. 战略的地理支点

推进"一带一路"建设需要在沿海和沿边构建若干重要的支点和节点。港澳大湾区的地位在国家的相关文件上有三个表述，一个是叫作 21 世纪海上丝绸之路的要冲，一个是通往东南亚、南亚、中东、欧洲"一带一路"沿线国家的必经之地，还有一个是国家经略南海的支点。

2. 战略的经济支点

就经济规模、基础设施以及对外贸易、国际投资和国际金融等各个功能领域方面，内地目前还没有任何一个区域可以和粤港澳地区相媲美。从全国范围来看，粤港澳是环绕南海最发达的区域，其中香港是全球重要的金融中心之一，证券资本市场发达，澳门是中葡经济合作的重要平台。粤港澳大湾区是全球重要的航运中心，拥有全球第三、第四大集装箱港口，区内拥有香港、广州等国际枢纽机场。广州南沙、深圳前海（蛇口）和珠海横琴三个自贸园区是"引进来"和"走出去"的重要平台（见图 6-5）。因此，建设粤港澳大湾区，能够为"一带一路"提供重要的国际运营中心。

作为"中国与葡语国家商贸合作服务平台"，澳门将充分发挥对内联系粤港澳大湾区城市群和泛珠三角地区，对外联系葡语、拉丁语国家及"一带一路"沿线国家这两个层面之间的"精准联系人"角色，成为企业"走出去""引进来"的桥梁。

"区域商贸合作服务平台"指澳门可以围绕"三个中心"具体目标：

即中葡经贸合作会展中心、葡语国家食品集散中心和中葡中小企业商贸服务中心，大力发展特色金融，建设"中葡商贸合作服务平台"，逐步发展成为中国与葡语国家及"一带一路"沿线相关国家的产品展销中心，并构建区域性商贸和电子商贸服务平台。

一方面，粤港澳大湾区定位于对外开放，目标打造世界级湾区经济，另一方面，粤港澳大湾区是我国"一带一路"建设的重要补充，是"21世纪海上丝绸之路"的重要节点。可以看出，从区域发展定位上，粤港澳大湾区是我国对外开放的重要窗口，港口相关产业链受益程度较高。

从粤港澳大湾区的各港口功能看，目前阶段粤港澳湾区多数港口大都以集装箱运输为主，主要运输区域趋同，相互之间分工和职能定位不明确，同质化竞争和重复投资严重，而粤港澳大湾区建设战略着眼于区域间的相互融合、共享湾区资源，未来港口群内部将形成等级、功能定位明确的有机群体（类似于东京湾区七大港口资源互补的模式发展）。

建设粤港澳大湾区将加快产业结构升级，进一步提高土地利用效率。建设"湾区经济"往往伴随着产业转型升级，尤其是珠三角地区劳动密集型的制造业将进一步向先进制造业和现代服务业升级，利好土地价值提升。一方面，在产业先进化、技术化的转型过程中，土地空间资源配置更加优化、土地使用更加高效；另一方面，产业转型伴随着产业迁移，第三产业向中心城市聚集的同时传统制造业外迁，创造更多土地需求，开发投资效率将趋于上升（见图 6-4）。

另外，湾区建设将吸引高技术人才流入，核心城市聚集效应利好地产产业链。未来伴随湾区建设深入推进，珠三角等核心城市有望受益湾区"人才高地"建设，尤其是深圳、广州，中心城市的人口聚集效应将利好地产产业链。

（三）破除港澳经济发展瓶颈问题

近年来香港和澳门的经济发展乏力，主要有四点问题：第一，传统香港澳门社会趋于保守，部分企业缺乏参与区域合作的进取心，与广东珠三角地区的快速发展和创新驱动形成鲜明对比。第二，香港澳门经济规模微小，资源禀赋和比较优势相对单一，在区域合作中处于较不利位置。第三，澳门大多数企业规模微小，处于相对弱势状态。第四，在博彩业一业

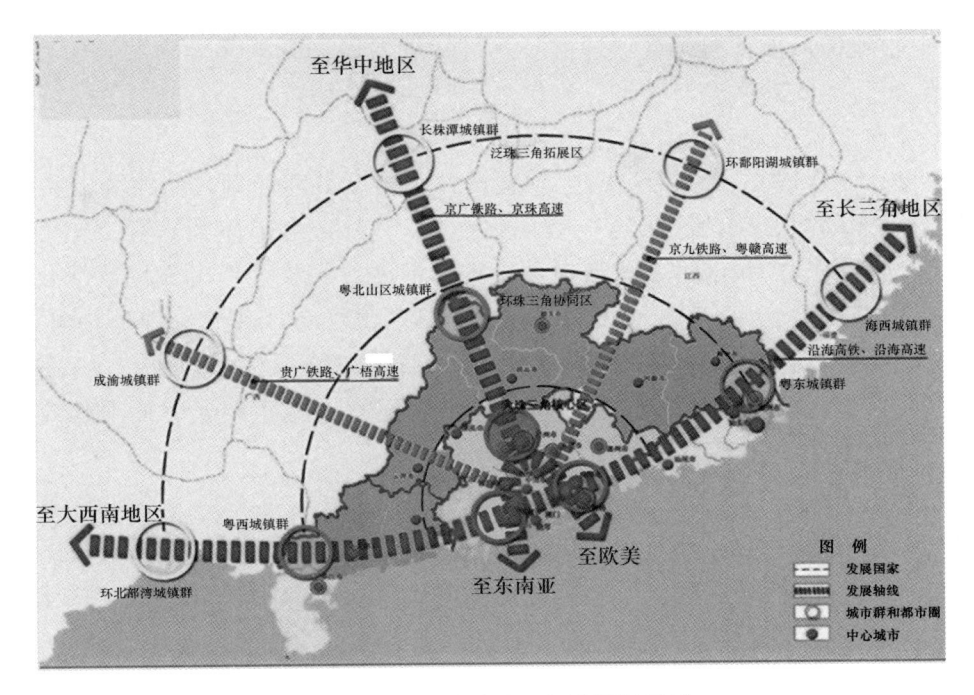

图 6-4　粤港澳大湾区经济辐射区域

资料来源：新浪财经网。

独大背景下，澳门非博产业基础相对薄弱，澳门城市建设和城市基础设施发展相对滞后。

建设粤港澳大湾区助推港澳经济转型发展，确保港澳地区的繁荣稳定成为粤港澳大湾区发展的使命之一。在经济全球化和区域一体化下，港澳经济自 21 世纪以来转型发展面临着一些问题，通过开展粤港澳大湾区城市群发展规划，有利于港澳更好地拓展自身经济功能和营商规则优势，更好地融入内地改革开放进程中，从而解决内部经济发展问题，顺利进行经济转型。

粤港澳区域一体化和产业分工趋势明显，推动粤港澳协同发展，以国际一流湾区为标杆，以国际通行的湾区经济发展理念为指导，进一步优化功能布局、加快区域融合发展，促进港澳与周边地区更紧密合作，从而更好地融入国家经济发展体系。有利于巩固和提升香港国际航运、金融、贸易中心地位，推动澳门产业适度多元可持续发展，为港澳未来发展赢得广阔空间，推动港澳经济转型，确保港澳长期繁荣稳定。

（四）实现前海自贸区的持续发展

2015年3月，"一带一路"顶层设计《推动共建丝绸之路经济带和21世纪海上丝绸之路的愿景与行动》中提到，"打造粤港澳大湾区，充分发挥深圳前海、广州南沙、珠海横琴、福建平潭等开放合作区作用，深化与港澳台合作"，未来粤港澳大湾区将利用其区位优势，对接一带一路建设。从区域经济规划战略方向来看，粤港澳大湾区战略与深港合作、"一带一路"、自贸区等国家战略与在地理覆盖范围上有一定重合性，同时体现出各区域之间协同性发展要求。

2017年3月29日，国家发改委、外交部、商业部经国务院授权发布了《推动共建丝绸之路经济带和21世纪海上丝绸之路的愿景与行动》，提出要充分发挥深圳前海、广州南沙、珠海横琴、福建平潭等开放合作区作用，深化与港澳台合作，打造粤港澳大湾区。

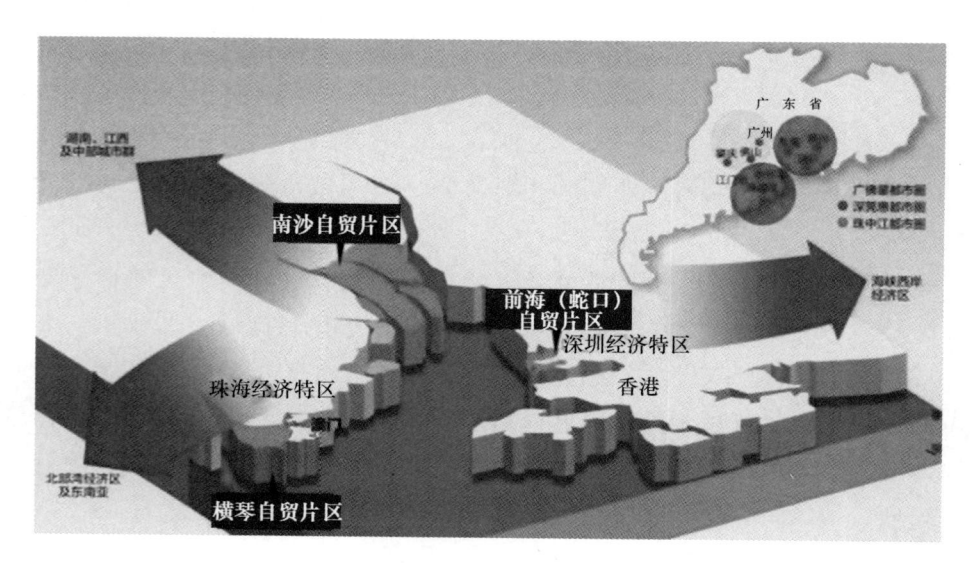

图 6-5　粤港澳大湾区内的三大主要自贸区

资料来源：新华网。

二 自由贸易区对湾区一体化的意义

切实发挥广东自贸试验区先行先试作用，依托前海、南沙和横琴三大支点，发挥集自贸区、经济特区、国家级新区、综合配套改革试验区等综合优势，以国家一带一路建设枢纽为导向深化与港澳地区合作，加快建成粤港澳大湾区门户枢纽。

（一）前海（蛇口）作为湾区的核心引擎

前海自贸区作为粤港澳大湾区的大热门，从 2013 年 6 月至今，前海注册企业实现增加值 3814 亿元；2014 年初至今，完成税收收入 667 亿元。至 2017 年 1 月，前海对港企出让土地面积达到 33.5 万平方米，占总出让土地面积 72.02%，是深港合作的核心平台，也是香港人到内地工作、定居地之一。

1. 促进区域内贸易增加

深圳前海发展跨境人民币业务，拓展了人民币清算、结算的渠道，周边各国在同中国进行经贸往来中对于使用人民币结算的需求更加强烈。使用人民币进行贸易结算有两点好处，首先，如果在贸易中使用第三国货币进行结算就必须先将人民币兑换成第三国货币，这样由于货币交付不是即时的，如果第三国货币的汇率发生了变化，则导致之前持有的第三国货币的价值发生变化，对企业造成不必要的损失。其次，减少货币兑换过程中产生的兑换成本即兑换手续费，所以通过人民币进行贸易结算大大推动了区域贸易发展。同时不可忽略的是虽然中国每年的贸易顺差数额巨大，但是面对汽车和电子产品的大量需求，中国对韩国和日本等国通常保持贸易逆差，随着使用人民币进行跨境贸易结算的规模逐渐扩大，将进一步加剧逆差的程度，有利于人民币对外输出，从而增加使用人民币进行跨境贸易的结算量。

2. 促进区域经济合作加强

随着中国与周边各国贸易往来愈加频繁，当人民币对周边各国的使用范围和频率逐渐增加后，人民币储备和投资的职能就越发凸显，对人民币的依赖和需求也会进一步增加，区域经济联系将会更加紧密，随着中国—东盟自由贸易区的建立，探索投资的深度和广度、放松进出口限制、寻求更加紧密的合作方式成为中国与周边各国合作的共识。

3. 促进区域金融合作加强

深圳前海发展跨境人民币业务促进粤港澳和周边各国的金融合作，因为在人民币自由兑换程度较低的形势下，在跨境贸易人民币结算过程中有可能会出现人民币需求大于供给的情况，要求中国与周边各国加强金融方面的沟通协调，扩大货币互换协议的规模，以满足日益增长的人民币结算需要。

4. 对深港合作金融发展的影响

就国家层面而论，首先要考虑的是前海的进出境贸易人民币结算项目能够连接香港境外的人民币市场，制造全新的途径为人民币实现回流做好准备，进一步促进人民币的国际化，借由推动以人民币为标的的资金的进出境流通与革新，形成人民币的投融资与存储，有利于人民币的"走出去"过程顺利展开。其次需要考虑的是，可以通过建构一个相当稳定的金融体系来进一步加大深圳前海与香港之间的合作；而香港与深圳的"轴心"的作用也能在前海市场的开放与完善下得到进一步的稳定与支持。再次，"先行先试"带动整个社会运行体制机制的创新，并以制度创新的绩效示范全国。最后要考虑的是，前海开发区的完善能够促进香港的某些行业与内地市场密切合作，不断扩展服务区域和市场空间，推动与内地经济发展实现优势互补，同时更好地实现资源的合理配置，为构建具有国际竞争力的城市群打好基础。

从香港视角来看，在政治方面，两地的经济融合可以让香港各界深切体会香港的发展同国家的发展整体利益息息相关，有利于香港的管治团队全面准确理解并贯彻"一国两制"。从经济视角来说，前海的企业可以到香港进行人民币的融资，这对于香港境外人民币项目的发展具有很大的促进作用。而通过前海的"跳板"作用，香港服务业能够拓宽尽可能多的内地市场，完成现代服务业资源配置与产业升级。

从深圳视角来看，前海地区优惠的税收条件、多渠道的融资平台与深港跨境业务的开放是机构投资者看好前海的主要因素，深圳以前海为平台，可以吸引更多外资金融机构落户深圳，在双向跨境贷款、跨境贸易人民币结算、人民币债券承销、人民币理财产品等方面加强合作，双方互利互赢共同发展，使前海成为深圳金融业走向国际、向国际金融机构看齐的重要基地，深圳金融机构可以更多地向国际金融机构学习先进的管理理念方法、公司运营和创新机制，进一步提升金融服务业水平。可以引进低成本的香港人民币资本，构建人民币双向贷款渠道，帮助前海对外贸易开放及关键领域的发展，另外努力获取尽可能多的前海公司能够在香港发售债券，畅通资金运营与实体经营的渠道，解决"民间资金多、投资难"而"中小企业多、融资难"等突出矛盾，舒缓深圳及珠三角企业的融资困难。

为提高实体行业运用金融资本的水平和手段，可以借由提升深圳实体行业的革新水平，来引领和帮助股权投资资金的改进，加强融合科学与金融的联系，推动在前海进行场外贸易市场的改革、金融业全面发展、资金业务的对外开放等金融体制机制革新和业务模式革新。前海区域金融发展项目打造创投中心、场外交易中心、对冲基金中心和人民币离岸中心，将对证券业尤其深圳证券业影响深远，能够创造新的利润增长点，增加国际业务收入，拓宽融资渠道。参与前海开发建设的企业、本地优势券商和银行、信息服务行业和贸易、仓储及物流增值服务的企业都将获得极大发展机遇和空间。

（二）横琴、前海、南沙制度创新比较

制度建设与区域发展定位关系密切。作为"特区中的特区"的横琴、前海和广州南沙3个新型区域，由于各自的区位、资源禀赋和在港澳合作中的发展定位不同，在深化粤港澳合作过程中，它们将错位发展，构筑各具特色的粤港澳合作平台，因而其制度创新诉求也有不同的侧重点。

1. 横琴、前海、南沙三地制度创新上的共性特征

横琴、前海、南沙3个新型区域虽然区位条件和发展定位不同，但三者都位于珠三角地区，且其均以与港澳地区开展深层次区域合作为定位，故横琴、前海、南沙在制度创新方面必然存在共性。根据《珠海经济特区横琴新区条例》《深圳经济特区前海深港现代服务业合作区条例》《国务院关于支持深圳前海深港现代服务业合作区开发开放有关政策批复》《国务院关于横琴开发有关政策的批复》及国家发改委《关于报送支持深圳前海深港现代服务业合作区开发开放的有关政策的请示》的批复函，可以发现，横琴、前海、南沙3个新型区域制度创新有3个方面

的共性特点。

（1）横琴、前海、南沙3个新型区域的制度创新均以构筑粤港澳高水平合作平台为基本目标。针对目前粤港澳经济运行机制尚未实现有效对接，影响粤港澳深度融合的问题，3个新型区域制度创新的着力点都是不断消除粤港澳经济合作的制度障碍。具体做法是，最大程度利用中央给予的"先行先试"政策优势，按市场经济发展要求改革经济社会宏观及微观管理模式，促使其经济运行机制、社会运行机制及行政运作机制与包括港澳在内的国际惯例接轨。如商事登记去行政化、出入境便利化及规范化、法律服务互适化等，营造粤港澳合作及深度整合的高水平制度平台。

（2）横琴、前海、南沙3个新型区域均为区域经济发展"增长极"，其制度创新体现出加大力度优化发展环境的特性。如在行政管理制度上谋求突破传统的政府行政管理模式，通过设立管理局或管委会，提高经济运行效率；出台税收优惠政策，吸引更多的港澳及海内外多种要素进入，促进区域经济发展活力；在土地制度上提出视具体情况围填海用于发展建设，为新区提供更大的发展空间。

（3）横琴、前海、南沙3个新型区域仍处于向中央要政策的制度创新"初级阶段"。目前所出台的创新性制度安排尚缺系统规划，并在一定程度上具有模糊性，制度安排的用词大多数还停留在"支持""探索""允许"等试探性词语上。

2. 横琴、前海、南沙三地制度创新上的差异性

3个新型区域定位不同，其制度创新也因着力点不同而存在差异。横琴在区位上紧邻澳门，承担着为澳门经济"适度多元化"提供协作及促进粤澳合作的职能，因而其制度创新明显倾向于与澳门的对接及融合，着力构建自由贸易区。如对关境实现"分线"管理，即划定横琴与澳门之间的"一线"和横琴与内地之间的"二线"，使海外货物能自由跨入"一线"而不被视为进入中国关内，免征收相应海关税款；国内货物跨越"二线"进入横琴被视为出口，享受出口退税政策；按照"一线"放宽、"二线"管住、人货分离、分类管理的原则实施分线管理，允许横琴居住人员；允许横琴建设商业性生活消费设施和开展商业零售等业务，发展旅游休闲、

商务服务、金融服务、文化创意、中医保健、科教研发和高技术等产业。

前海的发展以深圳较好的金融环境及紧邻香港这一国际性金融中心为基础，在制度创新中重点突出了金融创新，提出将其打造成中国的曼哈顿。在《国务院关于支持深圳前海深港现代服务业合作区开发开放有关政策批复》中，中央政府特意针对前海的金融制度创新进行了批复，要求建设我国金融业对外开放的试验窗口。

为此，其制度创新主要集中在积极探索金融创新方面，具体有：构建跨境人民币业务创新试验区；设立在前海的银行机构可发放境外项目人民币贷款，香港银行机构对设立在前海的企业或项目可发放人民币贷款；在前海注册、符合条件的企业和金融机构在国务院批准的额度范围内，可在香港发行人民币债券，用于支持前海开发建设；允许设立前海股权投资母基金；允许包括香港在内的外资股权投资基金在前海创新发展，积极探索外资股权投资企业在资本金结汇、投资、基金管理等方面的新模式；根据国家总体部署和规范发展要求，允许试点设立各类有利于增强市场功能的创新型金融机构，探索推动新型要素交易平台建设，支持前海开展以服务实体经济为重点的金融体制机制改革和业务模式创新等。

南沙新区综合多元性及辐射性强的特点，要求其制度创新系统化进行，以满足发展需求。具体包括：在财税上设立"南沙发展基金"并给予专项补助资金，在一定期限内按15%税率征收企业所得税并可"三免三减半"，率先进行增值税扩围和深化增值税转型改革等；在金融创新方面，支持建设国家金融综合配套改革试验区和国际性加工贸易结算中心，建设航运交易所和华南商品期货交易所，发展离岸金融、融资租赁、产业投资基金，试点外汇制度改革；在土地管理制度创新方面，扩大南沙规划范围，用地计划指标由国家单列并在指标安排上予以倾斜，允许港澳企业与内地企业成立项目公司进行土地一级开发和连片开发，对以土地作价入股参与具体项目建设的，不视为土地使用权转让；在口岸管理创新方面，支持探索粤港澳游艇出入境便利化措施，并试点"两地牌一证通"政策；建立"一地两检"农产品检验检疫制度，将南沙港区口岸作为汽车整车进口口岸，授权南沙相关机构签发赴港澳通行证业务；在科教及人才管理制度创新方面，支持粤港澳在南沙合作建设国际教育合作特区，率先实现内地、港澳及国际职业资格"一试三证",支持开展与港澳社会保障服务衔接和居住证改革试点。

(三) 粤港澳合作制度创新方面存在的问题

虽然横琴、前海、南沙3个新型区域在进一步推动与港澳的融合上,都进行了一定的制度创新。但目前无论是粤港澳整体合作的制度创新,还是横琴、前海、南沙3个新型区域在推进粤港澳合作方面的制度创新都不同程度地存在一些问题。

目前粤港澳间合作的制度安排依然停留在"框架性"协议上。"框架性"协议在一定程度上只是一种三地政府间的"政治宣言"或者"政策声明",都是意向性、倡导性的主张,缺乏明确的权利和义务,不具有可诉性和强制执行性。"框架性"协议无法很好地约束三地政府行为,以有效避免由于利益冲突导致的"囚徒困境"。

从横琴、前海、南沙3个新型区域制度创新的共性上看,这3个区域的制度创新只是停留在各个领域表面的制度安排,具有试探性,并没有明确具体实施计划与时间表,存在大量不确定性。大多数新的制度安排只是为了传达一种制度创新信号,缺乏可操作性。

从横琴、前海、南沙3个新型区域制度创新的个性上看,这3个区域的制度创新应重点突出"落地性",形成相互错位又相互补充的创新性制度安排。但从目前三地的制度安排来看,三地制度创新中的"共性"过多而"个性"不足。三地制度创新向"同质性"方向发展,无法突出自身不同的区位特征与发展特点,从而难以形成不同层次的错位发展及相应的制度创新。

此外,在粤港澳融合的制度创新中,对三地之间合作协调机制的创新力度不足、制度设计多数为单方推出而较少考虑对方的"制度需求"、进度滞后等是目前粤港澳制度创新中存在的主要问题。粤港澳三地政府间已签署的各框架协议和建立起来的联席会议往往流于形式,真正推动三地合作方案实施的并不多。

(四) 三地深度融合的基本思路

1. 推动粤港澳三地经济发展政策的融合

要想实现粤港澳三地深度融合,单靠市场力量是不够的。三地政府必须运用政策融合的方式，发挥其重要推动作用。所谓政策融合，是指粤港澳三地政府在推动三地合作走向深度融合方面的政策，必须坚持充分互信、统一思路和协同性原则。政策融合应该建立在直面相互衔接的障碍、充分交流政策需求的基础上，使制度创新能最大限度减少各地政府之间在利益上的相互博弈，避免出现各自为政的"诸侯经济"，有效推动粤港澳三地合作走向深度融合。

2. 促进粤港澳三地市场运行机制的融合

按照美国经济学家巴拉萨对一体化的定义，区域经济一体化就是指产品和要素的移动不受到任何歧视和限制。由于经济合作是区域融合最为基础的内容，同时，在"一国两制"的制度环境下，要素在粤港澳之间的移动受意识形态影响最小，所以粤港澳三地深度融合应以三地之间市场运行机制的深度融合及对接为着力点。所谓粤港澳三地市场运行机制的深度融合，是指粤港澳三地在要素流动、企业经营环境、审批制度、金融及融资制度、财税制度、行业标准等关于市场运行的方方面面实现真正的无缝对接。把3个经济体的市场摩擦降到最低，减少不必要的交易成本，努力使负的外部性内部化。

3. 推进粤港澳法律体系操作的融合

法律是一个国家、一个地区稳定发展的基石，经济融合要以法制融合为后盾。目前，粤港澳三地法制上的差异，使三地不同的经济主体在合作过程中没有可一致遵守的法律准则，丧失经济融合过程中的可预期性，导致经济融合过程存在混乱。要使粤港澳三地成为一个稳定的整体，实现三地深度融合的愿景，就必须以三地法律体系互相适用为保障。所谓三地法律体系深度融合，是指粤港澳三地在立法、执法上需进行全面深入的合作，以形成统一适用的法律规范、执法标准和执法尺度，在执法、审判、纠纷解决上有同样的标准。

横琴、前海、南沙三地作为粤港澳深度融合的3个创新性平台，在粤港澳深度融合过程中应根据自身特点，因地制宜地在如下几个方面积极探索：

（1）先行先试

横琴、前海、南沙3个新型区域在探索粤港澳深度融合方面有两个重要职能：一是构建粤港澳深度融合各具特色的发展平台，带动并促进粤港澳以至内地与港澳地区的合作与发展；二是探索区域合作及国际合作经验，并在运作成熟之后向内地推广，以促进内地体制改革及对外开放走向深入。为此，横琴、前海、南沙3个新型区域在探索粤港澳深度融合方面应该发挥"先行者"角色，利用并落实好中央赋予的"先行先试"相关政策优势，解放思想，鼓足勇气，积极探索有利于粤港澳深度融合的制度安排，在经济社会各个领域开展制度创新并积累相关的区域一体化经验。

（2）错位融合

虽然横琴、前海、南沙3个新型区域都位于珠三角，且以建设高水平粤港澳合作平台为基本定位，但是，由于这3个新型区域的区位条件及具体产业发展定位存在着明显差异性，因此，其各自在推进粤港澳深度融合的制度创新方面，应该体现出因地制宜、各有侧重及错位融合的特点，促使相关制度创新能够向纵深方向推进。只有这样，横琴、前海、南沙3个新型区域才有可能在较短时间内，最大程度发挥制度创新所带来的"规模效应"，在制度创新方面获取 $1+1+1>3$ 的收益。

（3）协调推进

横琴、前海、南沙3个新型区域在粤港澳深度融合的制度创新方面，需遵循错位融合原则，但由于它们均为珠三角成员及粤港澳深度融合的重要主体，因此在推进粤港澳深度融合制度创新时，应该相互交流和学习相关成功经验，使制度创新能协调推进，有效避免相互间为争夺一时的合作资源，追求政绩而竞相出台"恶性竞争"优惠政策，造成3个新型区域间的摩擦、对抗及资源浪费，影响粤港澳深度融合平台建设进程。

第四节　粤港澳大湾区经济一体化与共同市场

进入21世纪，粤港澳经济合作的格局也在不断发展，大致经历了两个阶段：第一阶段是实施CEPA协议，为粤港澳经济合作奠定基础。这一阶段主要采取消除关税壁垒，便利通关政策；全面提升产业合作，经贸合作日趋多元化；加强基础设施建设，打造粤港澳共同生活圈。第二阶段是在

《珠江三角洲地区改革发展规划纲要（2008—2020年）》指导下，深化粤港澳合作与创新。主要采取深化改革开放，探索粤港澳合作新模式；推进重大基础设施对接，加强社会服务一体化建设；深化粤港澳金融合作，推动粤港澳科技创新等措施。"十三五"时期是深化粤港澳合作发展的黄金期和机遇期，从国家战略全局和长远发展出发，站在新的历史起点上及时总结经验，进一步推动粤港澳区域深度经济合作。

一　粤港澳大湾区共同市场的推进

一般情况下，湾区经济的形成过程首先是利用湾区的自然条件建设港口群，由于港口群的建成带来了国际贸易的扩大，商品进出口数量增加，结果会产生大量的进出口导向型企业，这些企业利用港口从国外大量进口低价原料进行生产并出口到世界各地，也有些企业通过便利交通从国内其他地方购买原料在港口区域进行生产然后销往世界各地，随着湾区内的生产企业逐步增加，形成了产业集聚。一旦产业集聚到一定程度，就会带来大量移民人口并导致城市的产生和发展，出现从城市到城市群再到都市圈最后形成都市圈集群的城市化演变路径。

这个过程中，交通工具的变化给湾区经济的合群发展带来了格外的惊喜，一方面，地铁的通达功能促进了城市内部的通勤能力的提升，使城市能够迅速扩大；另一方面，高铁的出现导致各城市间的交通时间大大减少，人们可以很容易地从一个城市漂移到另一个城市，加之高速公路的四通八达所带来的货物运输的便利，给湾区都市圈的形成带来了巨大的可能性。

湾区内城市群的形成和发展与一般城市群的形成和发展有着明显的区别，即港口群在其形成过程中发挥了重要而不可替代的作用，以港口为导向的城市群必然会产生"港口群＋产业群＋城市群"的叠加效应（见图6-6）。

事实证明，这种叠加效应在带来巨大的经济效应的同时也会带来不可估量的区域创新能力，这就是为什么湾区经济具有较强的创新能力的根本原因。

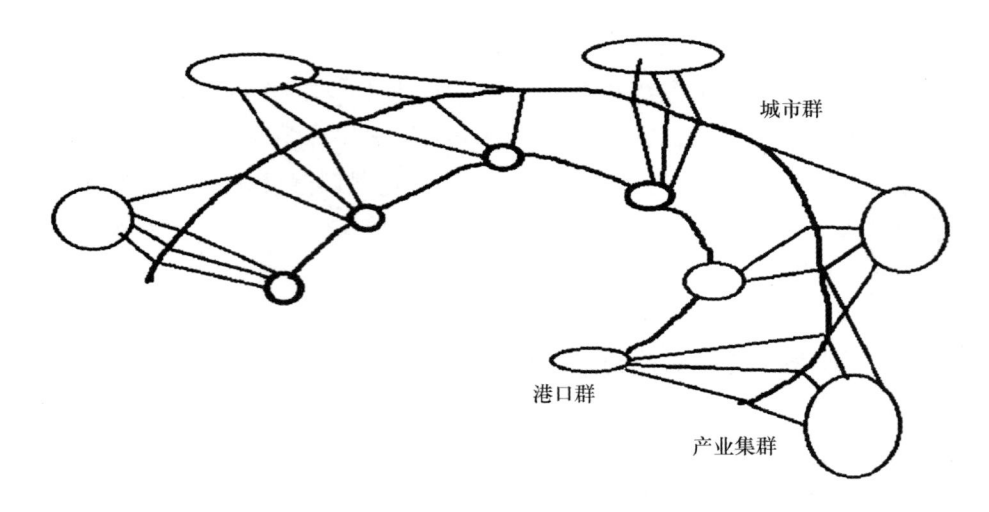

图6-6 "港口群+产业群+城市群"叠加效应模型

（一）实施CEPA协议，为粤港澳经济合作奠定基础

随着香港和澳门的回归以及港澳自由行的开放，2003年6月29日，中央政府与香港特区政府签署了《内地与香港关于建立更紧密经贸关系的安排》，2003年10月17日，与澳门特区政府签署了《内地与澳门关于建立更紧密经贸关系的安排》（简称CEPA）。此后几年，还陆续签署了CEPA的补充协议。CEPA是在"一国两制"方针指导下，内地第一个全面实施的自由贸易协议，是中国国家主体与其特别行政区之间签署的自由贸易协议性质的经贸安排，带有明显的自由贸易区特征。

CEPA通过制定各项开放措施，在内地与香港、澳门的经贸合作之间做出互惠安排，促进内地与香港、澳门之间经济的融合，提高内地与香港、澳门之间的经贸合作水平。CEPA协议的签署，是内地与港澳经贸交流与合作的重要里程碑，为粤港澳经济合作奠定了基础。

（二）消除关税壁垒，便利通关政策

改革开放以来，由于内地自然资源、劳动力资源丰富，港澳地区则有丰富的资金、技术、人才和管理经验，珠江三角洲就吸引了香港和澳门的大规模投资，创办了一大批劳动密集型的加工制造企业，形成了

"前店后厂"①的分工合作模式，并且尝试性地创立了"三来一补"②的企业贸易形式。随着2003年CEPA协议的签署，制定了各项经贸互惠政策，协议包含货物贸易、服务贸易和贸易投资便利化三方面。在货物贸易方面，根据CEPA协议，内地自2004年1月1日起，逐步消除粤港澳三地的贸易壁垒，对符合规定的原产为香港和澳门的进口货物实行零关税。服务贸易方面，内地向港澳逐步开放银行、证券、旅游、电信等行业。贸易投资便利化方面，内地与港澳就促进中小企业投资，加强经贸合作等方面达成了具体协议。

通关政策的放宽，通关便利化的推行，深化了深港珠澳的对接。2003年1月27日，深圳皇岗口岸实现24小时通关。2007年8月15日，深圳的又一通关口岸——福田口岸正式开通，有效缩短了深圳到香港九龙的通关时间。澳门拱北口岸也进行了扩建，通关能力提高了2倍，每日通关人数可达60万人，增加了路新城口岸和珠澳跨境工业区口岸两个货物通关口岸，实现跨境货物的快速通过。

（三）全面提升产业合作，经贸合作日趋多元化

粤港澳经济合作逐渐使过去"前店后厂"的协作模式向共建产业园的合作模式发展。经贸合作由加工贸易企业向现代服务业和先进制造业转变，产业链条延长，由单纯的货物贸易向更广泛的领域延伸，以此来共同帮助珠江三角洲的劳动密集型企业顺利转型升级。

广东与香港、澳门计划共建产业园，涉及医药产业、文化产业、科技教育、商务旅游等方面。珠海与澳门建立了第一个跨境工业园——珠澳中医药产业园，广州计划将南沙建成粤港澳物流与服务业发展的聚集地，深

---

① "前店后厂"指港澳地区与珠江三角洲地区经济合作的基本模式。港澳地区利用海外贸易窗口优势，承接海外订单，从事制造和开发新产品、新工艺，供应原材料、元器件，控制产品质量，进行市场推广和对外销售，扮演"店"的角色。珠江三角洲地区则利用土地、自然资源和劳动力优势，进行产品的加工、制造和装配，扮演"厂"的角色。港澳在前，珠江三角洲在后，彼此紧密合作，因而被形象地称为"前店后厂"。

② "三来一补"指来料加工、来样加工、来件装配和补偿贸易，是中国内地在改革开放初期尝试性地创立的一种企业贸易形式，它最早出现于1979年。"三来一补"企业主要的结构是：由外商提供设备（包括由外商投资建厂房）、原材料、来样，并负责全部产品的外销，由中国企业提供土地、厂房、劳力。中外双方对各自不作价以提供条件组成一个新的"三来一补"企业；中外双方不以"三来一补"企业名义核算，各自记账，以工缴费结算，"三来一补"企业各负连带责任。

圳规划借助香港金融业和服务业，将前海新区建成现代服务业的发展基地，珠海计划与澳门共同开发横琴岛，建成横琴新区，配套完善横琴新区的卫生医疗和住房、交通等公共设施。

（四）加强建设基础设施，打造粤港澳共同生活圈

CEPA 协议签署以后，开始提出深港无缝对接和珠澳同城化的概念，通关口岸和交通设施的建设显得尤为重要。龙华铁路是深港合作的第一个交通设施项目，连接了深圳、香港两地的轨道交通，促进了两地居民和企业的贸易往来和经济交流，还有利于推动两地在社会、民生等领域的进一步合作。同时，澳门为了与珠海城际轨道以及珠三角轨道交通网相接，也在规划轻轨捷运系统的建设，为居民的跨界出行提供便捷、安全的公共交通。

广东对港澳车辆实行双牌照制度，港澳车辆可以挂牌在内地自由通行。深圳和珠海也借鉴香港、澳门的住房和物业管理制度，方便港澳居民在内地买房、工作和生活。粤港澳社会服务一体化建设还体现出三地在文化教育、卫生医疗、旅游服务等方面资源共享、交流合作，充分发挥各地优势，建设优质的社会服务体系。

二 共同市场对湾区一体化的价值

（一）对接"一带一路"五大任务目标

充分发挥区位优势，深化港口、机场、陆路交通国际合作，打造国际交通枢纽和国际航空门户，畅通国际陆路通道，成为海上丝绸之路的综合交通枢纽。发挥粤港澳大湾区世界级经济中心作用，进一步深化粤港澳大湾区与东盟国家的经贸合作，更好地辐射带动东南亚区域发展。按照错位发展、优势互补、互利共赢的原则，结合沿线国家的发展需要，推动优势产业赴沿线国家投资合作，实现粤港澳大湾区的产业调整升级。从人文交流、媒体宣传、医疗服务、旅游合作等多种方式与"一带一路"沿线国家人民进行全方位的交往。

（二）推进湾区重点规划的"多规合一"

积极做好海洋功能区划与经济社会发展规划、土地利用总体规划、城乡总体规划协调衔接，推动港湾、港口、产业和城市融合联合发展，形成

湾区规划"一张图"。建议省政府根据湾区保护与开发需要，对全省涉及六大湾区的港口、城市、土地规划和海洋功能区划进行一次修编，创新规划管理体制机制，真正实现"多规合一"。

（三）发挥自贸试验区平台的功能作用

面向"一带一路"沿线国家或地区，进一步发挥广州南沙、深圳前海（蛇口）和珠海横琴三个自贸园区的示范带动作用，在投资准入、商事登记、海关监管、检验检疫、人员进出、外汇管理、跨境借贷和争端解决等方面开展改革创新，深化与"一带一路"沿线国家的投资贸易便利化合作。强化广东自贸试验区的国际贸易功能集成，加快高端航运服务、商贸服务和金融服务等业态的集聚，增强国际航运服务功能，服务珠三角产业转型升级，辐射带动泛珠三角及周边区域协同发展，把粤港澳大湾区建设成为"一带一路"的国际运营中心。

（四）探索湾区建设的"中国模式"

世界上三大知名湾区中，纽约湾区靠港口贸易起家，旧金山湾区除了贸易还有科技创新，东京湾区则强调制造业创新。硅谷所在的加州是在旧金山湾区南部。粤港澳大湾区立志打造成"中国硅谷"。

粤港澳大湾区拥有三个独立的关税区，并有岭南水乡、中西文化交汇等特色，因而是一个独特的湾区。这与之前的三大知名湾区都不相同，它更应该走出自己的"中国模式"。综合粤港澳在CEPA框架下的合作趋势研判，粤港澳大湾区未来合作的重点领域，将在如下六个方面：

第一，金融服务。以合作示范区为平台，粤港澳应该共享金融市场，共推金融创新，共促金融改革。

第二，相关专业服务。以香港、澳门专业服务，推动广东制造"走出去"，培育广东专业服务市场。

第三，高新科技领域。以香港科技应用创新模式，发展广东先进制造和电子信息业，提高科技的产业转化率。

第四，高等教育和职业培训。以香港教育培训人才，推动广东"制造业转型"和"服务业升级"，提升广东教育培训水平。

第五，医疗健康领域。以港澳医疗管理效率，发展广东医疗保健体检产业，共享共建医疗资源，探索跨境医保结算，推动广东医疗改革。

第六，创意文娱旅游领域。以港澳文创多元优势，粤港澳共同发展文创影视一体化，开发多元特色旅游，打造购物"免税岛"。

第五节 未来粤港澳大湾区经济一体化水平展望

一 世界当代经济一体化发展水平分析

在世界经济的广阔舞台上，湾区经济正在发挥着扩大开放、引领创新、协同区域、聚集辐射的核心功能，已成为带动全球经济发展的重要增长极。无论是以生态环境优良、自然风景秀丽而著名的湾区有东京湾、悉尼双水湾，还是对世界经济产生重大影响的东京、纽约、旧金山三大湾区，它们都有着共同的特点：开放的经济结构、高效的资源配置能力、强劲而持续的经济发展、便捷高效的交通系统、优美宜人的生活环境、多元包容的文化氛围、强大的集聚外溢功能和发达的国际交往网络。对于湾区而言，开放是湾区经济的活力源泉，创新是湾区发展的根本动力，宜居是湾区的魅力所在，区域协同是湾区的客观要求。

旧金山湾区依托科技产业带动金融、旅游以及其他服务业的发展壮大，形成独特的鼓励冒险、刺激创新、容忍失败、崇尚自由的硅谷创新文化。知名高校、优秀高科技公司、宜人的环境以及健康的创业生态，吸引大量人才汇聚。同时，完善的市场规则，诱导创新生态系统自下而上自发形成，市场很少受到管制，政府充当环境创造者和培育者的角色，随之形成开放包容的氛围，让旧金山湾区更加生机勃勃。

随着交通运输技术、信息通信技术的革命性突破以及经济全球化对全球经济地理的深刻重塑，都市圈逐渐取代单个城市成为区域竞争的主体，成为一个国家参与国际合作分工的基础地域单元。在以都市圈为主要节点的全球经济网络中，湾区经济作为一种独特的空间组织、一种独特的经济形态，以其开放高效、富有活力、创新性强的特征，在世界经济格局中占据了重要地位，成为区域乃至全球经济发展的重要引擎。

四大湾区的 GDP 总量与 GDP 增长率对比，如图 6-7 所示：

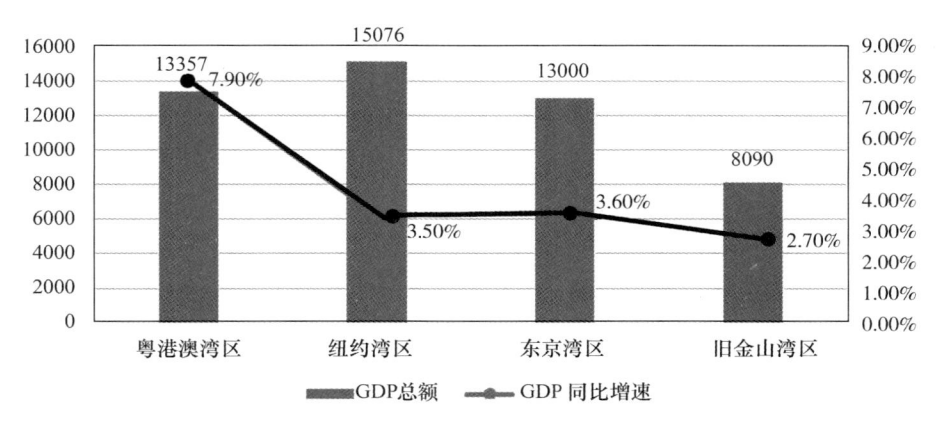

图 6-7 四大湾区的 GDP 总量与 GDP 增长率对比图

资料来源：网站数据整理。

（一）高度开放

湾区经济靠港而生、依湾而兴，具有天然的开放属性，开放是湾区经济发展的先决条件和根本优势。与其他都市圈相比，湾区通常拥有多个大能级的港口城市，它们是大陆最先与世界相连的地方，在航海技术的发展和推动下，海运成为对外交流中最主要的交通方式之一，承担了超过 2/3 的国际贸易运量。港口作为连接内陆和国际市场的重要节点，只有开放才能货畅其流，港口城市作为对外开放的门户，最先吸纳外商直接投资，引进国外先进技术和生产方式，成为连接本国市场和国际市场的重要节点。湾区经济依赖国际港口发展而蓬勃，在不断扩大的货物贸易中，港口城市成为对外开放门户，促进了国际贸易、外来投资和港口发展。

世界级几大湾区经济都是以世界级港口城市为基本单元，如东京湾区经济核心圈的东京都、千叶县、神奈川县，都是国际级港口城市；旧金山湾区位于沙加缅度河下游出海口的旧金山湾四周，其中包括东湾、北湾、南湾等多个湾区，每个湾区中都分布着大小不同的城市；纽约港拥有超过 1000 英里的海岸线，这些岸线分布于曼哈顿、布鲁克林、皇后区、布朗克斯、史坦登岛、珀斯安波易、伊丽莎白、贝扬、纽华克、泽西市、霍博肯及威霍肯12个独立兴旺的港区。

除拥有港口城市外，湾区经济的形成往往还具有优越的地理条件。与直线形或外突的弧形滨海地区相比，湾区由于三面环陆，更适于建设港口，而且由于湾区的海岸线长、腹地广，使得湾区能在面积相对小的空间孕育多个港口城市。而湾区通道的建设，又能使湾区城市两两之间的通勤距离降到最低，从而使整个湾区的经济联系得更加紧密。例如，东京湾沿岸就形成了由横滨港、东京港、千叶港、川崎港、木更津港、横须贺港6个港口首尾相连的马蹄形港口群，年吞吐量超过5亿吨。

由于高度开放，湾区城市在发展中往往会率先荟萃世界多民族文化，吸引大量外来人口，形成不同于一般内陆地区、开放包容的移民文化，这些多元的文化也进一步促进了湾区城市的开放，反哺了城市的创新发展。在纽约湾区，外籍居民来自全世界150多个国家和地区，约占纽约总人口的40%，形成了世界不同文化、不同文明相互融合的集合体。旧金山湾区作为美国西岸仅次于洛杉矶的最大都会区，总人口数在700万以上。旧金山湾区是文化多元之地，堪称美国"民族大熔炉"。近十几年来，亚洲人大量移民到美国，在旧金山有些地区，亚洲人密度高居全美第一，有些城市甚至高达50%。许多亚裔是拥有高学历的科技新贵，带动了当地文化的融合，在湾区的华人社区里，中餐馆的密度相当高，在一些大部分由华人经营的购物商场内，从珠宝、超市到南北杂货各种行业，也没有语言上的障碍。

（二）创新引领

转换发展动力，科技创新首当其冲。在湾区城市发展之初，港口是城市发展的主要动力，为满足货物装卸、运输、补给等功能的需要，产生了不同于农业生产方式的专业港口运输及其服务业。工业文明时代，率先形成了依赖于大规模港口运输的临港工业，伴随而来的贸易、金融等新兴业态不断涌现，并逐渐成为主导产业。

得益于高度的开放性，湾区城市有先天优势可以汇集新的信息和人才资源，启发创新机构，涌现出大批创新成果，构建完善的区域创新体系，成为国际创新区域的引领者。同时，创新又增强了城市发展动力，使得城市在不同阶段都保持了领先地位。随着城市的持续发展，港口的作用会逐渐趋于下降，湾区城市必然要转换其持续发展的动力。

湾区经济在创新引领上最典型的就是位于旧金山湾区南部的硅谷。硅谷早期以硅芯片的设计与制造著称，现在硅谷已成为所有高科技产业的代名词。硅谷附近集聚了众多具有雄厚科研力量的美国一流大学，如斯坦福、加州大学伯克利分校等，并拥有思科、英特尔、惠普、苹果等大公司及高技术的中小公司群，融科学、技术、生产为一体。硅谷成为美国乃至全球的高科技创新和发展的主导中心，上千所高科技公司的总部都设在硅谷，硅谷的 GDP 占美国总 GDP 的 5%，而人口不到全国的 1%。

高度重视科技创新也是日本东京湾区经济奇迹不容忽视的重要因素。湾区内的京滨工业区是东京首都圈产业研发中心，集聚了许多具有技术研发功能的大企业和研究所，如 NEC、佳能、三菱电机、三菱重工、三菱化学、丰田研究所、索尼、东芝、富士通等，这些机构都是京滨工业区具有产业创新能力的机构，从而使得京滨工业区具有很强的管理和科技研发能力。

京滨工业区还布局了大批日本著名的高校，主要有庆应大学、武藏工业大学、横滨国立大学等。京滨工业区积极促进各大学与企业开展科研合作，努力实现大学科研成果的产业化。京滨工业区建立了专业的产、学、研协作平台，为了完善相关产、学、研合作机制，建立更有竞争活力创新体系，日本将原来隶属于多个省厅的大学和研究所调整为独立法人机构，从而赋予大学和科研单位更大的行政权力。同时，日本把科研的主体放在企业，每年企业研发经费的投入占日本研究与试验发展经费的 80% 左右。通过"产学研"体系的协调运转，较好地发挥了各部门联合攻关的积极性，极大提高了东京湾区的科技创新水平。

制定合理的产业政策和充分重视科技创新，以京滨、京叶工业区为核心的东京湾沿岸成为日本经济最发达、工业最密集的区域，京滨、京叶两大工业地带宽仅 6 公里左右，长 100 公里左右，而工业产值却占全国的 40%，GDP 占全国的 26%。成为以汽车、精密机床、电子产品、钢铁、石油化工、印刷出版等产业为主的综合性工业区。

（三）宜居宜业

临海打造宜居空间，完善基础设施配套。宜居的环境往往对人才有着强大的吸引力。比较几大著名的湾区可以发现，这些湾区几乎都有着宜居宜业的环境优势，这成为湾区经济崛起的决定性因素之一。湾区城市对内陆乃至世界资源产生强大吸引力，集聚了世界各地的投资，促进了经济的繁荣，创造了大量工作机会，带来了大量的年轻移民，为城市发展注入了永盛不竭的活力。

高科技产业员工选择在硅谷工作及企业选择在当地投资的重要因素之一，就是因为当地提供美丽自然环境所带来的高品质生活。湾区靠近海洋、海湾，环绕大面积水域，温差小，形成了怡人的自然环境和优良的生态环境，更适合居住。港口城市往往是新兴城市，城市规划中更加注重以人为本并充分利用滨海优势打造宜居空间，形成了优美宜居的城市环境，成为人才汇集的重要因素。美国旧金山湾区的中心旧金山市三面环水，环境优美，气候宜人，冬暖夏凉，阳光充足，被誉为"最受美国人喜欢的城市"。硅谷更是如此。

香港维多利亚海湾是位于香港的香港岛和九龙半岛之间的海港，是国际上重要的港口之一。从20世纪80年代起，香港陆续在维多利亚港沿岸兴建香港太空港、香港文化中心、星光大道以及香港会议展览中心等文化展览设施，大力发展滨海旅游与休闲产业，时至今日，中心地带已成为世界著名的旅游景点之一。

悉尼湾也是典型代表。悉尼湾拥有大大小小多达120多个沙滩，20世纪30年代悉尼在海湾的蜂腰部建起了一座大铁桥；20世纪70年代，又在桥的一侧构筑了一座蜚声全球的歌剧院。湾区内有著名的情人港，港的两岸各类饭馆鳞次栉比，还有儿童游乐园、水上舞台、露天表演场等，湾区内的城市还本着"以人为本"的原则，将城市空间建设成了步行者的天堂。

与优美的环境相对应，是湾区城市完善的基础设施配套。旧金山湾区就建设了湾区快速交通系统，总长为104英里，设有43座车站，要解决湾区内旧金山、奥克兰、伯克利、戴利城等各个城市间的运输需求，此外还有连至旧金山国际机场的机场快速交通、奥克兰国际机场的机场客运。

东京湾完善的交通配套是东京湾区经济带快速发展的重要支撑。东京都市圈是城市交通基础设施建设最为发达的地区，东京城市地下轨道交通线有14条之多，再加上京滨东北线、中央线、总武线等过境铁路和各类轨道交通，东京的城市轨道交通形成一个十分便捷的交通网络。日本政府还重视发挥私营资本投资公共交通的积极性，并赋予私营铁路公司开发铁道线附近土地的专营权，引导铁路公司开发铁路沿线的房地产，为人才提供良好的居住环境。东京的新型卫星城正是依托于私营铁路，并在随后房地产开发中得以继续拓展的。

二 未来粤港澳大湾区一体化水平展望

第一，制定粤港澳大湾区城市群发展规划能够促进港澳和珠三角地区的经济整合，实现一体化发展。改革开放以来，随着香港制造业转移到珠三角地区，港澳地区与珠三角地区形成了"前店后厂"的制造业合作模式，但这仅仅停留在了产业层面的分工合作。自2003年CEPA（内地与港澳关于建立更紧密经贸关系的安排）的实施，港澳地区与珠三角的制度合作也逐步推进。如今，粤港澳大湾区城市群规划则能直接促进粤港澳三地在制度层面的进一步整合，提升区域一体化水平。

第二，从居民生活角度来看，粤港澳大湾区城市群发展规划有利于进一步打造三地的"一小时生活圈"。粤港澳三地有着迫切交流的需要，粤港澳大湾区城市群发展规划能使粤港澳三地居民的交流更为便利，使"一小时生活圈""一小时学术圈"成为现实。

第三，粤港澳大湾区城市群发展规划能有效发挥三地协同效应，创造一个吸引全球高端人才集聚的环境。香港拥有国际化人才网络资源，珠三角地区有很好的产业化链条和国内大市场，粤港澳三地可以协同发展，形成有国际影响力的科技产业创新中心。

要做好粤港澳大湾区城市群的规划发展可以从创新区域合作机制、优化区域产业分工合作体系、做好优质生活圈规划、建立城市群层面的协调机制以及培育利益共享的理念五个方面入手：

第一，创新区域合作的体制机制。要让商品、资本、技术、人才和信息等在大湾区和城市群中有序地流动起来，实现资源的高效配置。在CEPA框架下广东应继续"先行先试"，发挥广东自贸试验区等平台的作用，推动粤港澳贸易投资便利化，降低交易成本。

第二，形成优势互补的产业分工体系。笔者认为，大方面要考虑如何更好地把香港贸易、航运、金融和专业服务等优势产业与珠三角的制造业对接起来，形成优势互补的产业分工格局。更小的层面要考虑高端生产性服务在香港、广州、深圳和澳门等主要城市的功能布局问题，更好地形成城市群生产性服务业的集聚效应。

第三，做好优质生活圈的规划。包括城市群基础设施的互联互通，解决好跨境基础设施的通关便捷问题，形成网络化，真正实现"一小时生活圈"。还要重视大湾区的环境治理和生态保护问题，合作解决跨境和跨界的污染防治问题。

第四，建立起城市群规划的协调机制。一直以来粤港合作联席会议和粤澳合作联席会议在推动粤港澳区域合作发展中发挥了重要作用，下一步还应成立国家层面的部际联席会议，统筹推进粤港澳大湾区城市群的规划，协调重大区域合作问题。还应成立城市群层面的规划委员会，明确各城市的功能及地位，推进城市间的分工合作。

第五，培育利益共享的理念。大湾区城市群规划必然会涉及利益共享、分配和补偿等问题，因此，粤港澳三地要形成区域合作共识，培育利益共享理念，要建立区域合作的补偿机制、分配机制，解决区域利益分配协调问题。

（一）促进区域经济的一体化

从最初的探索思考珠三角区域合作新模式，而后提出大珠三角和泛珠三角战略、珠江—西江经济带等发展战略，现阶段着眼于国家"一带一路"建设提出共建粤港澳大湾区，表明珠三角发展战略正不断深入。

港珠澳大桥全线贯通将在珠江口东西两岸将形成一个完整的闭环，一个比旧金山湾区还要庞大的经济体，粤港澳大湾区作为世界经济版图的新亮点雏形初现。作为中国三大增长极之一，将粤港澳建设成超级湾区，有利于形成北有京津冀一体化、中有长江经济带、南有粤港澳大湾区的区域经济发展新格局，从而带动华南地区加快发展，为打造中国经济升级版提供有力支撑。

深惠莞都市圈：深圳、惠州、东莞；3+2经济圈：深圳、惠州、东莞、河源、汕尾；珠三角城市群：深圳、惠州、东莞、河源、汕尾、广州、佛山、肇庆、韶关、清远、云浮、中山、江门、珠海（见图6-8）。

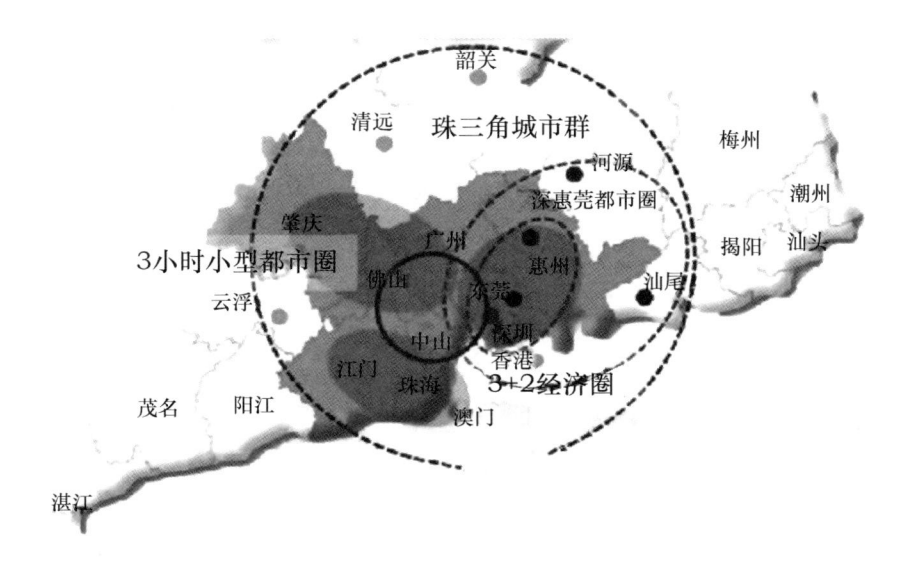

图 6-8　粤港澳湾区的核心城市连接图

（二）瞄准建设世界级城市群

打造粤港澳大湾区，建设世界级城市群，既是粤港澳地区加快经济社会深度调整与转型、实现可持续发展的需要，也是助推国家提高全球竞争力和影响力的客观要求。2010 年，《粤港合作框架协议》中就第一次将建设环珠江口宜居湾区列为重点行动计划。十二届全国人大五次会议广东代表团开放日上，全国人大代表、广东省发改委主任何宁卡表示"粤港澳大湾区已具备建立国际一流湾区和世界级城市群的基础条件"。同时，何宁卡指出粤港澳大湾区经济发达活跃，外向型经济特征明显，产业结构呈现高级化发展特征，初步形成具有国际竞争力的城市群，粤港澳区域合作进入深化升级阶段。这些特点都为粤港澳大湾区建设打下了良好的基础。

全国人大代表、腾讯公司董事会主席马化腾同样看好粤港澳大湾区城市群潜力。马化腾 2017 年提交的建议之一：携手共建粤港澳大湾区，将其打造成全球区域创新中心，打造成"中国硅谷"的摇篮。着力打造粤港澳世界级科技湾区，不仅有助于促进和维护香港、澳门长期繁荣稳定，更是落实国家创新驱动发展战略、加快建设世界科技强国的必然要求。

(三) 可持续发展的关系处理

1. 处理好"一国"与"两制"的关系

在粤港澳大湾区中，香港和澳门两个特别行政区是独立的关税区和自由港，在经济和政治上都享有比内地省市更大的自主权和决策权。制度的多样性和互补性是该区域的最大特征。这种体制的多样性和互补性特征在区域合作中既可以产生巨大收益，成为区域的整合提供动力，也可能产生成本，成为影响区域合作的阻碍。

改革开放以来港澳一直是珠三角连接国际市场的桥梁，是外资进入珠三角的通道。随着内地企业大规模的对外投资，港澳扮演内地企业走出去平台的作用日益显现。香港的金融、法律、商贸服务和国家商业网络的优势，与珠三角的科技、制造、人才等优势相结合，在国家"一带一路"建设和国际投资的市场上能发挥更大作用。

珠三角和内地也为港澳的服务业提供了广阔的腹地。但是，粤港澳三地经济与社会管理体制的差异、独立关税区之间的边界也给区域经济一体化和社会融合带来了摩擦。香港服务业在进入内地市场过程中，也常常抱怨"大门开了，小门没有开"，还有"玻璃门"和"弹簧门"等问题，这些问题均与两地的体制、法规、服务标准不同有关。在"一国两制"的背景下，尽量降低制度差异导致的成本，增加制度互补带来的收益，追求制度多样性和互补性条件的收益最大化和成本最小化是粤港澳大湾区建设始终要追求的目标。

2. 处理好核心城市与外围城市的关系

核心城市的形成、带动和辐射是国际大湾区形成和发展的重要特征。例如东京湾、纽约湾区、旧金山湾区均以国际著名城市东京、纽约和旧金山为中心，并由此而得名。从目前的情况看，粤港澳大湾区有香港、广州和深圳三个核心城市，在该区域发展中均具有举足轻重的地位。

一个区域内多个中心城市为区域发展提供了多个发动机，同时也对城市之间的功能分工的定位和协调提出了更高的要求。因此，大湾区城市群发展规划首先要处理好香港、广州和深圳三个城市功能定位和相互关系，以及区内相关大型基础设施（例如机场、港口等）的定位、配套和协调，避免重复建设和恶性竞争。

其次，是这三个中心城市与其他城市之间的关系。除了穗港深三个特大城市之外，大湾区还有澳门、佛山、东莞、中山和珠海等经济发展水平较高的城市，以及惠州、江门、肇庆等具有较大发展潜力的城市。这些城市都在谋求更大的发展，因此粤港澳大湾区城市群的空间结构、产业布局和基础设施的协调都是必须考虑和研究的问题。

再次，粤港澳大湾区城市群与环珠三角城市群之间的关系。粤港澳大湾区主要包括珠三角九个城市和香港与澳门两个特别行政区，但是大湾区的城市发展规划不应该仅仅限于这一范围，它应该是一个区域经济的概念。河源、清远、阳江等环珠三角的城市已经日益融入珠三角城市群的发展之中。发挥内外联动的作用，对外连接"一带一路"和国际市场，对内辐射和带动环珠三角和泛珠三角区域发展，处理好区域发展中的局部利益与全局利益、长远利益和短期利益，是大湾区建设成功的重要保障。

3. 处理好生态文明与经济发展的关系

世界知名湾区都是宜居、宜业，环境优美，引领新经济形态发展的区域。在我国区域合作中，生态环境和社会发展方面的合作往往比经济层面的合作更加困难。近几年来，与内地其他区域相比，珠三角的空气质量有明显改善。这个要归功于珠三角产业结构的逐步调整。但是目前的这种改善与老百姓的要求，与世界大湾区相比还有较大差距。

首先，从生态环境看，粤港澳大湾区就是一个完整的系统。在水环境和海洋资源保护方面，还面临艰巨的任务。珠江口河流众多，水道密集，生物多样性丰富，有六个自然保护区。珠江上游有西江、北江和东江，它们和粤北地区是整个大湾区的生态屏障。生态安全和生态环境是大湾区规划和发展中需要高度重视的问题。

其次，社会发展方面的合作。社会发展主要包括社区建设、医疗卫生、劳动就业、社会保障、养老、教育、科技、文化、体育、旅游等方方面面。从总体上看，香港和澳门的社会发展水平明显高于广东和珠三角地区，广东可以向港澳学习社会建设和发展方面的经验，深化在这一领域的合作。随着社会经济发展，港澳地区的居民到广东特别是珠三角地区工作、生活、养老的人数会增加。广东和珠三角的企业在港澳地区建立走出去平台和国际总部，也会产生向港澳地区派出企业管理人员的需求。这些都会导致港澳与广东特别是珠三角之间跨境工作、求学、居住、安老和生活的人员增加。

在大湾区建设中,不仅要解决港澳企业在内地的国民待遇问题,还要解决在内地工作、生活的港澳人士生活的国民待遇问题;不仅要关注港澳企业以及相关人士在广东的工作和生活的制度性障碍,也要解决内地企业在港澳发展以及由此引起的外派管理人员的工作和往返便利的需要以及相关的制度性障碍。因此,以人为本,切实贯彻创新、协调、绿色、开放、共享的发展理念,是大湾区建设的出发点和落脚点。

三 粤港澳大湾区一体化的推进步骤

城市群将迎来新一轮的城市与产业增长,也需要通过空间拓展形成自身的国际影响力。在经济全球化的背景下,粤港澳大湾区城市群经济外向拓展是资源优化配置与产业分工协作的过程,在制定自身发展战略的时候,需要结合考虑外部发展的互补与协同发展,共同提升区域的综合竞争力。随着市场化、全球化、信息化浪潮的推进,生产要素的空间流动性大大增强,打造自我封闭和各自为政,从内部的核心区向边缘区拓展的同时,也要充分利用综合影响力,通过近域拓展外围区、远域拓展泛域外向拓展影响区,最终形成超越行政区域的发展及空间组织是必然趋势(见表6-4)。

表6-4　　　　粤港澳大湾区城市群内外经济空间拓展边界

空间划分	涉及行政区域
核心区	香港、澳门、广州、中山、东莞、深圳、珠海
边缘区	江门、惠州、肇庆
近域拓展区	环粤港澳大湾区城市群外围地区(包括清远、韶关、阳江、云浮、河源、汕尾、汕头、揭阳、潮州、湛江、茂名等地区)
远域拓展区	泛珠三角经济区及中国区域
泛域拓展区	"一带一路"沿线国家和地区以及全球

(一)近域外向拓展的空间取向

作为环粤港澳大湾区城市群的清远、韶关、阳江、云浮、河源、汕尾、汕头、揭阳、潮州、湛江、茂名等地区是粤港澳大湾区城市群直接腹地，这些地区的发展也会考虑主动融入粤港澳大湾区城市群。从广东区域协调发展趋势看，有必要由粤港澳大湾区城市群以飞地式的城市经济技术开发区和工业园区作为切入点带动近域外向空间的产业协同和专业化分工发展，这些新的产业集聚平台形成了产品配套程度更高的企业群和产业群。特别是可以采用与港澳"共同开发、共同受益"合作新模式，在这些环粤港澳大湾区城市群的外围地区探索推进若干个粤港澳紧密合作的创新示范区建设，快速形成产业与人口集聚，也促进产业、人口、技术、资本与这些地区的合作与发展，形成基于3小时生产配套与优质生活圈，共同构筑互动发展的新空间。

(二) *远域外向拓展的空间取向*

从发展机遇看，由于粤港澳大湾区城市群所处的地区获得外资、外国先进技术和信息的机会增加，有利于加快该地区经济全球化进程。远域外向拓展以泛珠三角合作为重要基础，辐射范围约占全国约20%的国土面积、30%以上的经济总量和人口。显然粤港澳大湾区城市群已经进入了工业化的提升阶段，而周边8个省区相继进入类似于广东20世纪90年代高速工业化的发展时期，因此，粤港澳大湾区生产性服务体系的支撑，是9个省区实现工业化的重要条件，这也是粤港澳大湾区城市群在"泛珠三角"中不可或缺的重要作用。

(三) *泛域外向拓展的空间取向*

泛域外向拓展体现了粤港澳大湾区城市群外向拓展向更高层次、更深领域、更广范围进行，其半径更将延展"一带一路"沿线国家与地区甚至是全球。事实上，粤港澳大湾区城市群同"一带一路"沿线国家与地区联系密切。据不完全统计。2013—2016年，广东与"一带一路"沿线国家签订经贸合作项目超过1000个，协议金额接近1000亿美元；对沿线国家进出口总额超过5000亿美元。未来可以通过经济整合培育与发展面向全国与全球的金融合作新平台，扩大粤港澳大湾区城市群金融市场要素双向流动、开放与链接。在粤港澳大湾区城市群由工业经济向服务业型经济转型时期，在对粤港澳大湾区城市群的产业体系空间结构规划时，要重视经济全球化背景下城市群内外产业体系的空间联系。如今粤港澳大湾区城市群已具备了现代综合交通运输网络以及发达的通信网络，特别是其航空网络可于 5 小时内飞抵全球半数人口居住地，连接全球超过 190 个航点，与超过 100 家航空公司有业务来往，这些将会加强经济空间联系。另外港澳的国际市场营销、管理和金融中心的能力，还有对欧洲和美洲形成的采购的能力优势以及突出的商贸流通体系优势，必将提高粤港澳大湾区城市群的国际营销能力，提升在全球范围内的经济辐射力和影响力。

第七章　粤港澳大湾区的特区使命与深圳担当

深圳作为一个先行先试的经济特区，其定位与功能从来都是与国家战略紧紧联系在一起。李克强总理在2017年《政府工作报告》中提出，2017年将推进粤港澳大湾区规划的国家战略部署，粤港澳大湾区的建设与发展，是"一带一路"的重要支撑点，是提升港澳在国家经济发展和对外开放的地位与功能的重大举措，是新时期国家重大的战略部署。

2017年是香港回归祖国20周年，面对粤港澳大湾区的重大历史机遇，深圳应努力践行开放、协调、创新、绿色、共享的新发展理念，定好位，谋好局，主动融入大湾区，积极对接大湾区，促进粤港澳大湾区城市群的建设，推动港澳与大湾区其他城市更紧密地融合发展。

深圳发展湾区经济，一是区位优势突出，紧邻香港，拥有得天独厚的海港、空港、高铁、公路等口岸优势，处于中国与海外联系的枢纽点上；二是综合经济实力强，2016年GDP实现1.949万亿元，约占粤港澳大湾区的30%，已进入世界城市前30名，人均生产总值达到2.5万美元，成为中国内地城市中人均GDP最高的城市；三是自主创新能力较强，形成了一大批优势产业集群和龙头企业，2016年全社会科技研发投入超过800亿元，占GDP比重达到4.1%，已超过发达国家平均水平。

深圳在发展湾区经济的制约因素是，土地资源严重不足，按深圳国土部门统计，截至2016年底，深圳建设用地总量已达到982.76平方公里，已经接近无地可用的境地；缺乏能为高新技术产业提供强力支撑的高等院校、科研机构集群和具有国际先进水平的重大科技基础设施；生态环境压力制约了经济社会可持续发展，深圳市为国内严重缺水城市之一，主要河段水质超过了国家地表水 V 类标准。

第一节 粤港澳大湾区战略下深圳的品牌优势

目前深圳已经建立了国内最好的市场经济体制和机制，是比较成功的"小政府、大市场"的城市经济架构，多年来，孵化出华为、中兴、腾讯、比亚迪、招商、平安、华大基因、大疆科技等一大批市场化运作、创新能力强的国际型企业。上述这种产业和市场背景决定了粤港澳大湾区最有条件承担国家创新型战略的重大任务。

一 更具影响力与带动力作用的经济特区

深圳是中国市场化经济比较完善的特区，为创新创业者提供了良好的环境和氛围。1980 年至 2016 年，深圳的实际 GDP 年均增长 22%，目前总量接近 2 万亿元人民币。优越的地理位置和密集的高新产业集群，是打造一流大湾区的必要元素。深圳毗邻港澳，背靠珠三角，地处亚太主航道，有着参与建设大湾区的地理优势。而深圳最大的"底气"所在，是形成了优势产业集群。深圳湾以高新技术园区为龙头已经形成了全市在未来主要的科技创新和总部聚集区，且创新创业氛围浓郁。

2017 年 5 月 19 日，位于福田区中心的科技馆内人头攒动，市民、游客在观看深圳市的科技发展成果展示。深圳创新的体现不仅只是馆内的展览，馆外，创新也是遍地开花：深圳证券交易所所在地南山区致力于金融科技创新；龙岗区布局东部科技创新中心；南山科技园属于国家级大学科技园，区内汇聚了多所高校，多家高新技术企业。

深圳市的创新驱动发展取得了积极的成效，率先构建综合创新生态体系的效应不断体现，创新加快从跟跑向并跑领跑迈进，深圳市建设科技、产业创新的定位纳入国家"十三五"规划。

决定科技创新发展的一个关键，是 R&D 经费，即全社会研究与试验发展经费。R&D 经费投入强度，即 R&D 经费支出与 GDP 之比，是国际上用于衡量一国或一个地区在科技创新方面努力程度的重要指标。从世界范围看，发达国家的研究和开发投入占 GDP 的比重一般都在 2%以上。

据深圳市科技创新委员会政策法规处副处长陈颖介绍，2016 年深圳市高新技术产业实现产值 19222.06 亿元，同比增长 11.13%，实现增加值 6560.02 亿元，同比增长 12.18%，全社会研发投入超过 800 亿元，与 GDP 的比例提高至 4.1%。

深圳的研发投入在我国处于领跑地位，其科技创新向引领式迈进。2016 年，深圳的 PCT 国际专利申请量累计 1.964 万件，同比增长 47.63%，占全国 46.59%；全市国内发明专利申请量和授权量分别为 5.6326 万件和 1.7665 万件，同比分别增长 40.7% 和 4.2%。

深圳市高研发的投入也带来了创新基础能力建设的重大跨越和创新成果的密集涌现。据了解，深圳 2016 年新增国家高新技术企业 2513 家，国家级高新技术企业总数达到 8037 家。

2016 年深圳获得 16 项国家科技奖，包括国家自然科学奖 1 项，技术发明奖 3 项，国家科技进步奖 12 项。深圳的"双创"氛围也十分浓郁，2016 年新引进了"孔雀计划"创新团队 23 个，新增各类创新载体 210 家，新成立新型研发机构 23 家，培育了 66 家创客服务平台和 237 家创业孵化载体。

粤港澳大湾区对深圳来说，首先应该是一个科技的、创新的湾区。粤港澳大湾区和东京、纽约、旧金山这些湾区比最像旧金山湾区。深圳希望以深圳湾、前海湾等地区为依托发展高新技术产业，打造成一个对标硅谷的全球科创中心。

当下的世界经济版图，纽约湾区、旧金山湾区、东京湾区等，无一不是全球经济的重要增长极，发挥着引领创新、聚集辐射的核心功能。国家确立粤港澳大湾区战略，正是从全球坐标出发谋划增创竞争新优势，不仅强化了港澳地区的"超级联络人"地位，而且也将进一步推动国际科技产业创新中心的形成。作为粤港澳大湾区的倡议者，深圳一直强调深化粤港澳合作，无论是建设渐入佳境的前海，还是刚刚完成签约的河套，湾区经济的雏形已现。有了国家的城市群发展规划，大湾区将汇聚更多的资源，迸发更大的能量。

深圳继续发挥好改革开放的"窗口""试验田"、排头兵和示范区的作用，率先在改革重要领域和关键环节取得决定性成果，成为代表国家参与全球竞争合作的先行区，培育形成一批新的本土跨国企业，城市生产生活环境、管理方式、制度规则与国际接轨程度显著提高，国际交流活动更趋频繁，成为更具改革开放引领作用的经济特区和更具竞争力影响力的国际化城市。

到2025年，深圳成为可持续发展国际先进城市，绿色发展模式进一步完善，创新驱动对经济增长的内生动力持续强化，新兴产业主引擎作用更加突出，安全高效的城市运行体系不断优化，市民有更多实实在在的获得感。

（一）富有活力的创新之都

形成国际科技产业创新中心的核心功能，创新能级跻身世界先进城市行列，新经济发展国际领先，科技和产业竞争力居全球前列。科技创新基础设施建设实现大跨越，源头创新供给能力和引领式创新能力大幅提升，突破一批颠覆式技术。主要产业进入全球价值链高端，成为世界新技术、新产品、新业态、新模式的重要策源地。

（二）均衡便捷的公共服务体系

公共产品和服务的供给能力显著提高，建成一大批优质医院和学校，学前三年和高中毛入园（学）率98%以上，社区公共资源合理配置。社会保障能力大幅提升，针对多样化需求，市民住房基本实现可负担、可获得。

（三）宜居宜业的人居环境

率先建成天蓝水净地绿的生态之城、美好家园，优质的山海资源得到有效保护，PM2.5年均浓度控制在20微克/立方米以下。公园布局体系更趋完善，城市公园与公共开敞空间便捷可达，城市绿道和生态连廊互联互通，天更蓝水更清，市民绿色福利大幅提升。

（四）开放多元的人文、国际文化

作为移民城市的多元、活力社会特质不断延续，始终保持移民带来的吸引力与城市活力，各类人群的社会融合全面加深。依托香港科教、金融、物流、贸易、文化、国际交往等方面的优势，深港之间在产业创新合作、科研教育、社会交往等方面广泛深入合作；国际化旅游、休闲、健康等品质服务能力得到强化，国际文化交流的层次与频度大幅提高，能有效提供国际性文化体育交流活动场所。

到2030年，成为可持续发展的全球创新城市，可持续发展国际一流水平，形成一系列可以向全球推广复制的可持续发展经验，努力为我国落实联合国2030年可持续发展议程做出卓越贡献。

（五）链接世界的新兴全球城市

经贸实力具有全球影响力，国际化商业、医疗、教育等基础服务能力全面提升，为国际居民提供高品质的生活环境，在国际事务中的组织和参与能力进一步提高；形成链接全球的交通枢纽，港口航运发展转型，邮轮母港建设加快，国际航空枢纽、世界级集装箱枢纽港地位进一步巩固。

（六）蓬勃包容的国际创新城市

全面建成国际科技产业创新中心，创新能级跃居世界城市前列，成为我国建设创新型国家和世界科技强国的战略支点，以及辐射全国、面向全球的创新枢纽和代表国家参与全球竞争合作的战略力量，为实现"两个一百年"奋斗目标和中华民族伟大复兴的中国梦提供强劲动力。

（七）繁荣公正的活力共享城市

建成全域通达的城市轨道网络、多样化的公共交通服务及高效转换的综合交通枢纽，城市功能运转效率和交通公平性全面提升；优质教育、医疗等服务领域的供给得到根本改变，公共服务支撑能力全面提升；城市包容度显著提高，包容多样经济、多元社群、多元文化、多级企业的社会格局共存、共生、共享、共荣，形成强大的全社会凝聚力。

（八）宜居协调的绿色家园城市

生态优先的理念得到全面贯彻，建成覆盖全域的多层次、网络化、功能复合的生态网络体系，形成富有特色的缤纷人文、活力健康、人性化城市特色空间，生态系统的保育、环境污染的管控、资源能源的高效利用、城市安全与智慧支撑体系问题等得到有效解决，PM2.5年均浓度达到国际一流城市水平，城市环境品质全面改善，城市发展与资源环境承载力协调，初步建成国家海洋城市，成为全球可持续发展的典范。

二　全国唯一的国家自主创新型城市品牌

深圳，一座最具"硅谷"气质的城市，背后就是大写的两个字：创新。2016年，深圳全社会研发投入占GDP比重达4.1%，超过欧美发达国家水平；PCT国际专利申请量增长约50%，占全国一半。目前，深圳已有一大批成长起来的高新技术企业，比如华为、中兴，拥有高新技术产业基础和产业链配套集中等优势。住建部副部长黄艳说，广州和深圳是珠三角城市群经济发展最大的"发动机"，在粤港澳大湾区建设中可以进一步释放创新、创造和创业的辐射带动能力。

从经济的能量、产业的先进度和城市基础设施，包括开放性经济格局，多个视角来看，深圳都处在粤港澳大湾区的核心位置。2010年以前，深圳的经济主要是以加工业为主，在"十一五"之前加工贸易非常发达，出口能量非常大。

近些年来，深圳的产业转型升级步伐迅速，而且效果明显，正在快速地由一个加工型、粗放型的产业体系转为创新型的产业体系，二、三产并重的创新型的产业体系。创新经济往往是2.5产业，是把制造业和服务业结合得非常好的产业。在转型升级过程中深圳的步伐非常快，而且业绩比较明显。目前深圳成为环珠江口沿线创新经济能力最强的一个区域之一。

深圳将推进大空港的规划建设和大铲湾港区的转型发展，配合做好深中通道、穗莞深城际线等重大交通基础设施的规划建设，融入珠三角半小时经济圈。发挥在粤港澳湾区的桥头堡地位，打造国际会展平台、现代物流平台、贸易服务平台、技术贸易平台和国际采购平台五大平台，增强深圳在粤港澳大湾区的开放引领作用。

目前，深圳正在实施龙头企业培育计划、上市企业倍增计划、园区集聚计划、产业人才引进计划四大转型升级行动计划，推动通信设备、家电等传统优势产业的高端化、品牌化发展，能否成为世界级的湾区经济，有三个方面的关键因素，一是参与经济全球化的程度；二是内部经济结构的开放性，海港和空港协调发展；三是科学技术产业革命。早期的湾区经济发展，中国没有形成全球科技创新中心，只是制造中心，但"一带一路"彻底改变了现在的格局。

2005年之前深圳很多企业只有生产，没有研究，也没有开发，但后来就发现研究网络、开发网络、生产网络全有了，这就是深圳新的集聚优势。深圳打造国家自主创新型城市品牌应该立足于科学知识和生产知识的融合，引进新兴技术和推动产业结构变革。例如，天津从2010年开始把抓手放在科学制造企业上，用了两年时间，增长了5万多家科技制造企业。无锡通过530计划，形成了互联网产业和生物医药产业。

为了能够在未来的产业竞争中树立品牌优势，深圳将加大对创新重点领域的政策引导和支持力度，培育和发扬开放、包容、拼搏的创业、创新文化，完善综合创新生态体系。以国家自主创新示范区建设为契机，加大创新园区建设。以推进源头创新为抓手，广泛吸引特色学院、科研院所、重点实验室等创新平台落户；以创客空间建设为着力点，全面实施大孵化器战略，努力营造大众创业、万众创新的良好氛围；以创新产学研机制为重点，加强与周边地区的创新合作，全面融入湾区创新网络，充分利用粤港澳大湾区的创新资源。

三 优势凸显的深港现代服务业合作区

当前实现绿色物流与低碳物流合作是世界级城市群竞争力的一个重要体现。深圳应倡导绿色物流与低碳物流，加强基础设施建设与对接，努力将粤港澳城市群打造成为国际物流航运中心。具体政策措施如下。

（一）加大基础设施建设和衔接

（1）加强高速公路、城际快速轨道、铁路交通系统的合作与建设，发行大珠三角交通一卡通；形成统一的天然气输送网络和成品油管道网络，实现珠三角的油、汽、电同网同价；电话统一区号，将大珠三角这个群体有机地联系在一起，内联外延任何城市群。

（2）加强航空港的密切联系和合作，香港、澳门、广州、深圳及珠海五大机场各具优势，建立合作机制，互通互补，形成大珠三角通往世界各地和内陆省份的强大航空网络。

（3）推动建立港口合作机制，建设珠三角高等级航道网络，形成以香港为国际航运中心，广州港、深圳港为枢纽港，其他港口为支线港和喂给港的大珠三角港口群体系。

（二）粤港澳三地合作发展低碳物流和绿色物流

（1）粤港澳三地要在供应商、生产、运输、储存、流通加工、装卸、产品设计、包装及标识等方面进行绿色物流合作管理，大力开发绿色物流技术，制定绿色物流法规。

（2）大力发展铁路货物运输及低碳汽车运输业，推行共同配送，推动废旧物流设施设备的循环利用，建立工业和生活废料处理的物流系统。

四 具示范先导效应的科技产业创新中心

湾区持续的发展需要把大学、政府、科研机构、企业的研发中心连成一个网，连成一个能即时分享先进成果的系统。2015 年日本东京大学的经济学家在深圳专门做的研究，其研究主题是深圳的无人机为何能够发展得如此迅猛。日本学者加茂贝树认为按照日本经济学家过去的思考，在没有产权保护的国家，科技创新的小企业是很难迅速扩大的，但深圳的这类型小企业实际上迅速扩大成长，背后的主要原因就是原创知识的共享。如何将这种原创知识的共享进一步扩大，并形成一种新型的体制是深圳和粤港澳大湾区突破的关键之一。

《深圳市可持续发展规划（2017—2030 年）》强调要探索可推广的超大型城市可持续发展模式规划提出，经过 30 多年的发展，深圳快速进入后工业化阶段，创造了世界城市发展的"深圳奇迹"。未来发展亟须依靠科技、产业创新，突破城市发展瓶颈，推动科技创新与社会发展深度融合，探索可复制、可推广的超大型城市可持续发展模式，为世界各国城市可持续发展提供示范。

规划提出到 2020 年，深圳要建成国家可持续发展议程创新示范区，率先形成绿色发展方式和生活方式。到 2025 年，深圳成为可持续发展国际先进城市。到 2030 年，成为可持续发展的全球创新城市，可持续发展国际一流水平，形成一系列可以向全球推广复制的可持续发展经验，努力为我国落实联合国 2030 年可持续发展议程做出卓越贡献。

（一）拟组建研究院设立可持续共同发展基金

围绕可持续发展的长远发展目标，深圳拟出台《深圳经济特区可持续发展促进条例》及系列配套政策，为规划实施提供立法保障。同时，还将组建深圳国际可持续发展研究院，积极引进国际、国内多层次的专家团队，建立健全可持续发展决策咨询制度。

以创建国家可持续发展议程创新示范区为契机，深圳还拟设立可持续共同发展基金，以清洁能源、环保、交通、教育、医疗等领域为重点，率先组织实施一批技术成熟、推广条件较好的重大工程和示范项目，引领带动相关技术成果在国内外的研发、生产和应用。构建市场化的投融资机制，探索在循环经济、生态环保、公共服务、社会治理等领域引入 PPP 模式，广泛吸引各类社会资本参与项目的投融资、建设和运营。

此外，还将探索土地使用弹性年期、差异化土地供应、土地资源资产资本一体化运作等土地供应方式，优先保障可持续发展重大建设项目用地指标。开辟可持续发展项目审批"绿色通道"，建立审批至建设交工全方位的绿色化专项跟踪服务模式。

（二）实施五大重点任务助深圳实现五大发展目标

以创新引领超大型城市可持续发展为主题，《深圳市可持续发展规划（2017—2030 年）》提出实施五大重点任务，推动深圳打造具有国际影响力的科技产业创新中心，加快建成现代化国际化创新型城市，成为中国向世界展示可持续发展成功实践的典范。

1. 创新活力之城

规划提出强化体制机制创新优势，提升产业创新发展质量，打造优秀人才聚集高地。深圳将加快推进未来网络实验设施、国家超级计算深圳中心（二期）和深圳国家基因库（二期）等重大科技基础设施建设，组建一批基础研究机构和诺贝尔奖科学家实验室。

在核心芯片、工业母机、5G 移动通信、石墨烯、机器人与智能装备等领域新建一批国家级、省级、市级工程实验室、工程研究中心和企业技术中心。

引进国内外企业集团总部和区域性总部，培育一批本市企业进入世界500 强，引进一批行业领军人才，会聚一批掌握世界科技前沿的诺贝尔奖科学家、"两院"院士等顶尖科学家。

探索国际化人才保障制度，着力改善和提高包括人才入户、子女入学、配偶就业、住房、医疗社保、退休福利等一揽子的人才保障服务水平。

打造国际风投创投中心城市，建成更高水平的科技金融深度融合先行区。

2. 绿色低碳之城

规划提出以深圳国际低碳城开发建设为重点，开展低碳城区、低碳政府、低碳企业、低碳社区等多层级、多尺度的低碳试点示范，全力开展水、大气、土壤污染防治三大行动，全面推进海绵城市建设。

构建宜居多样的城市生态体系，打造一流的湾区海洋环境，研究制定海陆联合动态监管和溯源追责制度，率先建成国家海洋城市，创新生态环境保护治理机制，适时在全市推广 GEP 核算和碳币系统，探索建立环保法庭。

结合茅洲河水污染治理工程的实施，探索流域内工业污染第三方治理。研究构建绿色金融体系，推行环境污染强制责任险。

3. 智慧便捷之城

规划提出建设智慧高效的交通服务体系和便捷多元的公共服务信息系统等，推动政府数据开放和共享应用，建立全市统一的政府数据开放平台。

开展公共数据开放利用改革试点，通过政府向企业开放数据、企业基于开放数据为市民提供增值服务。

建设深圳市新型智慧城市运营管理中心，提升城市给排水、供电、供气、通信、消防等基础设施建设标准及智能化水平。

4. 普惠发展之城

规划提出重点增强教育、卫生等民生领域薄弱环节的服务能力，建立与超大城市人口发展相协调的基本公共服务保障机制。

以居住证为载体完善政策体系，动态优化项目及标准，逐步实现常住人口基本公共服务均等化，加快来深建设者市民化步伐。

5. 开放共享之城

规划提出深圳要搭建面向全球的开放合作平台，参与全球各类标准和规则制定，扩大资本、管理、服务和技术输出。

打造粤港澳大湾区核心城市，加快落马洲河套地区共同开发，建设港深创新及科技园，规划建设"深方科创园区"，打造深港合作新平台和深圳开放创新新引擎。

建设"一带一路"枢纽,创建可持续发展国际样板城市和"SUC可持续发展国际示范区"。

五　与上海同步的全球海洋中心城市定位

2017年6月20日,国家发展改革委和国家海洋局联合发布的《"一带一路"建设海上合作设想》(以下简称《设想》)。新华社报道称,这是自2015年3月28日发布《推动共建丝绸之路经济带和21世纪海上丝绸之路的愿景与行动》以来,中国政府首次就推进"一带一路"建设海上合作提出中国方案,也是"一带一路"国际合作高峰论坛成果之一。

《设想》提出,中国政府将秉持和平合作、开放包容、互学互鉴、互利共赢的丝绸之路精神,遵循"求同存异,凝聚共识;开放合作,包容发展;市场运作,多方参与;共商共建,利益共享"的原则,致力于推动联合国制定的《2030年可持续发展议程》在海洋领域的落实,与21世纪海上丝绸之路沿线各国开展全方位、多领域的海上合作,共同打造开放、包容的合作平台,推动建立互利共赢的蓝色伙伴关系,铸造可持续发展的"蓝色引擎"。

《设想》提出要重点建设三条蓝色经济通道:以中国沿海经济带为支撑,连接中国—中南半岛经济走廊,经南海向西进入印度洋,衔接中巴、孟中印缅经济走廊,共同建设中国—印度洋—非洲—地中海蓝色经济通道;经南海向南进入太平洋,共建中国—大洋洲—南太平洋蓝色经济通道;积极推动共建经北冰洋连接欧洲的蓝色经济通道。

其合作思路是,以海洋为纽带增进共同福祉、发展共同利益,以共享蓝色空间、发展蓝色经济为主线,加强与21世纪海上丝绸之路沿线国战略对接,全方位推动各领域务实合作,共同建设通畅安全高效的海上大通道,共同推动建立海上合作平台,共同发展蓝色伙伴关系,沿着绿色发展、依海繁荣、安全保障、智慧创新、合作治理的人海和谐发展之路相向而行,造福沿线各国人民。

《设想》提出"建立蓝色经济合作机制"。设立全球蓝色经济伙伴论坛,推广蓝色经济新理念和新实践,推动产业对接与产能合作。共同制定并推广蓝色经济统计分类国际标准，建立数据共享平台，开展21世纪海上丝绸之路沿线国蓝色经济评估，编制发布蓝色经济发展报告，分享成功经验。打造海洋金融公共产品，支持蓝色经济发展。

《设想》提出推进内外对接。中国政府鼓励经济区和沿海港口城市发挥地方特色，加大开放力度，深化与沿线国的务实合作。支持福建21世纪海上丝绸之路核心区、浙江海洋经济发展示范区、福建海峡蓝色经济试验区和舟山群岛海洋新区建设，加大海南国际旅游岛开发开放力度。推进海洋经济创新发展示范城市建设，启动海洋经济发展示范区建设。

《设想》提出促成项目落地。马来西亚马六甲临海工业园区建设加紧推进。巴基斯坦瓜达尔港运营能力提升，港口自由区建设、招商工作稳步推进。缅甸皎漂港"港口＋园区＋城市"综合一体化开发取得进展。斯里兰卡科伦坡港口城、汉班托塔港二期工程有序推进。埃塞俄比亚至吉布提铁路建成通车，肯尼亚蒙巴萨至内罗毕铁路通车。希腊比雷埃夫斯港已建设成为重要的中转枢纽港。中国与荷兰合作开发海上风力发电，与印尼、哈萨克斯坦、伊朗等国的海水淡化合作项目正在推动落实中。海底通信互联互通水平大幅提高，亚太直达海底光缆（APG）正式运营。中马钦州—关丹"两国双园"、柬埔寨西哈努克港经济特区、埃及苏伊士经贸合作区等境外园区建设成效显著。

（一）"全球海洋中心"的深圳上海定位

众所周知，"一带一路"倡议最先由中国提出，因此，《设想》其本质就是一份规划蓝图，因为涉及众多国家和地区，因此定名为"设想"。但是，其中透露出来的信息是十分丰富的。至少有以下内容值得关注。

第一，《设想》提出，以中国沿海经济带为支撑，重点建设三条蓝色经济通道。这实际上对中国沿海经济带提出了更高的要求，否则三条蓝色经济通道将缺乏强有力支撑。由此，中国沿海经济带的战略作用进一步凸显。

第二，在中国沿海经济带中，《设想》中提到的环渤海、长三角、海峡西岸、珠三角又是重中之重，可以说，这是四个强力支撑点。

第三，在这四个强力支撑点中，福建21世纪海上丝绸之路核心区、浙江海洋经济发展示范区、福建海峡蓝色经济试验区和舟山群岛海洋新区成为新晋的四大赢家。

第四,"蓝色经济"将成为"一带一路"倡议下的细分热词,包括"蓝色引擎""蓝色经济通道""蓝色经济试验区"以及"蓝色经济评估"等。"全球蓝色经济伙伴论坛"成为"一带一路"国际合作高峰论坛之后又一个重要论坛。今后,这一论坛的主办城市将会引人注目。

第五,通过海外项目落地的推进,"一带一路"倡议正在由点变成线,最终将变成一张可感可触的巨大网络。有这些点线面的支撑,"一带一路"倡议将走得更加坚实。

此次《设想》的公布,不能不联系国家发改委最近印发的《全国海洋经济发展"十三五"规划》。与"十二五"规划相比,该规划多次提及"一带一路"建设,要求北部、东部和南部三大海洋经济圈加强与"一带一路"倡议的合作。同时,《规划》提出"推进深圳、上海等城市建设全球海洋中心城市"。作为"一带一路"建设的节点城市,上海和深圳海洋经济的发展有了更高的定位。

对于深圳、上海建设"全球海洋中心城市",该规划提出了如下要求:

第一,在投融资、服务贸易、商务旅游等方面进一步提升对外开放水平和国际影响力,打造成为"21世纪海上丝绸之路"的排头兵和主力军。

第二,建设"中国邮轮旅游发展实验区",统筹规划邮轮码头建设,对国际海员、国际邮轮游客实行免签或落地签证,发展邮轮经济,拓展邮轮航线。

第三,发展海洋装备制造业,构建海洋油气资源开发带和油气产业集群。"全球海洋中心城市"这个概念是由北京大学汇丰商学院张春宇博士,于5年前首次提出。在第六届世界海洋大会上,他分享了什么样的城市才有资格成为"全球海洋中心城市":要是全球航运中心,港口物流业发达;要是全球海洋科技中心;要具有完备的海洋金融、海事法律等高端海洋服务业;要具有宜居宜业的城市环境,能够吸引国际高端人才;要具有突出的区位优势,城市发展后劲大;要在全球海洋治理中,扮演重要角色。

(二)深圳建设"全球海洋中心"的优势

正在深圳参加2017年第六届世界海洋大会的"最强大脑"们认为,深圳当前面临良好的战略机遇,具备打造全球海洋中心城市的基础条件。

深圳具有六大优势：第一，独一无二的区位优势，是最大的核心竞争力。第二，拥有良好的营商环境。第三，政府机构扁平化。第四，创业氛围浓厚。第五，创新能力强劲。第六，具有优秀的企业家精神。

海洋经济本身是以科学技术为基础的，从这个角度来说，深圳也做了非常好的工作，建设了很多的学校，也准备建设海洋研究的机构。同时海洋经济想发展的话必须要有非常好的生态环境。大鹏湾的生态能为海洋经济的发展提供非常好的基础，森林覆盖率70%，珊瑚礁覆盖率50%，这对于我们搞海洋工作的来说是非常难能可贵的。

深圳区位优势明显：深圳地处亚太主航道，是粤港澳大湾区的重要城市和21世纪海上丝绸之路的枢纽城市。深圳面对东南亚，是南海周边唯一超大型城市。

深圳海洋资源丰富：深圳拥有1145平方公里的海域面积和超过260公里的海岸线。

深圳海洋经济发达：2016年深圳海洋生产总值1480亿元，约占GDP总量的8%。以海洋电子信息、海洋生物、海洋高端装备为代表的海洋未来产业快速发展，年均增长率超过30%。预计到2020年，深圳海洋生产总值将达到3000亿元。

深圳是全球航运中心：深圳是全球第三大集装箱港，2016年港口集装箱吞吐量达到2397.9万标箱。

深圳海洋综合管理先进：深圳是全国首个海洋综合管理示范区和第二批海洋经济创新发展示范城市。

深圳现代海洋产业体系完备：海洋产业是深圳重点支持的五大未来产业之一，深圳提出积极发展蓝色经济，做强海洋工程装备、电子信息、生物医药等产业。深圳发起设立了规模500亿元的海洋产业基金，引导吸引社会资本参与海洋经济发展。

深圳海洋科技领先：深圳中集集团和招商重工已经具备了大规模制造海上钻井平台的能力。中兴通讯与国家海洋技术中心正合作推进"智慧海洋"原型研发、海洋信息云计算和大数据平台建设。

（三）"海域+陆域"全域空间的"全球海洋中心城市"

机遇是一方面，但是我们要更加注重智慧海洋的建设。面对气候变化，港口和沿岸的基础设施应该更加灵活，能够有更高的可适配性，能够适应不同的气候条件。

此外，过去几十年以来，伴随海洋经济发展，带来了环境污染如何处理的问题。只有将塑料、港口的固体垃圾等都进行有效的处理，我们才能拥有更加环保和绿色的海洋事业。希望深圳在这几个方面都能够做出新的探索。

政府应引导资源发展海洋金融。海洋产业投入大、周期长、回报慢。笔者个人建议深圳，未来可以更多地投入政府的引导资源，更好地引导社会资本投入到海洋领域中来。其中金融至关重要，笔者力主在深圳建立若干个大型的海洋产业的金融机构，来助推全球海洋中心城市的建设。

更加注重海洋科技创新。海洋科技创新是海洋经济发展动能转换的重要引擎，世界海洋大国纷纷采取举措抢占海洋科学技术的制高点。深圳要想发展海洋经济，建设全球海洋中心城市，就必须有人才、有知识、有高科技，要建立更高层次的海洋科技创新体系，建立更完整的海洋技术体系和产业体系。

深圳近期启动的新一版城市总体规划编制工作中，更加强调了"海域+陆域"的全域空间资源整合理念，从规划的层面推进深圳建设全球海洋中心城市。

下一步，深圳也将围绕国家赋予深圳打造全球海洋中心城市的这一总目标，统领海洋生态保护、海洋经济与科技、海洋资源开发利用等各项工作，努力探索海洋综合管理，大力提高深圳市海洋城市的国际影响力。

建设海洋中心城市，我们将以海岸带为重要的抓手和空间载体，建立全域的海陆生态系统，要做山海相接，打通全市的海岸线。在海岸线的海岸带上进行基础功能的提升改造升级，特别是西部海岸带产业的转型升级提升布局，我们也会重点布局海洋的产业。

六　先行创新的国家综合配套改革试验区

（一）金融合作

深圳应该通过大力合作发展商贸业和金融业，优势互补，努力把粤港澳城市群打造成世界一流的商贸中心和金融中心。

1. 商贸业

深圳产业和资源要素的互补性使得三地在商贸业的合作方面前景广阔。具体政策措施有如下四点。

第一，大力促进大珠三角区域内各城市的经济往来，确立合作发展与错位发展的产业发展、贸易发展格局。

第二，政府应大力推进与港澳服务业的紧密合作，对港澳现代服务业项目给予政策优惠。在现有政策框架下，推动港澳跨境工业区转型，重点发展高端物流、展览展销、服务外包等现代服务业。

第三，支持澳资企业延伸产业链条，推动符合条件的澳资企业到广东产业转移工业园投资发展。

第四，粤港澳三地共同开拓国际市场，发挥港澳的特殊优势，联合向海外开展招商引资及贸易宣传，共建大珠三角贸易网。

2. 金融业

粤港澳三地金融业的合作必须充分发挥香港的国际金融中心地位和优势，而港澳则可以以广东省为跳板不断拓展内地市场。相信三地在金融业上的大力合作，最终能将粤港澳城市群打造成为世界领先的国际金融中心。具体政策措施如下：

第一，通过香港、澳门地区平台大力促进人民币的国际化，继续推广大珠三角地区内部使用人民币进行计算、结算试点工作。

第二，给予政策倾斜，鼓励香港银行业与珠三角的合作，以广东为跳板不断拓展内地市场。

第三，发挥深圳、香港两地天然的地域优势，在资本市场上开展更深入的合作。促进深港保险业合作，联手开发新产品，鼓励保险资金投资等。

第四，支持金融培训机构和人才合作，举办金融高端论坛，加强金融研究合作，推动金融智力合作。

（二）信息合作

粤港澳三地应不断加强信息产业的合作，努力将其打造成内部联系最紧密的世界信息港。

按照构建"数字珠江三角洲"的总体要求，突破区划、部门、行业界限和体制性障碍，统筹大珠三角信息网络建设，共建共享信息数据库，实现互联互通及"三网融合"。具体政策措施如下：

第一，加强粤港澳三地电信监管力度和应急通信保障合作，探索电信业务合作新模式，降低大珠三角区域间长途资费与移动漫游资费。

第二，扩大粤港澳城市群无线电信号的覆盖范围，做好边界地区频率协调工作。

第三，实现粤港澳三地信息技术交流的标准化，推行电子签名证书互认应用。

第四，加强电子商务平台建设合作，并实现公共技术服务平台开放共享。

（三）人文合作

粤港澳合作建设更具综合竞争力的世界级城市群必须重视人的作用，粤港澳三地应不断加强在环境保护、人才培养、旅游产业等方面的合作，把粤港澳城市群打造成为优质的生活圈和世界级的智力中心及休闲旅游中心。

1. 加大粤港澳三地环保合作，建设良好的人文环境，构建优质生活圈

第一，制定及推广绿色建筑标准，鼓励现有建筑物进行绿化及能源效益改善工程。

第二，加强粤港澳三地合作，大力推进"绿色广东"战略。利用粤港资金和技术支持，努力实现广东省在高速公路、铁路和主要水系两旁等打造一条总长达10000公里的生态景观林带，通过森林间接减排来应对气候变化，改善生态环境。

第三，支持发展循环经济和环保产业，推动粤港澳三地环保服务市场开放。

2. 加强教育文化方面的合作，把粤港澳城市群建设成世界级智力中心

第一，推进高等教育和科研合作，扩大互招学生规模，推动高校学分互认，共建实验室和研究中心，打造粤港澳产学研合作平台。

第二，加强职业教育培训合作，共同举办旅游、酒店、会展、创意设计等职业培训项目，并建立职业教育师资交流制度。

第三，加强在文化创意产业方面的合作，合作培养文化创意人才，加

强设计成果市场推广和产业化生产。

3. 加强休闲旅游方面的合作，努力将粤港澳城市群打造成为世界级的休闲旅游中心

第一，共同编制旅游合作规划，形成区域旅游合作长远发展战略，共同开拓区域旅游市场，形成区域旅游品牌，努力将粤港澳建设成世界著名旅游休闲目的地。

第二，联合推广"一程多站"旅游线路，联合推出"澳门历史城区—开平碉楼—韶关丹霞山"世界遗产旅游专线，将广东美食、香港购物、澳门博彩业有机结合成一站式旅游服务，吸引国内外游客参观游览。

第三，强化无障碍旅游区域建设，共建旅游产品营销网络平台。合作开拓国内外市场。

第四，建立旅游市场监管和投诉处理协调机制，提升服务质量，保障旅客权益。

当前随着经济全球化合作区域经济一体化的不断深入，区域之间、国家之间的竞争方式正由传统的产业之间、产业链之间的竞争向城市群之间的竞争转变。建设粤港澳世界级城市群正是在这一背景下应运而生。相信在党中央和粤港澳三地政府的坚强领导下，以科学发展观为指导，坚持规划先行、循序渐进的原则，在广大群众的共同努力下，不久的将来粤港澳将建设成为更具综合竞争力的世界级城市群，成为国际物流航运中心、商贸中心、金融中心、信息交流中心、世界级智力中心、休闲旅游中心和推动中国社会、经济发展的增长极之一。

第二节 粤港澳大湾区战略下深圳的使命担当

深圳作为经济特区，在过去40年的改革开放中取得了举世瞩目的成绩，在当前国家"一带一路"建设和"粤港澳大湾区"战略上，深圳应该深度融入全球产业链、创新链、价值链，发挥战略支点和核心引擎作用。深圳将在粤港澳大湾区发挥先行者、引领者的作用，如何在新时期加快推进粤港澳大湾区的紧密合作与一体化发展，与其他城市共同打造最具活力和国际竞争力的城市群，成为亟待解决的问题。

作为全球重要的创新城市之一，深圳是大湾区中最为特别的一个城市，毗邻香港、科技产业创新能力在各城市中实力最强，而且科技和金融要素能够紧密结合。深圳的这些优势，加上香港国际化的金融业和自由港，加上广州的贸易和物流，可与世界级的湾区经济相比肩甚至超越之。

2017年深圳市政府工作报告提到，深圳将以香港回归20周年为契机，全方位加强与香港在经贸、金融、教育、科技等各领域合作，谋划启动一批重大合作项目。2017年首个工作日，深港两地签署《关于港深推进落马洲河套地区共同发展的合作备忘录》，共建"港深创新及科技园"，这成为粤港澳大湾区进一步融合发展、共同打造世界竞争版图新亮点的标志性事件。

香港特区前行政长官梁振英说，香港的科创界、海外科研机构及科创投资者十分重视香港与深圳在科创事业上的合作潜力及重大协同效应。目前，深圳与香港之间的科技、人才等资源的流通还应加强，深港每天60多万人通关，相当于一个城市在流动。香港人每天通关中半数以上的目的地都是深圳，而且深圳与香港的结合还具有进一步的辐射和带动作用。

深港这两个城市，通过便利的基础设施的连接成为一个生活圈，从而形成更大的都市圈。

一 粤港澳大湾区与开放发展

湾区经济作为重要的滨海经济形态，是当今国际经济版图的突出亮点。目前，全世界比较有代表性的有三大湾区，分别是美国的旧金山湾区、纽约湾区和日本的东京湾区。这三大湾区是全世界经济最发达的地区，既是财富的集中地，也是人才的集中地。实际上，相比于其他三大湾区，粤港澳大湾区无论在人口聚集度还是经济规模上都毫不逊色，现拥有人口近6000万，面积5.6万平方公里，经济总量超过1.4万亿美元，对外贸易总额超过1.8万亿美元，并且拥有世界上最大的海港群和空港群，年航空客运量超过1.1亿人次，完全有条件、有能力成为世界上著名的湾区城市群，代表国家参与世界上的湾区经济竞争。

粤港澳大湾区的一个重要特点就是把港澳纳入进来，成为中国最开放的一个城市群。港澳实行"一国两制"，既有"一国"的便利，又有"两制"的优势。港澳是世界上典型的"自由港",实行自由贸易政策,又是单独的关税区,港澳在国家对外开放中的功能和作用是其他内地城市不可替代的。香港是著名的国际金融中心、国际贸易中心和国际航运中心,澳门是世界著名的休闲旅游中心,是中葡商贸合作的重要平台,港澳广泛的国际网络、中西融合的文化都有利于推动国家对外开放,并深度参与全球经济治理。把港澳纳入进来,意味着港澳与内地城市的合作与融合将更加广泛和深入,"开放"和"国际化"将会是这个城市群的一个鲜明特征。

粤港澳大湾区的愿景,是要在"一国两制"框架下,探寻包括人流、物流、资金流等生产要素实现自由流动的路径方法和制度安排。粤港澳大湾区作为一个开放的湾区,可以在为"一带一路"提供资金、人才、专业服务支持的过程中,推动中国企业"走出去",在国际国内两个市场上整合要素资源,构建开放型经济新格局。

深圳作为我国最早的也是最成功的经济特区之一,是我国改革开放的前沿阵地,经过40年的发展,深圳已经深度融入世界经济,在全球产业分工体系具有一定的地位;深圳又是国家重要的外经贸大市,一大批企业已经"走出去",在利用国际国内两种资源、两个市场方面取得了一定的成绩。因此,深圳在粤港澳大湾区的开放发展中可以更好地发挥作用,通过与香港、澳门深度合作,与湾区其他城市形成"我中有你,你中有我"的产业和城市功能分工,为国家构建开放型经济新体制提供支撑。

二 粤港澳大湾区与协调发展

长久以来,珠江口东西两岸一直发展不协调、不平衡,东岸聚集了经济总量的六成以上,而西岸经济规模相对较小,产业和人口聚集度也较低,东西两岸差异的趋势还一直在扩大,这极大地限制了珠三角地区的整体发展。造成这种不协调、不平衡发展的一个重要的原因,就在于缺乏交通基础设施,一直没有形成物流人流方面的高效互动,西岸无法像东岸一样承接香港、深圳的产业转移和经济辐射,失去了很多吸引技术、资金和人才等经济社会资源的机会。近年来,东岸的城市受土地资源和环境承载力的制约,迫切需要加大与西岸城市合作的力度。

粤港澳大湾区城市群规划,将实现基础设施的进一步联通,大交通格局的形成将有利于珠江口东西两岸的发展。随着港珠澳大桥、深中通道等重要基础设施的落实，将改变珠江口东西两岸的沟通困境，深圳将成为深莞惠、珠中江和广佛肇三大城市组团之间的重要连接点，成为珠江口两岸三大国家级新区（自贸区）的重要转换节点。珠江口两岸交通基础设施的改变，将使深圳在区域协调发展中发挥更重要的作用，使深圳在大湾区中获得更大的市场和腹地。

什么样的空间形态最有利于粤港澳大湾区的协调发展？有关大湾区的空间形态，最近有很多的研究，也形成了一些不同的观点，比如"层级划分法"，即把粤港澳大湾区按照核心层、外围层、辐射层构成的三个层级划分；比如"轴线划分法"，即把粤港澳大湾区划分为中轴、东轴、西轴三个轴线；还有"核轴划分法"，即把粤港澳大湾区划分为核心区、轴线区和中心区。无论哪种划分方法，粤港澳大湾区要实现协调发展，就要摒弃长期以来在大湾区内存在的"龙头之争"的思维模式，这个思维模式是大湾区区域协调发展的一大障碍。在互联网时代，区域网络都是多中心，争论谁是中心没有太大的意义。粤港澳大湾区就是"多中心"的城市形态，应打破行政区划，按照大都市圈发展的规律进行规划，才能实现都市圈的"有机增长"和"都市群落"，才能形成区域合作的"利益共同体"。

深圳要当粤港澳大湾区协调发展的促进派，要带头探索大湾区都市圈"利益共同体"的体制机制。在粤港澳大湾区协调发展中，深圳要处理好与广州的功能分工的关系，共同建设好广深科技走廊；不仅要与香港深化合作，共建港深都市区，而且要加强与澳门的合作，使深澳合作成为联结珠江口西岸和东岸都市发展的一个重要节点；不仅要推动深莞惠的一体化发展，而且要形成"3+2"的都市发展群落，带动河源、汕尾的发展。

三 粤港澳大湾区与创新发展

相比世界上其他的湾区，粤港澳大湾区应该是最具有"创新气质"的，是世界重要的科技产业、金融服务业、航运物流和制造业中心，拥有比较完备的创新链、产业链和供应链，可以实现从理念、筹资、研发、制造、产业化等"一条龙"的创新全过程，在未来大湾区发展中，将成为具有活力的、创新的科技型湾区。

粤港澳大湾区是国家实施创新驱动战略的核心区域，表现出领先的创新能力。大湾区是全国制造业的重心所在，也是制造业率先实施创新驱动、走向智能高端制造的先发区域。大湾区内有较多的国际一流大学、国家实验室、企业研发中心等基础研发机构，汇聚了众多国内、国际高端人才，为科技创新提供了基础资源。特别是香港的大学，在国际排名中都是比较靠前的。在世界知识产权组织（WIPO）发布的2016全球创新指数排名中，香港在全球排名第十四，在亚洲排名第三，仅次于新加坡和韩国。粤港澳大湾区专利授权数占全国比例为15.3%，超过纽约湾区、旧金山湾区在美国的占比。

粤港澳大湾区应成为全球科技产业创新的中心，在全球数字经济创新发展中起到引擎的作用，成为第四次工业革命的一个重要策源地。随着新一轮科技革命和产业变革的加快推进，全球化、信息化和网络化深入发展，创新要素和跨国资源流动越发活跃，开放融合创新已是大势所趋。港澳的自由经济、开放市场和国际网络，为湾区吸引和连接世界科技人才、企业和资金，创造了便利条件。大湾区要成为全球高端科技资源的汇集地，就要发挥港澳在科技资源"超级联系人"的优势，建设跨境科技创新合作平台，形成具有全球竞争力的产业新体系，对接世界创新要素，融入世界创新系统，成为国际化水平极高的创新生态系统培育地。

深圳作为国家创新型城市和国家自主创新示范市，在粤港澳大湾区创新发展中扮演更积极的角色。深圳已经涌现出一批领先世界的创新型企业，包括华为、腾讯、中兴、比亚迪、华大基因、大疆等，这些企业的PCT国际专利申请数量占全国的一半，接近韩国的申请量，这些企业作为"知识外溢"的传播者，在大湾区的创新驱动中，将发挥带动作用。深圳在政策创新、能力创新、产业创新、开放创新、机制创新等方面为全国探索了很多经验：如布局战略性新兴产业、未来产业，设立科技基金和财政扶持，强化科技创新引领作用；营造开放创新、合作创新的良好创新环境，吸引国际科技公司入驻深圳；实施"孔雀计划"、人才安居工程、住房租房补贴政策、留学生创业支持计划等，吸引高端创新人才向深圳汇集，这些改革措施同样为大湾区其他城市所借鉴，形成"政策外溢"效应。

四　粤港澳大湾区与绿色共享发展

粤港澳大湾区的愿景之一是要成为世界级的城市群，共建优质生活圈，实现绿色共享发展，使大湾区内包括港澳同胞在内的所有居民有实实在在的"获得感"。六年前，在国家的"十二五"规划中就已经提出："深化粤港澳合作，打造更具综合竞争力的世界级城市群"，"加快共建粤港澳优质生活圈步伐"。在国家的"十三五"规划中，进一步地明确提出："支持共建大珠三角优质生活圈"，"推动粤港澳大湾区和跨省区重大合作平台建设"。

2012 年，粤港澳三地政府共同编制发布《共建优质生活圈专项规划》，提出大珠三角地区共同构建一个绿色、宜居、低碳、可持续发展的世界级城市群，为区内居民提供洁净、舒适、便捷、高效、人本的优质生活环境，打造优质生活圈，提升大珠三角地区的整体竞争力和吸引力。

城市群是我国新型城镇化战略中的重要形态，其目标是要形成高效通勤一体化发展的都市圈。国家"十三五"规划提出要建设 19 个城市群，规划的内容既有空间又有产业，也有基础设施、生态环境、体制机制，基本上是一个综合性的规划，超出了经济和产业规划的内容，其中，"绿色城市"是城市群规划的一个重要的目标。粤港澳大湾区共建优质生活圈，就应特别注重大湾区的生态环境和流域治理。

人们一般的印象，世界上的湾区，无论是大湾区，还是一些小湾区，房子都比较贵，为什么？因为这些地方往往是环境优美、出行方便、居住舒适的地方。住在湾区里，不仅居住环境好，空气清新，绿色环保，而且宜居宜业，生活在湾区的居民综合幸福指数比较高。

深圳是绿色发展的典范城市。"十二五"期间，深圳 PM2.5 浓度从 44 微克/立方米下降到 29.8 微克/立方米，灰霾天数由年 112 天降至 35 天，深圳将绿色低碳融入城市规划、产业政策、建筑设施、交通运输等各方面，探索建立有利于生态文明的激励制度和政策体系，对大湾区绿色发展具有重要的支撑作用。

总之，粤港澳大湾区对深圳未来的发展既是机遇，也是挑战。深圳为粤港澳大湾区提供服务和支撑的同时，也使深圳在率先建设社会主义现代化先行区的过程中，获得新的动力和新的发展空间。

深圳在研发上的支出也非常高，超过 GDP 的 4%，拥有很多国际专利和高质量专利，深圳一个城市的国际专利数量已经超过了法国或英国整个国家的专利数量。通过对深圳进行 SWOT 分析，即优势、劣势和机会以及威胁来分析深圳在粤港澳大湾区的定位和对策，深圳应该利用机会发挥优势，利用优势战胜威胁，抓住机会弥补劣势，弥补劣势抵御威胁。以创新为核心，对深圳进行定位分析（见表 7-1）。

表 7-1　　　　　　　　　深圳定位的 SWOT 分析汇总

	策略	优势	劣势
		创新优势； 地理位置优势； 人才聚集的优势； 政府政策的优势； 制度环境的优势	经济发展历史较短； 人口密度大； 高端制造业和服务业欠发达； 科研机构缺乏； 土地资源稀缺
机会	粤港澳大湾区； "一带一路"倡议； 自贸区建设； 深港合作； 互联网技术变革	抓住机会发挥优势：利用国家的政策发挥深圳的优势，尤其是在科技创新方面，发挥人才聚集和制度创新的优势，释放年轻活力	抓住机会弥补劣势：通过带领深圳周边地区的发展来扩充领地，发展高端制造业和服务业，利用周边地区的优势为深圳服务
威胁	香港、广州核心地位的冲击； 一国两制，制度很难统一； 要素流动的障碍； 基础设施共享的利益冲突； 政府决策的博弈	利用优势战胜威胁：利用深圳的优势，促进要素流动，与香港、广州协同发展，进行优势互补，通过制度创新，来协调地区差异	弥补劣势抵御威胁：尽量扬长避短，通过各种方式弥补劣势，建设高水平大学和研究机构，加强基础科研和应用科研，通过产学研机制相互促进和良性循环；发展高端制造业和服务业促进要素的自由流动，减少要素流动的壁垒

第三节　粤港澳大湾区战略下深圳的发展路径

一　进一步发挥深圳的创新优势

深圳大力发展服务业，在科技创新、金融创新、制造创新和服务创新上发挥主导作用。首先，政府要提供创新创业的政策和制度，尤其在人才引进方面和财政方面要给予大力支持。深圳应该积极利用全球创新资源，加速融入全球创新网络。

其次，要加大科研院所的研发支出，在基础研究和应用研究上给予相应的奖励。加强科技创新，联合国外大学建设世界一流的研究型大学和科研机构。科技创新来源于科研，发展一批高水平研究型大学和研究机构是建设湾区经济的支撑和内涵，深圳现在也正在筹建很多国际性大学和研究机构，侧重于基础性研究和应用性研究，也可以产学研结合，同时政府应该鼓励和支持企业开展研发工作，尤其是应用型研发领域，可以直接转换为生产力。

再次，深圳要鼓励尝试和探索创新，敢于冒险和做第一个吃螃蟹的人，例如，早期改革者推动与未被授权的非本国公司进行投资交易，制定了保护外国公司利益所需的法律框架；又如，创新者在创业过程中发现在深圳更容易成功，尽管严格来说有些在当时是不允许的，但是当创新者的冒险行动证明是富有成效的时候，政府也会加以鼓励。

最后，加强产业集聚，提高出口产品的附加值，形成创新型的供应链。珠江三角洲的企业，在中国的创新型企业中占了很大份额，已经形成了较为完整的产业链。当地企业过去常常依赖于专事出口的"外贸通"，现在则着手于自己的发明创造，以及经营方式创新。曾经在珠江三角洲投资的国外企业，曾试图严守自己的技术秘密，现在也开始利用当地人的大脑，进行开放式的创造发明。

二 突出自贸区发展的标杆作用

深圳前海自贸区有其自身优势，在承接香港的金融业上，具有不可替代的优势，因此发挥自贸区的示范带动作用，在投资准入、商事登记、海关监管、检验检疫、人员进出、外汇管理、跨境借贷和争端解决等方面开展改革创新，深化与"一带一路"沿线国家的投资贸易便利化合作。强化深圳自贸区的国际贸易功能集成，加快高端航运服务、商贸服务和金融服务等业态的集聚，增强国际航运服务功能，服务珠三角产业转型升级，辐射带动泛珠三角及周边区域协同发展，把粤港澳大湾区建设成为"一带一路"的国际运营中心。

自贸区是中国新一轮改革开放的大战略平台，深圳前海（蛇口）自贸区作为广东自贸试验区的其中一个试点，综合了国家综合配套改革试验区、国家级新区、国家自贸区等的政策优势，具有先行先试和制度创新的叠加效应，前海（蛇口）是"特区中的特区"，是香港现代服务业进入内地市场的重要平台。

深港双方都要抓紧利用深圳率先开展跨境人民币贷款的先发优势，抓住人民币国际化和利率市场化的战略机遇，努力强化双方金融业务的深入合作，在前海（蛇口）自贸区引入香港金融市场运作的先进机制和境外资金，加快金融对外开放步伐，积极引入风险投资、战略投资、私募创新投资机构和大银行的私人财富管理部门，以及国内外有影响的基金管理公司，健全资本市场体系，在前海（蛇口）自贸区大力开展金融创新，促进互联网金融等新业态的发展，强化前海（蛇口）自贸区金融的辐射带动能力。

此外还要加快引进香港现代服务业，加快发展现代服务业，构建现代服务业体系，重点推动现代金融、会展商贸、现代物流、科技服务、信息服务、专业服务等服务业发展，高标准推进前海湾金融业和现代服务业集聚区发展，建设具有国际影响力的现代服务业基地。

三　实施"一带一路"的前导

深圳应该发挥海上丝绸之路的桥头堡作用，带领沿线国家经济发展和进行产业转移充分发挥区位优势，深化港口、机场、陆路交通国际合作，打造国际交通枢纽和国际航空门户，畅通国际陆路通道，成为海上丝绸之路的综合交通枢纽。发挥粤港澳大湾区世界级经济中心作用，进一步深化粤港澳大湾区与东盟国家的经贸合作，更好地辐射带动东南亚区域发展。按照错位发展、优势互补、互利共赢的原则，结合沿线国家的发展需要，推动优势产业赴沿线国家投资合作，实现粤港澳大湾区的产业调整升级。

四　不断冲刺世界性的产业高端

深圳在移动通信、基因测序、超材料、新能源汽车等战略性新兴产业上具有优势，在核心技术方面已经取得重大突破，在这些领域已经涌现大批行业龙头企业，通过知名龙头企业的带动和上下游企业形成产业集聚，可以优化产业结构，带动整个区域的快速发展。深圳拥有许多有代表性的创新型企业。深圳最成功的创业公司是近年崛起的大疆创新,据称市值已超过 80 亿美元,提供实惠的商用无人机。大疆拥有强大的研发团队,研发出了飞行机器人所需要的相机等核心技术,这家私人持有的公司,占据了超过一半的全球小型民用无人机市场。还有华大基因,购买了全球总量一半以上的基因组测序机器,被《科学》杂志称为"DNA 超级大国"。

又如,迈瑞医疗器械有限公司在美国硅谷建立了研发机构,通过与深圳研发机构相结合,发挥最大效益,西方研究者擅长进行高质量的研究,而中国研究者擅长应用,根据研究结果开发出新的工具包。再如华为在研发方面的支出比苹果还多,其 2016 年的总收入估计为 5200 亿元人民币,公司把收入的 15% 和 18 万员工中的 8.2% 投入研发。华为在世界各地已拥有 20 多个研发中心,与领先的跨国公司和大学进行多方面的合作。华为是世界上高质量国际专利最多的公司,正在研究第五代移动通信,华为的窄频带物联网协议以廉价和低耗能的方式将机器连接到云端,被批准为全球标准。

五 聚力发展总部经济的集群

由于总部经济所具有的辐射性、共赢性特征,总部经济可以提升粤港澳地区的整体经济实力,深圳可以借助大力吸引总部经济,引进跨国公司的总部和区域总部、研发中心、采购中心,进一步提升城市的竞争力。粤港澳大湾区的建立形成集聚效应和蜂拥效应,从而吸引更多的跨国公司入驻,给粤港澳地区经济的发展带来契机。

六 加快经济要素流动便利化

科技、资金、土地、劳动力、生态等生产要素是经济发展的重要支撑,粤港澳大湾区的发展必须打破地方壁垒,让生产要素充分流动起来,减少交易成本,才能让经济持续健康快速发展。总之,在指导理念上,深圳应以创新为核心带动湾区经济发展,粤港澳大湾区各地发挥各自优势,进行优势集聚,形成优势互补的产业分工体系;在发展战略上,深圳全面对接国家"一带一路"倡议,发挥自贸区的示范作用,把粤港澳大湾区建设成为"一带一路"的国际运营中心,深圳将起到桥头堡的作用;在合作机制上，政府应该设立粤港澳大湾区特别机构或者联盟委员会，引导设立统筹协调机制，通过全局规划粤港澳地区的长远发展，培育利益共享的机制。

第四节 粤港澳大湾区战略下深圳的产业亮点

在宏观战略上，深港创新合作应紧紧围绕国家一带一路建设和粤港澳大湾区战略，遵循国际一流湾区经济发展规律，充分发挥深港作为粤港澳大湾区枢纽城市各自的优势，创新合作机制，整合粤港澳大湾区的各类要素资源和平台载体，面向东南亚、南亚、中东、非洲等更广阔市场，结合发展自贸区等宏观战略，互惠互利地携手打造深港合作创新升级版，建设以金融、航运、科技创新、物流、信息等为核心竞争力且各具特色的粤港澳大湾区枢纽轴心城市。深圳在国家"大众创业、万众创新"的政策下，为创业者提供了良好的创业环境和创业机制，深圳已经形成了一个由协同、快速学习供应和工厂组成的强大的生态系统。

一　建设更具国际影响的创新活力之城

突出全面创新，让创新成为引领发展的第一动力。着力构建多要素联动、多主体协同的综合创新生态体系，全面推进体制机制、科技、产业、商业模式等方面创新，形成"基础研究+技术开发+成果转化+金融支持"的创新全链条，打造具有全球影响力的创新活力之城。

（一）发挥体制机制创新优势

着力突破制约创新发展的制度性障碍，建立公平、高效、完善的创新体制机制。完善创新主体动力机制，优化创新成果转化机制，健全创新主体对财政性资金的使用机制，提高资金的使用效率和效益。完善创新资源配置机制，建立创新资源优化整合、共享机制，鼓励创新资源开放共享。完善创新激励保护机制，健全创新人才激励机制，优化利益分配机制，健全知识产权保护机制，建立信用监督机制。深化政府科技管理体制改革，完善政府科技管理决策程序，健全听证公示、社会咨询、专家论证和效果评估制度。

(二) 持续提升科技创新基础能力

推进科技进步与创新，弥补创新发展薄弱环节，加快创新服务体系建设。加强基础研发能力，布局建设若干具备国际先进水平的科研基础设施，加快推进未来网络实验设施、国家超级计算深圳中心（二期）和深圳国家基因库（二期）等重大科技基础设施建设，组建一批基础研究机构和诺贝尔奖科学家实验室。提升技术开发能力，深化产学研合作，在核心芯片、工业母机、5G 移动通信、石墨烯、机器人与智能装备等领域新建一批国家级、省级、市级工程实验室、工程研究中心和企业技术中心，实现产业核心技术和关键技术的重点突破。提高技术成果产业化能力，组织实施高技术产业化重大专项，推动应用研究成果产业化，促进创新产业跨越式发展。

(三) 提升产业创新发展质量

培育新兴产业和新生业态，重点支持由网络技术和通信技术催生的新生业态。促进产业链价值链高端化，推进电子信息产业链向高端延伸。加强企业联合，建立产业联盟。推动产业集群优化升级，推进高新区、高技术产业基地、先进制造业基地和优势传统产业基地建设，形成产业链垂直分工和水平分工结构合理的产业集群。推进产业组织创新，引进国内外企业集团总部和区域性总部，培育一批本市企业进入世界 500 强。构建技术研发平台、检测实验平台、科技信息平台及技术转移平台，打造创新平台体系。加强深港科技合作，推动两地科技资源实现共享；支持本市企业、高等院校和科研机构参与国内外科技交流和合作，打造科技合作体系。

(四) 打造优秀人才聚集高地

把人才优先发展作为城市核心战略，健全创新人才激励机制，营造广纳群贤、人尽其才、充满活力的人才发展环境。实施杰出人才培育引进计划，培育一批高精尖人才，引进一批行业领军人才，会聚一批掌握世界科技前沿的诺贝尔奖科学家、"两院"院士等顶尖科学家。优化人才创业环境，完善留学人员来深创业资助政策，支持出国留学人员来深创业。优化人才安居环境，实施创新人才安居工程。探索国际化人才保障制度，着力改善和提高包括人才入户、子女入学、配偶就业、住房、医疗社保、退休福利等一揽子的人才保障服务水平。改革人才评价制度，营造尊重创新、尊重知识、尊重人才的社会风尚。

完善创新金融服务体系。构筑股权、产权、知识产权交易体系，大力培育上市资源，推动创新型企业上市融资。积极发展债券市场，推广集合型发债模式，支持创新型企业发行企业债券，扩大债券融资规模。设立创投引导基金，出台促进股权投资基金业发展的若干规定，建立从实验研究、技术开发、产品中试到规模生产的全过程科技创新融资模式。健全社会信用服务体系，完善自主创新担保和再担保体系。鼓励金融产品创新，强化银行等金融机构对创新发展的服务功能。打造国际风投创投中心城市，建成更高水平的科技金融深度融合先行区。

（五）持续弘扬双创文化

强化创新、创业、创投、创客"四创联动"，完善"众创空间—孵化器—加速器—专业园区"创业孵化链条，发展壮大创新创业群体。营造尊重知识、尊重人才的创新环境，强化鼓励成功、宽容失败的创新氛围，让创新成为深圳的城市基因和最鲜明的特质。

二 建设更加宜居宜业的绿色低碳之城

坚持把绿色发展、低碳发展、循环发展作为基本路径，确保资源得到高效利用，生态环境得到严格保护。推进生态环境质量持续均衡改善、全面提升，形成均等化的优质生态产品供给，切实保障市民群众身体健康，打造生态环境最优的绿色低碳之城。

（一）推进绿色低碳循环发展

以深化碳排放权交易为核心，创新市场化的节能减排手段。以深圳国际低碳城开发建设为重点，开展低碳城区、低碳政府、低碳企业、低碳社区等多层级、多尺度的低碳试点示范。以建设国家节能与新能源汽车示范推广城市为契机，加快充电站等配套基础设施建设，开展新能源公交大巴、出租车和私家车示范推广。实施全民节能行动计划，开展能效领跑者引领行动，全面推动交通、工业等重点领域节能降耗。遵循减量化、资源化、无害化原则，率先建立生活垃圾强制分类制度，以国际一流标准加快推进垃圾处理设施建设和提标改造，加快建成分类投放、分类收集、分类运输、分类处理系统。

（二）全面提升城市环境质量

以改善环境质量为核心，全力开展水、大气、土壤污染防治三大行动。深入实施治水提质工作计划，加快污水管网建设和污水处理设施高标准新改扩建，全面推进海绵城市建设，多管齐下实施生态修复、面源治理、清淤疏浚、生态补水等措施，切实保障饮用水源水质安全，营造水清岸绿、优美宜人的滨水休闲游憩空间。实施气候友好型的大气环境保护政策，开展细颗粒物、臭氧等多污染物协同控制和共同减排，实施清洁柴油车、绿色港口和挥发性有机物防治行动计划，打造优良的大气环境质量，营造蓝天白云常态化的"深圳蓝"。开展土壤污染详细调查和污染土壤修复试点示范，保障土壤环境质量安全。

（三）构建宜居多样的城市生态体系

构建"斑块—廊道—网络"的生态安全格局，实施更具刚性和约束力的生态保护红线管控制度。合理规划和建设各类保护区，优先推进生态核心区域、廊道及关键节点的建设用地清退和生态修复，为珍稀植物和野生动物的迁徙、栖息及保护提供有力保障。创建国家森林城市，保持森林、湿地、绿地构成的生态资产总量基本稳定，形成"城在林中、人在绿中"城市森林生态网络体系。完善"自然公园—城市公园—社区公园"三级公园体系和"省立—城市—社区"三级绿道网络，为市民提供多层级、多功能、互联互通的绿色福利空间。

（四）打造一流的湾区海洋环境

重视海洋环境综合整治，加强陆海统筹，以入海污染物总量控制为核心、重点河湾的环境综合治理为抓手，研究制定海陆联合动态监管和溯源追责制度。建立自然岸线控制和海洋生态红线管理制度，对具有重要生态价值的自然岸线、典型的海洋生态系统和主要的渔业海域等海洋生态节点实施重点保护。实施海岸带及近海生态系统修复工程，提升生态服务功能。划定珊瑚保护区，探索海洋公园、海岸公园专项管理。营造独具魅力的滨海空间，完善海洋文化公共设施，拓展滨海休闲慢行系统，为市民提供集休闲娱乐、健身运动、观光旅游、体验自然等多功能于一身活动区域，展现深圳现代滨海城市魅力和形象。开发和保护并重，以"海陆一体"的战略眼光整体谋划海洋经济发展和海洋产业布局,更加注重海洋生态环境保护和海洋资源的合理开发利用,实现海洋经济的可持续发展,率先建成国家海洋城市。

(五) 创新生态环境保护治理机制

完善生态文明建设考核制度,适时在全市推广 GEP 核算和碳币系统。构建归属清晰、权责明确、监管有效的自然资源资产产权制度,逐步建立全市自然生态空间统一确权登记。编制自然资源资产负债表,探索在环境审计、生态文明建设考核、绿色 GDP 核算等领域的应用。完善资源环境法治,加快推进保护湿地和土壤环境相关立法工作。创新环境监管执法,充分发挥环保警察作用,探索建立环保法庭。制定更加严格的污染物排放、环境基础设施建设、环保监管等方面的深圳技术规范。结合茅洲河水污染治理工程的实施,探索流域内工业污染第三方治理。研究构建绿色金融体系,推行环境污染强制责任险。

三 建设更高科技含量的智慧便捷之城

坚持以人为本、需求导向,综合利用大数据、云计算、移动互联网技术,整合政府社会数据资源,提升民生服务质量、提高城市服务效率,打造全程全时服务的智慧便捷之城。

(一) 建设智慧高效的交通服务体系

坚持公交优先,构建以轨道为主体、多样化公交为补充的多层次一体化公共交通体系,为市民提供高品质公交服务。创新智慧交通管理服务,鼓励交通运输企业与互联网平台深度合作,为市民提供多模式个性化的交通运输服务、多方式全链条的出行信息服务;探索基于物联网技术的新一代交通控制网建设,实现城市交通实时智能化监管,提高交通系统服务效率和安全水平。

(二) 建设便捷多元的公共服务信息系统

围绕服务对象需求,全面推进社会保障、医疗卫生、文体休闲等民生及公共服务领域信息化建设,拓展服务渠道、创新服务模式,让群众在"家门口"就可以享受到方便快捷、优质高效的公共服务。

（三）推动政府数据开放和共享应用

打破部门界限和信息孤岛，建立全市统一的政府数据开放平台。基于信息共享促进政府部门业务流程再造，提高行政服务效率。开展公共数据开放利用改革试点，通过政府向企业开放数据、企业基于开放数据为市民提供增值服务，创新社会管理和服务模式，以信息化提升社会治理水平。

（四）打造新型智慧城市运营平台

以大数据和物联网技术为支撑，建设深圳市新型智慧城市运营管理中心，充分整合政务信息资源和社会信息资源等，形成城市"全景态势一张图"，实现对全市运行状态的实时监控和态势预警，从被动式、应急式管理向主动式、预警式管理转型，打造新型智慧城市运行管理模式，全面提升城市管理服务水平。

（五）完善优质韧性的基础设施

建设高速泛在、融合便捷的下一代信息传输网络，建成技术先进、绿色安全的云计算基础设施体系。提升城市给排水、供电、供气、通信、消防等基础设施建设标准及智能化水平，促进基础设施互联互通，实现基础设施运行的可监控、可管理，及时发现并消除潜在风险，提高城市基础设施运行效率和抗风险能力。

四 建设更高质量标准的普惠发展之城

以普惠共享为导向，注重机会公平，加大民生投入，保障基本民生，逐步实现社会公共服务均等化，促进社会事业与经济增长协调发展。完善政府引导、社会协同、公众参与、法治保障的社会治理体制，实现政府治理和社会调节、居民自治良性互动。

（一）加大民生改善力度

建立民生优先的财政投入机制，推进重点民生工程实施，增加公共服务供给，提升公共服务质量。鼓励和引导社会力量参与民生事业发展，促进公共服务供给主体和服务方式多元化。加快完善公共服务体系，重点增强教育、卫生等民生领域薄弱环节的服务能力，夯实全面建成小康社会的各项民生基础。推进教育公平优质发展，学前教育公益普惠性进一步增强，优质均衡的义务教育公共服务体系更加健全，扩大高等教育和职业教育规模，积极发展满足学习型城市建设需求的终身教育。把健康放在优先发展的战略地位，以提高人民健康水平为核心，以体制机制创新为动力，着力倡导健康生活方式，加大优质健康服务供给、发展健康产业，全方位、全周期保障市民健康。

（二）加快基本公共服务均等化

坚持普惠性、保基本、均等化、可持续方向，建立与超大城市人口发展相协调的基本公共服务保障机制，以居住证为载体完善政策体系，动态优化项目及标准，逐步实现常住人口基本公共服务均等化，加快来深建设者市民化步伐。完善民生优先的财政投入机制，推进重点民生工程实施，增加公共服务供给，提升公共服务质量。

（三）推进区域均衡发展

针对区域内部"西重东轻、西密东疏"的现状，坚持战略导向与问题导向相结合，大力推动城市发展东进战略，对空间发展进行系统谋划，坚持原特区内外一个标准，对照国际一流水平，借鉴国内外先进经验，高标准做好城市规划、建设和管理等各项工作，从交通建设、产业提升、公共服务和城市发展等领域，加大资源配置均衡化，解决好城市区域发展不平衡问题，使东西部居民平等享受深圳发展的成果。

（四）推进社会治理现代化

加快推进基层公共服务综合平台建设，健全社区网格化管理。深化社会组织管理制度改革，促进社会组织健康有序发展，更好发挥社会组织在助推经济发展、繁荣社会事业、创新社会治理、促进对外交流合作等方面的积极作用。推进基层治理创新，完善社区治理体系，推行社区居民公约，创新居民小区自主管理模式，探索业主大会法人登记制度，完善业主委员会管理制度，建立社区公共利益保护机制。推动关爱文化传播，促进志愿服务制度化和常态化，建设"关爱之城"和"志愿者之城"。

五 建设更加包容合作的开放共享之城

抢抓"一带一路"、自贸区和粤港澳大湾区建设等战略机遇，以全球视野谋划开放布局，积极参与全球可持续发展，搭建国际化开放合作平台，发展更高层次的开放型经济，努力实现更高水平内外联动和双向开放，赢得发展和竞争的主动。

（一）搭建面向全球的开放合作平台

鼓励优势企业走出去，参与全球各类标准和规则制定，扩大资本、管理、服务和技术输出。依托高交会、文博会、前海合作论坛等重要平台，全面深化国际经贸、文化交流与合作。加快国际语言环境、国际化优质商圈和生活社区建设，营造开放多元的国际化氛围，打造集聚国际要素资源的战略高地。加强与国外可持续发展城市之间的交流与合作，积极参与2030年可持续发展议程相关的国际性活动、联合国可持续发展高级别政治论坛及其全球落实进程评估等工作。

（二）打造粤港澳大湾区核心城市

携手共建粤港澳大湾区，发展具有全球竞争力和影响力的湾区经济。支持港澳长期繁荣稳定发展，推进深港澳更紧密合作，落实好粤港、粤澳合作框架协议及《深化粤港澳合作推进大湾区建设框架协议》，在"一国两制"方针下进一步密切高层常态化会晤，深化与港澳在科技、金融、经贸、教育等领域合作。加快落马洲河套地区共同开发，建设港深创新及科技园，规划建设"深方科创园区"，打造深港合作新平台和深圳开放创新新引擎。强化与澳门的金融合作，通过澳门加强与葡语系国家合作，努力把粤港澳合作重点拓展到共同走向世界、开拓国际市场上。充分发挥前海重要平台作用，加快把前海建设成为粤港澳深度合作示范区和城市新中心。

（三）建设"一带一路"枢纽

主动落实国家"一带一路"倡议，实施拓展新兴市场、开拓"一带一路"市场专项计划。积极促进交通互联互通，拓展与沿线国家地区的港口、机场航线网络，努力打造国际性综合交通枢纽。不断强化经贸合作，以东盟、南亚、非洲等沿线国家和地区市场为重点，以共建产业园区为支撑，引导更多本土企业赴沿线国家和地区投资合作，为将"一带一路"建成和平之路、繁荣之路、开放之路、创新之路、文明之路贡献力量。

（四）深入推进对口支援与合作

深化泛珠三角区域合作，积极参与珠江—西江经济带建设，进一步提升与珠三角及周边区域的战略合作层级。推进深莞惠和河源、汕尾"3+

2"经济圈建设，建成若干跨区域共建的低碳发展合作试验区和产业园区。健全合作体制机制，加快深汕特别合作区建设。加强对口支援新疆、西藏、广西等地区和省内河源、汕尾对口帮扶"双到"各项工作力度，提升四川广安、陕西富平等深圳产业园的建设水平。加强与喀什等丝绸之路经济带重要节点城市的合作，加快推进喀什深圳城、喀什深圳产业园等建设。深化深圳与京津冀、长江经济带等其他战略区域的合作，支持西部大开发、中部崛起和东北地区等老工业基地振兴，拓展更广阔发展空间。

（五）分享可持续发展的深圳经验

组织实施一批技术成熟、推广条件较好的重大工程和示范项目，形成可复制、可推广的方案，分享深圳经验。加强与联合国开发计划署、环境署等国际组织深度合作，创建可持续发展国际样板城市和"SUC可持续发展国际示范区"。

第五节　粤港澳大湾区战略下深圳的辐射带动

深中通道（深圳至中山跨江通道项目）纳入国家"十三五"交通建设重点工程和国务院近期建设督办项目，预计2023年6月全线建成通车。深圳作为深中通道的桥头堡地区、西部发展轴的重要节点，深中通道建成通车后，深圳连通珠江口西岸城市的战略通道将被完全打通，在粤港澳大湾区战略中的地位将进一步提升，这将给深圳以及周边的城市建设、产业发展带来深远影响。

一　辐射带动的理论基础

（一）增长极理论

该理论是由法国著名社会经济学派代表人物朗索瓦·佩鲁于20世纪50年代提出。佩鲁认为，经济增长往往不是均衡地出现在所有区域，而是首先在技术创新能力强、产业经济基础较好的个别区域形成增长极，随后再通过不同的路径向外辐射扩散，最终对整个区域的经济发展产生带动作用。

20世纪60年代中期，布代维尔继承和发展了增长极理论，把对经济空间的分析映射到实际的地理空间，真正赋予增长极空间属性，增长极可以是经济意义上具有绝对优势或比较优势的推进型主导产业，也可以是地理意义上具备区位优势的地区，它通过扩散效应带动所在区域腹地的发展。

赫希曼和缪尔达尔等学者针对增长极与腹地之间的关系展开研究，他们将区域空间结构形成和发展的基本动力机制总结为极化效应与扩散效应。赫希曼使用"极化效应"与"涓流效应"对发达地区与落后地区之间的关系进行了研究，指出发达地区通过增加对外围地区产品的需求产生"涓流效应"带动外围地区的发展，同时又会通过吸引外围地区的资金、劳动力从而产生"极化效应"，阻碍外围地区发展，但是从长远看，二者的相互作用会到达一个转折点，最终缩小区域差异。缪尔达尔提出"扩散效应"与"虹吸效应"，认为市场机制的作用总是倾向于扩大而不是缩小地区间的差距，即"虹吸效应"最终将大于"扩散效应"，从而形成地理上的"二元经济结构"。

（二）"点—轴"理论

中国科学院院士、国内著名地理学家陆大道在长期研究工业区位和交通布局规律的基础上，于20世纪80年代提出"点—轴"渐进式扩散模式理论。"点—轴"理论认为，区域经济发展起始于资源要素相对集聚的增长极，增长极可视为"点"，"点"与"点"之间就形成由线状基础设施联系在一起的"轴"，称之为"发展轴"。"轴"对沿线及附近区域有很强的经济吸引力和凝聚力，同时，"轴"也是"点"上社会经济要素向外扩散的必然路径。这就是说，在区域物理空间中，社会经济资源要素是以"点—轴"形式进行渐进式扩散的。"点—轴"理论反映了社会经济空间组织和所形成的空间结构的客观规律。任何一个区域或国家，其社会经济空间上的发展必然是以"点—轴"模式进行的。

（三）桥海经济

跨海通道的兴起，其意义不仅是城市交通上的突破，而是产生了一种新的增长方式。跨海通道形成新的经济发展轴。跨海通道将海峡或湾区两岸地区连接起来，不仅是一条交通通道，同时也是一条"发展轴"，直接增加了两岸地区各类市场主体寻求合作的机遇，在频繁的交往中，逐步打破了原有的区域产业分工结构，实现了区域分工合作的再组织。

跨海通道形成隆起效应。跨海通道连接的湾区城市借机吸引投资成为区域核心地区，提升了在区域网络中的地位，其中，跨海通道两端的桥头堡地区隆起效应最为明显。例如，英吉利海峡通道的建成，使法国边界小镇加来获得高速铁路公司的大量投资，由一个法国北部的边缘地区成长为欧洲交通枢纽。

跨海通道沿交通干线向纵深区域拓展改变城市发展方向。海峡或海湾地区的城市，其发展空间往往受到天堑的限制呈现沿海岸线发展的特点，跨海通道的建成使城市空间由沿海发展走向了跨海发展。例如，日本东京湾跨海通道将东京以西的神奈川和东面的千叶县连接在一起，从而向西、向东拓展了东京都市圈的辐射半径和腹地空间，形成了超2000万人口的东京都市圈。

二 深圳发展的辐射效应

深中通道建成通车后，深圳连通珠江口西岸城市的战略通道将被完全打通，珠江口东西两岸陆上交通将由绕行虎门大桥的"V"字形的迂回式交通变成"A"字形的直达式交通。深圳与珠江口西岸城市"1小时经济圈"、同城化发展将成为现实，这将给深圳新一轮的建设与发展带来深远影响。

（一）深圳的区位优势进一步显现

粤港澳大湾区是我国经济实力最强、发展最活跃的区域之一，拥有世界级的海港、空港群，具备比肩东京湾区、纽约湾区等世界发达湾区的自然条件和经济基础。湾区经济的集群效应在于区域内要素合理流动、资源高效配置以及市场深度融合。深圳作为粤港澳大湾区的龙头城市之一，中国改革开放的窗口、全国三大金融中心之一、外贸出口第一大城市、福布斯中国最具创新力城市第一名，在深中通道建设之前，深圳向西发展长期受制于珠江天堑的阻隔。现在，通过深中通道向珠江口西岸城市发展，与珠江口西岸城市实现无缝对接，可以说，深中通道带给深圳的不仅仅是一条交通通道，而是中山、江门、珠海等城市合计1.3万平方公里的经济腹地，将极大地释放深圳的发展活力，提升深圳的发展潜力。

（二）深圳产业与资本的转移布局

目前，一批深圳企业已经先行一步，在中山、江门、珠海等地有计划地开展投资布局。中山市发改局统计，近三年来，约有 230 多家深圳企业落地中山；中山市国土局统计，在深圳投资客的强力买入下，中山市的商品房成交量倍增，价格半年内上涨超过 50%。江门也是深圳企业投资布局的重要目的地。据江门工商部门统计，已有 198 家深圳企业在江门投资设立企业法人共 166 户，注册资本 300.2 亿元，同时，深圳企业在江门设立的分支机构达 225 户。当然，迁移至珠海的深圳企业也在逐年增加。可以预计，随着时间的推移，将会有更多的深圳企业，尤其是制造业企业向低成本的中山、江门、珠海等地进行投资布局乃至于整体转移。

三 粤港澳大湾区西岸城市的回应

粤港澳大湾区的 11 个城市中包括中山、江门、珠海三座城市。

（一）中山市

中山市为深中通道项目规划建设做了大量前期工作，协调解决了许多关键问题，为加快项目推进创造了良好条件。2013 年，与宝安区隔江相望的翠亨新区挂牌成立，总规划面积约 230 平方公里，深中通道将在翠亨新区起步区登陆。在新一轮土地利用总体规划中，中山对深中通道登陆区周边用地进行了规划控制。中山市实施内畅外联交通发展战略对接深中通道，翠亨快线是深中通道连接线工程的先导工程，2015 年通车后，从城区到翠亨的行车时间缩短为 20 分钟。

中山市 2016 年政府工作报告中明确提出，开展深中协同发展战略合作，加强产业对接，共建"半小时经济生活圈"。中山市成立"深中企业家俱乐部"，搭建两地企业家交流和投资服务平台。近两三年来在翠亨新区落地的深圳企业，总数约为二三十家，而正在洽谈中的深圳企业更多。

（二）江门市

深中通道开通后，通过中江高速，江门到深圳只需 90 分钟左右，通过深茂高铁，江门到深圳只需一个小时。江门市大力推动"深江对接"，坚持交通先行，组织"交通大会战"，为对接深中通道创造条件。江门市委书记、市长先后率队来深圳考察交流，江门辖属各县市也分别组团赴深圳谋求合作。特别是江门高新区，专门成立了与深圳对接工作领导小组，主动对接深圳的科技、产业、资金，打造江门版的"南山区"。

2016年江门市政府工作报告中，更是把"江深合作"排在"江广合作"之前，提出推动江深双创联盟，搭建"龙头+基地"模式，主动对接深圳科技、先进制造业、生产性服务业，促进深度合作。

（三）珠海市

珠海主动连接深中通道，谋划建设深珠城轨，融入珠江口国际湾区。加快推进广佛江珠城际轨道建设，建成金琴快线、兴业快速路等内通外联工程，实现15分钟内主要交通节点上高快速路。

第八章 粤港澳大湾区的全球地位与未来展望

湾区经济的拥海开放、抱湾聚集、合群协同以及连河通陆四大功能不仅促进了湾区经济的形成，而且也决定了各湾区自身的职能定位，粤港澳大湾区也不例外，应该遵循湾区经济的形成机理和发展规律，在我国新一轮对外开放、创新产业发展、都市圈集群和海陆联动中发挥应有的作用，找到自己应有的定位。

第一节 粤港澳大湾区是未来全球一流的湾区

经过40年的改革开放，我国初步建立了社会主义市场经济体制，构筑了经济特区引领的沿海、沿江、沿边和内陆开放的对外开放格局，成为世界国际贸易的重要经济体。

然而，当今世界经济形势正在发生深刻变化，一方面，以美国为首的发达资本主义国家正在逐步推行保守主义政策，并构建自己的以湾区都市圈为引领的新的开放体系，我们对外开放的竞争对手正在变得更加狡猾和强大；另一方面，我国改革开放进入深水区，经济特区和外向型经济的作用已基本完成，需要及时调整战略，寻求新的开放引领者，构建更高水平的开放型经济新体制，这必然要求粤港澳大湾区进一步加大开放力度，主动实现从珠三角城市群向大湾区都市圈的转型，建设成为我国对外开放的引领者、国家战略的试验者、世界强国建设的推动者，构筑湾区经济引领的沿海、沿江、沿边和内陆开放的对外开放新格局。

具体要在以下方面发挥作用：一是要通过粤港澳大湾区建设构建我国湾区经济体系，实现海洋强国梦，在我国从世界大国向世界强国转变过程中发挥重要作用；二是通过粤港澳大湾区建设构筑我国东南沿海开放大平台，在我国形成开放型经济体系中进一步发挥引领作用；三是通过粤港澳大湾区建设"一带一路"核心枢纽，在我国对外开放重大战略中发挥积极作用。

一 未来世界发展速度第一的湾区

目前，中国经济发展已经进入从量变到质变的关键时期。2010年，中国已经超越日本成为世界第二大经济体。根据世界银行发布的数据计算，2015年中国GDP（不包括港澳台地区）已占世界的14.9%，比位居第一位的美国低约9.4个百分点，比位居第三位的日本高约9个百分点。从战略的角度看，中国必将谋求由经济大国转变为经济强国，重新回到世界经济中心的位置。这就要求中国在生产技术、产业模式、发展理念等方面由跟随者向引领者转变，为世界经济发展提供新动能、新方案。

这既是可以预见的未来，更是中国经济发展的长远战略目标。而要实现这个战略目标，在区域经济层面，就必须要构造新的空间引擎。在空间组织形态上，这个空间引擎必然是城市群。在功能上，这个空间引擎需要引领全国经济的转型升级，同时跻身于世界经济发展的主导者行列。众所周知，在当今世界经济发展格局中占据着主导地位的城市群是纽约湾区、旧金山湾区、东京湾区等大湾区。中国要发展成为世界经济强国，就必须培育出能与这几个湾区比肩的城市群。这就是粤港澳大湾区城市群所必须担负的战略使命。从这个意义上看，由过去的大珠三角城市群变为粤港澳大湾区城市群，绝不是文字游戏，而是对标纽约湾区、旧金山湾区、东京湾区，规划建设中国具有世界影响力的城市群。

港澳两个不同的关税区和中国内地税区的一个省，它这个关系里面很重要的一点是各自经济上的比较优势如何互补，如何形成一个错位发展和协调发展的体系。如果不能形成，那么就好像现在的情况，我们可以看到原来是前店后厂，现在前店后厂的局限性越来越明显。

然后是内地与港澳更紧密经贸关系安排的实施，其成效也不理想。现在又升级到自贸区，就是广州南沙、深圳前海、珠海横琴三个合作平台。所以未来粤港澳大湾区的建设其发展核心是它的产业的整合，产业的协调发展和错位发展。产业当然有很多方面，但是如果站在香港澳门产业优势的角度来看，考虑到广东产业劣势的话，有四个方面是非常重要的，一个是金融、一个是贸易和物流、一个是科技创新产业，还有一个是旅游。特别是金融，广东是全国的第一经济大省，广东 GDP 占全国的八分之一，但是广东在转型向服务业发展的过程中金融业严重滞后。广东金融业占 GDP 的平均水平低于浙江、江苏、上海，低于全国平均水平。全球经济发展首先是金融的发展，金融的带动。在这样的前提下，湾区要发展，金融业要发展，核心的问题就是如何发挥香港作为一个国际金融中心的地位和带动珠三角、深圳、广州甚至珠海、澳门来整合这个地区的金融业发展，形成一个大珠三角金融中心圈。

现在深圳金融业的附加值占 GDP 的比重是 14%，在全球的排名达到了 22 位，所以深圳和香港其实是可以错位发展。深圳现在最大的优势是有两条，它有 A 股主板市场、中小企业板市场、创业板市场，这是一条。

第二条是深圳的私募基金、创业投资基金、风险投资基金非常发达。在这样的前提下，深圳是有可能发展成中国的风险投资中心和中国的纳斯达克市场的。广州最大的缺陷是没有资本市场，但是经过了多年的努力，终于等到中央批准在广州南沙自贸区内成立一个碳排放权的商品期货交易所。广州的优势是它的银行业。现在澳门和珠海横琴做特色金融，即做融资租赁、债券市场资产管理等。第二个就是物流。比如说广州南沙其实就是海上丝绸之路的国际航运物流的一个重要节点，香港现在是一个全球性供应链管理中心，所以在这一区域的五大机场、三大港口如何去整合物流是第二个重要内容。第三个重要内容就是科技创新。科技创新现在是广东省"十三五"创新驱动重要战略。我看珠三角以深圳为核心，是全国最有条件发展成为硅谷这样的创新中心。整合金融、物流贸易、科技创新、旅游合作在三地的产业整合和协调发展，这是构建粤港澳大湾区很重要的内容。

二　未来世界经济总量第一的湾区

（一）经济总量将成为第一湾区

建成具有强大引导力和辐射力的世界经济中心。现阶段，中国因保持了相对较高的经济增速，以及相对活跃的对外贸易、投资和产能合作而成为世界经济发展的重要引擎。2016年中国的GDP增速是6.7%，2015年是6.9%。这个增长速度远高于世界平均水平和发达经济体的平均水平，而且也明显高于新兴市场和发展中经济体的平均水平。同时，中国推动的"一带一路"建设取得了显著成就。目前，"一带一路"建设得到了世界的广泛关注和认同，已有100多个国家和国际组织积极参与"一带一路"建设，40多个国家和国际组织与中国签署了"一带一路"建设合作协议。而且，在2016年，"一带一路"倡议被写入了第71届联合国大会决议，2017年联合国安理会通过第2344号决议，呼吁世界各国通过"一带一路"建设加强经济合作。由此可见，中国成为新全球化的主要倡导者和推动者，在全球经济治理中发挥着更加重要的作用。这为粤港澳大湾区城市群发展创造了十分有利的国际环境，同时，也要求粤港澳大湾区城市群在其中发挥更加积极的作用。

经济体量是直接衡量一个地区发展实力的指标。硅谷以不到全美1%的人口，创造了占全美5%的GDP。粤港澳大湾区城市群的GDP总量，据测算在2015年已达到1.36万亿美元，超过了旧金山湾区，未来有望成为亚洲经济总量最大的湾区城市群。湾区靠港而生、依湾而兴，外向型特征明显。比如东京湾区，依托港口建设，发展规模化的重化工业和海运物流业，建立了世界规模的产业中心。

当前国际一流的三大湾区是纽约湾区、旧金山湾区、东京湾区。纽约湾区打造出华尔街，成为世界金融中心；旧金山湾区孕育出美国的硅谷，是世界科技创新中心；东京湾区的临港经济，贡献了日本约1/3的经济总量，不乏500强企业总部。在世界经济的广阔舞台上，湾区经济凭借开放的经济体系、高效的资源配置能力、强大的对外聚集功能和发达的国际交往网络，成为带动全球经济发展的重要增长极和引领技术变革的领头羊。

再看粤港澳大湾区，2016年珠三角9市和港澳地区GDP的总量约8.79

万亿元人民币，以不到全国0.6%的土地和不到5%的人口，创造了全国约13%的经济总量。2015年这11个城市的GDP是旧金山湾区的2倍，接近纽约湾区水平；进出口贸易额约1.5万亿美元，是东京湾区的3倍以上；区域港口集装箱吞吐量达7200万标箱，是世界三大湾区总和的5.5倍。

现在国内把粤港澳大湾区称为全球第四大湾区，事实上按照经济总量来看，粤港澳大湾区约1.2万亿美元，已经排在第三位，而按照大湾区现在的发展速度，到2020年、2025年，粤港澳大湾区完全可以全面超越三大湾区，成为世界第一湾区。

粤港澳湾区内集聚了深圳、香港、广州三个位列全球集装箱吞吐量前十位的港口，港口集装箱年吞吐量超过6500万标箱，而且机场旅客年吞吐量达1.75亿人次，已经超过了纽约湾区三大机场的吞吐量。作为中国对外开放的门户，粤港澳大湾区也是参与经济全球化和国际分工协作的主要地区。高达70%的外商直接投资来源于香港，同时有50%左右的中国内地直接对外投资经过香港，广东是最大的外贸省份。粤港澳大湾区也是全球投资最活跃的区域，比如香港是全球第三大外商直接投资的市场，广东2016年吸引外资直接投资占了全国的1/4。在这里，东莞"世界工厂"的美誉早已名扬海外，华为、大疆、格力等珠三角企业在国际市场上攻城略地。

（二）开放的另一面是包容

由于高度开放，湾区城市在发展中往往会率先荟萃世界多元文化，吸引大量外来人口，形成不同于一般内陆地区、开放包容的移民文化，这些多元文化也进一步促进了湾区城市的开放，反哺城市的创新发展。比如，纽约是美国人口最多的城市，也是个多族裔聚居的多元化城市；旧金山湾区吸引了不少来自印度、中国、韩国、日本等国家的工程师。在粤港澳湾区里，深圳是一个典型的移民城市。据了解，深圳常住人口超过1300万，但本地人口只有250多万，外来人口超过80%。

一流湾区不会因为庞大的经济体量就扬扬自得，相反这里创新活力持续迸发。旧金山湾区被誉为美国硅谷的摇篮，集中了全美40%以上的风险资本投资，专利授权数量占全美15.2%，涌现出谷歌、苹果、脸书、英特尔等一批高科技大公司及中小公司群。硅谷早期以硅芯片的设计与制造著称，但现在硅谷已成为高科技产业的代名词，而且附近集聚了众多具有雄厚科研力量的顶尖学府，如斯坦福大学、加州大学伯克利分校等，融科学、技术、生产为一体。大数据、人工智能、机器人等前沿技术在这里孕育。

在粤港澳大湾区，深圳被誉为"中国的硅谷"，高科技产业日新月异，诞生了华为、中兴、腾讯、比亚迪等众多名企。一直以来，创新都是深圳发展的不竭动力，这从深圳的研发投入可见一斑。据统计，深圳全市研发投入已超 700 亿元，占 GDP 比重的 4.05%。同时，2016 年深圳市政府所鼓励的新产业、新业态、新模式对该市 GDP 贡献率达 50.4%。基于科技创新的基因，深圳在"十三五"规划中，提出建设"国际科技产业创新中心"。

一流湾区也不会因为已经一流而目中无人，相反它们会带着周边小伙伴一起壮大一起飞。国际一流湾区往往需要具备有国际影响力的大都市连绵群，拥有超级大港口群而非单一的港口，同时还要有强有力的产业集聚圈。在对外开放中，湾区城市会最先发展壮大，达到一定规模后就会对周边区域产生外溢效应。比如，珠三角的发展，最早就是得益于承接香港所转移的制造业。经过 30 多年的发展，凭着内地的生产成本优势，以"外国设计、香港接单、珠三角制造"的"前店后厂"模式，珠三角地区形成了独特的产业集群，不仅促进了香港的生产服务业发展，而且提升了内地制造业的生产力。目前，粤港澳地区已拥有比较完备的创新链、产业链和供应链，可以实现从理念、筹资、研发、制造、产业化等"一条龙"的创新全过程。

(三) 强大的腹地经济做支撑

港口城市少不了湾区腹地的支撑，否则很难持久兴盛。高雄港是台湾最大的港口，曾长期位居世界货柜吞吐量第三大港，但由于没有广阔腹地的有力支撑，逐渐被新的港口替代。香港亦是，近年来随着内地企业"走出去"的脚步加快，内地既成为香港对外直接投资的主要目的地，也是香港外来直接投资的重要来源地。香港近年发展速度明显落后，尤其是面对经济腹地不足的限制，就必须积极推进与珠三角地区的合作，携手共建粤港澳大湾区，打造具有国际竞争力的城市群。

内地通往世界的核心枢纽海陆联动是湾区经济的重要特征，发展湾区经济的目的不仅是构建通向全球的重要平台，更是要带动周边内陆地区走向世界。具体来说，粤港澳大湾区可以沿"四个层次"推进并逐步形成自己的发展腹地：一是构筑"5+2"核心层，即围绕湾区共享水体，加强交通网络建设，尽快推进深圳、珠海、广州、东莞、中山与香港、澳门环湾区城市融合发展；二是打造"9+2"经济圈，即原来的珠三角城市加上港澳；三是广东所有城市加上香港、澳门，形成更广泛的粤港澳合作；四是整个泛珠三角地区加上香港和澳门，据此形成以粤港澳大湾区为核心，北部湾和厦门湾区为两翼，湾区引领，沿海、沿边、内陆开放的对外开放新格局。

三 未来世界网络应用最普及湾区

（一）构建"外贸+互联网"产业链

加快建成集保税展示、物流、交易、服务于一身的电商港，新建一批仓储物流设施，打造跨境电子商务综合示范区。创新监管模式和发展模式，建设在线通关、结汇、退税申报等应用系统，完善跨境电子商务快速通关、退税及结汇等便利化措施。完善安全认证、网上支付、关键标准等电子商务共享技术，提升商贸业标准化和智能化水平。构建粤港澳"外贸+互联网"全新产业链，吸引集聚市场采购、展会交易、信用担保、分销体系、供应链管理+互联网应用的各种电子商务企业，促进网上国际贸易中心、离岸贸易中心发展。

（二）聚焦湾区智能信息发展

新一代智能信息是超级湾区抢占科技经济发展制高点的重要抓手。建设粤港澳大湾区，需要粤港澳推动在云计算、大数据、物联网、人工智能等领域的信息技术合作，加快建设国际信息港。促进以云计算、物联网、大数据、人工智能、量子计算为代表的新一代信息技术与现代制造业、金融、商贸、交通、物流、文化、教育、医疗等领域的融合创新，以互联网思维和技术推动经济转型升级，再造粤港澳经济创新优势。

四 未来世界现代交通最发达湾区

世界特大型城市中的纽约、东京和伦敦都是著名的国际金融中心，商业繁荣，有统一的城市规划，城市基础设施发达，城市管理先进，形成了高效的城市运行机制。在当前的粤港澳大湾区建设中，进一步推进粤港澳大湾区建设中的深港合作创新，有助于增强深港两地政府以及半官方机构的沟通和协调，加大城市基础设施建设投资力度，极大改善两地之间的城市基础设施，提升城市规划和管理水平，保障能源供应、用水以及生态环境优质，提升深港两地的城市功能。

便捷的网络，如交通网络、市场网络、信息网络、高端制造的软件网络等。崛起中的粤港澳大湾区，经过近30年的建设，其交通网络如桥梁、高速公路、轨道交通、港口等设施，已可媲美世界级湾区。粤港澳大湾区以珠江为轴线，以广州为起点，珠江东岸东莞、深圳、惠州、香港4个城市为东轴，珠江西岸肇庆、佛山、江门、中山、珠海、澳门6个城市为西轴，港珠澳大桥、深中通道、虎门一桥、虎门二桥成为连接珠江两岸的4条东西通道，形成一个大大的"A"字。

同时，粤港澳大湾区对外贸易总额超过1.8万亿美元，并且拥有世界上最大的海港群和空港群。粤港澳大湾区拥有香港和澳门两个自由港，深圳、珠海两个经济特区，南沙、横琴和前海（蛇口）三个自贸片区，形成了自由港、自贸区、经济特区等多重经济体的叠加优势；还拥有世界上最大的海港群和空港群，以香港、广州、深圳三个一线城市为首"9+2"11个城市的湾区实力雄厚，具备成为世界级湾区的条件，足以比肩纽约湾区、旧金山湾区、东京湾区等世界级湾区。

创新粤港澳跨境基础设施建设模式，推动粤港澳大湾区内基础设施互联互通。一是继续发挥多港联动效应，以深港世界级海港枢纽功能为依托，联合南沙等辐射范围内的干线机场和港口，形成粤港澳超级港口群，加快港口转型升级步伐，提高国际中转业务比重，打造国际采购、国际配送平台，形成区域生产性服务中枢与亚太综合交通枢纽，强化粤港澳大湾区国际贸易集成功能，提升货物贸易平台效能，实现贸易、产业及资本在粤港澳大湾区内的循环流动，增强深港组合港的全球航运中心功能。二是依托香港、广州和深圳三大国际机场，构建湾区内多层次航空运输体系，拓展航空配套服务市场，加强互利合作共赢，不断增强和扩大国际空港辐射功能。三是充分利用和发挥粤港澳三地信息企业聚集、信息产业发达、信息技术领先的显著优势，加快规划布局一流信息基础设施，建设国际信息网络核心节点，提高珠三角地区信息互联互通功能，增强国际信息港节点功能。四是发挥即将开通的港珠澳大桥的作用，以区域交通运输一体化为目标，编制综合交通体系总体规划，统筹考虑重大交通基础设施布局、管理模式、线网走向，加快建设高速铁路城际轨道交通网络、高速公路网络、高等级内河航道网络等具有现代化水平的陆路、水路交通网络。

五 未来世界带动作用最大的湾区

强大的国际经贸功能是世界超级湾区的重要标志之一。建设粤港澳大湾区，需要发挥香港连接全球市场网络和澳门辐射葡语国家的市场优势，加强粤港澳经贸服务的合作和对接，强化广东的国际商品中转集散功能。

提升国际都会商贸功能。大力集聚国际知名品牌，建设国际都会级商业功能区，形成广东与港澳之间优势互补、错位发展、协作配套的现代服务业体系。承接港澳地区发达的国际商贸优势，加快发展商贸服务业，使深圳、广州等地区成为服务全国、辐射亚太地区的国际商贸中心。

第二节 粤港澳大湾区是具综合性特征的湾区

湾区经济作为独立于沿海经济的高级经济形态，正在成为我国重大发展战略。湾区经济形成需要基本条件，共享湾区是湾区经济形成的基础条件，对外开放是湾区经济形成的前提条件；区域合作是湾区经济形成的实现条件。湾区经济的形成机理是"拥海抱湾，合群通陆"，"拥海"形成了国家对外开放的新引领，"抱湾"促进了各种生产要素的集聚，"合群"产生了"港口群+产业群+城市群"的叠加效应和创新能力，"通陆"促使湾区城市拓展腹地。由此，粤港澳大湾区的定位就应该从拥海开放、抱湾集聚、合群叠加和连河通陆四个维度进行。

制定和落实若干重点规划，明确粤港澳大湾湾区的战略定位，需要全省按照"一盘棋"的思路，以重点规划引领湾区发展，建议加快研究谋划，明确产业发展导向、开发强度、空间导向和配套要求，改变产业布局雷同、缺乏合作、低水平重复建设的问题。近期抓好规划的落实执行，引导市、县规划与省级有关规划有效衔接。

一 大湾区综合性的定位与规划

（一）粤港澳大湾区上升为国家战略

粤港澳大湾区写进政府工作报告，有两层意义。一是标志着粤港澳大湾区从一个区域战略升级为国家战略，而且极有可能成为国际格局战略。二是粤港澳大湾区即将从过去的愿景，进入实际操作阶段。

建议将粤港澳大湾区建设上升为国家战略，按照十八届五中全会提出的发展新理念，在新时期国家实施"双向"开放和"一带一路"建设的背景下，明确粤港澳大湾区的地域范围、战略定位、建设目标和重点领域。进一步完善区域协调机制和政策体系，激发粤港澳经济的内生活力，在更大区域范围整合资源，增强粤港澳大湾区在"一带一路"建设中的资源配置能力，确立粤港澳大湾区在全球及亚太地区的物流及贸易中心地位，建立粤港澳大湾区在推动人民币国际化过程中的金融中心地位，巩固粤港澳大湾区作为"引进来"和"走出去"的企业总部与管理中心地位，服务国家新一轮高水平对外开放战略。

（二）明确湾区精准的战略定位与功能

粤港澳大湾区最早是在《推动共建丝绸之路经济带和21世纪海上丝绸之路的愿景与行动》中提出来的。我国推动共建"一带一路"的目标，旨在实现区域基础设施更加完善，基本形成安全高效的陆海空信道网络，进一步提升投资贸易便利化水平，基本形成高标准自由贸易区网络等。在"一带一路"倡议实施的进程中，迫切要求粤港澳区域协调发展再上新台阶，从"城市合作"升级为建设"具有世界级竞争力城市群"，并共同参与国家"一带一路"倡议。

随着粤港澳跨境基础设施的对接与完善，粤港澳三地进一步融合，大珠三角地区会形成实力强大、功能互补、辐射广泛的城市群。粤港澳地区拥有一国、两制、三关税区这三大优势，同时有滨海港湾、岭南水乡、西葡风情、中西交汇四个特色亮点。制度优势可以吸引高端要素集聚，同时自然风光、中西文化交汇的人文景观等"软环境"，又被国际化人才所看重。因而，粤港澳三地具有共建湾区的整体优势。粤港澳大湾区的总体定位为构建世界级经济湾区。

2017年3月6日上午的十二届全国人大五次会议广东团全体会议，全国人大代表、广东省发展改革委主任何宁卡表示："根据发展优势和区域特点，粤港澳大湾区应努力建设成为全球创新发展高地、全球经济最具活力区、世界著名优质生活区、世界文明交流互鉴高地和国家深化改革先行示范区。"

粤港澳大湾各区定位如图8-1所示。

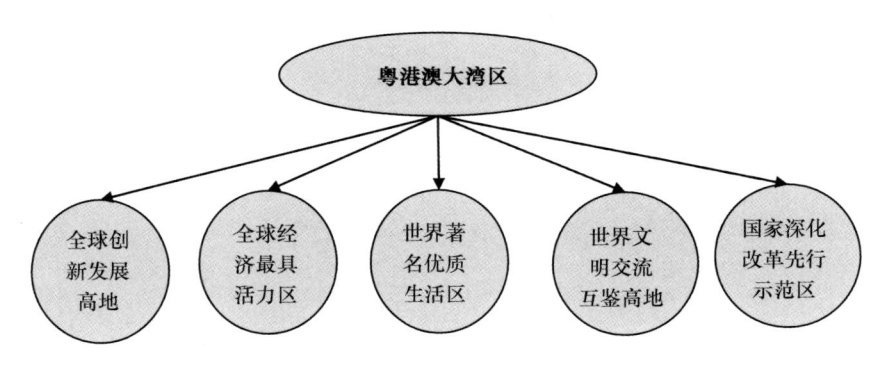

图8-1 粤港澳大湾各区定位

与世界三大湾区对比，粤港澳大湾拥有区面积最大、常住人口最多的优势，但土地产值、人均GDP最小，整个湾区的经济聚集度仍有较大的提升空间。从经济总量及增速来看，2016年粤港澳大湾区的经济总量为1.34万亿美元，位居四大湾区第二位，GDP增速达7.9%，均高于纽约湾区、东京湾区、旧金山湾区的3.5%、3.6%、2.7%，粤港澳大湾区发展潜力巨大。

（三）制定粤港澳大湾区发展规划

粤港澳大湾区推动内地与港澳深化合作，研究制定粤港澳大湾区城市群发展规划，发挥港澳独特优势，提升在国家经济发展和对外开放中的地位与功能。

当下的世界经济版图，纽约湾区、旧金山湾区、东京湾区等，无一不是全球经济的重要增长极，发挥着引领创新、聚集辐射的核心功能。国家确立粤港澳大湾区战略，正是从全球坐标出发谋划增创竞争新优势，不仅强化了港澳地区的"超级联络人"地位，而且也将进一步推动国际科技产业创新中心的形成。作为粤港澳大湾区的倡议者，深圳一直强调深化粤港澳合作，无论是建设渐入佳境的前海，还是刚刚完成签约的河套，湾区经济的雏形已现。有了国家的城市群发展规划，大湾区将汇聚更多的资源，迸发更大的能量。

在"一国两制"框架下，编制粤港澳大湾区协同发展专项规划，强化粤港澳大湾区协同发展功能。落实 CEPA 和粤港澳服务自由化政策，全面加强粤港澳三地在金融和专业服务、科技文化、医疗教育、港口机场、环境保护的交流合作，强化世界级城市群功能，推进粤港澳科技创新合作和优质生活圈建设，推动粤港澳大湾区内部深度融合。全面推进粤港澳大湾区与泛珠三角地区的协同发展，构建泛珠三角统一市场和重大基础设施一体化，推动各类生产要素跨区域有序自由流动和优化配置，推动口岸和特殊区域建设，积极融入"一带一路"，共同培育对外开放新优势。

深化粤港澳大湾区与其他战略区域合作，包括加强与京津冀地区在航空航天、军工、污染防治等领域的合作，积极承接首都科技、教育、医疗等功能疏解，争取若干国家级科研院所、高校、医院及其他重要机构落户；加强与长三角、海西经济区的经贸投资合作，共同拓展国内外市场；全面深化与新疆、东北等国家战略区域的合作，输出资本、技术、管理和服务，开展能源资源开发，推进产业转移，促进共同繁荣发展。

二　保护与开发关系的正确处理

正确处理保护与开发关系是湾区高水平、可持续发展的关键。从历史经验看，成功开发的湾区都具有开放性、引领性和可持续性三大典型特征，这三大特征的形成与是否能持之以恒地加强湾区保护、推动湾区生态文明建设有着不可分割的联系。

（一）良好生态是湾区发展的前提和基本依托

国际经验表明，保持深水良港优势和美丽海岸线是湾区经济形成的基础。湾区之所以能在国民经济社会发展中具有重要地位，就是因为湾区是陆海、河海交汇的关键节点，依湾靠港，具有天然的开放性和经济地理优势，有着丰富的海洋、生物、环境资源和独特地理。在湾区开发中，这些优势和特色一旦遭到破坏，湾区将失去发展基础。

（二）良好生态是湾区高水平发展的根本保证

从国内外湾区开发历程看，在开发中不断提升湾区生态保护的能力和水平，走创新引领的道路是湾区高水平发展的必然选择。创新引领发展必须要集聚大量创新产业和创新要素，其核心是能吸引大量人才汇集。实践表明，保持湾区良好的生态环境和美丽海岸带，充分利用滨海美丽自然生态优势打造宜居宜业环境，是世界各地湾区吸引人才的重要法宝。

（三）良好生态是湾区可持续发展的关键所在

好的环境质量与好的经济质量是一致的。改革开放以来，湾区已经成为经济社会发展的主要支撑和重要战略空间。六大重点湾区涉及杭甬温三大都市区，拥有杭州湾新区、大江东产业集聚区、瓯江口产业集聚区、台州湾产业集聚区等引领经济增长的重大产业平台。沿海沿湾的杭州、宁波、嘉兴、绍兴、温州、台州六市经济总量占全省的79.8%，其中湾区核心区生产总值占全省57.7%，工业增加值占全省54.3%、固定资产投资额占全省35.8%。同时，湾区还储备了全省主要的土地空间。

但是，湾区地区由于地理条件特殊，长期大规模围涂、高强度的开发导致湾区生态系统不可逆转、难以修复的问题也日益突出。如果不正视湾区开发中保护的问题，不把湾区保护摆在更加突出位置，造成湾区生态环境继续恶化，不可修复，不仅将导致主要地区和重要平台开发锁定在粗放型、低质化的不归路，也将浪费不可再生的宝贵资源，拖累全省经济转型进程。因此，加强湾区生态保护不仅不是发展障碍、财政负累、政绩包袱，反而是推动湾区加快转型实现可持续发展的关键所在。

三 补齐湾区重大基础设施短板

按照规划同图、建设同步、运输衔接、管理协同要求，打通一批断头路、瓶颈路，补齐设施短板，解决湾区外联、内通的问题，尽早形成通达、快捷、经济、安全的综合立体交通体系，推动六大湾区基础设施共享发展。

为增强珠江口东西两岸交通联系，保障珠江两岸往来的交通运输需求，增强经济带动辐射作用，至2030年，广东共规划有33条出省高速公路通道，其中通香港4条、通澳门2条，大力完善"外通内连"网络。以深圳为中心的粤港澳区域轨道交通体系，相较于公路稍显欠缺。为此深圳在"十三五"制定综合交通规划时，首先将拓展城际轨道网络。建设穗莞深、中虎龙城轨等城际轨道，以及东莞地铁接驳深圳加速莞深融合，轨道交通高速实现湾区交通一体化。粤港澳大湾区，一个以香港港为核心，深圳港与广州港为枢纽，将虎门港作为强有力的补充并与珠海港、惠州港、中山港等其他港口，共同打造粤港澳大湾区的一个超级大港群。

（一）谋划滨海干线和沿海大通道

强化湾区与内陆城市的互联互通，提升对外联通能力，尽快形成连接东西、纵贯南北的大交通格局。加快规划北向大通道和沿海大通道，以甬舟铁路、高速公路沿海复线、杭州湾跨海铁路大桥、甬台温沿海货运铁路等重点项目为支撑，打造覆盖长三角、辐射长江经济带、服务"一带一路"的沿海经济带。

（二）"一小时交通圈"与城市互联互通

构建交通网络连接粤港澳大湾区"9+2"座城市是未来实现产业、技术、人力等各项要素自由流通的前提，随着粤港澳大湾区建设规划逐渐执行，以城际交通网络为代表的基建投资有望迅速加码。

2009年，《珠江三角洲地区改革发展规划纲要（2008—2020年）》提出，到2020年将形成对外以"湾区"为枢纽的城际"一小时交通圈"，跨境"无缝衔接"层次分明的大珠三角交通网络，即湾区内部任意两城市主要交通站点之间一小时可以到达，且珠三角地区与港澳之间因制度边界存在的交通阻碍应尽量减少，提高整体交通效率。为实现"一小时交通圈"目标，湾区交通规划已经陆续展开，重点包括城市轨道交通的互联互通，以及跨珠江通道（比如深中通道）的建设。2017年3月23日，交通运输部发言人吴春耕表示粤港澳交通领域的互联互通十分重要，交通运输部正在开展规划研究工作，加快研究解决粤港澳交通互联互通的问题。

（三）发展重点城市综合轨道交通

加强杭甬温等都市区集聚辐射能力，加强湾区与都市区核心区连接，重点加快杭州大江东综合交通枢纽、七号地铁机场线、湾区内联系紧密的区域等内部轨道交通和综合交通枢纽谋划建设。加强粤港澳大湾区之间高速公路、市域铁路、城市快速道等大通道的规划建设，协同区域对外通道建设（见图 8-2）。

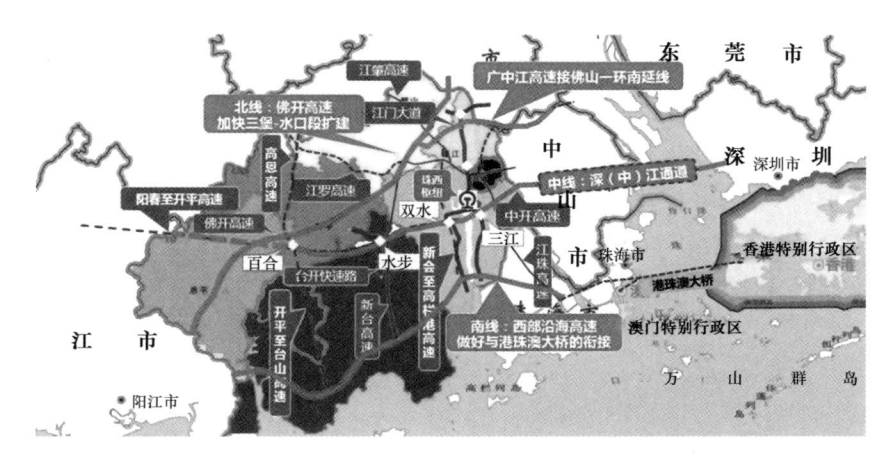

图 8-2 粤港澳大湾区主要城市通道

（四）补齐通信、水利等设施短板

加大湾区水利建设保障力度，规模化推广海水综合利用；支持发展海洋可再生能源，加快天然气工程建设；完善湾区海洋防灾减灾体系，增强安全环保能力；坚持"厂网并举，管网先行"，与湾区城市道路、旧城改造、小区建设等工程统筹考虑、协调实施，加快生活污水处理厂以及配套地下综合管廊建设。

第三节 粤港澳大湾区是新兴经济形态聚集区

广东立志将粤港澳大湾区建成国家重要的增长极和世界最具活力湾区。粤港澳大湾区城市群既要在国内区域经济发展中发挥重要的空间组织作用，成为动力强劲的空间引擎，又要在国际经济发展空间格局中占据中心地位，力争与纽约湾区、旧金山湾区、东京湾区并驾齐驱。

一 实施"科技兴湾"战略

"科技兴湾"是湾区创新驱动、绿色发展的必然选择。湾区要努力在集聚创新资源、转化创新成果、激活科技创新活力上下功夫，努力走出一条具有特色的"科技兴湾"之路。

一是构建海洋科技创新支撑体系，加强湾区企业与高校院所、科研机构的合作。组织协调省内和部属海洋科技资源，加强科技成果转化和科技示范工程及基地建设，攻克产业短板技术和产业链延伸的瓶颈技术，大力推进海洋高新技术集成创新和成果产业化推广工作。立足国内，面向世界，吸引中科院、中国工程院、清华大学、中国海洋大学以及长三角地区的一批大院大所联合建立创新载体，开展多形式交流合作。

二是创新湾区开发模式，鼓励"大众创业，万众创新"。要善于营造综合环境优势，结合原有基新平台、新载体，吸引人才集聚，鼓励创新创业，尤其是环杭州湾、台州湾、瓯江口、乐清湾等湾区要借助国家自主创新示范区、国家金融改革试验区、小微企业金融服务创新和民间投资创新试验区建设，建立"小资本对接大项目，大资本服务小企业"机制，推动民间资金转化创投资本、创投资本对接新兴产业、民营企业对接资本市场。加强创业创新人才服务体系建设，以"千人计划"等为载体，探索构建"人才+项目""创新+孵化""资金+基金"等创业模式，打造创业创新湾区。

三是对标国际湾区标杆，鼓励引进世界500强，推动形成具有比较优势的产业链。抓住"一带一路"和长江经济带大好机遇，针对当前跨国企业大项目引进领域发生的新变化和新特点，创新招商方式，做好专业化招商、完善投资合作平台、优化营商环境等工作，以世界500强、全球最具创新力企业50强及行业领军企业、机构为重点，以蓝色、高端、新兴产业为导向，组织编制重点行业和重点招商企业定向招商计划，精准针对目标产业、目标机构定向招商，打造产业链长、带动力强、效益好的湾区产业集群。

四是推进海洋共性技术的标准化应用。以市场需求为导向，引导湾区在湾区污染处理、综合管廊建设以及海洋防腐等方面的共性技术标准化应用的推广；积极开展岸线沙滩修复、红树林重构、海域增殖放流等海洋生态修复工程，大力扶持环境友好型、资源节约型、节能减排型海洋保护产业。

二 形成湾区专业服务优势

高度发达的湾区经济必然对专业服务提出更高要求。打造粤港澳大湾区，需要深入实施粤港澳服务贸易自由化，大力发展会展、旅游、法律、会计、仲裁、建筑设计等专业服务，为内地企业与"一带一路"沿线国家和地区开展经贸、旅游、投资合作提供专业服务。

（一）构建会展业协调机制

联合申办国际知名展会和综合展会，支持联合办展和差异化办展，重点培育时尚消费、高端装备、游艇、海洋等专业会展品牌，形成优势互补的会展集群；研究设立免税商品购物区，搭建与国际接轨的商贸业体系。

（二）吸引港澳投资旅游资源和产品

重点合作开发邮轮、游艇旅游，共同打造区域游艇的重要中心和世界邮轮旅游航线。加强广东旅行社与港澳旅行社合作，实施"走出去"战略，到"一带一路"沿线国家和地区开设分支机构，共同打造粤港澳国际旅游品牌。

（三）加强法律、会计、建筑工程合作

支持粤港澳律师事务所在广东设立合伙型联营律师事务所。大力支持港澳会计来广东创业发展。支持港澳会计师加强与广东会计行业机构的密切沟通，提升广东会计师行业水平。推动工程咨询、工程设计、测量、测绘和建设等领域对港澳地区扩大开放。整合粤港澳建筑服务业优势，联手开拓国际建筑承包市场。

三 打造湾区创新驱动新引擎

打造粤港澳大湾区，需要借鉴硅谷的成功经验，打造创新驱动新引擎，加快"粤港科技创新走廊"建设，带动粤港澳科技创新资源向产业链高端集聚。支持粤港澳企业联合"走出去"，参与"一带一路"建设。

（一）加强科技创新合作

积极争取国家授权广东在与港澳科技合作发展方面先行先试。充分借鉴香港科技园公司在科技园区开发管理、企业引进、科技孵化服务等方面的先进经验，推动科技创新园区发展。支持在广东设立面向"一带一路"

的国家级科技成果孵化基地,承接和孵化港澳科技项目,推动合作共建科技成果转化和国际技术转让平台,重点吸引信息技术、物联网、新材料等香港优势产业来广东开展联合研发攻关。

(二)发展科技创新产业

推动粤港澳科技联合创新和港澳重大科技成果在广东实现产业化,打造大珠三角产业转型升级新平台。深化三方的产业对接能力,促进更多成熟的技术项目在广东转化落地。发挥港澳资金及科技优势,依托珠三角制造业发展基础,推进与港澳在新能源汽车、高端装备、信息技术等先进制造业方面的投资合作,进一步拓展港澳的产业发展空间,推动"广东制造"迈向"广东创造"。

第四节 粤港澳大湾区的综合竞争力与增长极核

粤港澳大湾区城市群就是珠三角增长极的升级版。因此,粤港澳大湾区城市群要在创新驱动、改革开放、发展模式、经济辐射带动等方面,充分发挥国家增长极作用,发展成为全国多极网络空间发展格局中最重要的增长极之一。

一 打造湾区金融新高地

世界超级湾区必然是世界级的金融创新高地。打造粤港澳一流大湾区,需要大胆探索粤港澳金融创新,形成粤港澳金融创新发展优势。

(一)推进跨境金融创新

推动人民币作为前海、南沙、横琴与港澳跨境大额投资和贸易计价、结算的主要货币。支持港澳金融机构在前海、南沙、横琴以人民币开展新设、增资或参股金融机构等直接投资活动,推动和便利港澳资金融机构使用人民币资本金开展日常经营活动。探索开展广东金融机构与港澳地区同业之间的贸易融资等信贷资产的跨境转让人民币结算业务,拓宽人民币跨境金融交易渠道。支持前海、南沙、横琴证券公司、基金管理公司、期货公司、保险公司等各类非银行金融机构依法与港澳地区开展跨境人民币业务。

（二）设立海外投贷基金

推动粤港澳三地机构共同设立面向"一带一路"沿线国家和地区的人民币海外投贷基金，募集内地、港澳地区及海外机构和个人的人民币资金，为粤港澳企业"走出去"投资、并购提供人民币投融资服务。推动广东企业，特别是民营高新技术企业到香港上市、融资。推动政府部门简化企业在香港发债的审批流程和手续，争取提高企业的发债规模。推动粤港澳保险业务创新合作，为企业"走出去"参与"一带一路"融资"输血"，为粤港澳企业"走出去"提供全面保险保障服务。

二 实现海陆联动推动发展

坚持海陆统筹联动发展，联合开发和保护，统一配置各类要素和公共资源，避免重复建设、资源浪费，清理保护盲区。

一是统筹陆域与海洋资源。提升湾区在区域发展全局中的战略地位和资源综合利用效率。各大湾区要统筹滨海土地、围填海造地和海岛开发，缓解沿海地区土地资源瓶颈；控制围填海规模，尽可能保护滩涂、湿地和自然岸线。积极探索通过海域农牧化使用置换陆上土地资源的制度创新。充分发挥湾区资源综合优势，强化组织、机制和服务创新，优化产业空间布局，拉长产业链，重点发展带动力强、产业链长、高科技引领的现代产业；制定产业准入标准，明确环境保护、土地和海域利用、海岸带整治修复等要求，限制或者禁止不符合港湾发展要求的产业项目。对现有不符合规划和产业准入要求的项目，要采取整治等严格措施。

二是统筹陆海国土开发空间布局。在进一步优化提升陆域国土开发的基础上，构建陆海开放型国土开发综合格局，实施沿海地带发展空间布局调整，推动湾区开发空间布局优化。充分发挥湾区在资源环境保障、经济发展中的作用，通过海陆资源开发、产业布局等领域的统筹协调，促进海陆两大系统的优势互补、良性互动和协调发展，增强对海洋的管控与利用能力。

三是统筹湾区产城一体化发展。以湾区现有城市为依托，按照区域定位和发展优势，实现错位发展，加速产城融合，加强重大产业链集聚，推进一大批高精尖项目在重点湾区落地生根，引进培育新型高端服务业态，提升城市品位和档次，实现新型工业化、城市化深度融合发展。杭州湾等重点湾区要改变过去"摊大饼"式城市化发展模式，对标国际，立足长三角，按照湾区经济和湾区城市发展规律，以超前战略眼光和全球化视野，重新审视和修订城市总体规划功能定位，拓展滨海空间资源，优化城市空间布局，全面推进与产业发展相配套、相融合、相衔接、相关联的城市发展，打造更加宜居宜业的生态空间。

四是建立海陆资源开发和生态保护的统筹协调机制。各大湾区要实施陆源污染物入海总量控制，建立海域入海污染物总量控制制度。重点海域要以海定陆，统筹海洋功能区与上游水功能区的环境要求，削减河流入海的总氮总磷等污染物总量。强化沿海工业企业管理与污染控制，推行节能减排，加强污染防控，划定禁排区和禁倒区，及时取缔和调整不合理排污口，制止各类污染源超标排海。对于污染较为突出的杭州湾，建议从省级层面建立杭州湾生态保护联防联控工作机制，加大跨行政区域污染治理和执法力度，按照环保部的要求，积极协调上海市、杭州市、宁波市等有关政府，限期要求污染严重的化工企业搬迁，让湾区生态得到休养生息。改革环保管理体制，建立陆海统筹的生态修复和污染防治区域联动机制，促进海洋环境保护与流域污染防治有效衔接。

第五节　粤港澳大湾区将改变全球经济科技格局

粤港澳大湾区城市群要继续强化科技创新势头，努力建成世界创新中心。主要是加强创新环境建设，完善具有中国特色和粤港澳大湾区本地特色的企业、科研机构、政府、社会协同创新机制；加强创新人才培育和集聚机制建设，大力汇聚全球创新资源；重点培育世界级科技企业，抢占世界新技术制高点；加强创新和创业，促进创新成果产业化；继续提升模仿创新、集成创新能力，大力推动原始创新，形成强大的自主创新能力。

从城市竞争的角度而言，未来全球城市竞争的首发阵容一定是大城市群，大城市群的竞争首先看湾区。比如旧金山湾区，由103个城市形成一个城市群，各个城市依托自身优势，形成大脑神经元一般"10的N次方"复杂关系，使整个湾区城市群成为科技经济的创新中心。在粤港湾大湾区中，广东市场活力强，港澳地区开放度极高，区域资源和要素重新整合后，整个区域将释放更多发展能量，并将辐射周边城市，进一步提升全球影响力。

湾区经济要有创新引擎企业。例如，旧金山湾区有一批优秀企业，像英特尔、惠普、谷歌、苹果等，这批优秀企业是创新的引擎。长三角地区有阿里巴巴这样的企业。粤港澳大湾区有华为、腾讯这样一批企业，这批企业能否成为创新的引擎，能否起到带头作用？比如阿里巴巴最近提出一个设想，要为未来20年组织一个独立的研究开发部门，服务20亿人口。

粤港澳大湾区的这些大企业，能否要靠企业自己规划。但是社会、粤港澳湾区如何为企业的创新提供更好的条件是需要深入思考的。一旦粤港澳大湾区发展取得突破，一旦建立起来，会成为世界最大的城市带。目前，唯有粤港澳大湾区能够媲美硅谷所处的旧金山湾区，尤其是深圳高速发展的知识型经济，为区域贴上鲜明的创新标签。深圳正成为中国的新"硅谷"，在此之前，它已经是公认的全球"硬件硅谷"，是全球第一大消费电子制造基地，孵化出了类似大疆科技等一大批硬件科技公司。

通过科技创新来带动湾区经济的发展是世界著名湾区经济发展的显著特点，科技应用性研究与基础性研究有机地相互结合，是区域科技创新体系发育成熟的标志。旧金山湾区不仅具有全球知名企业内部的世界一流水平的应用性研究机构，而且几所世界级水平的研究型大学如斯坦福大学和洛杉矶伯克利分校等都位于旧金山湾区。旧金山湾区的著名大学、研究机构与企业的紧密合作，有力地促进了旧金山湾区创新经济的蓬勃发展。粤港澳大湾区要建设成为国际一流的湾区，深港之间的科技创新合作尤为关键。

要全面加快实施深港创新圈合作协议，依托"深港创新圈"整合深港两地创新资源，积极采取便利化政策措施，建立深港两地统一完备的深港科技服务公共服务平台和资源信息库，以促进创新研发、科技成果、创新技术的市场化开发运用等方面的共享与合作，鼓励双方科教人员的交流和培养，为相关项目的人才、设备提供绿色通道。大力推进香港重点实验室、研究中心与深圳高新技术产业形成上下游创新链的互动协作，使创新链和产业链不断得到延伸和拓展，不断完善深港创新圈合作模式，为粤港澳大湾区创新高地的建设做出贡献。

参考文献

巴曙松：《香港：人民币离岸金融中心》，《改革与理论》2002年第7期。
曹蕊：《人民币离岸金融中心的建立及其影响》，《北京师范大学学报》2008年第2期。
曹勇：《国际贸易计价货币的选择——兼论人民币国际化》，《国际商务》（对外经济贸易大学学报）2007年第6期。
董志成：《人民币的崛起》，当代世界出版社2011年版。
杜荣耀、朱鲁秀：《跨境贸易人民币结算催生人民币离岸市场》，《经济导刊》2009年第11期。
封大结：《中国周边国家地区流通的人民币国际化问题研究》，《广西大学学报》2008年第4期。
高银燕：《人民币跨境结算的制约因素与推进策略研究》，《复旦大学学报》2010年第5期。
韩民春、袁秀林：《基于贸易视角的人民币区域化研究》，《世界经济》2007年第2期。
何帆等：《人民币跨境流动的现状及对中国经济的影响》，《管理世界》2004年第9期。
何慧刚：《人民币国际化：模式选择与路径安排》，《财经科学》2007年第2期。
姜波克、张青龙：《货币国际化：条件与影响的研究综述》，《新金融》2005年第8期。
蒋万进等：《人民币国际化的时机、途径及其策略》，《中国金融》2006年第 5 期。

交通银行课题组、连平等：《人民币国际结算的重大意义与现实挑战》，《新金融》2009 年第 2 期。

李稻葵、刘霖林：《人民币国际化计量研究及政策分析》，《金融研究》2008 年第 11 期。

李东荣等：《人民币在对外交往中计价结算问题研究》，《金融研究》2009 年第 1 期。

李静：《人民币区域化对中国经济的影响与对策》，中国金融出版社 2010 年版。

刘冠周：《人民币国际化过程中的人民币离岸金融市场建设》，《吉林大学学报》2010 年第 9 期。

刘仁伍、刘华：《人民币国际化风险评估与控制》，社会科学文献出版社 2009 年版。

[日] 露口洋介：《人民币国际化的现状与展望》，吴冰译，《国际经济评论》2011 年第 3 期

马克思：《资本论》，人民出版社 2003 年版。

马荣华：《人民币境外流通的收益与成本分析》，《石家庄经济学院学报》2006 年第 2 期。

潘成夫：《跨境贸易人民币结算的突破、影响与前景》，《金融与经济》2009 年第 8 期。

宋敏、屈宏斌等：《走向全球第三大货币——人民币国际化问题研究》，北京大学出版社 2010 年版。

孙东升：《人民币跨境流通的理论与实证分析》，对外贸易大学出版社 2009 年版。

陶士贵：《稳妥推进人民币国际化的新路径》，《财经科学》2009 年第 6 期。

王垚：《深化粤港澳经济合作　促进人民币区域化——关于开展跨境人民币结算业务的思考》，《中国城市金融》2009 年第 8 期。

王鑫：《深化粤港澳经济合作　促进人民币区域化　关于开展跨境人民币结算业务的思考》，《中国城市金融》2009 年第 8 期。

王志远：《人民币国际化问题研究综述》，《北方经贸》2009 年第 10 期。

吴念鲁、杨海平、陈颖：《论人民币可兑换与国际化国际金融研究》，《国际金融研究》2009 年第 11 期。

徐明棋：《从日元国际化的经验教训看人民币国际化与区域化》，《世界经济研究》2005 年第 12 期。

姚斌：《美国量化宽松政策的影响及我国的对策》，《上海金融》2009 年第 7 期。

张纯威：《香港人民币离岸金融市场发展与人民币国际化》，《广东金融学院学报》2009 年第 11 期。

张宇燕、张静春：《货币的性质与人民币的未来选择——兼论亚洲货币合作》，《当代亚太》2008 年第 2 期。

张志超：《港币是否高估：一个经验分析》，《世界经济》2001 年第 1 期。

郑木清：《论人民币国际化的经济效应》，《国际金融研究》1995 年第 7 期。

支华：《当前跨境贸易人民币结算的运行效果主要问题和对策建议》，《浙江金融》2010 年第 3 期。

中国人民银行货币政策分析小组：《2010 年货币政策报告》，2010 年 8 月 5 日。

钟伟：《略论人民币的国际化进程》，《世界经济》2002 年第 3 期。

周宇：《跨境贸易人民币结算——正式启动人民币国际化政策》，《当代世界》2009 年第 8 期。

陈晓薇：《2030 年深圳将建成全球一流湾区城市》，《新经济》2015 年第 1 期。

毕夫：《打开湾区经济的中国之门》，《上海企业》2017 年第 4 期。

李子彪：《大湾区建设是粤港澳再次崛起的引擎》，《新经济》2017 年第 1 期。

杜戴：《大湾区经济：粤港澳合作新方位》，《宁波经济》2017 年第 4 期。

李红、丁嵩、朱明敏：《多中心跨境合作视角下粤港澳湾区研究综述》，《工业技术经济》2011 年第 8 期。

林先扬：《港澳大湾区城市群经济外向拓展及其空间支持系统构建》，《岭南学刊》2017 年第 4 期。

申勇、马忠新：《构筑湾区经济引领的对外开放新格局》，《上海行政学院学报》2017 年第 1 期。

［日］藤田昌久、［美］保罗·R. 克鲁格曼、［英］安东尼·J. 维纳布尔斯：《空间经济学：城市、区域与国际贸易》，中国人民大学出版 2013 年版。

逯新红：《关于粤港澳大湾区金融监管合作的几点思考》，《特区经济》2017 年第 5 期。

李睿：《国际著名"湾区"发展经验及启示》，《港口经济》2015 年第 9 期。

俞少奇：《国内外发展湾区经济的经验与启示》，《金融实务》2016 年第 6 期。

刘艳霞：《国内外湾区经济发展研究与启示》，《城市观察》2014 年第 3 期。

申勇：《海上丝绸之路背景下深圳湾区经济开放战略》，《特区实践与理论》2015 年第 1 期。

许勤：《加快发展湾区经济 服务"一带一路"战略》，《人民论坛》2015 年第 2 期。

李红：《跨境湾区开发的理论探索》，《东南亚研究》2009 年第 5 期。

周任重：《论粤港澳大湾区的创新生态系统》，《开放导报》2017 年第 3 期。

鲁志国、潘凤、闫振坤：《全球湾区经济比较与综合评价研究》，《科技进步与对策》2015 年第 11 期。

綦鲁明：《深圳发展湾区经济监测指标体系建议》，《全球化》2016 年第 6 期。

张锐：《湾区经济的建设经验与启示》，《中国国情国力》2017 年第 5 期。

雷佳：《湾区经济的分析与研究》，《特区实践与理论》2015 年第 2 期。

伍凤兰、陶一桃、申勇：《湾区经济演进的动力机制研究》，《科技进步与对策》2015 年第 23 期。

吴思康：《深圳发展湾区经济的几点思考》，《人民论坛》2015 年第 6 期。

王宏彬：《湾区经济与中国实践》，《中国经济报告》2014年第11期。

王锐丽：《湾区效应的广东实践》，《珠江水运》2017年第8期。

魏达志：《重构珠三角创新圈梯度发展格局》，《深圳特区报》2017年8月1日第C01版。

索光举：《CEPA条件下"大湾区"经济合作的法律框架建构》，《嘉应学院学报》（哲学社会科学版）2017年第4期。

周盛盈：《粤港澳深度合作下法律制度保障研究》，《岭南学刊》2014年第5期。

苏振东、赵文涛：《CEPA：粤港贸易投资自由化"预实验"效应研究》，《世界经济研究》2016年第9期。

张倪：《粤港澳大湾区："一国两制"框架下的大棋局》，《中国发展观察》2017年第14期。

阳结南：《粤港澳大湾区背景下深莞惠经济圈的创新发展》，《开放导报》2017年第4期。

丘杉：《粤港澳大湾区城市群发展路向选择的维度分析》，《广东社会科学》2017年第4期。

覃成林、刘丽玲、覃文昊：《粤港澳大湾区城市群发展战略思考》，《区域经济评论》2017年第5期。

蔡赤萌：《粤港澳大湾区城市群建设的战略意义和现实挑战》，《广东社会科学》2017年第4期。

余蕾：《粤港澳大湾区物流体系构建及协同发展》，《发展改革理论与实践》2017年第7期。

许鲁光：《在粤港澳大湾区建设中深化深港合作创新》，《开放导报》2017年第4期。

刘瑞平：《珠三角地区推进新型城市化的经验借鉴与发展构想》，《特区经济》2014年第1期。

周运源、卢扬帆、孔超、张欢：《广东省广佛肇等三大经济圈建设与发展探讨》，《广东经济》2012年第5期。

吴二娇：《深莞惠产业协调发展的国内外经验借鉴及政策分析》，《西部经济管理论坛》2014年第1期。

Jacob A. Frenkel, Richard M. Levich, "Covered Interest Arbitrage: Unexploited Profits?", *Journal of Political Economy*, Vol. 83, No. 2, 1975.

Hiroyuki Oi, Akira Otani, Toyoichiro Shirota, "The Choice of Invoice Currency in International Trade: Implications for the Internationalization of the Yen", *Monetary and Economics Studies*, Vol. 3, 2004.

Philippe Bacchetta, Eric V. Wincoop, "A Theory of the Currency Denomination of International Trade", *Journal of International Economics*, Vol. 65, 2005.

The State Administration of Foreign Exchange (SAFE) Taskforce, *The Use of Renminbi for Trade and Non-trade Denomination and Settlement*, China Economist, 2009.

William H. Branson, "The Minimum Covered Interest Differential Needed for International Arbitrage Activity", *Journal of Political Economy*, Vol. 77, No. 2, 1969.

Walker R., "Industry Builds the City: the Suburbanization of Manufacturing in the San Francisco Bay Area", *Journal of Historical Geography*, 1850 – 1940, Vol. 27, No. 1, 2001.

Takeshi Arai, Tetsuya Akiyania., "Empirical Analysis for Estimating Land Use Transition Potential Functionscase in the Tokyo Metropolitan Region", Computers, *Environment and Nrban Systcms*, Vol. 28, No. 1, 2004.

Alex schafran., "Origins of an Urban Crisis: the Restructuring of the San Francisco Bay Area and the Geography of Foreclosure", *International Journal of Urban and Regional Research*, Vol. 37, No. 2, 2013.

Jelvier Weerkens., "Airline Airport Agreements in the San Francisco Bay Area: Effects on Airline Behavior and Congestion at Airports", *Economics of Transportation*, Vol. 3, No. 1, 2014.

后记　粤港澳大湾区发展的时不我待

在中国作为发展中大国崛起的过程中，我长年关注一组数据的变化，即全球大国GDP排序的波动变化。我们特别有必要来关注一下2017年世界主要国家GDP排序变化传导的重要信息，美国依然保持世界第一，达到19.55万亿美元，中国排名第二达到13.17万亿美元，占美国的67.37%，中国经济总量首次超过美国的2/3。而日本虽然排名第三，为4.34万亿美元，但仅仅占中国的32.95%，日本经济总量首次低于中国的1/3。显然中国的崛起已经受到全世界的关注并将引发一系列的竞争博弈，显然中国的崛起正处在一个十分关键、不进则退的历史性转折点上，显然中国的崛起需要重新谋划更加符合当前世界经济格局的大国战略。

当然，我们并没有唯GDP，没有唯经济总量的简单对比，我们一方面重点关注、清晰判断国际社会暗流涌动的种种迹象，我们另一方面深刻反思，我们国家经济社会发展中存在的诸多的问题特别是结构性问题，无论是需求侧还是供给侧的结构问题，还是产业结构或是区域结构的问题，或是经济结构与社会民生结构的关系问题，因此调整结构几乎成为我们这个时代经济与社会发展的重中之重，甚至成为能否成功实现中华民族伟大复兴梦想的关键问题。而粤港澳大湾区，既是各种结构性矛盾调整与改革突破的重要区域，又是各种新兴的经济形态与新型结构创新与产生的重要环节，因此我们可以说，无论是中国改革开放的时间坐标，还是中国经济版图的空间坐标，粤港澳大湾区从来都是我们国家乃至全球关注的热点。

  10 年前，国务院于 2008 年 12 月 17 日的常务会议上，审议并通过了《珠江三角洲地区改革发展规划纲要（2008—2020 年）》。这意味着，珠三角的改革发展事业纳入了国家整体战略的范畴。作为中国第一经济大省的广东特别是珠江三角洲地区，改革开放 40 年来，为我国经济社会发展做出了重大贡献。与此同时，经历 40 年的高速发展，珠三角经济社会发展进入转型期，面临资源环境约束趋紧、经济社会发展不够协调、经济结构存在诸多矛盾、体制机制有待完善等深层次的问题，需要面对并解决进一步发展以及破解面临的制约瓶颈和严峻挑战等一系列的重大问题。珠三角的发展与成长是中国的一个缩影，而珠三角面临的问题同样也是牵涉中国发展全局的问题。

  我们在 10 年前从事的《深港深化合作在粤港澳发展成为世界级大都会圈战略中的地位和作用》等一系列研究，虽然已经充分地关注了粤港澳地区共同发展的问题，虽然也获得了广东省哲学社会科学的咨政奖励和其他奖励，但显然由于时代的局限，我们的目光与视野依然受到了背景的限制。

  2017 年 3 月 5 日召开的十二届全国人大五次会议上，国务院总理李克强在政府工作报告中提出，要推动内地与港澳深化合作，研究制定粤港澳大湾区城市群发展规划，发挥港澳独特优势，提升在国家经济发展和对外开放中的地位与功能。

  2018 年 3 月 7 日，习近平总书记在参加全国人大广东代表团审议时指出，要抓住建设粤港澳大湾区重大机遇，携手港澳加快推进相关工作，打造国际一流湾区和世界级城市群。

  随着党中央、国务院再一次从国家战略高度关注粤港澳大湾区的发展问题，我们认为，如果说 10 年前的《珠江三角洲地区改革发展规划纲要》，主要是在外向型经济发展背景之下立足于解决国内大城市群的功能布局与加快发展问题；而 10 年后的今天，则是在开放型经济发展背景下立足于全球化条件下如何打造世界级的中国增长极问题。应该看到，10 年后的今天，在中国改革开放 40 年的时间节点上，党中央与国务院已经站在更高的视角，面对世界一流的竞争对手提出了中国崛起现实进程中的核心内容、重大抓手和发展路径问题。而粤港澳大湾区能否在国家宏观战略的指引下，创造一种新的模式与新的结构，代表国家占领全球经济、科技、社会乃至文化艺术的制高点，并形成拥有核心竞争力的根本性突破，是粤港澳大湾区的未来发展的关键，也是本书关注的核心问题。特别是对于当前世界经济社会风云变幻的时代，粤港澳大湾区的发展，不仅时不我待，而且刻不容缓！

我们最近看到了深圳创新发展研究院张思平理事长推出的重要成果《"一国两制"与大湾区——粤港澳大湾区建设中的制度创新》，通篇视觉新颖、论述深刻，特别是其中有关制度创新部分，成为著作中的亮点和创新点，给予我们很大的启发与帮助！

我们非常荣幸在中国改革开放40周年与深圳经济特区创建38周年之际，能够承担中共深圳市委宣传部和深圳市社科联《未来之路——粤港澳大湾区发展研究》这样有价值、有创意的著作选题与研究任务。虽然时间紧、任务重，但是当2017年春节期间我接到这个任务是时候，便迅速开始了前期研究并积极选择精干人员参与写作。2017年5月，我基本梳理并清晰了著作研究的战略目标、格局构思、核心思想、特色把握、路径部署与三级提纲的撰写，立即组织张显未博士、裴茜博士进行了写作分工，由于我积劳成疾而住院，所以本书写作基本由张显未博士、裴茜博士完成，包括原定由我个人承担的部分；张显未承担了本书一至四章，裴茜承担了五至八章的撰稿。他们全力以赴的倾心投入让我甚感欣慰。

由于我对著作研究过程中应当体现的思想引领、视野广阔、资料准确、内容丰富、观点新颖、写作规范提出了很高的要求，期间我不断地反复阅稿，我们之间不断地反复研讨、反复修改；更由于张显未博士、裴茜博士的训练有素和积极投入，才有了我们这部共同的合作成果，虽然难以尽如人意，但是他们的尽心尽责和辛劳写作，已经让我十分感动。

一年的时间很快就过去了，我们怀着一种特殊的虔诚和感觉，将这部既全力以赴又甚觉匆忙的著作呈现在关注粤港澳大湾区发展的所有人们面前，呈现给中国改革开放40周年波澜壮阔的伟大史诗，呈现给未来发展不可限量的粤港澳大湾区，依然显得意犹未尽、肤浅单薄、挂一漏万而使我诚惶诚恐，因此我与张显未博士、裴茜博士一道，为崛起中的祖国，为建设中的大湾区，为复兴中的民族梦想，诚挚地期盼大家携手并肩、共同奋力、批评指导！

魏达志
谨记于深圳耕砚斋
2018年3月19日